독일로 간 광부·간호사

경제개발과 이주 사이에서

대한민국역사박물관 한국현대사 연구총서 2

독일로 간 광부·간호사

경제개발과 이주 사이에서

노명환, 윤용선, 정흥모, 유진영, 나혜심 지음

대한민국 역사박물관
NATIONAL MUSEUM OF KOREAN CONTEMPORARY HISTORY

발간사

대한민국역사박물관은 개항기부터 현재까지 우리 국민이 겪어 온 피와 땀과 눈물의 대서사를 담은 역사인식 공간으로서의 역할을 하고자 건립되었습니다. 개관 이래 우리 박물관은 현대사 자료의 수집·보관·제공을 포함하여 우리가 걸어온 역사적 발자취를 전시·교육할 뿐만 아니라 한국근현대사 연구의 활성화를 위하여 제반의 노력을 기울여 왔습니다. 특히 우리 박물관은 학술연구 용역 발주, 한국현대사 교양총서 발간, 현대사 관련 학술회의 및 토론회 개최, 학술 정기간행물 『현대사 광장』 발간 등을 통해 균형 잡힌 역사 연구에 심혈을 기울이고 있습니다.

『한국현대사 연구총서』는 누구나 쉽게 이해하고 읽을 수 있는 『한국현대사 교양총서』 시리즈에 이어 현대사 주요 쟁점 및 주제에 대한 전문가들의 수준 높은 연구 결과물을 학계 및 일반인과 공유하기 위해 기획되었습니다. 『한국현대사 연구총서』는 각 분야의 연구자들이 수행한 우리 박물관의 정책연구 용역 결과 보고서를 학술회의를 통해 검증하고 그 결과를 학술 저서 형태로 발간하고 있습니다.

우리 박물관은 연구총서 발간을 통해 현대사 주요 연구 주제에 대한 학제적 연구 기회를 제공하고, 학술회의를 통한 학문 교류의 장을 제공함으로써 미래지향적인 역사인식을 만들어가는 데 노력하고자 합니다. 또한 연구총서는 다양한 현대사 주제들을 균형 있게 다룸으로써 근현대사 연구 활성화에 기여할 것으로 기대합니다.

이 연구총서를 위해 귀중한 글을 써 주신 집필자 분들과 발간을 위해 물심양면으로 애써 주신 직원들께 감사하며, 앞으로 대한민국역사박물관 연구총서가 한국현대사의 연구 활성화에 이바지할 수 있도록 최선을 다할 것을 다짐합니다.

2014. 6.

대한민국역사박물관장 김 왕 식

차례

총론

| **노명환**(한국외국어대학교)

전 세계가 경의를 표하는 한국의 경제성장은 찬란한 신화가 아니라 국가와 국민 개개인의 피와 땀으로 점철된 고단하고 슬픈 역사다. 이제 정치 지도자나 일부 기업과 더불어 국민도 경제성장에 대한 찬사를 공유하는 것이 정당하고 바람직하다. 한국 경제성장의 역사는 위로부터의 역사임과 동시에 아래로부터의 역사이기도 하다. 본 연구는 이러한 문제의식에서 출발했다. 이역만리 이국땅 지하 막장과 병실에서 문화적 차이와 차별을 겪으며 고단한 삶을 이어 갔던 이들의 역사가 이제 조명되어야 할 때다.

I. 문제 제기

1963년 12월 22일 123명의 광부들이 김포공항에서 독일행 비행기에 오른 지 올해로 51주년이 됐다. 간호 인력의 서독 취업은 이보다 앞서 1950년대 말부터 시작되었다. 주지하다시피, 파독 이주 노동자의 역사는 한국의 경제 발전과 관련해 빼놓을 수 없는 주제다. 서독은 전후 '라인 강의 기적'으로 표현되는 눈부신 경제성장을 구가하며 인력 부족 문제에 직면했으며, 서독 정부는 부족한 노동력을 외국 이주 노동력으로 채우고자 했다. 갓 출범한 박정희 정권은 당시 세계 최빈국 중 하나였던 한국의 경제 발전을 통해 정권의 정당성을 평가받아야 하는 상황이었다. 국민 1인당 GNP가 100달러도 채 안 되었던 당시로서는 산업화에 필요한 자본 조달이 정권과 사회의 시급한 사안이자 최대 관심사였다. 이러한 상황에서 해외 인력 수출이 주목받은 것은 당연했으며, 파독 인력 송출과 베트남 파병은 귀중한 외화 수입원으로 한국의 산업화에서 중요한 역할을 했다. 당시 파독 취업은 국내의 높은 실업률과 국내에 비해 월등히 높은 임금으로 커다란 인기가 있어 일종의 특권으로 간주되었으며, 그 결과 하급 업종이라 할 수 있는 탄광 노동에 적지 않은 수의 대졸자들이 지원했고, 간호 인력의 경우에도 간호대학, 간호고등학교, 간호학교 등을 졸업한 고급 인력이 대부분이었다.

그러나 한국 경제의 고속 성장과 함께 파독 이주 노동자들은 개발 초기의 중요한 역할에도 불구하고 점차 뇌리에서 잊혀졌다. 한국 경제가 성장하면 할수록, 이들의 역할과 의미는 이에 반비례해 축소되고 퇴색했다. 더구나 1970년대 이후 서독 정부의 취업 이민 제한 정책으로 미국과 달리 이민 유입이 지속적으로 이루어지지 않았기 때문에, 이민 사회 역시 성장을 멈추었다. 설상가상으로 적지 않은 파독 이주 노동자들이 미국을 비롯한 제3국을 2차 이민지로 선택함으로써, 이민 사회는 오히려 위축되고 축소되었다. 그 결과 독일 한인 이민 사회는 해외 거주 한국인 사회에서도 존재는 알려졌지만 사실상 별다른 주목을 받지 못했다.

단기 계약으로 인해 이직離職을 통해 서독에 체류해야 했던 광부와 달리, 간호 인력의 경우 인력 부족 현상이 지속되었기 때문에 체류에 별다른 어려움이 없었다. 게다가 한국 여성들의 강한 책임감과 근면함은 독일의 엄격한 노동윤리 기준에서 볼 때도 높이 평가받을 만했으며, 한국인 간호 인력의 장기 근무를 가능하게 해 주었다. 마침내 파독 간호 인력 1세대는 1990년대부터 은퇴를 시작했으며, 고국에서 망각된 이들의 존재는 아주 우연한 기회를 통해 다시 알려졌다. 김두관 남해군수는 1999년 독일을 방문해 고국으로 돌아가고 싶지만 오랜 독일 생활로 인한 문화적 차이로 망설이고 있는 파독 이주 노동자의 정착촌 건립을 위한 투자 설명회를 개최했고, 2000년 남해에 이들이 함께 모여 살 수 있는 마을 건설을 추진했다. 남해의 수려한 풍광 속에 세워진 이국적인 모습의 '독일 마을'은 어렵지 않게 세간의 주목을 받았으며, 이를 통해 그동안 잊혀진 파독 이주 노동자의 존재 또한 사회에 다시 알려지게 되었다.

'한강의 기적'은 여러 요인이 복합적으로 작용해 나타난 결과다. 국제 정세, 세계 경제, 정부 정책 등과 같은 구조적인 요인들뿐만 아니라, 국민과 노동자의 희생과 노고, 기업과 기업인의 역할, 정치 지도자의 리더십 등과 같이 의지적인 요소들이 함께 어우러져 이룩되었다. 그러나 지금까지 이루어진 '한강의 기적'에 대한 논의는 주로 정치 지도자나 일부 기업인의 역할을 중심으로 진행되어 온 반면, 개인이나 집단이 경험한 경제개발의 역사는 상대적으로 소홀하게 취급된 것이 사실이다. 물론 한국 경제의 고도 성장기를 모든 측면에서 지금 당장 평가하기에는 시기적으로 이른 감이 없지 않다. 하지만 현재 정리와 평가가 가능한 부분도 있으며, 파독 이주 노동자의 역사가 그러한 경우에 해당한다.

전 세계가 경의를 표하는 한국의 경제성장은 찬란한 신화가 아니라 국가와 국민 개개인의 피와 땀으로 점철된 고단하고 슬픈 역사다. 이제 정치 지도자나 일부 기업과 더불어 국민도 경제성장에 대한 찬사를 공유하는 것이 정당하고 바람직하다. 한국 경제성장의 역사는 위로부터의 역사임과 동시에 아래로부터의 역사이기도 하다. 본 연구는 이러한 문제의식에서 출발했다. 이역만리 이국땅 지하 막장과 병실에서 문화적 차이와 차별을 겪으며 고단한 삶을 이어갔던 이들의 역사가 이제 조명되어야 할 때다. 이들의 고단한 노동의 대가로 얻은 외화가 경제성장에 더할 수 없이 요긴하게 쓰였다는 것은 부정할 수 없는 사실이다. 그럼에도 불구하고 이들의 역사와 기억에 대한 정리를 방치하는 것은 옳지 않다. 물론 그렇다고 그들의 역사가 신화가 되어서는 곤란하다. 본 연구는 파독 이주 노동자의 역사에 학문적으로 접근함으로써 최루성 고생담 쓰기라든가 근거 없는 과장 일색인 영웅담 쓰기와는 거리를 두려 했다. 개별 연구자들의 구체적인 연구 내용은 '개별 연구 내용'을 참고하기 바란다.

Ⅱ. 연구 현황[1]

파독 이주 노동자에 대한 연구가 적지는 않지만, 주제의 중요성을 감안할 때 충분하지 않은 것이 사실이다. 게다가 기존의 연구조차도 주로 개인 연구자 차원에서 단편적인 주제를 다룬 것들로 대중적으로 알려진 것은 거의 없다. 물론 독일 거주 파독 광부 모임인 재독한인글뤽아우프회Glückauf가 펴낸 『파독 광부 45년사』(2009)나 한국파독광부협회가 발간한 『파독광부백서』(2009) 등이 있으나, 내용에서 학문적인 분석이나 해석과는 다소 거리가 있다. 또한 광부의 파독에 대해서는 대규모 취업 이주의 배경이나 계기와 관련해 정확한 자료에 근거한 연구가 없는 상태이며, 간호 인력의 경우도 크게 다르지 않다. 파독 이주 노동자의 노동 현장과 일상에 대한 연구 역시 불모지나 다름없다. 당시는 냉전 상황이었고 미국 주도의 개발 원조라는 큰 틀 안에서 파독 인력 송출이 결정되었다는 점을 고려할 때, 시야를 확대하여 국내외 정치적 환경과 배경에 대한 연구 역시 반드시 필요하다. 파독 인력 송출의 경제적 함의 역시 그 중요성에도 불구하고 연구가 충분히 이루어지지 않았다. 끝으로 서독은 직업교육에 있어 세계적인 명성을 갖고 있고 외화 획득과 더불어 기술 획득이 파독 인력 송출의 주목적이었다는 점을 감안할 때, 파독 이주 노동자의 직업교육 문제 또한 반드시 다루어져야 할 주제다. 본 연구는 이러한 점을 고려하여 세부 주제들을 선택했다.

아울러 본 연구는 역사 서술과 별도로 파독 이주 노동자에 대한 자료 수집

1 본문에 해당하는 기존 문헌의 출처는 5장 참고문헌을 참고할 것.

에도 주력했다. 기록 보존은 역사 정리의 중요한 한 부분을 차지하며, 역사에서 서술과 해석만큼이나 중요한 것이 자료의 수집과 정리다. 왜냐하면 전자는 역사가가 처해 있는 시공時空이나 가치관에 따라 가변적이지만, 후자는 역사 서술에 있어 변하지 않는 원천이자 토대이기 때문이다. 주지하다시피, 한국에서는 1990년대까지 사회는 물론이고 정부까지도 기록 보존에 있어 후진성을 면치 못했다. 체계적인 기록 관리는 고사하고 정권에 불리한 기록물을 파기하는 것이 다반사였다. 그로 인해 한국 현대사 서술은 동시대를 경험한 이들의 증언에 의존하는 것이 자연스러운 것으로 되어 버렸다. 그러나 인간의 기억은 기록이나 맥락에 의해 확인될 때만 비로소 신뢰할 수 있는 매우 불완전한 사료다. 한국의 기록 관리 상황이 이렇다 보니, 파독 인력에 관한 기록 또한 한국보다는 오히려 독일이나 미국에 더 많이 보존되어 있으며, 따라서 본 연구는 해외 기록물의 수집과 정리에도 역점을 두었다.

이처럼 국내의 자료 부족은 연구에 막대한 영향을 끼쳤다. 한국 현대사의 많은 주제들이 아직 역사적인 평가를 기다리고 있는데, 그중에서 특히 독일로 갔던 이주 노동자들의 역사는 오랫동안 연구자들의 관심 대상 바깥에 있었다. 그 이유는 이 주제가 한국 현대사에 대한 평가와 연결되어 있고 시기적으로 아직 완결된 논의가 더 필요한 때문이기도 하다. 하지만 이 주제는 한국의 연구자들에게는 접근하기 어려운 주제이기도 했다. 그 이유는 한국 현대사의 대부분이 그렇듯이 공적인 자료가 부재하기 때문이다. 그래서 상대국인 독일 측 자료에 의존해야 하는데, 언어적인 한계가 연구의 어려움을 가져올 수밖에 없었다. 더구나 이 주제는 한국과 독일 양 국가의 역사에 대한 이해와 지식을 전제로 한다는 점에서 연구가 쉽지 않은 분야라고 할 수 있다. 이런 이유로 독일에 초청 노동자로 갔던 간호 인력과 광부 모두를 대상으로 하는 연구는 이제까지 매우 미진한 상황이다.

그나마 만들어졌던 것은 독일에서 사회학을 연구하는 한국 학자들에 의한 것이었다. 그중 하나가 한독 공동 연구 성과로서 최재현·다하임(1987)의 글이다. 이 글은 한국으로 귀국하거나 남은 사람들의 독일 사회에 대한 적응의 정도를 중점으로 다루고 있다. 또 다른 사회학자인 유도진(1975)은 키일대학에서 한인 간호 인력을 대상으로 한 설문 조사를 바탕으로 하여 박사학위 논문을 쓰기도 했다. 심윤종과 김조자(1975)는 독일 프랑크푸르트 인근의 한인 간호사들을 대상으로 하는 연구를 진행하기도 했다. 상당한 시간이 흐른 후, 최선주와 이유재의 글이 발표되었다. 그러나 이 글은 한인 이주 노동이 독일 사회에서 갖는 의미에 대한 아주 개략적인 서술이어서 본격적인 연구 성과로 보기는 어렵다. 노동 이주의 문제에 집중된 것은 아니지만 한인에 관한 문제들까지 범위를 연장하면, Yoo(1991)와 Hary(2012) 등의 연구도 포함할 수 있다.

한국에서의 연구 성과로는 정해본(1988)의 성과가 주목할 만하다. 광부와 간호 인력의 파독의 계기와 진행 과정, 독일 생활 등에 대하여 매우 상세하게 정리한 글이다. 그런데 많은 사실을 이야기하고는 있지만 그 근거를 밝히고 있지 않아서 구체적인 사료를 바탕으로 한 비교 검증이 필요하다. 독일 한인들의 청원에 의해 조사가 이루어진 "진실·화해를 위한 과거사정리위원회"의 자료(2008)도 주목할 만하다. 그러나 이 글은 차관 관련설의 진위와 한인 이주 노동자들의 한국 경제에 대한 경제적인 기여 여부를 묻는 데에 집중하고 있다. 그 밖에 해외 한인 역사의 한 부분으로 이들의 문제를 다루는 성과들이 있다. 예를 들면, 이용일(2012), 나혜심(2012), 유정숙(2012), 김면(2007), 김게르만(2010) 등의 연구가 있다.

이 이외에 전문 연구자들의 글은 아니나 사회적 반향을 일으킨 글들이 있다. 예를 들면 백영훈(1997), 이수길(1997), 김용출(2006), 박찬경·클라이스

펠링(2003) 등의 글이 그것이다. 주로 정치인, 언론인, 예술가, 파독 진행의 주요한 당사자들이 쓴 것이어서 사회적 반향이 컸지만 다양한 자료를 토대로 한 연구 결과로서는 한계를 가진다. 게다가 이 글들 중에는 광부나 간호 인력의 이주 노동에 대해 논란을 빚는 주장들이 들어 있는 경우가 있어 본격적인 자료를 통하여 검증이 필요하다.

특히 광부에 대한 학문적인 연구는 전혀 없는 실정이다. 한국의 경제개발에서 그들이 했던 역할의 의미가 강조되었다는 점을 고려하면, 이는 매우 놀라운 사실이다. 이런 상황 때문인지 광부들 스스로 역사 쓰기를 몇 차례 시도하기도 했다. 독일에 있는 한인 전직 광부들의 모임인 '글뤽아우프회'에서는 독일 이주가 이루어진 지 35년과 45년이 된 해를 기념하여 각각 자신들의 자료와 경험을 정리하였다. 귀국한 전직 광부들의 모임인 한국파독광부협회(2009)도 백서를 발간하였다. 이 자료들은 자신들의 흔적을 남기려는 것이어서 실제로는 역사적 분석을 위한 자료로서의 의미를 갖는 것들이다.

이런 상황과 비교하면 간호 인력에 대해서는 상대적으로 연구가 활발한 편이다. 특히 세계화 과정에서 이주의 여성화가 진행되고 한국에도 이주 여성들이 들어오면서 한국의 문제를 해결하기 위한 방법의 하나로 주로 사회학이나 정치학 쪽에서 연구가 시작되었다. 이수안(2007), 이수자(2006; 2004), 김용찬(2007), 이희영(2005), 양영자(2012) 등의 연구가 그것이다. 이들은 모두 독일 사회 한인 여성들의 적응과 문화적인 혼성의 문제, 또는 문화적 적응에서 더 나아가 자신의 이해를 보장할 수 있는 단체 결성에 대한 문제를 다루고 있다. 간호 인력에 대한 것인 만큼 간호학계의 관심이 없지는 않다. 예를 들면 김학선, 홍선우, 최경숙(2009), 이애주(2011) 등이 이 주제를 다루었다. 그들의 글은 주로 인터뷰를 통하여 독일에서의 삶과 어려움, 적응의 문제를 다루었다.

역사학계에서는 본 연구에도 참여하고 있는 나혜심이 약 5년 전부터 간호 인력에 관한 연구를 본격적으로 시작했다. 연구자의 저변이 넓지 않고 소수의 연구자에게 성과들이 몰려 있는 편으로, 나혜심(2009a; 2009b; 2009c; 2010; 2012)이 있고, 2009년에는 독일의 베를린에서 간호 인력을 주제로 한 박사학위 논문이 발표되었다(이선희 2009). 역사학계의 연구들은 그동안 간과되어있던 주제로서 한인 간호사들의 과거를 각 분야별로 살피고 있는 편이다. 독일로 가게 된 계기, 그들의 노동환경, 생활, 정착의 문제까지 다양한 세부 주제들을 심도 있게 분석했다. 또한 한인 노동 이주의 역사는 단순히 한국이나 독일의 일국사적인 원인에 의해서 발생한 것이 아닌 점을 고려하면 국제적인 차원을 포함한 트랜스내셔널한 연구로 연구의 지평을 확대해야 할 필요성도 있다. 역시 본 연구에 참여한 노명환(2011)의 연구는 이주 노동자를 다룬 것은 아니나 이 사안과 관련된 양국사를 냉전의 관점에서 바라보고 있다.

광부들의 경우와 마찬가지로 한인 간호 인력 스스로 자신들의 역사를 서술하기 위한 노력이 있었다. 그 결과가 2008년에 독일에서 한글로 발간된 『파독』이라는 책이다. 역사서라기보다는 독일간호협회의 공적인 기록과 개인들의 사적인 기록들을 적어둔 자료집의 성격을 더 가진다. 그 밖에 연구서는 아니지만 파독 이주 노동자에 대한 구술 작업이 이루어진 바 있는데, 반병률(2009-현재 진행중), 나혜심(2008)이 진행하였다. 이영석·박재홍(2006)은 은퇴 이후 한국으로 재이주한 취업 이민자를 주제로 한 연구 논문을 발표한 바 있다. 최근에 파독의 역사가 50여 년에 이르고 또 정치적으로 박정희 시대의 평가가 다시 진행되면서, 국회의원 이애주는 파독 간호사 재평가 사업을 진행해 2010년에 보고회를 개최하기도 했다.

Ⅲ. 개별 연구 내용

노명환의 연구는 간호사와 광부 인력의 독일 이주와 정착, 제3국, 특히 미국으로의 재이주, 국내로 귀환과 정착을 서로 다른 문화 이해에 관한 이론들의 시각에서 조명한다. 이를 통해 한국 간호사, 광부 인력의 독일 이주 역사의 의미를 한국의 국제화 및 세계화 차원에서 바라본다. 여기서 그는 국제화를 국가 간의 차원으로, 세계화를 각 국가 문화의 융합을 통해 세계의 각 개인이 세계시민의 정체성을 획득해 가는 차원으로 이해한다. 문화 접촉과 융합에 주목하는 그는 본 연구에서 파독 인력 송출을 한국과 독일의 문화 접촉 또는 경험으로 파악하고 주제에 접근한다.

한국 간호사, 광부 인력의 독일 이주는 한국 문화와 독일 문화의 만남을 의미했다. 이를 구체적으로 표현하면 1960-1970년대 서독으로 이주한 광부, 간호사들은 당시 남한 사회·문화와 서독 사회·문화의 만남을 초래했다. 이들의 제3국으로의 재이주는 서로 다른 문화 만남의 층위를 더욱 중층으로 만들었다. 국내로 귀환도 또 다른 종류의 서로 다른 문화 만남의 한 형태를 보여 준다.

그들의 삶은 서독 사회 내부 깊숙한 곳에서 전문적 업무를 통해 그리고 일상을 통해 한국 문화와 독일 문화의 만남을 보여 주었다는 점에서 여타 개별적인 이주와 구별된다. 따라서 이들이 직면했던 문화 충격, 문화 충돌, 그리고 이들이 이루어냈던 서로 다른 문화 간 소통, 문화 적응, 새로운 문화 층위의 구성, 문화 융합 등은 보다 특별한 의미를 가지며, 한국의 국제화와 세계화 역사에서 중요한 의미를 가진다고 할 수 있다.

그들은 이주자의 삶을 살면서 독일 문화를 통해 한국 문화를 새롭게 인식하게 되었다. 예를 들어 작은 면적을 차지하는 독일의 공동묘지를 보고 막대한 공간을 필요로 하는 한국의 공동묘지의 비효율성을 인식하게 되는 경우다. 언어 소통만으로는 충분한 상호 소통이 이루어질 수 없고 문화 간 소통이 이루어져야 함을 인식하는 것 또한 국제화, 세계화에 필요한 중요한 경험이었다. 제3국으로 이주하여 그들은 독일에서의 경험을 활용하기도 하고 새로운 문화 충격, 문화 충돌, 문화 적응, 문화 변이, 문화 융합을 겪으면서 새로운 중층의 문화 차원을 축적해 갔다. 예를 들어, 독일 이주 광부, 간호사들이 미국의 시카고와 LA에서 한인 타운 형성에 크게 기여한 역사는 이러한 측면을 잘 보여 준다. 이러한 그들의 삶과 경험이 2세를 위한 교육의 기반으로 작용하면서 문화 변이, 문화 융합의 새로운 차원을 이어가게 했다. 독일 체류를 마치고 한국으로 귀환한 경우도 일면 문화 충격, 문화 충돌, 문화 변이 현상을 보여 주었다.

독일로 이주한 광부, 간호사들의 경험과 생활은 언론 그리고 개인적 접촉 등 여러 매체를 통해 어느 정도 한국인 공동의 경험으로 공유되었다. 이러한 과정과 방법으로 유럽과의 접촉이 많지 않았던 한국인들은 파독 광부, 간호사들의 생활과 경험을 전해 들으면서 국제화와 세계화에 기여할 수 있는 서로 다른 문화의 경험들을 축적했음을 노명환의 연구는 보여 준다. 그는 광부·간호 인력들의 구술 증언, 수기, 언론 보도, 여러 연구 등을 통해 다른 문화의 경험들을 도출해낸다.

또한 그의 연구는 한국의 국제화와 세계화에 결정적인 역할을 한 독일 이주 광부와 간호사를 문화 간 소통 이론intercultural communication, cross-cultural communication을 가지고 분석한다. 그러면 이러한 국제화, 세계화를 이룬 가장 근본적인 틀의 원동력은 무엇일까? 단순히 외국으로 갔고 외국 문화와의 만남이 있었다는 사실 속에서만 그 원동력을 찾을 수 있을까? 노명환은 그 원동력이 한국인의 문화 코드를 이루는 핵심으로서 성리학적 세계관과 윤리가 독일인의 문화 코드의 토대를 이루는 프로테스탄티즘 윤리와 만나고 융합하는 데 있다고 본다. 성리학적 윤리와 프로테스탄티즘 윤리 사이에는 많은 공통점이 있는데, 근면, 검소, 자기 개선 노력, 공동체를 위한 책임의식 등을 들 수 있다. 그러나 직업노동에 대한 개념과 직업의 귀천에 대한 인식에서는 현격한 차이가 발견된다고 본다.

나혜심은 이주를 국민국가적인 차원에서 바라보던 기존의 접근 대신에 이주자 개인의 삶에서 이주가 어떤 의미를 갖고 있는지, 파독 인력 송출을 이주자의 시각에서 바라보고자 했다. 국민국가적 차원에서 이주를 바라보면, 이주는 하나의 국민국가에 대해 다양한 사회, 경제, 문화, 심지어 복지 체계에 부정적인 영향을 미치는 현상으로 파악하게 된다. 물론 그것을 긍정적으로 풀어나가는 다양한 방식이 시도되기는 하나, 이주는 여전히 문제를 야기하는 원인쯤으로 간주된다. 하지만 이주자 개인의 눈과 일상의 차원에서 이 문제를 바라보면 이주는 다른 모습을 갖게 된다. 이 경우에 이주는 국민국가의 경계 사이의 구별, 또는 차이, 충돌과 갈등의 문제가 아니라 국경 사이를 가로지르는 점진적인 만남과 섞임, 변화 등의 좀 더 긍정적인 방식의 이동 과정이 된다.

이렇게 이주를 달리 바라볼 때, 노동 이주자의 이주 경험에서 핵심적인 변화는 가족을 둘러싸고 나타난다. 우선적으로 초기에 이주는 이주자들에게 가족과의 이별을 의미한다. 하지만 적어도 초기에는 여전히 한국에 있는 가족과 매우 긴밀한 유대 관계를 유지하며 그 관계들 속에서 특히 부모의 장성한 자녀로서, 맏이로서의 의무를 소위 송금이라는 행위를 통하여 실행해 나간다. 하지만 강한 유대 속에서도 이들에게 이주의 또 다른 경험은 혼자서 살아가야 하는 외로움이다. 특히 독일로의 노동 이주가 단기 계약과 귀국을 전제로 하기 때문에 외로움의 강도는 더 커진다.

그러나 일정하게 의무들이 완수되는 순간에 이르면 이들은 애초에 이주를 통하여 꿈꾸었던 자신의 삶의 개선을 위한 노력들을 시작하고 이 과정에서 가족적 유대 유지의 한 방식이었던 송금은 더 이상 진행되지 않는다. 그 대신에 자신에 대한 투자와 스스로 더 이상 외롭지 않을 독일에서의 가족 만들기에 들어가게 된다. 하지만 그 가족 안에는 독일에의 적응의 정도 차이에 의한, 그리고 부모 세대와 자녀 세대의 경험에 의한 문화적 차이가 존재하고 따라서 시간을 두고 다시 이주라고 하는 횡단적인 이동이 나타난다. 시간을 두고 진행된 이 횡단의 끝에는 독일 사회에의 정착을 결정짓는 시민권의 획득 과정이 나타나게 되는데 이 결정의 이유는 바로 그곳에 자신의 가족이 있기 때문이다. 결국 이주의 완결은 독일에서 이룬 가족의 존재 때문에 이루어진다.

이렇게 하여 횡단적으로 국경을 가로질러 이주하는 장기적인 과정을 거친 한인들은 어느덧 한국적인 문화와 세계관, 정서 등에서 한참을 멀리 있는 이들이 되며 그렇게 횡단의 과정을 거친 이들에게 한국에 남아 있는 이전의 가족, 고향, 그리고 나라 자체는 더 이상 편안한 현실이 되지 못한다. 장기적인 과정으로서 이주를 파악하는 나혜심의 연구는 단기적인 노동력만을 제공하고 귀국하는 것이 가능할 것이라고 예상하고 정책을 만들었던 독일의 손님노동자라는 개념과 그것에 근거한 이주에 대한 이해를 비판적으로 바라볼 수 있게 해 준다. 더불어 증가하는 이주자들이 단순하게 국경을 넘어 자유롭게 삶의 터전을 바꿀 수 있을 것이라고 생각하는 한국 사회의 이주에 대한 이해 역시 비현실적이라는 점을 보여 준다.

유진영의 연구는 파독 인력 송출을 기술 교육의 측면에서 바라본다. 그는 인력 송출의 근거가 된 「한·독 정부 간 경제와 기술에 관한 협정」이 경제적 측면 외에도 한국 노동자의 기술 훈련 목적으로 체결되었다고 본다. 인력 송출은 광산업계와 간호업계에서 독일의 발전된 기술을 배워 와 한국의 경제 및 사회 발전에 기여하려는 목적에서 시작되었다는 것이다.

그는 직업훈련생이라는 명분으로 서독으로 이주한 이들의 1차 목적인 교육적 측면에 대해서 직업교육적 관점에서 한국과 독일에서의 교육제도를 비교 고찰하였다. 파독 광부·간호사의 한국에서의 직업 준비교육 및 자격 인정과 관련하여 구체적으로 연구의 II장에서는 당시 한국에서 광부, 간호사로 가기 전 교육 상황에 관하여 한국에서의 광부 교육, 간호 직업교육에 대해서 고찰해 보았다. III장에서는 당시 독일에서의 광부 직업교육과 간호 직업교육에 대해서 각각 살펴보았으며, IV장에서는 두 국가 간 직업교육의 차이와 직무 호환 가능성에 관하여 살펴보았다.

기존의 선행 연구에서는 한국에서의 광부 교육이 당시 독일에서의 광부 교육과 어떻게 인정 및 호환이 되는지에 대해서 연구된 바 없었기에 독일에서의 광부 교육과정에 대해서 소개하였다. 독일은 19세기 초기 산업화가 시작되면서 광산업이 발달하여 20세기 초에는 광산 관련 직업학교와 기술학교가 생겨나 그곳에서 전문적인 직업훈련이 이루어졌다. 보통 이 학교들에서 직업훈련은 3년 과정이 소요되며, 광산에서의 실습이 포함되어 이루어진다. 따라서 한국의 광부들이 독일에서 직업에 투입되었을 때는 단기간의 소정 교육만 받고 갔기에 독일의 광산업 직종상 하등의 직업 지위에 종사하였다. 이러한 직업교육 및 기술 부문에서 한국 광부들의 위치와 그들의 한국에서의 교육이 어떻게 직업 수행에 효과를 나타냈는지에 관해서 고찰해 보았다. 그리고 3년의 훈련생으로서의 기간이 끝난 후에 연장되지 않고 파독 광부들은 다양한 인생 경로를 마련하게 되었다. 광부로서 3년 계약이 끝난 후 더 연장되는 경우가 드물어 사실 이들은 직종을 전환하여 전환 교육을 받거나 대학 등에 입학함으로써 다른 방향의 직종으로 나아갔다.

한국 간호사들이 독일 병원에 투입되어 일을 하게 될 때는 한국에서와는 다른 체계의 간호사 시스템과 간호 교육 부문에서 '과자격화'의 문제가 지적되어 나왔다. 한국에서 간호 직업교육은 간호 관련 대학과 전문대학에서 각기 교과과정(커리큘럼)을 통해 전문적으로 이루어지고 있었다. 그러나 당시 독일 간호사는 3년간의 직업교육을 받으면 간호사가 되었다. 이 관점에서 두 국가 간의 간호 교육제도의 차이를 드러내는 비교 연구로서 교육제도상·위계상·전문성에 있어서 공통점과 차이점을 살펴보았다.

마지막 장인 V장에서는 광부와 간호사라는 직업이 당시 한인들의 독일에서의 삶에 미친 영향에 대해서 고찰해 보았다. 연구에 따르면, 교육 원조를 통해 직업훈련생(교육생)으로 간 그들은 독일에서 직업 생활을 하면서 직업훈련생에서 이주자로서의 생활을 하게 되고 계약 기간 후에는 각자 결정에 따른 고유한 삶을 살아가게 된다.

정흥모의 연구는 한국, 미국, 서독, 일본 등을 중심으로 박정희 정권 시기에 이루어진 광부(1963–1977년), 간호사(1950년대–1976년)의 파독부터 중단까지를 연구 시기로 정하여, 이 기간에 이뤄진 이들 국가 간의 정치적 문제를 연구 대상으로 삼았다. 따라서 이 같은 문제에 대한 접근 또는 분석은 국내 정치와 국제 정치가 맞닿는 지점에 대한 이해를 요구하고 있음을 알 수 있다. 다시 말해, 광부, 간호사의 파독 문제에 대한 이해는 그것이 일차적으로는 일국가의 문제이며 나아가 국가 대 국가의 문제라는 것이다. 그러나 좀 더 깊이 파고들면, 이 문제의 뿌리는 일국가나 국가 대 국가만의 문제 이전에 국내 정치의 질서가 냉전 체제라는 당시의 국제 정치의 질서와 일정 부분 맞물려 작동하고 있었다는 데까지 확장되어 있었던 만큼 여기까지를 연구의 대상으로 삼아야 한다는 것이다. 그런 만큼 광부, 간호사의 해외 송출을 연구 대상으로 한 분석에서 그 분석 단위로 냉전을 기제로 한 국제적 차원에서의 논의는 필수적이다.

따라서 그는 국내 정치와 국제 정치에 대한 교차적 비교 분석이 요구된다고 본다. 교차적 비교 분석의 하위 단위는 첫째, 한국 정부의 국내외 정치적 역학이다. 둘째, 미국, 서독, 일본 등 우방 국가이면서 동시에 원조 증여 국가의 국내외 정치적 역학이다. 셋째, 한국 정부와 이들 국가의 정치·군사·경제 협력 관계다. 더 나아가 냉전의 역할에 대해서도 주목해야 한다는 것이다. 연구는 위의 3가지 요인에 더하여 1970년대 중·후반 서독의 외국인 노동자 정책의 변화에 대해서도 주목했다. 당시 광부, 간호사가 강제 귀국의 위기에 몰렸기 때문이다.

연구는 광부·간호 인력의 파독은 미국, 서독, 일본 등의 출구 전략과 박정희 정권의 입구 전략이 시기적으로 국내외 정치 환경과 맞아 떨어져 성사된 것으로 본다. 그러나 보다 정밀하게는 복수의 현안에 대해 3국의 출구 전략이 공동의 이익을 실현할 수 있었다는 것이다. 결과적으로 박정희 정권의 서독 선택과 광부·간호사의 파독은 미국, 서독, 일본의 출구 전략과 한국의 입구 전략이 시기적으로 서로의 필요를 해소해야 하는 국내외 정치 환경과 만난 지점에서 성사된 사건이라고 결론짓는다.

윤용선의 연구는 파독 인력 송출의 경제적 성격을 다루었는데, 이 주제를 크게 국가 차원과 개인 차원으로 나누어서 고찰하였다. 한국과 서독은 역사적으로나 지리적으로나 먼 나라였다. 그러나 냉전과 함께 두 나라는 분단하에 체제 경쟁을 해야 하는 유사한 상황에서 이데올로기적으로 연대하는 관계가 되었다. 전후 경제 재건에 성공한 서독은 체제 경쟁의 차원에서 한국의 경제개발을 권고했고, 이는 양국의 경제 관계로 발전했다. 그러나 한국과 서독의 관계는 냉전의 영향에도 불구하고 본질적으로 경제적인 것이었다. 전후 회복세로 돌아선 서독 경제는 지속적인 성장을 위해 저임금 단순 노동력이 필요했고, 한국은 높은 실업률과 경제개발에 필요한 외화 획득을 위해 인력 수출이 시급한 상황이었다.

파독 노동자가 국내로 송금한 외화는 당시 한국이 필요로 했던 자본의 규모에 비하면 미미한 것이었지만, 자원과 자본이 모두 부족했던 상황에서 결코 무시할 정도는 아니었다. 한편 서독의 입장에서 한국과의 경제적 관계는 냉전 체제하에서의 동맹의 강화라는 현실적인 필요성에도 불구하고 서독의 지속적인 경제성장에 기여하는 것이어야 했고, 이는 당연한 기대이자 요구였다. 실제로 파독 광부 사업은 서독 탄광 산업이 자국에서 공급할 수 없는 노동력을, 게다가 단기적으로 제공하는 매우 유용한 인력 공급원 역할을 했다. 파독 간호사의 경우도 빠르게 성장하고 있던 서독의 복지 정책의 실현에 필요한 노동력을 제공했으며, 그들 역시 고용의 유연성을 보장해주는 단기 계약 노동력이었으나 서독의 필요에 의해 계약이 연장되었다. 이러한 맥락에서 윤용선은 파독 인력 송출을 원조가 아니라 한국과 서독의 상호 호혜적 경제 관계 또는 거래로 본다.

그는 또한 개인 차원에서 파독 인력 송출은 국가의 동원이 아닌 개인의 선택으로 규정한다. 파독 노동자와 중동 건설 노동자는 흔히 조국의 경제개발에 중요한 역할을 한 것으로 평가된다. 그러나 한 개인이 해외 취업을 결정하는 순간에 '조국과 민족'을 생각한다는 것은 흔한 일은 아니다. 물론 파독 인력송출이 국가의 의도대로 근대화에 기여한 것은 부정할 수 없는 사실이다. 그래서 일각에서는 파독 노동자를 국가유공자로 인정해야 한다는 요구가 제기된다. 그러나 국가유공자 인정 문제를 논하기 위해서는 먼저 파독 인력 송출이 국가에 의한 동원인지 개인의 선택이었는지를 먼저 판단해야 한다. 여러 자료와 구술 면담을 종합해 보건대, 서독 취업은 순수하게 개인적인 결정이었고 당시로서는 커다란 특권이었다. 게다가 경제개발에 기여한 국내 송금은 독일에 체류하거나 제3국에 이주한 경우보다 귀국을 선택한 사람들이 대체로 더 많이 했음을 윤용선의 연구는 보여 준다.

1960–1970년대 개발의 시대에는 국민 모두가 산업 역군이었다. 서독이나 제3국보다 더 열악한 조건에서 훨씬 낮은 임금으로 일한 국내의 탄광 노동자나 간호사까지 굳이 들먹이지 않더라도, 국내의 모든 산업 노동자와 농민이 개발독재 시대의 서발턴이었다. 물론 빈곤한 조국을 떠나 서독 및 제3국으로 이주한 이들은 한국이라면 겪지 않아도 될 여러 정신적 육체적 어려움을 경험해야 했다. 그러나 그에 대한 보상은 적지 않아 한국이라면 결코 누릴 수 없었던 많은 혜택을 받은 것 또한 사실이다. 파독 노동자는 개발 시대를 경험한 국내외의 모든 한국인과 마찬가지로 자신과 가족을 위해 치열하게 살았음을 연구는 보여 준다. 이를 통해 한국 경제개발의 역사는 희생적인 영웅이 등장하는 신화가 아니라 개개인의 구체적이고 치열했던 삶의 총합이었다고 결론 내린다.

이상에서 살펴본 바와 같이, 본 연구진은 파독 인력 송출을 정치, 경제, 문화, 이주, 교육 등 다섯 개의 차원에서 접근했다. 이 중에서 문화와 교육 차원의 접근은 기존의 연구에서는 볼 수 없는 독창적인 방식으로 주제를 다루었으며, 정치, 경제, 이주 차원의 연구는 기존의 연구에 비해 보다 심층적인 분석을 하거나 일반적인 입장을 재해석함으로써 연구의 독창성을 갖고 있다고 볼 수 있다. 물론 연구자 간에 견해를 달리하는 경우도 있었는데, 이는 분석 대상이나 접근 방식에서의 차이 때문인 것으로 풀이된다. 이를 테면, 파독 인력 송출이 냉전 시기에 국가 간의 관계에서 흔히 볼 수 있던 정치적 결정이었는지, 기술 연수 형태로 이루어진 원조였는지, 아니면 원조를 명분으로 한 경제적 거래였는지 등을 둘러싸고 연구자 간에 입장의 차이가 나타났다.

이러한 견해 차이는 개별 연구의 객관성이나 연구진의 의사소통과 관련된 문제라기보다는 파독 인력 송출이라는 역사적 대상이 단적으로 정의하기 어려운 복합적인 성격을 띤 사건이었음을 보여 준다. 이러한 견해 차이를 통해 본 연구진은 이 사건이 갖는 다양한 측면과 층위를 드러내는 데 미력이나마 일조했다고 볼 수 있다.

마지막으로 본 연구를 마무리하며 파독 인력 송출의 정치적, 사회적 관심에 비하여, 그리고 당사자들의 역사 쓰기 노력에 비하여, 학계의 관심은 그리 크지 않다는 것을 알 수 있었다. 게다가 이 주제는 현재 한국 사회에서 논란이 되고 있는 현대사의 해석 및 평가와 관련되어 있기 때문에, 보기에 따라서는 적지 않은 사실의 왜곡이나 일방적인 평가가 이루어지고 있는 실정이다. 이러한 이유에서 학계를 중심으로 한 사실적이고, 객관적이고, 다양한 연구가 이루어져야 할 필요성이 매우 크다고 하겠다. 이러한 작업을 토대로 했을 때 비로소 파독 인력 송출이란 한국 현대사의 한 장의 진정한 역사화가 가능할 것으로 보인다.

또한 간호사의 경우도 그러하지만 특히 광부의 파독에 대해서는 그들의 독일 취업의 계기조차도 아직 객관적인 자료에 근거한 연구가 이루어지지 않고 있으며, 독일에서의 노동과 삶에 대한 연구는 더 말할 나위가 없다. 특히 이들이 노동 이주를 간 상황이었음에도 불구하고 그들이 어떤 노동조건 속에서 일을 했고 어떤 대우를 받았는지에 대한 정보가 거의 정리되지 않았다. 그리고 이 시기가 냉전 상황이고 개발원조의 구조 속에서 국제적인 군사 연대는 물론 개발 연대의 과정이 이들의 고용에 필연적으로 연결되어 있기 때문에 시야를 확대하여 국제적인 관계 속에서 이 문제를 바라볼 필요가 있다.

1장

1960–1970년대 광부·간호사의 서독 취업에 대한 재해석

경제적 측면을 중심으로

| **윤용선**(한성대학교)

개발의 주체인 1960–1970년대 한국의 대중은 모두가 '한강의 기적'이라는 신화에 등장하는 영웅이 아니었다. 조국의 근대화라는 고귀한 사명을 위해 어떠한 희생이나 고통도 무릅쓸 각오가 되어 있는 애국자도 아니었다. 한반도의 북쪽에 있는 공산 정권을 타도하기 위해 경제 발전을 통한 승공이라는 이념에 자발적으로 참여하거나 동원된 것도 아니었다. 그들은 가난한 나라에서 자신과 가족의 생존을 위해, 그리고 불확실한 미래로 인해 고뇌하며 하루하루를 살아야 했던 실존적 존재들이었다.

I. 들어가는 말

국가 간 협정에 의해 광부의 서독 인력 송출이 이루어진 지 2013년 12월로 50주년을 맞았다. 1950년대부터 민간 차원에서 이루어진 간호 인력의 서독 진출까지 포함하면, 인력 송출의 시기는 이보다 더 길어진다. 서독 취업은 월남 파병과 중동 건설 인력 수출로 이어지며 해외 인력 수출의 물꼬를 텄다. 자원과 자본이 빈약하고 실업이 심각한 빈국에게 인력 수출은 매우 중요한 경제적 기회였다. 그래서 광부·간호사의 서독 취업과 뒤이은 서독의 차관 제공을 바라보는 한국 사회의 일반적인 시각은 이를 냉전과 관련된 '원조'이자 '한강의 기적'을 이룩하는 데 중요한 역할을 한 도움으로 간주한다. 그러나 시각을 달리해 보면, 그것은 한국과 서독 간의 상호 호혜적인 거래의 성격이 짙었다. 광부·간호사의 서독 취업 반세기를 넘긴 이 시점에서 당시의 인력 송출을 이러한 관점에서 정리하고 평가하는 것이 이 글의 목적이다.

이 글의 본문은 크게 두 개의 장으로 구성되었는데, II장에서는 서독 인력 송출과 서독의 차관이 한국과 서독에게 국가 차원에서 어떠한 성격을 갖는 것인지 살펴보았다. 이 장에서는 먼저 인력 송출을 가능하게 했던 경제 외적인 요인들을 살펴보고자 한다. 인력 송출은 본질적으로 한국과 서독 양국의 거래였고 경제개발을 목표로 한 것이었지만, 그것이 실현되는 과정에는 냉전이라는 정치적인 요인이 작용했다. 원조론은 아마도 이러한 국제정치적 환경에 주목했기 때문인 것으로 보인다. 둘째, 인력 송출을 통해 한국이 얻은 이익은 흔히 언급되지만 객관적이고 비판적으로 정리되지는 않았다. 이 글에서는 당시 인력 송출이 끼친 영향을 이러한 관점에서 살펴보고자 한다. 이어서 인력 송출이 서독 경제에 끼친 영향이나 의미를 살펴보고자 한다. 서독 인력 송출에 관한 기존의 논의는 주로 한국의 경제개발에 끼친 영향에 편중되었는데, 그 이유는 아마도 그것을 통해 한국이 얻은 이익이 서독에 비해 상대적으로 더 가시적이었기 때문인 것으로 풀이된다. 그러나 인력 송출은 서독에게도 이익을 가져다주었으며, 따라서 서독이 얻은 경제적 이익을 논하는 것은 당연하다. 마지막으로 1960-1970년대 한국과 서독의 경제 관계를 평가하는 데 있어서 빼놓을 수 없는 주제가 서독의 차관이다. 산업화에 필요한 자본이 절대적으로 필요한 상태에서 차관의 성격을 객관적으로 평가하기는 쉽지 않았으며, 그로 인해 차관은 원조론의 확산에 기여했다. 이 글에서는 당시 차관(특히 상업 차관)의 내용을 살펴봄으로써 기존의 일반적인 시각과 거리를 두고자 한다.

이어서 III장에서는 서독 취업이 개인에게는 특히 경제적으로 어떠한 의미를 갖는 것인지를 살펴보았다. 1960-1970년대 한국의 경제성장은 세계가 인정하는 성공의 역사이다. 한국의 경제개발은 저발전 국가의 모델이며, 한국에게는 자랑스러운 기억이다. 그러나 '한강의 기적'은 찬란한 신화가 아니라 고단한 노고의 역사이다. 그런데 그동안 한국의 경제개발의 역사는 정치적 리더십과 기업의 역할을 주로 강조하는 위로부터의 역사로 인식되어 왔다. 또한 냉전의 패러다임에 기초해 동맹국의 원조와 역할이 강조됨으로써 경제개발을 국제정치적 프리즘으로 관찰하기도 한다. 그런가 하면 이와 대척을 이루는 비판적 시각도 존재하는데, 경제개발이란 냉전 시대의 체제 경쟁 상황에서 승공勝共을 내세운 국가에 의해 기획되고 동원된 '개발독재'였다는 주장이 그것이다.

이러한 주장들은 모두 사실에 근거하며 나름의 논리를 갖고 있다. 돌이켜 보건대, 정치 지도자의 리더십, 기업의 신중한 판단과 각고의 노력은 경제개발이 성공을 거두는 데 없어서는 안 될 중요한 요소였다. 또한 냉전은 국가 간의 사소한 이견이나 이해의 충돌을 무시하고 진영의 논리로 단결하게 하는 견고한 프레임이었으며, 한국의 경제성장은 이러한 동맹의 우산과 보호 아래서 안정적으로 지속될 수 있었다. 경제개발 자체보다는 억압적이고 폭력적인 과정과 불공정한 분배에 주목하는 개발독재론도 개발의 이면을 드러낸다는 점에서 그 의미가 결코 과소평가되어서는 안 된다.

그러나 이러한 견해들은 초점이나 입장의 차이에도 불구하고 역사를 위로부터 내려다본다는 측면에서는 동일하며, 그러한 의미에서 경제개발의 역사를 절반만 말해 준다. 여기서는 경제개발의 주체인 대중은 관심 대상이 아니며, 그래서 정치한 분석과 해석에도 불구하고 여전히 무언가 결여되었다는 느낌을 지울 수 없게 한다. 경제개발의 역사는 훨씬 더 많이 아래로부터 관찰되어야 마땅하다. 한국의 경제개발은 탁월한 리더십이나 기업의 공로를 증명하기 위해 기획된 것이 아니었으며, 냉전이 후진국의 경제성장에 효율적인 국제정치 질서였음을 입증하기 위해 시도된 것도 아니었다. 또한 그것은 개발이란 필연적으로 폭력과 희생을 수반한다는 것을 보여줄 수밖에 없었던 것도 아니었다. 일반적으로 경제개발은 국민 대중의 물질적 생활을 개선하는 데 그 목적이 있으며, 그래서 아래로부터의 역사가 되어야 한다.

그렇다면 아래로부터 바라본 경제개발의 역사란 무엇일까? 먼저 경제적 풍요를 실현하자는 사회적 합의에 기초해 대중 개개인이 경주했던 노력과 감내해야 했던 고난의 기억을 생각해 볼 수 있다. 경제개발의 원동력은 다수의 대중이며, 지도자나 기업은 이들 대중에 비하면 작은 부분일 뿐이다. 예를 들어 오늘날 '세계의 공장' 역할을 하며 경제 대국이자 군사 강국으로 부상하고 있는 중국의 실체는 중국공산당이나 기업이 아니라 13억 중국 인구이다. 슈퍼파워 중국의 본질은 세계에서 가장 많은 인구이며, 이 인구는 엄청난 경제적 잠재력이자 중국의 힘이다. 경제의 주체는 다수의 대중이며, 경제개발을 추동하는 힘은 이들로부터 비롯된다.

그런데 아래로부터 바라본 경제개발의 역사란 이것이 전부일까? 개발의 주체인 1960–1970년대 한국의 대중은 모두가 '한강의 기적'이라는 신화에 등장하는 영웅이 아니었다. 조국의 근대화라는 고귀한 사명을 위해 어떠한 희생이나 고통도 무릅쓸 각오가 되어 있는 애국자도 아니었다. 한반도의 북쪽에 있는 공산 정권을 타도하기 위해 경제 발전을 통한 승공이라는 이념에 자발적으로 참여하거나 동원된 것도 아니었다. 그들은 가난한 나라에서 자신과 가족의 생존을 위해, 그리고 불확실한 미래로 인해 고뇌하며 하루하루를 살아야 했던 실존적 존재들이었다. 이러한 존재들에 대한 기억 역시 아래로부터의 역사이다. 그들이 주목한 것은 조국의 근대화나 승공처럼 추상적이고 모호한 구호가 아니라, 당장의 취업과 다가올 미래에 대한 대비였다.

이 글의 III장은 이러한 문제의식에서 출발한다. 노동의 대가로 이들에게 주어진 외화가 경제성장에 요긴하게 쓰였다는 것은 부정할 수 없는 사실이다. 그러나 그들의 역사를 경제개발이라는 관점으로만 보는 것은 정치 지도자와 기업이 주인공으로 등장하는 큰 영웅전에 뒤이은 작은 영웅전에 다름 아니다. 서독 인력 송출은 단순히 경제개발이란 틀로만 정의하기 어려운 다양한 층위가 존재하는 복합적인 역사적 대상이며, 그 다양한 층위는 아래로부터의 역사에 의해서 드러난다. 국가는 경제개발에 필요한 외화벌이를 위해 노동자를 파독(동원)했지만, 개인은 생존과 미래를 위해 독일 취업을 주체적으로 선택했다. 개발 시대의 역사는 인식의 지평을 확대할 필요가 있다. 이를 통해 50주년을 맞은 서독 인력 송출 또한 공허한 구호나 과장이 아니라 차분한 성찰이 가능해질 수 있다.

이 장에서는 먼저 서독 취업을 선택한 노동자 개인의 미시 세계가 다루어질 것이다. 여기에서는 서독 취업을 선택한 다양한 동기를 정리하고 평가해 보고자 한다. 이어서 당시 서독 취업이 노동자 개인에게 경제적으로 어떠한 의미가 있었는지를 살펴볼 것이다. 다음은 당시 서독 취업 노동자들이 국가의 인력 송출 목적이었던 송금에 있어서 어떠한 기여를 했으며, 외화 획득을 위한 인력 수출이라는 국가의 계획과 목적이 개인에게는 어떠한 의미를 갖고 있었는지에 초점을 맞추고자 한다. 이와 관련해 귀국, 체류, 제3국으로의 이주 등과 같은 계약 기간 만료 이후의 선택을 살펴볼 것이다. 이에 근거해 서독 인력 송출의 성격을 평가해 보고자 한다. 즉, 인력 송출은 냉전 시대의 체제경쟁과 관련된 근대화를 위한 국가의 동원이었고 서독 취업 노동자들은 '냉전의 서발턴'이었는지, 아니면 노동자 개인의 주체적 선택이자 빈곤이 낳은 디아스포라이자 이주였는지를 논해 보고자 한다.

본 연구는 기록보존서의 1차 사료, 회고록, 학문적 연구 결과 등을 토대로 진행되었다. 먼저 1차 사료로는 국사편찬위원회가 수집한 독일 외무부기록보존소Politisches Archiv des Auswärtigen Amts 문서를 들 수 있다. 또한 1차 사료의 성격을 갖는 여러 출판물 역시 중요한 정보를 담고 있다. 독일 거주 광부 모임인 재독한인글뤽아우프회Glückauf가 펴낸 『파독광부 45년사』나 한국파독광부협회가 발간한 『파독광부백서』 등은 학문적인 연구는 아니지만 서독 취업 광부에 관한 풍부한 자료를 담고 있다(유상근 편 2009; 권이종 편 2009). 1964년 박정희 대통령의 서독 방문을 통역관으로 수행한 바 있고, 1962년 10월 차관 제공을 협의하기 위한 경제사절단의 일원으로 서독을 방문한 백영훈(2001)의 회고록 『한강에 흐르는 라인강의 기적』은 다소 주관적인 측면이 없지는 않지만, 초기 한국과 서독의 경제 관계와 관련해 사료로서 중요한 가치를 가진다. 박정희의 서독 방문을 정리한 『붕정칠만리』는 당시 서독 인력 송출을 비롯해 한국과 서독의 정치·경제적 관계를 가늠하는 데 많은 정보를 제공한다(동아출판사 1965). 진실과 화해를 위한 과거사정리위원회(이하 진화위)가 서독 취업 노동자의 임금을 담보로 차관을 제공받았다는 일각의 주장을 규명하기 위해 작성한 조사보고서는 방대하고 구체적인 자료에 기초하고 있다는 점에서 중요하다. 보고서는 주로 서독 취업 노동자의 임금을 담보로 한 차관 제공설에 초점을 맞추고 있다(진화위 2008).[1]

학술 연구로는 먼저 1975년 서독 인력 송출이 아직 진행되던 시기에 발표된 심윤종(1975)의 연구를 들 수 있다. 1972년 라인란트-팔츠에 소재한 12개 병원에 근무 중이던 한국인 간호 인력 152명을 무작위로 추출해 실시한, 65개의 질문으로 구성된 설문 조사에 기초한 심윤종의 논문은 당시 서독 취업 간호사들의 미시 세계를 이해하는 데 중요한 자료를 제공한다. 1974년 서독 47개 병원에 취업 중인 간호 인력 157명을 대상으로 실시한 김조자(1975)의 설문 조사와 연구 논문 역시 심윤종의 연구만큼이나 중요한 기초 자료를 제공한다. 풍부한 기초 자료를 수록한 정해본(1988)의 연구도 중요한 자료 중 하나이다. 1988년에 발표된 그의 연구는 구체적이고 풍부한 자료를 담고 있다. 개인의 회고록이 갖고 있는 1차 자료로서의 가치는 아무래도 개인의 주관적 기억이라는 한계를 지닌다는 점을 고려할 때, 그의 연구가 갖는 자료로서의 가치는 매우 크다. 따라서 기존의 관련 연구 대부분이 그의 논문에 의존한다. 그러나 정해본의 연구는 결정적인 약점을 갖고 있는데, 다름 아니라 개별 자료들의 출처를 언급하지 않고 있다는 점이다. 그럼에도 불구하고 그의 연구에서 제시된 자료들은 매우 구체적이어서 신뢰성을 잃지 않는다.[2] 1987

1 이 보고서는 수정되어 학술 논문으로 발표되기도 했다(이영조·이옥남 2013).

2 자료에 관한 언급이 전혀 없는 것은 아니다. 정해본의 연구가 수록된 『한국의 해외취업』에는 방법론에 관한 서술에서 자료에 관해 언급한다. 책의 공동 저자들은 노동부에서 적지 않은 자료를 발견했는데, 그것만으로는 충분치 않아 한때 연구를 중단할 생각까지 했다고 한다. 연구자들은 자료 발굴 방법을 고

년에 발표된 최재현·다하임(Choe and Daheim 1987)의 연구는 특히 서독 취업 노동자들의 계약 기간 만료 이후의 진로 선택을 심층적으로 분석한다. 나혜심은 국내 연구자 가운데 가장 많은 연구 결과물을 발표한 바 있다. 주로 서독 취업 간호사를 다양한 측면에서 연구해온 나혜심은 간호 인력에 대한 다양한 정보와 자료를 제공해 줄 뿐만 아니라 논의할 만한 해석과 평가를 제시하고 있다.[3] 노명환(2011)의 연구는 1960년대 한국의 경제개발에 있어 서독의 역할을 미국을 정점으로 한 냉전 상황이라는 정치적 배경을 중심으로 정치하게 고찰하고 있다. 당시 냉전이 양국의 경제적 관계 형성에 어떠한 영향을 끼쳤는가를 구체적으로 다루고 있다. 독일의 외국인 및 이주 정책 전문가인 이용일(2003)은 오늘날 독일 사회에서 지속적으로 논의되고 있는 소위 '외국인 문제'가 사실상 경제 재건 시기 노동시장의 논리에 의해 비롯된 것이라고 본다. 그의 논문은 서독 인력 송출을 보다 심층적으로 이해하는 데 필요한 거시적 관점을 제공한다. 김원(2011)은 개발 독재의 어두운 이면을 주로 다룬 『박정희 시대의 유령들』에서 서독 취업 노동자들을 부분적으로 다루고 있는데, 구술면접에 근거해 그들의 눈에 비친 서독 인력 송출을 서술하고 있다. 이영석·박재흥(2006)의 연구는 남해군 독일마을 거주민 25명을 대상으로 실시한 설문조사에 기초해 서독 취업 노동자의 의식을 주로 다루고 있다.

민한 끝에 자료의 공백이 심했던 1961–1972년 시기 주요 언론의 해외 노동력 수출에 관한 기사 및 광고, 당시 해외 취업의 일선에서 일했던 인사들의 구술(서독 취업 인력의 경우 현장에서 근로자들과 직접 접촉하며 제반 업무를 총괄했던 노무관), 간호 인력의 서독 송출에 관여했던 이종수, 이수길 박사 등으로부터 자료를 얻었음을 밝히고 있다(박래영 편 1988, 29–30). 따라서 정해본의 연구는 자료의 구체적인 출처를 언급하지 않음에도 불구하고 수록된 각종 자료들은 신뢰할 만한 것으로 간주해도 무방할 듯하다. 물론 다른 자료나 사실과의 비교를 통해 사실 여부를 확인해야 하는 것은 당연하다.

3 이 글에서는 그의 글 중 본 논문과 직접 관련이 있는 나혜심(2009)의 연구.

Ⅱ. 서독 취업과 국가: 원조인가, 거래인가?

거래의 시작: 냉전과 '개발원조'

서독 인력 송출의 주요 원인으로는 실업률 해소, 경제개발에 필요한 외화 획득, 서독의 노동력 부족, 그리고 끝으로 냉전의 영향 등이 흔히 언급된다. 냉전 시대의 국제정치적 키워드는 체제 경쟁이었으며, 미국을 중심으로 한 서방측은 경쟁에서 우위를 차지하기 위해서는 경제개발이 중요하다는 점을 처음부터 인식하고 있었다. 2차 세계대전 직후 미국이 서유럽의 경제 재건을 위해 제공한 마셜플랜은 이러한 인식에 근거한 정책이었다. 마셜플랜은 얼마 안 있어 냉전의 현장인 분단 독일에서 가시적인 성과를 보이기 시작했는데, 1950년대를 지나며 전쟁의 후유증을 극복한 서독 경제는 1960년에 접어들어 호황을 구가했다. 서독은 사회주의에 대한 자본주의의 우위를 보여 주는 모델이었으며, 서독 수상 에르하르트Ludwig Erhard와 박정희는 이 점에서 의견이 일치했다. 1964년 12월 박정희의 서독 방문을 마무리하며 발표된 한독공동성명서에는 다음과 같은 내용이 들어 있다. "경제부흥이 분단된 국토를 통일하려는 투쟁에 있어서 가장 중요한 무기의 하나라는 것과 이 투쟁에 있어서 양국국민은 전통적이고 상호불가분의 관계를 맺고 있다는 것을 인식하고 양국은 조속한 공업화에 중점을 둔 한국경제개발이 공동의 이익에 관하여 가장 중요하다는 점에 의견의 일치를 보았다."(동아출판사 1965, 130)

그러나 공동성명에서 표현된 경제성장을 통한 승공이라는 원칙은 양국 간의 '의견의 일치'라기보다는 서독이 가난한 동맹국 한국에게 해 준 조언이었다. 백영훈의 회고록에 따르면, 에르하르트는 박정희와 회담하는 자리에서 '라인 강의 기적'과 자국의 경제개발에 커다란 관심을 갖고 있는 아시아의 빈국에서 온 군인 출신의 신참내기 지도자에게 조언을 아끼지 않았으며, 진정한 반공이란 공산주의를 경제적으로 압도하는 것이라는 점을 누누이 강조했다(백영훈 2001, 73–75). 박정희 역시 서독 방문의 목적이 성공한 동맹국으로부터 배우는 데 있음을 밝혔다. 그는 서독 방문 출국 인사에서 다음과 같이 말했다. "나는 종전 후의 그 폐허 위에서, 더구나 공산주의 세력과 대치하면서, 오늘의 위대한 경제건설과 번영을 이룩한 독일연방공화국의 부흥상을 샅샅이 시찰할 것이며 ……."(유상근 편 2009, 34) 당시 주한 서독 대사 뷩어Karl Bünger 역시 박정희가 서독의 경제성장에 커다란 관심을 갖고 있다고 본국에 보고했다(노명환 2011, 300–301).

냉전의 영향은 계속해서 확인된다. 에르하르트는 경제성장에 관한 조언 외에도 하루빨리 과거로부터 벗어나 일본과 관계 개선을 하라고 박정희에게 촉구했다. 그는, 한일 관계의 정상화는 당시 한국민의 정서상 시기상조라고 보는 박정희를 설득하기 위해 서독이 프랑스 및 영국과의 불편했던 과거 관계를 청산하고 냉전하에서 새로운 협력 관계로 돌아섰다는 사실을 상기시켰다(백영훈 2001, 75–76). 백영훈의 회고는 발굴한 독일연방기록보존소 기록과 일치한다(노명환 2011, 308). 노명환에 따르면, 에르하르트는 일본과의 관계 정상화 촉구에서 한 걸음 더 나아가 동북아시아조약기구NEATO: North East Asia Treaty Organization의 창설까지 언급했다(노명환 2001, 301–302). 6개월 후 한일국교정상화가 이루어진 것을 보면, 박정희는 일본 자본에 대한 관심과 더불어 에르하르트의 충고를 진지하게 받아들였던 것으로 보인다.

경제성장의 당위성에 대한 인식은 시급한 한국의 경제개발을 의미했으며, 서독은 한국에게 경제 '원조'를 제공할 유리한 조건을 갖추고 있었다. 게다가 전후 경제 재건에서 마셜플랜과 '코레아 붐Korea-Boom'[4]의 덕을 톡톡히 본 서독이 한국과의 경제 관계를 거부하기는 쉽지 않았을 것이다.[5] 주한 서독 대사 벵어 역시 한국을 지원하라는 미국의 '은근한 압력angedeutet wird'을 받았노라고 본국에 보고했다.[6] 또한 경제성장은 승공을 위한 공세였지만 동시에 방어이기도 했다. 독일의 역사적 경험을 보건대, 빈곤은 공산주의의 확산에 더할 나위 없이 좋은 자양분이었다. 만약 한국이 빈곤 문제를 해결하지 못해 적화 통일이라도 된다면, 같은 분단국가인 서독 국민에게 심리적으로 매우 부정적인 영향을 미칠 수 있음을 서독 측은 우려했다(진화위 2008, 183).

이상에서 살펴본 바와 같이, 서독 인력 송출을 포함한 한독 경제 관계는 냉전이라는 정치적 요인에 의해 영향을 받았다. 그러나 간과해서는 안 될 점은 설사 정치적 환경이 충분히 조성되었다 하더라도 한국과 서독 간에 노동력의 유출입이 이루어지기 위해서는 경제적 조건이 필요했다는 사실이다. 바꿔 말해, 개발원조에 대한 도덕적 의무감이나 냉전의 진영 강화 논리가 지배한다 하더라도, 이를 실현하기 위해서는 경제적 환경이 먼저 조성되어 있어야 했다. 경제 외적 원인들은 필요조건은 될 수 있으나, 충분조건은 결국 경제로 귀착될 수밖에 없다. 그럼에도 불구하고 정치적 요인의 중요성은 간과

---

4 '코레아 붐'은 서독 경제가 누린 한국전쟁 특수를 의미한다. 한국전쟁이 서독과 서유럽 경제성장에 끼친 영향에 대해서는 베르너 아벨스하우저(2010, 163–181) 참고.

5 이유재의 연구에 따르면, 서독은 개발원조에 매우 소극적이었는데 1960년 아이젠하워가 미군 철수라는 강한 압박을 하자, 마지못해 개발원조에 나서게 되었다고 본다(이유재 2010, 190). 그러나 전후 서독은 홀로코스트 희생자 및 이스라엘, 유럽 주변 국가에게 지불해야 할 막대한 전쟁 배상금 부담을 안고 있었다는 점을 고려할 필요가 있다.

6 보고서(1961년 1월 31일)에 따르면, USOM 한국지부 관계자들은 일본 출장 중 1954년 일본 광부 250명이 기술 연수차 2년간 서독에 파견되었다는 사실을 알게 되었고, 벵어에게 한국 광부의 서독 취업에 대해 의사를 타진해왔다(독일외무부기록보존소(Politisches Archiv des Auswärtigen Amts), V6-80-55-92.23, Bestand 85, Bd. 1404, Forts.Band 1405, 4–5).

될 수 없는데, 즉 서독의 외국인 노동력 수입은 경제적으로는 설명되지만, 왜 그 대상국이 한국인가를 이해하기 위해서는 냉전이라는 정치적 요인을 언급하지 않을 수 없다.

그럼에도 불구하고 노동력의 국제적 이동이란 본질적으로 경제적 행위이다. 이주에 관한 일반 이론에 따르면, 개인이 이주를 선택할 때 가장 중시하는 요소는 경제적 조건의 개선이다. 이주에 관한 일반 이론은 대체로 이주에서 경제적 동기를 중시한다. 이주에 관한 고전이라 할 수 있는 신고전주의 이주이론Neoklassische Migrationstheorien[7] 역시 이주를 경제적 관점에서 바라본다. 또한 미시경제학과 거시경제학은 방법론이나 주제에서 차이를 보이지만, 이주란 유입국과 유출국 간에 존재하는 경제적 조건의 차이에 의해 발생한다는 점에서 의견을 같이한다(Chies 1994, 27). 정리하자면, 서독 인력 송출은 냉전에 의해 결정되었지만 본질적으로 경제적 과정이었다.

한국: 실업 해소와 송금 외화

주지하다시피, 서독 인력 송출이 한국에 가져다준 경제적 이익은 실업률 완화와 외화 획득에 대한 기대였다. 1960년대 한국은 저발전 국가에서 전형적으로 나타나는 높은 실업률을 겪고 있었다. 유감스럽게도 당시의 실업률에 관한 구체적인 통계는 찾기 어렵다. 다만 미국대외원조기관USOM이 작성한 것으로 보이는 보고서에 따르면, 한국은 의료 기술의 향상과 가임 여성의 증가로 인해 급격한 인구 증가와 높은 실업률의 위험성을 안고 있었다(진화위

7 신고전주의 이론은 E. G. Ravenstein이 1885년 소개한 '이주의 법칙'에서 출발한다(Ravenstein 1885, 167–277).

2008, 181). 이는 당시 전 세계적인 현상이었는데, 선진국과 후진국의 소득격차를 연구한 동시대의 경제학자들은 이러한 차이가 갈수록 커지는 주요 원인 중 하나로 후진국의 높은 인구 증가율을 지적했다(박승 1970, 11). 당시 서독 취업 광부 모집이 높은 경쟁률을 보인 점이나(정해본 1988, 64–65), 탄광 노동에 전혀 어울리지 않는 대졸 출신 고학력자들이 대거 몰린 현상(유상근 편 2009, 79) 등은 당시 국내의 실업 문제가 어느 정도 심각했는지를 짐작하게 해준다.

초기에 기술 연수생 자격으로 무자격 광부를 송출했던 것과 달리, 1960년대 말에는 광부 경력자를 보내기도 했다. 국내 에너지 시장에서 석유가 점차 석탄을 대체한 결과 국내 석탄 산업은 1967년부터 침체기를 맞았으며, 그로 인해 광산 노동자의 실업률이 새로운 문제로 떠오르게 되었다. 1969년 11월 주한 서독 대사관은 본국 외무부에 보낸 서신에서 독일광산협회가 현재 실업 상태에 있는 약 4,800명의 한국 광부들을 고용하는 데 관심이 있다는 사실을 보고했다.[8] 실업 광부의 서독 취업은 계속해서 논의되었다. 노동청 노동력 실태조사보고서에 따르면, 1973년에 무려 8,898명의 국내 광부가 실직했다. 게다가 3년 계약 만료 후 귀국하는 광부를 대체할 인원 보충 등으로 송출 요인은 여전히 존재했다. 오일쇼크로 서독의 실업률이 증가함으로써 외국인 노동력 유입이 중단되었지만, 1974년에 총 892명의 광부가 서독에 취업했다. 이것이 마지막 대규모 취업이었으며, 이후 1975년에 4명, 1976년에 46명이 독일로 간 뒤, 서독 취업은 막을 내렸다(정해본 1988, 75–77).

광부의 서독 취업은 국내 실업 문제 해결에 어느 정도 기여한 것으로 볼 수 있지만, 간호 인력의 경우는 대체로 이에 해당되지 않았다. 지금까지 발

8 Politisches Archiv. V6-80-55-92.23. Bd. 1510, 26–27.

굴된 자료에 의하면, 간호 인력(간호학생 자격)이 최초로 서독에 진출한 해는 1959년으로 초기에는 간호사 교육을 받지 않은 사람들이 간호학생 자격으로 서독으로 갔는데(나혜심 2009, 265–266), 이들의 경우는 실업률 해소에 기여했다고 볼 수 있을지도 모르겠다. 독일병원협회 통계에 따르면, 1959–1976년에 10,723명의 한국인 간호 인력이 서독행 비행기에 올랐다(진화위 2008, 225). 그런데 이들 대부분은 한국에서 이미 취업 상태에 있었거나 직업교육을 받고 있던 예비 노동력이었다. 당시 서독 취업 간호 인력의 응모 자격을 보면, 해당직종 면허 소지자로 국가고시 합격자여야 했으며, 국비 보조 간호원의 경우 의무 복무 기간을 마쳐야 했다. 또한 보조 간호원은 9개월간의 교육과정을 이수한 뒤 국가고시에 합격한 이후에 서독 취업이 허락되었다(정해본 1988, 131–132).

이러한 이유에서 한국 정부는 광부와 달리 간호 인력의 송출은 시급하지 않다고 판단했다. 주무 부서인 보건사회부는 서독병원협회가 주독 한국 대사관을 통해 전해온 간호 인력 송출 요청에 대해 미국에 비해 상대적으로 낮은 임금과 서독의 간호 인력 수준이 국내에 비해 낮다는 이유를 들어 거부 의사를 밝혔다(정해본 1988, 130). 독일 측에서도 한국의 간호 인력을 독일에서 재교육하는 것이 무의미하다는 지적이 있었다(나혜심 2009, 277). 게다가 간호 인력의 서독 취업은 실업 문제의 해결이 아니라 인력 부족 사태를 야기했다. 과도한 인력 송출로 인한 한국의 간호 인력 부족에 대한 비판과 우려가 1968년 세계보건기구 한국 사무소에 의해 주한 서독 대사관 측에 전달되었으며, 이러한 사실을 보고받은 서독 연방노동복지부가 서독병원협회에 한국인 간호 인력 고용을 자제해 줄 것을 요청하기도 했다.[9] 간호 인력 부족 사태에 대

9 Politisches Archiv. V6-80-55-92.23. Bd. 1510, 40-41.

한 비판이 제기되었다는 것은 다수의 간호사가 서독 취업 전에 이미 현직에서 근무하고 있었다는 것을 의미한다.

이상에서 살펴본 바와 같이, 광부의 서독 취업은 당시 심각하던 실업률 해소에 일조를 했음이 분명하다. 뒤이어 1970년대에는 국내 광산업의 침체로 인해 발생한 광부 실업자 일부를 흡수하기도 했다. 그러나 1963-1977년에 약 8,000여 명에 달했던 서독 취업 광부의 규모로 볼 때(진화위 2008, 193), 실업률 해소 기능은 그리 크지 않았다고 볼 수 있다. 실업 문제가 본격적으로 해결되기 시작한 것은 경제개발을 통해서였다. 간호 인력의 경우에는 사정이 이와 달랐다. 서독으로 취업한 간호 인력 대부분이 국내에서 이미 취업 상태에 있었기 때문에, 인력 수출은 간호 인력의 부족 사태를 야기하기도 했다. 그런데 많은 비용을 들여 양성한 간호 인력을 서독에 보내는 것이 경제적 손실을 의미하는 것이었음에도 이를 시행한 것은 더 큰 경제적 이익이 있다고 판단했기 때문이다. 즉, 경제개발을 위해 시급한 외화를 획득하려 했던 것이다.

그렇다면 서독 인력 송출은 경제개발의 '종잣돈'이 되어야 할 외화의 획득 가능성으로서 어느 정도 의미를 갖고 있었을까? 이를 이해하기 위해서는 먼저 1960년대 한국의 자본 상황을 살펴볼 필요가 있다. 1950년대 한국은 주로 미국의 원조에 의존했다. 한국전쟁 직후인 1954-1957년에 연간 약 3억 달러의 무상 원조가 미국에서 제공되었는데, 이는 대부분 생필품이나 전쟁 복구에 쓰였다. 이후 1961년까지 연간 2-3억 달러에 달하는 미국의 원조는 대부분 소비재 수입에 사용되었다. 그러나 1962년 제1차 경제개발 5개년계획이 시작되고 막대한 자본이 필요해지자, 필요 자금의 일부가 외자 도입과 외환 수취를 통해 조달되었다(박승 1970, 37).

경제개발에 필요한 외자 도입은 시급했지만 해결책이 많지 않은 문제였다. 그로 인해 정통성 문제를 안고 갓 출범한 박정희 정권은 정치적으로 부담스럽기 짝이 없는 한일국교정상화와 베트남 파병이라는 모험을 해야 했다. 외자 도입은 그만큼 절박했다. 이러한 상황에서 서독 취업 노동자의 국내 송금은 규모에 상관없이 1970년대 한국 경제성장의 '종잣돈'으로 평가될 만했다. 송금 외화는 기술이전 효과를 사실상 기대할 수 없는 상황에서 해외 인력 송출로부터 정부가 얻을 수 있는 유일한 효과로, 정부는 송금의 안정적 확보에 관심이 많았다. 따라서 "3년간 한국으로 돌아올 수 없고 적금과 함께 한 달 봉급의 일정액은 반드시 송금해야 한다."는 것이 정부가 내세운 서독 취업의 조건이었다(유상근 편 2009, 75).

그러나 송금은 강제가 따르는 의무는 아니었다. 광부들은 본인이 직접 수령한 임금 중 일부를 본인의 의지에 따라 송금했다(진화위 2008, 212). 이는 베트남이나 중동 지역에 송출된 인력의 경우 임금의 80% 이상을 국내에서 수령하도록 한 것과 대조를 이룬다.[10] 이러한 상황에서 정부는 일련의 송금 유인책을 쓰기도 했다. 박정희의 방독 당시 건의한 결과, 송금된 마르크화는 원화로 매각하지 않고 환율 우대를 받았던 외환증서로 전환되었고, 이자가 보장되는 외화정기예금으로 입금되었다(정해본 1988, 82). 게다가 정부는 서독 취업 노동자들이 가급적이면 많이 송금하도록 홍보하고, 송금을 보다 쉽게 할 수 있도록 송금 은행을 늘리기도 했다. 노동청은 1965년 '서독 광부의 본국 송금 문제'를 제기하고, 이국만리에서 힘들게 번 외화를 낭비하지 말고 국내에 송금하도록 조치를 취해야 한다고 촉구했다. 이를 위한 구체적인 방

10 참고로 동독과 베트남 정부 간의 협정에 의해 단기 계약으로 취업한 동독의 베트남 계약 노동자의 경우 임금의 12%가 강제로 베트남 정부에 송금되었다. 이는 정부 간에 합의한 사실로 노동자들은 이러한 사실 자체를 몰랐다(윤용선 2013, 204–205).

안도 제시했는데, 송금 누진제를 적용해 '프리미엄'을 부여한다든지 한국은행 뒤셀도르프 출장소를 지점으로 승격하여 송금을 보다 쉽게 하도록 해야 한다고 건의했다(정해본 1988, 120–121).

송금의 유형은 개인에 따라 다양했다. 과도한 소비나 도박 등으로 송금을 하지 못하는 경우도 있었지만, 이는 예외적인 경우였다. 귀국을 계획한 사람은 당연히 송금을 많이 했으며, 제3국 이주나 독일 체류를 계획한 경우는 송금액이 적었거나 아예 없었다. 1966년에 광부의 약 60%가 국내에 송금한 것으로 파악되었다(정해본 1988, 122). 전체적으로 볼 때, 한국 노동자의 송금액은 다른 나라 출신 외국인 노동자들에 비해 높았는데(진화위 2008, 216), 이는 아마도 단기 체류라는 조건 때문이었던 것으로 풀이된다. 간호사를 대상으로 1972년에 실시한 심윤종의 설문 조사에 따르면, 한국에 정기적으로 송금한다고 응답한 사람은 57.2%였으며, 평균 송금액은 451마르크였다. 응답자의 17.8%는 특별한 경우에 송금하며, 25%는 전혀 송금하지 않는다고 답했다. 응답자의 체류 기간 또한 송금 유무 및 규모와 밀접하게 관련이 있는 것으로 나타났는데, 체류 기간이 긴 사람일수록 일반적으로 송금 액수가 적었으며, 계약 기간을 연장해 3년 이상 체류하는 경우는 대부분 송금이 불규칙해지거나 중단되었다(심윤종 1975, 1835).[11]

〈표 1〉 총 수출액 대비 서독 취업 노동자의 송금액

(단위: 천 달러)

연도	총 수출액	서독 취업 노동자 송금액	총 수출액 대비 송금액 비중(%)
1965	175,082	2,734	1.6
1966	250,334	4,779	1.9
1967	320,229	5,791	1.8
합계	745,645	13,304	1.78

출처: 진화위(2008, 213).

〈표 2〉 GNP 대비 서독 취업 노동자 송금액

(단위: 천 달러)

연도	GNP(불변가격)	서독 취업 노동자 송금액	GNP 대비 송금액 비중(%)
1964	2,900,000	112	0.003
1965	3,000,000	2,734	0.09
1966	3,700,000	4,779	0.12
1967	4,300,000	5,791	0.13
1968	5,200,000	2,147	0.04
1969	6,600,000	1,246	0.01
1970	7,800,000	3,338	0.04
1971	9,500,000	6,593	0.06
1972	10,700,000	8,311	0.07
1973	13,700,000	14,162	0.10
1974	19,200,000	24,479	0.12
1975	21,200,000	27,680	0.13
합계		101,372	

주: 1971-1975년에는 광부·간호사 외에 기타 서독 취업 인력의 송금액이 합산되었다. 이들은 1971년 476명, 1972년 208명, 1973년 152명, 1974년 92명, 1975년 3명이었다.
출처: 진화위(2008, 214).

〈표 1〉이 보여 주듯이, 서독 취업 노동자의 3년간 송금액은 1,300만 달러를 넘었다. 송금이 전체 수출액에서 차지하는 비중은 2%를 밑돌지만, 수출의 경우 상품에 원자재와 인건비 등 제반 비용과 조세 감면이나 보조금 지급과 같은 비용이 포함되어 있다는 점을 감안하면, 서독 취업 노동자의 송금은 손실 비용이 전혀 발생하지 않는 순이익이다. 상품 수출의 외화가득률을 높이 잡아 60%로 할 경우, 송금액을 상품 수출액수로 환산하기 위해 송금액에

11 체류 기간과 송금의 상관관계를 밝혀낸 심윤종은 서독 인력 송출의 주요 목적인 송금 효과를 극대화하기 위해 3년 계약 후 귀국을 강제하는 순환제도의 도입을 제안했다.

1.66을 곱하면(진화위 2009, 216) 〈표 2〉에서 볼 수 있는 1964–1975년 기간의 송금액은 약 1억7천만 달러에 달한다.

송금 외화의 경제적 효용은 이것이 전부가 아니다. 송금은 국내 가족의 소비를 통해 국내 경기를 진작하며, 만성적인 국제수지 적자를 개선하는 데에도 기여했다. 외화 획득은 해외 수취 요소소득으로서 국민총생산에 포함됨으로써 지표로 표현된 국민소득의 증가 효과가 있다. 또한 상환 부담이 따르는 차관과 비교해도 해외 취업 노동자의 송금이 갖는 이점은 분명했다. 박승은 1960년대 한국의 고도성장이 외채 상환 부담을 대가로 하고 있다는 점을 1969년 발표한 저서에서 부담스럽게 언급한다(박승 1970, 50). 1969년 당시로서는 경제개발의 결과를 알 수 없었기 때문에, 그의 우려는 납득할 만하다. 동시에 상환 부담이 없는 서독 취업 노동자들이 보낸 외화가 당시 어떻게 평가되었을지를 가늠해 볼 수 있다. 그러나 서독 취업 노동자의 송금은 한시적이었고, 〈표 1〉과 〈표 2〉에서 볼 수 있듯이 경제개발이 요구하는 자본 규모에 비하면 턱없이 적었다. 따라서 필요한 자본의 대부분은 차관을 통해 조달되어야 했다.

서독: 인력 송출과 고용 정책

서독 인력 송출이 서독에 가져다준 경제적 이익은 무엇이었을까? 서독은 1950년대에 부족한 노동력을 동독 탈출자와 동유럽에서 추방된 독일인들로 채웠으나, 동유럽 독일인 유입은 오래가지 않았고 동독으로부터의 노동력 유입 역시 1961년 장벽 설치와 함께 끝났다. 그로 인해 1960년부터 유럽의 외국인 노동력의 서독행이 러시를 이루었다(이용일 2003, 77). 그러나 간과해서는 안 될 점은 당시 유입된 노동력은 서독인이 기피하는 소위 3D 업종에서

흡수했다는 사실이다.[12]

이러한 현상은 노동 이주에서 흔히 볼 수 있는 것으로, 외국인 노동력과 국내 노동시장의 관계를 연구한 파이오리M. J. Piore에 의해 이론화되었다. 그는 노동 이주를 주로 수요 측면에서 고찰한 후, 유입국의 노동시장에서 이주 노동력으로 인해 중심과 주변부로 분화하는 시장의 이원화dual labor-market가 나타난다는 사실에 주목했다. 노동시장의 중심부는 대개 높은 임금을 받으며 자격을 요하는 일자리로 형성되며, 반대로 주변부는 저임금과 고용 불안정에 항상 노출되어 있는 단순 노동력이 몰려든다. 이때 주변부 노동시장은 이주 노동력을 선호하는데, 여기서는 고용자와 피고용자 공히 어차피 단기 계약을 상정하기 때문에 직업적 전망이나 임금, 열악한 노동조건 등에 대해 불만을 상대적으로 덜 갖기 때문이다. 그러나 이주 노동자가 정착을 의도할 경우 점차 중심부 노동시장으로 다가간다고 본다(Piore 1979, 33-43).

파이오리의 이론은 1950-1960년대 외국인 노동력의 대규모 유입을 허용한 당시 서독 노동조합의 입장을 이해하는 데 도움이 된다. 일반적으로 노조는 노동력 과잉으로 인한 임금 하락을 우려해 대규모 외국인 노동력 유입에 반대한다. 그러나 서독에서는 노동력 부족으로 인한 경제성장의 둔화를 막아야 한다는 데 노사가 견해를 같이했다(이용일 2003, 86). 그런데 파이오리의 이론은 외국인 노동력 유입에 대해 서독 노조가 동의하게 된 또 다른 이유를 추론할 수 있게 해 준다. 즉, 노조는 비숙련 외국인 노동력이 노동시장에서 독일인 노동자의 경쟁자가 아니라고 보았기 때문에 동의했을 수 있다.

당시 서독 취업 광부의 경우 계약 기간은 3년이었고, 자격은 기술 연수생

12 서독 취업 간호사 출신 여성을 대상으로 한 김원의 인터뷰는 노동자 자신도 이러한 점을 의식하고 있었음을 보여 준다(김원 2001, 163).

이었다. 3년은 독일에서 일반적으로 직업교육을 받는 기간이었다. 기술 연수를 명분으로 한 인력 송출이 서독에 가져다주는 이점은 서독이 필요로 하는 노동력의 충원이 아니라 후진 동맹국에 기술을 전수한다는 원조 정책으로 보일 수 있다는 것이었다. 외무부가 노동복지부에 보낸 서신(1961년 2월 15일)에는 다음과 같은 내용이 있다. "한국 광부를 고용Beschäftigung하는 계획은, 일정 수의 광부를 일본 광부에게 적용한 것과 동일한 조건하에서 2년간의 기술 연수를 위해 독일에 파견하자는 정도로 구체화되었습니다. 이 계획에 반대하는 것은 정치적인 이유에서 적절치 않아 보입니다. 한국 광부의 직업교육Ausbildung을 수락하는 것이 한국에게는 일종의 개발원조Entwicklungshilfe로 여겨질 수 있습니다."[13] 여기에 등장하는 '고용'과 '직업교육', '개발원조'는 의미상 상충된다. 바꿔 말해, 전자는 양측 모두에게 이익이 되는 호혜적인 경제 관계를 의미하는 반면, 후자는 서독이 한국에 제공하는 일방적인 시혜를 의미했다. 이를 통해 서독은 필요한 노동력 확보와 동맹국 지원이라는 실리와 명분을 동시에 챙길 수 있었다. 물론 정해본이 지적한 바대로, 당시 한국이 유럽공동시장EEC 회원국이 아니고 국제노동기구ILO 미가입국이었기 때문에 서독 취업 인력을 기술 연수생 자격으로 하자는 데 양국 정부가 합의했다고 볼 수 있다(정해본 1988, 54; 58). 그러나 서독 정부가 자국민 고용주의 노동착취를 국내법상으로 방치할 의사가 없고 노동 분쟁과 관련해 양국 간에 협정을 체결한다면 굳이 기술 연수생 자격을 고집할 필요는 없었을 것이다.

기술 연수를 내세운 보다 근본적인 이유는 다른 곳에 있었다. 파이오리가

---

13 Politisches Archiv. V6-80-55-92.23. Bestand 85, Bd. 1404, Forts.Band 1405, 7; 내용을 보면, 노동복지부가 한국 광부의 서독 취업을 일단 거부했던 것으로 보인다. 여기서 냉전의 정치적 동맹 관계를 중시하는 외무부와 노동시장을 우선 생각했을 노동복지부의 입장 차이를 엿볼 수 있다.

지적한 바대로, 단순 노동력 조달에 있어 단기 계약 이주 노동이 갖는 유용성이 서독 인력 송출의 경우에도 그대로 나타났다. 오늘날 한국 정부의 외국인 노동력 관리 정책에서도 볼 수 있듯이, 기술 연수생 형태의 노동력 유입이 의도하는 바는 단기 계약을 전제로 한 저임금 단순 노동력의 편리한 확보에 있다. 즉, 기술원조라기보다 노동시장의 유연성을 꾀하는 신자유주의적 정책에 가깝다. 이용일에 따르면, 서독에서 단기 계약 외국인 노동력은 고용과 해고의 용이함으로 인해 경제 호황기와 침체기에 노동시장에서 일종의 '경기완충장치' 역할을 했다. 실제로 1966–1967년 서독의 경기 침체기에 독일인 노동자는 불과 2.5% 감소한 반면, 외국인 노동자는 24.5%나 감소했다(이용일 2003, 87).[14]

서독 인력 송출 관련 각종 자료들 역시 광부의 서독 취업이 기술원조와 거리가 먼 단순 노동력의 확보였음을 증언한다. 한국과 서독은 1961년 3월 18일 기술원조협정을 체결해 소위 '기술 연수생'의 서독 송출의 법적 근거를 마련했다. 광부의 송출 목적은 독일의 선진적인 채광 기술을 습득해 한국의 광산업 발전에 활용하라는 것이었다. 그러나 앞서 언급한 바대로, 인력 송출이 이루어지고 있던 1970년대 초에 국내 광산업은 석유 에너지의 확산으로 인해 침체를 겪고 있었고, 8천 명 이상의 광부가 실업자로 전락했다. 게다가 한독기술협력위원회 1975년 조사에 따르면, 서독 광산에서 '연수'를 받고 귀국한 사람 중 단 2명만이 한국 광산에 취업했다(진화위 2008, 180). 여성 노동력의 경우도 이와 유사했다. 박정희 서독 방문을 동행 취재한 서울신문 선우

14 경제학적 관점에서 보면, 단기 계약 외국인 노동력의 이러한 특성은 전혀 문제가 되지 않을 뿐 아니라, 이를 활용하는 것이 외국인 노동력과 관련한 정책의 주요 목표 중 하나로 인식된다(전형중 2010, 201; 203).

휘 기자의 보도에 따르면, 가톨릭 단체를 통해 소위 '간호 유학생'으로 온 간호 인력과 방직 여공들은 새로운 기술 습득이 전혀 이루어지지 않고 재래식 기술만 접한다는 불만을 터뜨렸다(동아출판사 1965, 160). 간호대학을 졸업한 간호사들 역시 독일의 선진 의료 기술을 접할 수 있을 것이라고 기대했지만, 한국과 전혀 다른 간호사의 단순 업무에 불만을 나타냈다(나혜심 2009, 270).

서독 정부가 한국 노동자를 대상으로 직업교육을 실시한 사례가 없지는 않다. 그러나 이는 계약 기간이 만료된 이후에도 귀국하지 않는 노동자들이 귀국 후 정착할 수 있도록 제공하는 직업교육이었다. 클라우젠호프 아카데미Die Akademie Klausenhof와 본 크로이츠베르크 센터Kreuzberg Center Bonn 등은 한국을 비롯한 제3세계 출신 취업 노동자의 직업교육을 담당했다. 또한 서독 연방경제협력성과 한국 노동청은 재독 한국인 이주 노동자의 귀국을 종용하기 위해 1979년 소책자를 발간하기도 했다. 주독 한국 대사관 수석 노무관 임정삼은 이 책자에 게재한 글에서 1960년대 한국은 심각한 실업 문제를 안고 있었지만, 3차에 걸친 경제개발5개년계획의 성공으로 이제는 전문 인력이 많이 필요한 상태라고 귀국을 촉구했다. 전직훈련 과정에 참여하는 사람의 경우 귀국 후 취업을 보장하겠다는 임정삼의 약속이 지켜졌는지 여부를 이 글에서는 확인할 수 없다. 게다가 교육 프로그램은 귀국 후 새로운 일자리를 얻기 위한 준비교육으로 광산 노동과는 다른 것이었다(유상근 편 2009, 108-114).

정리하자면, 서독의 입장에서 한국인 노동력의 수입은 저개발 국가에 대한 기술원조가 아니라[15] 자국민이 기피하는 일부 분야의 부족한 노동력을 유

---

15 서독의 기술원조가 전혀 없었던 것은 아니다. 에르하르트는 박정희와 회담하는 자리에서 한국의 경제개발과 관련해 전반적인 조언을 한 후, 산업화에 도움이 되는 자문을 해 줄 경제 전문가를 파견해 주겠다는 약속을 했으며, 그는 실제로 5명의 경제 고문을 한국에 파견했다. 에르하르트가 회담에서 강조했던 고속도로, 자동차, 제철 분야 등의 전문가들은 한국을 방문해 구체적인 정보와 기술을 제공했다(노명

연하게 충원할 수 있는 경제적으로 유용한 수단이었다.[16] 한국인 노동력의 경제적 유용성은 긍정적으로 평가되었던 것으로 보인다. 1965년 일부 광부들의 서류 위조가 적발되고 한국인 광부와 독일인 관리자 사이에 갈등이 일어나는 등, 한국인 광부를 둘러싸고 문제가 발생하자, 서독 정부는 정부대로 한국 측의 노무관리가 허술하다는 불만을 제기하고 한국인 광부의 지속적인 고용에 거부감을 나타냈다(정해본 1988, 54). 그럼에도 불구하고 광부의 서독 취업이 1977년까지 지속되었다는 것은 한국인 노동력이 서독에게 여전히 매력적이었다고 해석할 수 있다. 이러한 의미에서 빈곤한 동맹국 한국에 대한 '승공'을 위한 '기술원조'란 정치적 수사로 포장된 인력 송출은 오히려 서독의 경제성장에 기여한 '전도된 개발원조'(이유재 2010, 208) 라고 보는 것도 무리가 아니다. 그러나 간과해서는 안 될 점은 서독이 얻은 것은 절반의 이익이었다는 점이다. 왜냐하면 서독 인력 송출은 본질적으로 경제적 거래였기 때문이다.

환 2011, 313). 변형윤 역시 2차 5개년계획(1967–1971)이 성공적으로 마무리될 수 있었던 데에는 '서독 고문단의 기술 지원'에 힘입은 바 컸다고 본다(변형윤 1996, 55).

16 한국인 노동력을 포함한 외국인 노동력 수입이 서독의 경제 발전에 악영향을 끼쳤다는 견해도 있다. 1950년대부터 시작된 서독의 외국인 노동자 유입 정책이 노동시장이 아니라 당시 유럽통합의 초기 단계로 추진하던 (노동)시장 단일화라는 대외 정책상의 이해에 의해 결정되었다는 주장이 독일에서 제기되었다. 당시 수출의 호황을 맞고 있던 서독 경제는 지속적인 임금 및 물가 안정을 통해 수출 경쟁력을 유지하는 데 관심이 있었고, 이러한 상황에서 외국인 노동력의 대규모 유입은 경제적인 문제가 아니라 일종의 '외교적 거래(Tauschgeschäfte der Diplomatie)'로 전락해 버렸다는 것이다. 그런데 외국으로부터의 풍부한 노동력 유입은 노동력 부족에 의해 촉진되는 기술혁신을 가로막는 장애물로 기능하기도 했다. 노동시장에 저임금 노동력이 풍부한 상황에서 기업은 구조조정이나 자동화를 통한 원가절감 압박을 받을 필요가 없어진 것이다. 이와 관련해 크노르츠(H. Knortz)는 전후 서독과 마찬가지로 경제적 부흥기에 노동력 부족을 경험한 일본의 노동시장 정책을 언급한다. 그는 일본이 노동집약적인 산업의 육성을 위해 외국인 노동력을 유입하는 대신 한국이나 대만같이 인건비가 저렴한 국가로 생산 설비를 이전하는 선택을 했으며, 이를 통해 일본은 노동력의 하향평준화를 막을 수 있었고, 이는 기술혁신에 의한 지속적인 경제성장을 가능하게 한 원동력이었다고 본다(Knortz 2008, 223–227).

백영훈은 훗날 회고록에서 '어려웠던 시절에 우리를 도와준 라인 강 사람들의 진실한 우정과 협력'(백영훈 2001, 221)에 감사했다. 그러나 당시의 인력 송출이 서독의 경제 발전에 득이 된 '전도된 개발원조'였다는 정반대의 주장도 존재한다. 이유재는 서독 취업 광부의 기술교육에 대해, 광부의 서독 송출은 "실제로는 서독 경제 발전을 위한 전도된 개발원조였다는 사실을 명백하게 보여 준다. 남한이 절실하게 필요로 했던 장학금이나 견습생 자리는 서독 측으로부터 매우 제한적으로 제공되거나 전혀 제공되지 않았으며 ……."(이유재 2010, 208)라고 비판적으로 평가한다. 나혜심은 한국인 간호 인력이 서독의 사회복지 증진에 기여한 바를 지적한다. 즉, 한국인 노동자들은 한편으로 현직 노동자의 임금 일부로 충당되는 사회복지 기금의 확보에 기여했고, 다른 한편으로는 복지 정책의 일환으로 의료 요양 시설이 늘어남으로써 인력의 수요가 급증한 상태에서 한국인 간호사는 매우 요긴한 노동력이었다고 본다(나혜심 2009, 271–272; 282). 『파독광부 45년사』 역시 다음과 같이 결론짓는다. "한국 간호사들과 광부들의 파독은 한국에 개발 원조를 준다는 명목으로 이루어졌지만, 사실은 한국의 간호사들과 광부들의 노동력과 기술이 독일의 경제 사회 발전에 도움을 준 '전도된 개발 원조'였다."(유상근 편 2009, 86)

'전도된 개발원조' 테제의 의의는 무엇보다도 인력 송출을 바라보는 시야를 확대했다는 점에 있다. 한국의 경제개발에 필요한 외화의 부족과 높은 실업률, 서독의 경제 붐과 노동력 부족 등이 흔히 서독 인력 송출의 배경으로 언급된다. 그러나 서독의 노동력 부족에 대한 구체적인 고찰이 없었기 때문에, 한국인 노동력이 그저 부족한 일자리를 채운 것으로 인식되었다. 게다가 한껏 고양된 냉전의 분위기 속에서 서독 인력 송출을 기술원조로 규정한 정치적 선언에 대한 비판적인 고찰도 없었다. '전도된 개발원조' 테제의 의의는 바로 여기에 있다. 이 관점은 서독 인력 송출의 평가에서 한국이 얻은 이익을 과도하게 부각하는 시각의 편향성을 극복할 수 있게 해 준다. 그러나 반대로 서독이 내세운 원조의 허구성과 서독이 얻은 이익에 주목하다보니 오해를 불러일으킬 소지가 없지 않다. 즉, 이 테제는 서독 인력 송출이 정치적 수사가 아닌 진정한 원조였어야 했다는 뉘앙스를 내포한다. 그러나 노동력 송출이란 시혜나 원조가 아니라 노동시장에서 상호 간에 최대의 이익을 추구하는 경제적 과정에 다름 아니다.

차관: 외자도입과 자본·상품 수출

일반적으로 개발원조는 무상과 유상으로 분류되며, 무상 원조는 다시 무상자금 협력과 기술원조로 나뉘고, 유상 원조는 공공차관(재정차관)과 상업차관으로 구성된다(진화위 2008, 197-198).[17] 이렇게 보면 차관은 개발원조의 한 형태이지만, 유휴자본의 활용이라는 점에서 본질적으로는 이익을 기대하는 투자라고 볼 수 있다. 물론 다급한 것은 차관을 받는 측이기 때문에, 한국의 입장에서는 원조처럼 보일 수도 있다. 상업차관은 산업화에 필요한 플랜트 수출의 성격을 띠고 있어 서독 기업에게는 수출을 의미했다. 따라서 차관은 동맹국에 대한 원조가 아니라 이윤과 자금 회수 가능성을 면밀하게 검토한 뒤 이루어지는, 국가나 공공기관이 개입된 투자이다.

한국의 1차 5개년계획은 성공적이어서 1962-1967년 한국의 평균 공업성장률은 무려 21.1%에 달했는데, 비슷한 시기 선진국 평균이 5.9%이고 후

17 1982년 서독의 대한 원조가 종결될 때까지 이루어진 개발원조는 5억 9천만 마르크로 추산되었다(이유재 2010, 191).

진국 평균이 6.7%에 불과했다(박승 1970, 42). 그러나 저축률은 다른 나라에 비해 낮은 편이었다. 1965년 통계에 따르면, 아시아에서 한국과 함께 공업화를 추진하던 국가인 대만의 경우 저축률이 20%에 투자율이 22%이고, 태국은 저축률 21%에 투자율 22%로 차이가 크지 않았던 반면, 한국의 경우에는 1966–1967년 평균 저축률 11%에 투자율이 무려 21%에 달했다. 이는 한국의 경제개발이 다른 나라에 비해 외자에 더 많이 의존해야 한다는 것을 의미했다(박승 1970, 48–49). 그런데 한국은 외자 유치에 성공했다. 박승의 연구

〈표 3〉 **국가별 공공차관 제공 현황**

(단위: 천 달러/괄호는 건수)

국가 \ 연도	1952–62	1963	1964	1965	1966	1967	1968	1969	계
미국	49,994 (9)	9,200 (1)	29,875 (4)	71,512 (5)	95,520 (11)	36,131 (4)	48,715 (7)	117,900 (8)	458,847 (49)
일본	–	–	–	–	–	33,362 (8)	18,613 (4)	11,245 (5)	63.220 (17)
서독	9,563 (1)	–	4,405 (1)	5,191 (1)	13,660 (3)	4,918 (1)	–	–	37,737 (7)
영국	–	–	1,199 (1)	–	–	–	–	–	1,199 (1)
IBRD	–	–	–	–	–	–	5,000 (1)	65,000 (2)	70,000 (3)
IDA	14,000 (1)	–	–	–	–	11,000 (1)	3,500 (1)	14,800 (1)	43,300 (4)
ADB	–	–	–	–	–	–	6,800 (1)	24,500 (3)	31,300 (4)
기타	–	–	–	–	–	925 (1)	–	2,667 (1)	3,592 (2)
합계	73,557 (11)	9,200 (1)	35,479 (6)	76,703 (6)	109,180 (14)	86,336 (15)	82,628 (14)	236,112 (20)	709,195 (93)

주: 보고서의 통계에는 계산상의 오류가 있어 일부 수정했다.
출처: 경제기획원 편(1970); 진화위(2008, 198)에서 재인용.

에 따르면, 일반적으로 후진국의 급속한 공업화는 수입의 증가와 외환보유고의 부실을 초래하는데, 한국이 이러한 악순환을 피할 수 있었던 데에는 '외자도입, 한일국교정상화와 월남전 등에 따른 외화 유입 등 외생적인 요인이 중요한 역할'을 했다고 본다(박승 1970, 49–50). 변형윤의 연구 역시 한국의 외자의존도가 높았음을 보여 주는데, 1962–1966년에 투자된 자본의 경우 정부 주도가 55.6%, 민간 주도가 44.4%이고, 국내투자가 72.2%, 외자가 무려 27.8%에 이른다(변형윤 1996, 46).

1억 달러 이상의 공공차관이 도입된 1966년 무역수지 적자는 전년도 대비 증가했으나, 외환보유고는 오히려 증가했다. 당시 외자도입에서 나타난 변화를 살펴보면, 미국의 무상 원조가 감소한 반면 민간 이전지출 수입이 증가했으며 대일청구권 무상 자금 유입 등으로 외자 유입은 증가했다(경제기획원 편 1967,61–62). 〈표 3〉의 통계에 따르면, 공공차관의 경우 미국이 최대 차관 제공국이다. 일본은 한일협정 체결 이후인 1967년부터 차관을 제공하기 시작했으며, 외자도입을 위해 국민 정서를 무릅쓰고 강행한 한일회담이 성과가 있었음을 보여 준다. 한편 1968년 이후 서독의 공공차관 유입은 중단되었다. 1967년에 시작된 2차 5개년계획 역시 국내 자본 조달 비율이 50.5%에 불과했다. 결국 필요 자본의 반을 외국에서 도입하지 않으면 안 되었고, 그로 인해 외자 의존도는 더욱 심화되었다(변형윤 1996, 68).

서독의 공공차관이 중단된 데에는 단기적으로 몇 가지 요인들이 작용했다. 먼저 1967년 여름 발생한 동백림사건 이후 양국의 정치적 관계가 악화된 것이 작용했을 가능성이 높다. 그리고 한일국교정상화 이후 일본과의 경제적 관계가 심화된 것도 하나의 요인으로 들 수 있는데, 1964년 박정희의 방독 당시 에르하르트가 일본과의 관계 개선을 촉구한 것은 서독이 지역별 경제 관계의 심화를 원했던 것으로 해석할 수 있다. 그 밖에 1963년 케네디 사망과 베트남 파병을 통한 존슨 행정부와의 관계 개선 등으로 서독 의존도가 약화되었다고 볼 수 있다. 그러나 이러한 요인들은 단기적인 것으로, 서독은 1970년에 1,330만 달러, 1971년에 1,820만 달러에 달하는 공공차관을 다시 제공했다(경제기획원 편 1973, 225).

상업차관은 공공차관과 달리 동백림사건의 영향을 받지 않은 것으로 보인다. 〈표 4〉에서 나타나듯이, 1968년과 1969년 서독의 상업차관 규모는 비슷하지만, 1969년에 건수가 크게 늘어났음을 알 수 있다. 상업차관은 서독 정부가 지급보증을 한 상태에서 이루어지는 기업의 수출이었기 때문에, 정치적

〈표 4〉 국가별 상업차관 제공 현황

(단위: 천 달러/괄호는 건수)

국가 \ 연도	1952-62	1963	1964	1965	1966	1967	1968	1969	계
미국	-	33,796 (7)	6,298 (2)	3,281 (4)	3,391 (7)	16,846 (14)	135,640 (36)	218,358 (55)	417,610 (125)
일본	-	-	380 (1)	-	67,125 (14)	36,249 (10)	109,984 (23)	71,884 (17)	285,622 (72)
서독	1,366 (1)	16,607 (5)	16,366 (5)	-	22,690 (9)	34,569 (8)	48,654 (6)	48,096 (14)	188,348 (48)
프랑스	-	2,475 (1)	20,498 (1)	-	11,252 (1)	12,500 (1)	29,295 (3)	129,065 (8)	205,085 (15)
이탈리아	-	-	19,726 (1)	-	-	3,603 (4)	62,526 (4)	-	85,855 (9)
스위스	-	280 (1)	-	4,068 (2)	-	4,524 (1)	2,168 (3)	5,489 (2)	16,529 (9)
기타	485 (1)	2,123 (1)	-	-	-	36,324 (7)	24,107 (5)	93,339 (17)	156,378 (30)
합계	1,851 (2)	55,281 (15)	63,268 (10)	7,349 (6)	104,458 (31)	144,615 (45)	412,374 (80)	566,231 (113)	1,355,427 (340)

주: 보고서의 통계에는 계산상의 오류가 있어 일부 수정했다.
출처: 경제기획원 편(1970); 진화위(2008, 199)에서 재인용.

인 영향을 덜 받았다고 볼 수 있다. 상업차관이 늘어났다는 것은 한국의 1차 5개년계획의 성과가 성공적이었다는 것으로 해석될 수 있으며, 서독 기업에게는 수출의 증가를 의미했다.

앞서 언급한 바대로, 서독이 한국과 경제적인 관계를 갖게 된 것은 미국과 관련이 있었다. 한국전쟁 종전 이후 미국의 한국에 대한 관심은 지대했다. 전쟁의 결과는 만족스럽지 못했지만, 전쟁을 통해 구축된 동맹 관계는 매우 돈독한 것이었다. 따라서 미국은 한국에게 경제적 원조를 아끼지 않았다. 그러나 1950년대를 지나며 서방 측 주요 국가들의 경제 회복세가 뚜렷해지고 미국이 사상 처음 무역 적자를 기록하자, 미국은 기존의 무상 원조를 유상 원조로 전환하기 시작했다. 이러한 변화에 직면해, 한국 정부는 미국 일변도의 외자 도입 경로를 다변화할 필요성을 느꼈으며, 이 과정에서 서독과의 관계가 긴밀해졌다(한국일보 64/12/11; 동아출판사 1965, 197). 또한 주한 서독 대사 뵝어에 따르면, 케네디가 쿠데타를 통해 집권한 박정희를 파트너로 인정하지 않았으며(노명환 2011, 293-294), 관계 악화는 1961년 12월 박정희가 원조 요청을 위해 미국을 방문하는 과정에서 현실로 나타났다. 미국에서 외면당하고 일본으로부터의 외자도입은 국민 정서상 시기상조인 상황에서, 한국의 시선은 자연스럽게 서독으로 향했다(백영훈 2001, 31-32). 게다가 미국은 한국의 경제개발에 서독이 일정한 역할을 해 주기를 기대했다. 주한 서독 대사 뵝어의 보고에 따르면, 한국인 광부의 서독 취업을 처음 제안한 것은 미국 측이었다(나혜심 2009, 256).

박정희는 에르하르트와의 회담에서 서독을 방문한 목적이 차관을 얻는 데 있다고 솔직하게 밝혔다(유상근 편 2009, 38). 1차 5개년계획 기간 중 미국의 원조는 감소했고, 필요한 자금은 서독이 제공한 공공차관과 1965년 한일국교정상화 이후 시작된 대일청구권자금 및 상업차관 등이 유입된 외자의 대부분을 차지했다(변형윤 1996, 68). 아래의 차관 일람표를 보면, 이미 박정희의 서독 방문(1964년 12월) 이전에 약 5,100만 달러 상당의 차관 도입이 체결된 상태였다. 그러나 1961년 5월 이후 체결되었다는 점에서 서독이 당시 박정희 군부 정권 등장 이후에 한국의 정치를 안정되었다고 보았고, 한국을 투자

〈표 5〉 **서독 제공 차관 일람표**

(1964. 9. 21. 현재/단위: 천 달러)

	사업명	사업주	차관액	체결일자
재정 차관	전신전화사업	체신부	8,750	1962. 11. 19.
	탄전개발사업	석탄공사	5,180	1964. 4. 23.
	기계류사업	기획원	4,820	1964. 8. 14.
소계			18,750	
장기 상업 차관	쌍용시멘트	쌍용양회	6,495	1964. 3. 31.
	비스코스 인견사 공장	흥한화섬(化纖)	5,118	1964. 2. 24.
	전기기기공장	한영공업	2,500	1964. 2. 24.
	마혼방(麻混紡)공장	대평방직	3,500	1964. 6. 9.
	합금철공장	한국전기합금	873	1964. 7. 14.
소계			18,486	
일반 상업 차관	펄프공장	삼양펄프	617	1963. 4. 13.
	저마(苧麻)방직공장	한국저마	725	1963. 9. 24.
	신문용지공장	삼풍제지	292	1962. 11. 12.
	한일시멘트	한일양회	6,380	1963. 1. 8.
	원양어선도입	공흥산업	1,500	1963. 12. 12.
	전기기기공장	금성사	1,250	1963. 9. 26.
	송배전선공장	한국케이블	2,950	1964. 7. 18.
소계			13,714	
총계			50,950	

출처: 동아출판사(1965, 24).

가치가 있는 시장으로 평가했음을 알 수 있다. 서독의 차관은 크게 보아 재정차관, 장기 상업차관, 일반 상업차관 등 세 범주로 분류되며, 각 부문별로 비교적 고르게 차관 규모가 분포되어 있다. 〈표 5〉에서 볼 수 있듯이, 재정차관이나 상업차관 모두 서독 기업의 플랜트 수출 형태로 제공되었음을 알 수 있다. 차관은 자본이 부족한 한국에서 가뭄의 단비 역할을 했으며, 서독은 차관을 통해 투자와 수출을 위한 신흥 시장을 찾은 셈이었다.

서독의 차관과 관련해 빼놓을 수 없는 문제가 당시 차관이 소위 서독 취업 노동자의 임금을 담보로 제공되었다는 주장이다. 이 주장은 1962년 당시 차관 협상을 위한 정래혁 상공부장관의 서독 방문을 수행했던 백영훈 박사를 통해 제기되어 특히 주목을 받았다. 게다가 송금한 임금을 통해 경제개발에 기여한 것으로 알고 있던 서독 취업 노동자 출신 인사들이 임금 담보설을 접한 후 진화위에 사실 여부를 밝혀줄 것을 요청함으로써 더욱 화제가 되었다.[18] 백영훈 박사는 상업차관에 필요한 지급보증을 받을 수 없는 상태에서 불가피하게 약 7,000명에 이르는 서독 취업 노동자의 3년 임금을 담보로 했다고 주장했고(백영훈 2001, 46), 그의 주장은 여과 없이 노동자들에게 전달되었다(유상근 편 2009, 75).

그러나 서독 정부가 개인의 임금을 담보로 차관을 제공했다는 주장은 얼핏 보아도 납득하기 어려운 것으로, 진화위의 보고서는 구체적인 조사 작업을 진행한 끝에 임금 담보 차관 제공설이 사실이 아니라고 결론지었다. 당시 서독의 상업차관은 서독 정부가 헤르메스Hermes 보험공사를 통해 지급보증하에 각 기업이 자사 제품을 수출하는 형태로 이루어졌다(진화위 2008, 203). 그

18 진화위는 조사에 착수하게 된 이유 중 하나로 임금 담보설이 서독 취업 노동자들로 하여금 정부에 각종 복지사업을 요구하는 도덕적 근거로 이용되고 있다고 밝힌다(진화위 2008, 196).

런데 임금 담보설을 주장한 백영훈 박사도 헤르메스 보험공사의 존재를 알고 있었다. 그의 회고록에 따르면, 1962년 차관 협의 차 서독을 방문했을 때 상업차관을 다각도로 모색하던 중 이 제도를 알게 되었고, 상업차관을 얻기 위해서는 수출할 의사가 있는 기업을 먼저 찾는 것이 급선무라는 것도 알게 되었다고 본다(백영훈 2001, 37–39). 따라서 임금 담보설은 백영훈 박사의 착각에서 비롯된 주장으로 보인다.

Ⅲ. 서독 취업과 개인

기회의 땅, 서독

1960년대 한국의 경제 수준은 어느 정도였을까? 유엔에서 작성한 1965년 경제통계에 따르면, 대만의 국민 1인당 GNP가 200달러, 태국이 113달러, 필리핀 237달러인데 반해, 한국은 필리핀의 절반도 안 되는 107달러에 불과했다(박승 1970, 15). 1960년대 경제개발의 성과가 가시화된 1970년 한국의 1인당 GNP가 251달러였을 때, 서독은 한국의 11배인 2,748달러에 달했다(Choe and Daheim 1987, 18). 세계 최빈국 중 하나였던 한국에서 산다는 것이 미래를 앞둔 젊은이들에게는 암울하기 짝이 없는 것이었다. 이러한 상황에서 정부의 서독 인력 송출 사업은 사회적으로 커다란 반향을 일으켰으며, 이는 당시 모집과 관련한 여러 상황을 통해 확인된다.

당시 서독 취업은 여러 면에서 엄청난 기회였다. 1960-1970년대는 해외여행 자체가 사회의 극소수나 향유할 수 있는 특권을 의미했다. 모든 면에서 우리보다 앞서 보이는 선진국은 동경의 대상이었고, 그곳에서 장기간 생활한다는 것은 특히 젊은이들에게 뿌리치기 어려운 유혹이었다. 게다가 여성에게는 가부장제 사회의 숨 막히는 억압으로부터 벗어나 자유와 미래를 꿈꿀 수 있는 기회이기도 했다. 바꿔 말해, 산업화에 필요한 외화 획득과 심각한 실업 문제의 해소를 위해 정부 주도하에 추진된 당시의 서독 인력 송출 사업이 개인에게는 가난과 가난한 조국으로부터 벗어날 수 있는 절호의 기회로 인식되었다.

이는 서독 취업 동기에 관한 설문 조사 결과에서 잘 나타난다. 서독에 취업 중인 간호사를 대상으로 1972년에 실시한 서독 취업의 동기에 관한 질문에 응답자의 53%가 경제적인 이유를, 32%는 서구 사회에 대한 동경을 들었다(심윤종 1975, 1826). 1974년에 역시 서독 취업 간호사를 대상으로 실시한 설문 조사 결과도 이와 유사하다. 서독 취업을 결정한 동기는 경제적인 이유가 58%로 가장 많았고, 해외 생활을 경험하기 위해서가 27.4%, 학업을 위해서가 22.9%, 외국에 대한 동경이 8.9%였다(김조자 1975a, 28-29).

그렇다면 당시 서독 취업 노동자들이 서독에서 받은 임금은 한국에서 경제적으로 어느 정도의 가치를 갖고 있었을까? 광부 송출이 시작된 이듬해인 1964년에 취업한 어느 광부의 경우 1966년 7월 월급 총액이 1,475.17마르크(약 123,910원)였고, 각종 공제액 685.55마르크(약 57,590원)를 제하고 789.62마르크(약 66,360원)가 실제 수령액이었다. 갱부감독Steiger이었던 그의 임금은 높은 편이었다. 그의 증언에 따르면, 1년 반 동안 꾸준히 송금하여, 미아리에 70만 원 상당의 주택 한 채를 구입했다고 한다(진화위 2008, 206-207). 주택 구입비 70만 원은 18개월간의 실수령 임금 1,194,480원의 약

59%에 달하는 금액으로, 그는 수입의 절반 이상을 국내에 송금해 저축했다고 볼 수 있다.

광부의 1966년 임금은 미혼자의 경우 각종 공제 후 약 450마르크 정도였다. 함보른Hamborn 광산 근무자 220명을 대상으로 1966년 1월에 실시한 설문조사에 따르면, 최저 일일 임금이 26.60마르크에 최고 임금은 무려 45.95마르크나 되었다. 한국인 광부의 임금은 그리스나 터키 출신과 비슷한 수준이었다. 임금은 꾸준히 상승해 1970년대 후반에는 1966년 대비 약 3배 정도 인상했다. 당시 광부의 임금은 대부분 도급제였는데, 도급제란 정액임금제가 아니라 출결 사항과 작업량을 평가해 업적에 따라 임금을 차등 지급하는 제도로, 능력이 뛰어난 광부는 평균임금의 두 배를 받는가 하면, 반대의 경우는 평균임금의 절반 정도를 받기도 했다. 진화위가 국내에서 설문 조사한 결과에 따르면, 1964–1967년에 서독 취업 광부의 실수령 임금은 400–3,000마르크에 이를 만큼 편차가 컸다(진화위 2008, 207–208). 작업을 해야 하는 20일 동안 매일 도급량을 100% 달성하면, 1,801.20마르크(1977년 기준)를 받으며, 이 중 약 31%를 공제하고 나면 실수령액은 1,250마르크 정도였다(진화위 2008, 207).

〈표 6〉을 보면, 당시 한국인 광부와 함께 탄광 노동에 종사하던 그리스 및

〈표 6〉 서독 광산의 국가별 광부 일급 비교

(1966. 1. / 단위: 마르크)

구분	한국	그리스	터키
최저	26.06(25.06)	29.20(28.70)	27.28(23.10)
최고	50.99(42.92)	48.65(45.39)	55.74(52.13)
평균	34.87(33.89)	34.34(35.28)	34.66(33.51)

주: ( ) 안은 1965년 평균치

출처: 정해본(1988, 90).

터키 출신 노동자가 최저임금에서는 한국인 광부보다 다소 높으나, 평균임금에서는 오히려 약간 낮다. 최저임금을 받은 한국인 광부는 탄광 노동 경험이 없거나, 체력이 약했거나, 탄광 노동 자체에 의미를 두지 않았기 때문인 것으로 풀이된다. 반면에 평균임금이 높은 것은 한국인 광부들이 전반적으로 근면하게 일했기 때문으로 보인다. 최고 임금의 경우 1965년에 한국인과 터키인 사이에 무려 10마르크 가까이 차이가 나지만, 이듬해에는 폭이 5마르크 이하로 줄어들었음을 알 수 있다. 이는 한국인 광부들이 채광 기술을 상당히 습득했거나 서독의 탄광 노동에 빠르게 적응한 결과였을 것이다.

광부들에게는 각종 보너스가 지급되기도 했다. 휴가비로 1년에 300마르크(1975년 기준), 귀향 보조비로 3년간 1회 300마르크, 성탄절 보너스로 1년에 1,579마르크, 취업 1년 후 저축 보조수당으로 연 312마르크가 지급되었다. 휴가는 6개월 이상 근속자에 한해 연령에 따라 21–27일이 주어졌으며, 취업 2년 차에 1회 30일간 귀향 휴가를 갈 수 있었다(진화위 2008, 208). 사회보장에서도 서독의 일반적인 규정이 적용되었다. 광부의 사회보장 및 각종 공제는 한독 양국 간에 체결한 『한국인 광부의 한시적 고용에 관한 협정』(1970.02.17)에 상세하게 규정되었다.[19]

---

19 15조. 사회보장

(1) 한국인 광산 노동자는 광부연금보험을 제외한 사회보장의 모든 영역에서 본 협정문 16조에 따라 독일인 노동자와 동일한 보호를 받는다. 개별 사항은 다음과 같다.

i. 의료보험금 불입은 노사가 각각 절반씩 부담한다. 피고용자의 보험 불입금은 임금에 포함되어 있으며, 고용자에 의해 의료보험으로 납부된다.

ii. 산재보험 불입금은 고용자만이 부담한다. 산재보험은 출퇴근 시 사고와 직업병을 포함하는 산업재해의 모든 결과에 적용된다.

iii. 연방노동청(Bundesanstalt für Arbeit) 회비는 노사가 공히 부담한다. 고용자는 피고용자의 임금에서 회비를 공제하여 자신의 부담금과 함께 납부한다.

(2) 직업병에 대한 보상(18항과 42항)과 산재 보상에 있어 본국 노동자와 외국인 노동자의 동등한 대우(19항)에 관한 국제노동기구의 협정이 한국에는 적용되지 않기 때문에, 산업재해와 직업병의 보상

협정문에 따르면, 한국인 광부는 의료보험과 산재보험의 보호를 받았지만, 광부연금보험knappschaftliche Rentenversicherung 대상자는 아니었는데, 이는 이들의 한시적인 고용계약과 관련이 있었다. 대신 이들에게는 별도의 연금보험이 마련되었는데, 소위 '특별기금Sonderfond'이라는 것으로, 이것을 만든 취지는 계약 만료 후 한국으로 돌아갔을 때 발생하는 한국에서의 3년간의 연금 공백을 채우기 위한 것이었다. 그러나 대부분이 실업 상태에서 서독으로 왔고, 당시 한국에 이렇다 할 사회보장제도가 없었음을 감안할 때, 이러한 취지는 현실성이 없는 것이었다. 따라서 기금은 서독 취업 시 독일광산협회가 미리 지불한 항공료와 귀국 항공료로 사용되었고, 나머지 금액은 개개인에게 환급되었다.[20]

과 관련해서는 독일 국내법이 적용된다(Politisches Archiv. V6-80-55-92.23, Bestand 85, Bd. 1510, 10-11).

20 16조. 광부연금보험 가입 면제와 특별기금

(1) 제국광부조합법 32조 6항에 따라 노사가 공동으로 신청할 수 있는 특별 신청에 의거해 광부연금보험으로부터 면제된다. 따라서 이러한 고용에 의거해 광부연금보험 가입에서 배제된다.

(2) 특별 신청으로 인해 발생하는 노사의 부담금은 – 연방노동청 회비만큼 감액된다(15조 1항 c) – 고용자에 의해 독일광산협회(Gesamtverband)가 관리하는 특별기금에 납부된다. 이로부터 6조 2장(여행보험), 17장(왕복항공료), 20장(연금보험에 준하는 치료비)으로 인해 발생하는 비용이 지불된다. 그 밖에 독일광산협회는 기금 운영에서 발생하는 제반 비용을 기금의 이자로부터 발생하는 보조금으로 충당한다. 보조금의 지출 여부와 규모는 4조에 규정된 감사위원회가 결정한다.

(3) 1972년 1월 1일부터는 (광부연금보험에 가입한) 독일 광부들도 연방노동청 회비를 납부해야 하기 때문에, 노사가 공동으로 부담하는 특별기금 납부금(2절 1항)이 노사가 공동으로 부담하는 연방노동청 회비만큼 줄어들지 않는다.

(4) 독일 측과 한국 측 각각 3인으로 구성된 감사위원회는 특별기금의 관리와 회계를 감독한다. 위원회는 특별기금의 현황을 보고받고 특별기금의 손익에 관한 사안들을 결정하기 위해 가능한 1년에 1회 소집된다. 위원회의 인적 구성과 업무 방식은 본의 한국 대사관과의 합의하에 조정된다.

(5) 광부 서독 취업 사업이 종료된 후 특별기금의 잔고는 한국 정부로 이전되며, 광부들의 남아 있는 기금의 명단이 전달된다. 특별기금은 서독에 근무한 기간 동안 한국 광부들이 한국에서 동일한 노동을 한 것과 같은 사회보장 효과를 위해 사용된다. 한국 관련법상 이것이 불가능할 경우, 한국 정부가 광부 개개인에게 적립금을 지급한다(Politisches Archiv. V6-80-55-92.23, Bestand 85, Bd. 1510, 11-12).

3년 단기 계약이라는 조건을 감안하면, 사회보장과 관련해 전체적으로 보아 한국인 노동자에게 불리한 조항은 발견되지 않는다. 산재 피해나 직업병 발생 시 ILO의 규정을 적용받지는 못했지만, 노동보호에 관한 서독 국내법이 ILO의 기준에 못 미쳤을 가능성은 별로 크지 않기 때문에 한국인 광부들이 불이익을 받았다고 보기 어렵다.

간호사의 임금을 살펴보면, 1966년 10월 말 기준 324명의 간호보조사의 임금은 100−199달러(400−796마르크)였다. 간호사 중 297명이 간호보조사의 임금수준과 동일했으며, 595명(66.7%)은 200−299달러(800−1,196마르크)의 임금을 받았다(정해본 1988, 94). 서독 취업 간호사에 관한 연구에 따르면, 1972년 설문 조사 응답자의 월 평균 실수령 임금은 700−800마르크였으며, 이 중 18%(27명)의 경우는 1,000마르크 이상이었다. 그런데 당시의 임금은 한국에 근무하는 간호사 임금의 4배가 넘는 액수였다(심윤종 1975, 1827).

당시 서독 취업 간호사는 임금의 9%를 연금으로 납입했으며, 고용주 역시 9%를 부담해 총 18%가 연금으로 불입되었다. 180개월(15년) 동안 연금을 납부하면, 만 65세부터 연금 혜택을 받았다. 그러나 귀국 시에는 불입 연수에 관계없이 그동안 납부한 전액을 환급받았는데, 이 경우 고용주가 부담한 9%는 제외되고 본인이 부담한 9%만 지급되었다. 환급 또한 마지막 보험료 납부

〈서독 광부 특별기금 현황〉

(1978. 2. 17. 현재/단위: 마르크)

구분	적립		지불		잔액	
	인원	금액	인원	금액	인원	금액
1차 광부	2,519	7,189,524,90	1,989	6,404,813,81	530	784,711,09
2차 광부	4,525	55,669,504,19	2,640	45,857,146,88	1,880	9,812,357,31
계	7,047	62,859,029,09	4,629	52,261,960,69	2,418	10,597,068,40

출처: 정해본(1988, 94).

후 2년이 경과되어 가입이 취소로 간주되어야 가능했다. 그리고 연금 수혜자는 원칙적으로 독일에 거주해야 했다. 일시적인 외국 거주는 1년 미만이어야 하며, 그 이상 해외 체류 시 연금 지급이 취소되었다. 서독과 사회보장 협정이 체결된 그리스, 터키, 포르투갈, 에스파냐 출신 노동자는 이 조항에 해당되지 않았다. 이러한 제한으로 인해 다수의 간호사들이 연방보험이 아닌 민간보험에 가입했는데, 민간보험의 경우 고용주 부담 보험료가 포함된 납부금액의 85–90%가 출국 시 일시불로 지급되었다(심윤종 1975, 1834).

이상에서 살펴본 바와 같이, 당시 서독 취업이 가져다주는 경제적 이익은 한국의 임금수준으로 볼 때 상당한 것이었다. 그로 인해 서독 취업 광부·간호사 공모는 높은 경쟁률을 나타냈다. 최초의 광부 모집은 독일파견광부선발위원회가 1963년 8월 13일 전국에서 실시했는데, 총 2,895명이 응모해 무려 15 : 1의 경쟁률을 뚫고 194명이 최종 선발되었다. 이후 11월 2차에 걸친 추가 모집을 통해 91명이 선발되었다. 추가로 선발된 이들 91명은 모두 석탄공사 광부였던 반면, 1차에 선발된 194명은 광부 경력을 가진 사람이 없지는 않았으나 현직 광부는 아니었고, 대부분이 광산과는 거리가 먼 사람들이었다(정해본 1988, 59–60). 1964년 11월 1일 공모에는 총 3,158명이 응모해 791명이 최종 선발되어 4 : 1의 경쟁률을 보였다(정해본 1988, 64–65). 높은 경쟁률과 최종 선발자의 대부분이 탄광 노동을 해본 적이 없는 사람들이었다는 사실은 한국에 비해 월등하게 높은 임금으로 인해 서독 취업을 커다란 이권으로 여겼음을 보여 준다. 언론 역시 광부의 서독 취업을 특별하게 취급했는데, 1차 시험에 합격한 사람은 마치 고시 합격자처럼 각 신문에 명단이 게재되었다(유상근 편 2009, 29).

그러나 서독 취업 열기는 10년 후 크게 식었다. 1974년 해외개발공사의 서독 취업 광부 모집에는 불과 40명이 응모해 선발 예정인원 100명의 절반

〈표 7〉 **연도별·직업별 서독 인력 송출 현황**

(단위: 명)

<table>
<tr><th>연도</th><th>광부</th><th>간호 인력</th><th>기능공</th><th>계</th></tr>
<tr><td>1963</td><td>247</td><td rowspan="3">1,043
(독일병원협회 추산)</td><td>–</td><td>247</td></tr>
<tr><td>1964</td><td>806</td><td>–</td><td>806</td></tr>
<tr><td>1965</td><td>1,180</td><td>–</td><td>1,180</td></tr>
<tr><td>1966</td><td>286</td><td>1,227</td><td>–</td><td>1,513</td></tr>
<tr><td>1967</td><td>7</td><td>421</td><td>–</td><td>428</td></tr>
<tr><td>1968</td><td>3</td><td>91</td><td>–</td><td>94</td></tr>
<tr><td>1969</td><td>10</td><td>837</td><td>–</td><td>847</td></tr>
<tr><td>1970</td><td>1,305</td><td>1,717</td><td>–</td><td>3,022</td></tr>
<tr><td>1971</td><td>982</td><td>1,363</td><td>476</td><td>2,821</td></tr>
<tr><td>1972</td><td>71</td><td>1,449</td><td>208</td><td>1,728</td></tr>
<tr><td>1973</td><td>842</td><td>1,182</td><td>152</td><td>2,176</td></tr>
<tr><td>1974</td><td>1,088</td><td>1,206</td><td>92</td><td>2,386</td></tr>
<tr><td>1975</td><td>–</td><td>459</td><td>3</td><td>462</td></tr>
<tr><td>1976</td><td>314</td><td>62</td><td>–</td><td>376</td></tr>
<tr><td>1977</td><td>795</td><td>–</td><td>–</td><td>795</td></tr>
<tr><td>계</td><td>7,936</td><td>11,057</td><td>931</td><td>19,924</td></tr>
</table>

주: 직업별 합계와 연도별 합계가 일치하지 않는 것은 1963–1965년 취업 간호 인력을 연도별 합계에 포함하지 않았기 때문이다.
출처: 진화위(2008, 193).

에도 못 미쳤다(매일경제 74/04/16). 그 결과 1975년 광부 서독 송출 사업이 중단되기도 했다. 이러한 변화는 무엇보다도 한국의 경제 상황이 크게 변했음을 추측하게 해 준다. 실제로 1970년대 중반에 접어들면, 실업률은 4%대 전후로 떨어지며, 1970년대 후반에는 3–4%대로 감소했다(채창균 외 2001, 6). 실업률이 현저하게 떨어진 상태에서 3년이라는 한시적인 서독 취업이 개인에게 경제적인 매력이 되지 못했던 것으로 보인다. 1967–1969년에는 동백림사건의 영향으로 광부 인력 송출이 급감하고(권이종 편 2009, 61), 간호 인력의 경우도 수가 현저하게 줄어들었다. 물론 1976년과 1977년에 인력 송출이 재개되었는데, 이때는 지원자 대부분이 국내 광산업 침체로 실업 상태에 있던 광부 출신들이었다(정해본 1988, 75-77).

간호 인력의 서독 취업 역시 초기에는 대단히 인기가 높았다. 간호학생이 아니라 간호사 자격을 갖춘 인력을 처음으로 송출한 것은 마인츠 대학병원에서 소아과 전문의로 근무하던 이수길 박사의 주도하에 이루어졌다. 1965년 말 공개 모집이 있었고, 총 640명이 응모해 128명이 선발되어 경쟁률이 무려 5:1에 달했다. 최초로 선발된 128명은 1966년 1월 31일 서독병원협회가 마련한 JAL 전세기를 타고 서독으로 향했다(정해본 1988, 130).

선발된 인원의 이력 중 눈에 띄는 현상은 이들의 고학력이었다. 1966년 10월 서독에서 근무 중인 간호 인력 1,048명을 대상으로 실시한 설문 조사 결과에 따르면, 대졸 14%, 초대졸 5%, 고졸 78%, 중졸 3%로 고졸 이상 학력자가 무려 97%에 달했다(정해본 1988, 142). 또한 6,124명을 대상으로 1973년 12월 31일에 노무관이 실시한 설문 조사에 따르면, 중졸이 18.9%, 고졸이 65.7%, 초대졸 또는 중퇴가 11.8%, 대졸이 3.5%를 차지했다(정해본 1988, 143). 1966년 조사 결과와 비교해 보면, 중졸이 6배 이상 증가했고, 고졸 이상 학력은 97%에서 81.1%로 감소했지만, 고학력자 비율이 여전히 높다는 사실을 알 수 있다.

간호사의 고학력은 간호대학, 간호전문대학, 간호고등학교 등 한국의 간호사 양성교육 제도에서 비롯된 것으로, 이러한 교육제도가 없는 서독에서 한국인 간호사의 근무 만족도에 좋지 않은 영향을 끼쳤다. 정식 간호사 자격을 갖춘 이들은 서독 취업 초기에 마치 간병인을 연상시키는 단순한 업무로 인해 높은 임금에도 불구하고 근무 조건에 상당히 실망했다. 한국인 간호사가 계약 만료 이전에 제3국으로 이주하는 사태와 관련해 연방노동청장은 노동복지부 장관에게 보고하는 자리에서 단순 업무에 대한 불만을 이탈 원인 중 하나로 지적했다.[21]

1966년 해외취업백서에 따르면, 1966년 10월 말 총 2,519명의 서독 취업 광부 중 대졸이 12%, 초대졸이 9%, 고졸이 52%, 중졸이 21%, 국졸이 6%였다(정해본 1988, 73). 초대졸 이상이 전체 광부의 1/5 이상을 차지하였으며, 2/3이 이상이 고졸 이상의 학력 소유자라는 사실은 탄광 노동자의 일반적인 학력과는 거리가 멀었다. 응모 자격으로 '탄광종사경력 1년 이상인 자로 이직 후 3년이 경과하지 아니한 자'(권이종 편 2009, 89)를 명시했음에도 불구하고, 높은 경쟁률과 '학사광부'(유상근 편 2009, 79)나 고학력자가 다수 있었다는 것은 서독 취업의 인기를 말해 주지만 동시에 선발 과정이 투명하지 않았을 가능성을 시사한다. 광산 근처에도 가본 적이 없는 대졸자가 자격 요건에 맞추기 위해서는 아마도 서류 위조가 필요했을 것이다.

서독 취업이 워낙 인기가 있다 보니 취업 알선이 커다란 이권이 되었고, 브로커가 등장했다. 1966년부터 간호 인력 파독을 독점한 해외개발공사는 당시 중앙정보부와 밀접하게 관련이 있었고, 브로커를 거느리고 있었던 것으로 보인다. 구술 면담에 응한 한 파독 간호사는 자신은 운 좋게 웃돈을 안 주고 서독행 비행기에 오를 수 있었다고 증언한다(김원 2011, 140-142). 웃돈을 주지 않았다는 그의 진술을 확인하기는 어렵지만, 적어도 웃돈은 존재했던 것으로 보인다. 당시 언론도 서독 취업과 관련된 비리 사건을 보도했으나, 필자가 확인한 바로는 민간단체인 '난민구제회'의 소규모 사기 사건에 관한 동

---

21 Politisches Archiv. 513V6-80.55-92.23, Bestand 85, Bd. 1511, Forts. Band 1512, Auswärtiges Amt 513-V6, 17-18.

아일보의 반복되는 기사가 전부였고, 해외개발공사가 개입된 비리 보도는 발견할 수 없었다.

비리를 추측하게 해 주는 정황은 더 있다. 1967년 8월 10일 주한 서독 대사관은 간호사 송출 과정에서 발생하는 애로 사항에 관해 본국 외무성에 다음과 같이 보고했다. "총 2,500명에 달하는 한국인 간호사 대부분이 전세기를 이용해 독일로 갔습니다. 그런데 비자 발급을 위한 여권 제출이 대부분 출국 수 일 전-출국 몇 시간 전인 경우도 있었음-에야 이루어졌습니다. 그로 인해 서독 대사관은 '급행으로'-경우에 따라서는 야근을 해서-비자를 발급하든지, 아니면 빈 전세기를 돌려보내든지 양자택일을 해야 했습니다. 후자의 경우 독일간호협회에 약 100,000마르크의 손실이 발생했을 수 있습니다. 1967년 7월 6일 전세기를 타고 출국한 81명의 간호사의 경우도 그러했습니다. 비행기는 이미 서울의 공항에 대기하고 있었고 17시에 이륙할 예정이었습니다. 그런데 오전에-간호사 선발의 수없는 변경으로 인해-여권을 제출했습니다. …… 그로 인해 보쿰 주州소아병원에 갈 18명의 간호학생과 베를린으로 갈 20명의 간호보조사가 체류 허가 없이 출국했습니다. …… 선발 인원 일부가 다른 사람으로 대체되는 것을 막을 수 없었습니다. …… 원래 선발자 중 일부가 결혼, 질병, 임신, 기타 사유로 출국할 수 없었습니다. 병원협회는 일정한 수의 간호 인력을 기대했기 때문에 대체 인력을 보내야 했는데, 이들은 여권이 발급되지 않아 '임시여행증명서Temporary Travel Certificate'를 갖고 출국했습니다. 이 간호사들은 독일에 도착하는 즉시 한국대사관에서 정식 여권을 발급받을 수 있습니다."[22]

당시 사회적으로 커다란 관심을 불러일으켰던 서독 취업이 이처럼 비체

22 Politisches Archiv. V6-80-55-92.23, 80-82.

계적으로 진행되었다는 사실이 놀랍기만 하다. 이러한 무질서는 당연히 선발 과정의 전횡과 독점을 연상시킨다. 주한 서독 대사관의 보고서에 언급된 선발 인원의 변동 사유가–결혼, 임신, 질병 등–사실일 수도 있겠지만, '간호사 선발의 수없는 변경으로 인해(wegen zahlreicher Änderungen in der Auswahl der Schwestern)'란 문구는 비리가 만연했을 것이라는 의구심을 불러일으킨다. 엄격한 국가의 관료주의적 절차조차 무시한 비상식적인 출국 직전의 인원 변동은 막강한 권력의 도움 없이 불가능한 것으로, 취업 알선 대가의 지불 여부와 관련이 있었을 것으로 보인다. 즉, 출국 직전 인원이 변경되었다는 것은 취업 알선에 대한 지불 약속이 이행되지 않았고, 지불할 준비가 되어 있는 대체 인력이 나타났기 때문이었을 가능성이 높다.

한편 뇌물 제공까지 불사하며 서독행을 원했던 사람들이 정부의 계획대로 3년 후 귀국을 생각했을 가능성은 그리 높지 않다.[23] 게다가 광부 모집에 응모한 무자격 고학력자가 서독 취업을 국가와 동일한 관점에서 보았을 가능성 또한 희박하다. 즉, 그들에게 서독 취업이란 단기간의 고임금 노동을 통해 국내에서 경제 기반을 구축한다든지, 소위 '기술원조' 차원에서 독일의 선진 기술교육을 받은 후 국내에서 전문 인력으로 활동할 것이라는 일반적인 기대와 달리, 가난한 조국이 아닌 선진국에서 자신의 미래를 설계하겠다는 지극히 사적이고 은밀한 선택이었다. 외화 송금을 통해 조국의 경제개발에 기여한다는 것은 애당초 그들의 관심사가 아니었을 가능성이 높다.[24] 이러한 추측은 3

---

23 오늘날 한국에 기술 연수생 자격으로 입국해 계약 만료 후 불법 체류자 신분으로 머물며 저임금에 시달리고 있는 외국인 노동자 역시 이와 유사한 상황일 것이다. 이들 중 상당수가 한국 취업을 위해 자국 기준으로 볼 때 상당한 액수의 '알선 수수료'를 지불한 것으로 알려져 있다.

24 서독 간호사 출신들은 이러한 사실을 매우 솔직하게 밝힌다. 나혜심과 김원의 연구, 이선옥의 뉴욕 거주 서독 취업 노동자 출신 교포에 대한 면담, 본 연구자의 남해 독일마을 면담 등은 서독 취업의 사적인 성격을 보여 준다. 서독 취업 광부의 무단이탈을 다룬 경향신문의 사설(67/11/17) 역시 무자격 고학력자

년 계약을 마친 광부와 간호사의 진로 선택을 살펴보면 더욱 강화된다.

3년 계약 후의 진로

1960–1970년대 한국에서 국가와 정권의 최대 관심사가 경제개발이었다면, 개인의 관심사는 빈곤과 가난한 조국으로부터 벗어나는 것이었다. 이러한 동상이몽은 서독 인력 송출에서도 나타났으며, 개인과 국가는 대체로 계약 기간인 3년 동안만 협력했다. 물론 광부는 1963–1977년, 간호사는 1966–1976년에 계속해서 신규 취업자가 있었고 국내로 외화 송금이 지속되었다는 점에서 양자의 협력은 계속되었다. 그러나 서독 취업 노동자의 절반 이상은 이러한 협력 관계를 자의적으로 단절했다.

개인과 국가의 협력을 가능하게 하는 토대는 외화 송금이었다. 국가는 외화를 필요로 했고, 개인은 귀국 후의 경제 기반 구축이나 국내 가족의 부양을 위해 송금함으로써 필요한 외화를 공급했다. 그러나 서독 취업 노동자가 귀국하지 않으면, 이러한 협력 관계는 이내 중단되었다. 귀국을 마다하고 독일이나 제3국에서 삶의 터전을 마련하고자 결정한 노동자는 송금을 줄이거나 중단할 수밖에 없었다.

1972년 라인란트–팔츠에 소재한 12개 병원에 근무 중이던 한국인 간호인력 152명을 무작위로 추출해 실시한 심윤종의 설문 조사는 서독 취업 간호사의 체류 기간이 송금 유무 및 규모와 밀접하게 관련이 있었음을 보여 주는데, 체류 기간이 긴 사람일수록 일반적으로 송금 액수가 적었으며, 계약 기간을 연장해 3년 이상 체류하는 경우는 대부분 송금이 불규칙해지거나 중단되

의 취업을 원인 중 하나로 간주한다.

었다. 체류 기간과 송금의 상관관계가 있다고 본 심윤종은 서독 인력 송출의 주요 목적인 송금 효과를 극대화하기 위해 3년 계약 후 귀국을 원칙으로 하는 '순환rotation 원칙'의 도입과 강화를 제안하기도 했다(심윤종 1975, 1835). 남해 독일마을 거주민 25명을 대상으로 실시한 설문 조사 결과도 이와 크게 다르지 않다. 장기 체류를 계획하기 이전에는 현지 생활비가 수입의 15%에 불과했고 국내 송금이 무려 66%에 달했으나, 장기 체류 결정 이후에는 국내 송금이 26%로 줄어들고 현지 생활비는 35%, 현지 저축은 45%로 증가했다(이영석 외 2006, 459).

그렇다면 얼마나 많은 서독 취업 노동자들이 귀국을 거부했을까? 광부의 경우 계약 만료 이후의 진로를 대략적으로 살펴보면, 귀국이 40%, 독일 체류가 40%, 제3국 이주가 20% 정도였다(유상근 편 2009, 81). 제3국 이주의 경우 1960년대 1차로 서독에 간 사람들은 주로 북미를 선택한 반면, 1970년대에 간 사람들은 대부분 유럽 내에서 이주를 선택했다(유상근 편 2009, 106). 계약 연장이 가능했던 간호사의 경우는 약 절반 정도가 독일 정착을 선택했고, 10%에 가까운 1,000여 명이 캐나다와 미국 등지로 이주했으며, 4,000여 명이 귀국했다. 따라서 광부와 간호사 모두 절반 이상이 귀국 대신 외국 체류를 선택한 셈이었다(유상근 편 2009, 86).

1974년 김조자 교수가 서독에 취업 중인 간호 인력을 대상으로 실시한 설문 조사 결과는 계약 이후의 진로에 관해 보다 구체적인 정보를 제공한다. 〈표 8〉은 연령, 결혼, 직능별로 귀국과 체류를 선택한 비율을 나타내는데, 체류 기간이 1년 미만과 1-2년인 두 경우를 제외하고 모든 항목에서 귀국보다 체류를 선호했음을 알 수 있다. 게다가 이 두 경우 모두 독일 생활에 아직 적응이 안 된 상태라는 점을 감안하면, 3년 계약이 가까워질수록 체류를 원하는 사람의 수가 늘어났을 가능성이 높다. 언어, 문화 충격, 향수병 등 이질적

〈표 8〉 간호 인력의 귀국 및 체류 선호도 현황

(단위: %)

구분		귀국 의도	체류 의도	합계
연령	25세 미만	46.8	53.2	100
	26–30세	27.8	72.2	100
	30세 이상	40.9	59.1	100
결혼	기혼	20	80	100
	미혼	48	52	100
직능	간호사	46.4	53.6	100
	간호보조사	31.4	68.6	100
체류 기간	1년 미만	77.3	22.7	100
	1–2년	52.2	47.8	100
	2–3년	31.6	68.4	100
	3년 이상	28	72	100

출처: 김조자(1975b, 19).

인 환경으로 인해 외국 생활 초기에 적응에 어려움을 겪는 것은 잘 알려진 사실이다. 그 밖에 25세 미만의 경우 귀국을 원하는 사람이 의외로 많은 것은 결혼 적령기 여성이라는 상황 때문인 것으로 해석된다. 당시 한국 사회에서 여성이 독신 생활을 선택한다는 것은 상상하기 어려웠다.

광부들이 귀국을 선택하지 않았던 이유는 대체로 다음과 같다.

1) 귀국 후 경제적 기반 부재: 송금한 임금 대부분을 가족이 소비했거나, 일자리 불투명
2) 서독에서의 취업 모색: 광산 노동이 힘들거나 적성에 맞지 않아 애당초 서독에서 다른 직업을 물색
3) 유학으로 전환: 광산 취업은 서독으로 오기 위한 수단이었고, 본래 목

적은 유학

4) 제3국 선택: 서독 체류보다 제3국 이주를 선택. 일부는 서독에서 자격증을 취득해 기술 이민의 토대를 마련했는데, 호주 이주민들이 대표적인 경우(유상근 편 2009, 107)

간호 인력이 체류를 선택한 이유는 광부의 경우와 다소 차이가 있었다. 심윤종의 설문 조사에 따르면, 귀국을 꺼리는 이유로 1) 한국에 비해 월등히 높은 서독의 물질적인 생활수준을 포기하고 싶지 않았으며, 2) 간호보조원은 귀국할 경우 다시 해외에 취업하는 것이 불가능했으며, 3) 서독에서의 결혼이나 학업, 제3국 이주를 계획했기 때문이었다(심윤종 1975, 1835). 김조자의 연구는 또 다른 이유를 제시하는데, 1) 귀국 후의 일자리 문제, 2) 서독 취업 간호사의 도덕성에 대한 한국 사회의 부정적인 인식, 3) 오랜 서독 생활로 인한 가치관의 변화, 4) 귀국 후 해외 재취업의 어려움 등이 귀국을 꺼리는 이유로 제시되고 있다(김조자 1975b, 20).

귀국을 고민하던 간호사들은 여성으로서 광부들이라면 겪지 않아도 될 어려움을 겪어야 했다. 1966년 10월 서독에서 근무 중인 간호 인력 1,048명을 대상으로 실시한 설문 조사 결과에 따르면, 20세 이하가 18.2%, 21−30세가 78.5%, 30세 이상이 3.3%였으며, 1973년 통계에 따르면 20세 이하가 9.4%, 21−25세가 48.49%, 26−30세가 26.20%, 31−35세가 7.6%, 36−40세가 5.07%, 41세 이상이 3.2%였다(정해본 1988, 143−144). 두 시기 간에는 연령 분포에 있어 다소 차이가 나타나지만, 결혼 적령기의 20대 비중이 공히 압도적으로 높다. 1960년대 여성을 바라보는 한국 사회의 보수성을 감안할 때, '행실'을 알 수 없는 외국 생활을 한 미혼 여성은 귀국 후에 주위의 따가운 시선을 각오해야 했다.[25] 게다가 간호사의 경우 송금 역시 부정적인 기억으로 남아 있었다. 자신에 대한 지출을 줄이고 더 많이 송금하기 위해 여가 시간마저 줄여가며 일했지만, 정작 송금한 돈의 처분권은 가족이나 남자 형제의 것이었다(김원 2011, 138). 남존여비 사상이 지배한 1960−1970년대 한국 사회에서 여성의 희생을 당연하게 여기는 풍조가 낳은 폐단이었다. 이처럼 여성은 남성과 달리 경제적인 이유 외에도 문화적이고 정서적인 이유에서 남성 중심적인 고국 대신 서독 체류를 선택했을 가능성이 높다.

이처럼 서독 취업 노동자 중 상당수가 귀국을 선택하지 않음으로써 서독 인력 송출 사업은 파행을 겪게 되었고, 그로 인해 비판이 제기되기도 했다. 앞서 언급한 바대로, 심윤종은 해결책으로 '순환 원칙'의 강화를 제안했다. 정해본은 사업이 정부의 의도와 다르게 전개된 원인을 정부의 안일한 인력 관리 때문이라고 본다. "적격자도 아니고 광부가 근본적인 목표도 아닌 무자격자들이 선발·파독될 수 있었던 파독 광부의 선발 과정 자체도 많은 문제점을 안고 있었지만, 파독 후 광산 일에 적응하지 못하거나 독일을 단지 제3국으로 진출하기 위한 발판으로만 생각한 광부들의 광산 생활과 개인 생활에 대한 지도와 통제는 물론 이들의 국가관과 직업관을 선도할 수 있도록 하는 정부의 배려와 노력도 반드시 뒤따라야 했는데도 이것이 배제됐던 것이다."(정해본 1988, 156) 그의 비판과 제안은 타당했지만 실효성을 기대하기는 어려웠는데, 문제 해결의 열쇠인 귀국을 결정하는 것은 국가가 아니라 노동

25 동아일보(74/06/15)에 기고한 대한간호협회회장 전산초 씨의 칼럼 "간호원 수출에 문제점 있다"는 독일 쥐트 도이체 차이퉁의 보도(한인 간호사를 상대로 취업허가 및 체재 기간 연장을 미끼로 성범죄를 저지른 서베를린시 공무원에 관한 내용)와 관련해 서독 취업 간호사의 인력 관리 강화를 촉구하면서, 사건이 간호사의 품위와 위신을 손상시켰다고 보았다. 이 사건은 다수의 국내 일간지에 여러 차례 보도되어 서독 취업 간호사의 부정적인 이미지 확산에 기여했다. 이와 반대로 귀국한 광부는 '숱한 독일 여성들에게 로맨스를 뿌리'고 결혼하자고 애원하는 독일 처녀를 가까스로 떼어 놓고 온 멋진 남자로 묘사되었다(경향신문 68/04/13). 당시 한국 사회에 만연했던 성차별을 상징적으로 보여 주는 에피소드다.

자 개인이었기 때문이다.

서독 취업 인력 관리에 대한 정부의 대책 마련을 요구하는 목소리는 과거에도 있었다. 주한 서독 대사관 문정관 조머Sommer는 1974년 한국 보사부장관에게 보내는 편지에서 서독 취업 간호사들의 무분별한 여행 등 사치스런 소비가 문제가 된다고 지적하고, 취업의 본래 취지인 외화 획득이 차질을 빚을 것을 우려하자, 한국 정부는 서독 취업 노동자의 인력 관리 대책 마련에 착수했다(정해본 1988, 157). 그러나 대책이 수립되었다 하더라도, 이미 자신의 이익과 목적을 확고하게 의식하고 있는 개인을 대상으로, 게다가 외국에서 국가의 정책이 실효를 거둘 수 있는 가능성은 크지 않았다. 서독 취업 노동자는 서독행 비행기에 오른 순간부터 국가의 동원 대상이 더 이상 아니었다. 이때부터 국가의 의도에 부합할지 여부는 전적으로 노동자 개인이 결정했다. 외화 획득이라는 국가의 목표 실현은 서독 취업 노동자의 송금에 달렸지만, 송금은 노동자의 개인적인 결정이나 진로 선택에 의해 결정되었다.

서독 취업 노동자의 제3국 이주는 부족한 단순 노동력을 충원하려 했던 서독과 외화 획득에 관심이 있던 한국 모두에게 최악의 경우였다. 특히 계약 기간 중에 발생하는 제3국 이주에 대해 양국 모두 상당히 예민하게 반응했다. 한국인 간호사 일부가 계약 기간 만료 이전에 직장으로부터 '무단이탈'하여 제3국으로 이주하고 있다는 비판적인 기사가 국내 및 서독의 언론을 통해 대대적으로 보도되었다. 독일의 주요 일간지 프랑크푸르터 알게마이네 차이퉁FAZ은 한국인 간호사의 업무 능력은 높이 평가하면서도 계약을 어기고 미국이나 캐나다로 이주하는 사태를 강도 높게 비판적으로 보도했다(진화위 2008, 190−191). 국내에서는 예를 들어 경향신문이 1967년 10월 말 기준으로 무려 265명이 직장을 무단이탈해 제3국으로 이주한 사실을 사설에서 비판적으로 다루기도 했다(경향신문 67/11/17).

서독 정부 역시 이 문제를 심각하게 보고 있었음을 보여 주는 문서가 있다. 연방노동청장이 연방노동복지부 장관에게 한 보고(1969년 6월 30일)에 따르면, 노르트라인-베스트팔렌에서는 뒤셀도르프 시립병원에 근무 중인 75명의 한국인 간호 인력 중 31명이 계약 만료 전 퇴직했는데, 이들은 대부분 미국이나 캐나다로 이주했다. 같은 지역의 다른 병원의 경우는 계약 위반 사례가 10-15% 정도였다. 헤센에서는 357명의 간호사 중 121명이 제3국으로 이주했거나 서독 내에서 직장을 옮겼다. 149명은 계약 만료 후 귀국했고, 80명은 계약을 연장했다. 라인란트-팔츠-자르란트의 경우는 20명이 계약 만료 전 퇴직해 미국 및 캐나다 이주, 서독 내 직장 변경, 귀국 등을 택했다.[26]

제3국 이주를 결정한 사람들 중 적지 않은 수가 처음부터 귀국을 생각하지 않았던 것으로 보인다. 뉴욕 파독산업전사 동우회 회원 11명을 대상으로 실시한 설문 조사는 미국 이주를 이미 서독 취업 이전에 결심한 사람들이 있었음을 보여 준다. 서독 취업은 미국행을 위한 중간 단계 역할을 한 셈이었다. 따라서 서독 취업 시 조국의 경제 발전에 기여하겠다는 의도를 갖고 있었는지 여부를 묻는 질문에 다수가 부정적인 답변을 한 것은 당연했다. 취업 동기는 대부분 경제적 이유나 선진국에서 자신의 미래를 개척하겠다는 목적 때문이었다(이선옥 2013).

당시 캐나다는 이민을 허용했기 때문에 이주에 어려움이 없었으나, 미국의 경우는 관광 비자로 입국한 후 불법체류 과정을 거친 뒤 영주권을 취득했다. 미국이나 캐나다 같은 제3국 이주를 선택한 동기는 다양하면서도 단순했

---

26 Politisches Archiv. 513V6-80.55-92.23, Bestand 85, Bd. 1511, Forts.Band 1512, Auswärtiges Amt 513-V6, 17-18; 연방노동청장은 간호사의 미국 취업을 한독협회 이수길 박사가 주도하고 있는 것으로 알고 있었다. 그는 이수길 박사의 주선 활동에 관한 보고가 들어온 적이 아직은 없지만, 만약에 있게 되면 적절한 조치가 취해져야 한다고 보고했다(같은 문서, 18-19).

다. 즉, 서독보다 제3국이 더 낫다는 평가나, 서독에서의 장기 체류가 어려운 경우였다. 제3국 이주를 선택한 이들은 서독에서는 법적으로나 사회적으로 차별이 존재하며 영주권 취득도 용이하지 않다는 점을 흔히 지적한다. 더 나아가 서독은 사회적 안전망이 견고한 대신 경제적 성공 가능성이 북미 국가들에 비해 낮다는 것이 북미 이주를 선택한 사람들의 일반적인 평가였다(Choe and Daheim 1987, 126–127). 이처럼 제3국 이주를 선택한 사람들이 국내에 지속적으로 송금했을 가능성은 매우 희박하다. 새로운 나라에서 삶의 터전을 또다시 마련해야 하는 상황에서 저축은 당연한 것이었다.

서독 취업: 동원인가, 선택인가?

과거 식민지 지역 출신이 이주민 사회의 다수를 이루는 프랑스와 달리, 19세기 제국주의 시대에 식민지 확보에서 뒤처진 서독의 대규모 노동력 유입은 주로 국가 간 협정에 의한 것이었다. 동독 역시 제3세계의 소위 '사회주의 형제국'으로부터 협정에 의거해 노동력을 수입했다. 한국의 서독 인력 송출 역시 이러한 흐름과 다르지 않았다. 송출할 노동력을 동원하는 과정은 순조로운데, 개인의 이주일 경우 유입국의 매우 복잡하고 까다로운 조건과 규정을 충족시켜야 하지만, 국가 간 협정에 의한 집단 해외 취업의 경우에는 복잡한 절차가 생략되기 때문이다.

그러나 인력 송출이 노동자 개인에게 수용되는 과정은 국가의 통제를 벗어난다.[27] 서독 취업을 결정하는 데 있어 개인적인 동기가 결정적인 역할을

---

27 1980년 동독과 베트남 정부 간의 협정에 의해 동독으로 송출된 '베트남 계약 노동자'의 경우 임금의 12%가 베트남 정부로 자동으로 송금되었다. 정부 간 합의에 의한 이러한 조치를 노동자들은 전혀 알지

했다는 점에서 외화 획득이라는 국가의 의도는 처음부터 실현 가능성이 그리 크지 않았다. 특히 간호사를 대상으로 한 여러 설문 조사의 결과를 종합해 보면(나혜심 2009, 281–282), 취업 결정 시 국가의 경제개발에 대한 기여를 의식하고 있는 경우는 거의 없었다. 취업 결정은 철저하게 개인적인 동기에서 비롯되었으며, 그들이 국내에 송금한 외화가 경제개발에 도움이 되었다는 것은 노동자 개인에게는 그저 긍정적인 부수 효과 정도로 인식되었다. 그래서 서독 인력 송출이 개발을 위한 동원이었을 것이라는 가설을 입증하기 위해 두 명의 서독 취업 간호사 출신 여성을 구술 면담한 김원은 서독 취업이 자발적 선택이었고 조국의 경제성장에 대한 기여는 전혀 생각하지 않았다는 진술에 '당황'한다(김원 2011, 123–124).

물론 이러한 반응은 다양하게 해석될 수 있다. 하나의 가능성은 서독에서의 정착이나 서독인과의 결혼으로 인해 의식이 서구화되었을 수 있다. 즉, 국가보다는 개인의 의지와 자유를 중시하는 서구 문화에 동화되어 자신의 취업 결정을 과거와 다르게 보았을 수 있다. 취업 결정 당시에는 국가의 선전과 소위 소양 교육 등을 통해 자신이 조국의 근대화에 기여할 것이라는 생각을 했을 수도 있지만, 서구의 개인주의적인 문화를 오래 경험함으로써 국가의 권위 자체를 인정하지 않게 되었을 수 있다. 또 다른 가능성은 서독과의 비교에서 비롯되는 한국에 대한 실망 때문일 수 있다. 예를 들어 가난 때문에 학업을 포기해야 했던 사람이 대학까지 무상교육이 실시되는 서독을 경험한 후–『누구나 가슴 속엔 꿈이 있다: 독일에서 의사가 된 파독 간호사 이야기』(이영

못했다. 이처럼 동독의 베트남 계약 노동자는 철저한 국가의 동원이었지만, 1990년 동독의 붕괴와 함께 계약이 자동 소멸된 이후에도 대부분의 노동자는 독일과 베트남 정부의 반대에도 불구하고 귀국을 거부한 채 독일에 잔류했다(윤용선 2013, 199–234).

숙 2009)–조국을 긍정적으로 보기는 쉽지 않을 것이다.[28] 서독에 비해 한국은 여러 면에서 후진적인 사회였던 반면, 서독은 자신의 꿈을 실현시켜준 곳이었고, 그래서 서독 취업은 국가와 상관없이 오직 자신을 위한 선택이라고 보았을 수 있다. 이를 테면 서독 취업과 정착은 빈곤에서 비롯된 디아스포라였던 셈이다.

Ⅳ. 맺는말

한국과 서독은 역사적으로나 지리적으로나 이렇다 할 관계가 없던 서로에게 먼 나라였다. 그러나 2차 세계대전 종전 후 시작된 냉전과 함께 두 나라는 분단하에 체제 경쟁을 해야 하는 유사한 상황에서 이데올로기적으로 연대하고 동맹하는 관계가 되었다. 전후 경제 재건에 성공한 서독은 체제 경쟁의 차원에서 한국의 경제개발을 권고했고, 이는 양국의 경제 관계로 발전했다. 양국 간에 경제 관계가 시작된 데에는 미국이 중요한 역할을 했는데, 이는 당시가 냉전이라는 점을 고려할 때 당연한 것이었다.

그러나 한국과 서독의 관계는 냉전의 영향에도 불구하고 본질적으로 경제적인 것이었다. 서독 취업 노동자가 국내로 송금한 외화는 당시 한국이 필요

28 김원 역시 가난으로 학업을 포기하고 간호보조사로 일하다 서독 취업 후 베를린 자유대학에서 박사학위까지 취득한 사례를 소개한다(김원 2011, 165; 167).

로 했던 자본의 규모에 비하면 미미한 것이었지만, 자원과 자본이 모두 부족했던 상황에서 결코 무시할 정도는 아니었다. 또한 서독에 취업한 한국인 노동력의 존재는 1964년 12월 박정희의 서독 방문을 자연스럽게 해 주었다. 그런데 서독의 입장에서 한국과의 경제적 관계는 단순한 원조가 아니라 서독의 지속적인 경제성장에 기여하는 것이어야 했고, 이는 당연한 기대이자 요구였다. 실제로 광부의 서독 취업 사업은 서독 탄광 산업이 자국에서 공급할 수 없는 노동력을, 게다가 단기적으로 제공하는 매우 유용한 인력 공급원 역할을 했다. 간호사의 경우도 빠르게 성장하고 있던 서독의 복지 정책의 실현에 필요한 노동력을 제공했으며, 그들 역시 고용의 유연성을 보장해 주는 단기 계약 노동력이었으나 서독의 필요에 의해 계약이 연장되었다.

한국의 경제개발에 중요한 역할을 한 서독의 공공 및 상업차관이 서독에게는 해외 투자이자 수출의 촉진이었다. 물론 공공차관은 이윤 추구를 의도한 투자임에도 불구하고 동백림사건과 같은 정치적 사건에 의해 단기적으로 영향을 받았다. 그러나 서독 기업의 수출을 촉진한 상업차관은 이러한 변화와 상관없이 지속적으로 이루어졌다. 따라서 서독에게 한국은 개발원조의 대상국이 아니라 엄연한 시장이자 투자 대상이었다. 상업차관에서 굳이 원조의 요소를 찾자면 수출 기업에 대한 정부의 지급보증이라 할 수 있는데, 전후 경제재건에 박차를 가하던 서독 정부가 자국 기업의 수출을 돕는 것은 국가가 해야 할 당연한 임무였다는 점을 고려하면 이 역시 정치적 성격을 띠는 원조로 보기는 어렵다. 한국의 경제개발을 돕기 위해 서독이 파견한 기술 고문단은 원조라 할 만했다. 산업화의 경험이 전무했던 한국에게 그들의 조언이 매우 중요했음을 한국의 경제학자들도 인정한다. 물론 고문단 파견 역시 공공 및 상업차관과 무관하지 않았다.

서독 취업 노동자와 중동 건설 노동자는 흔히 조국의 경제개발에 중요한 역할을 한 것으로 평가된다. 그러나 한 개인이 해외 취업을 결정하는 순간에 '조국과 민족'을 생각한다는 것은 흔한 모습은 아니다. 물론 서독 인력 송출이 국가의 의도대로 근대화에 기여한 것은 부정할 수 없는 사실이다. 그래서 일각에서는 서독 취업 노동자를 국가유공자로 인정해야 한다는 요구가 제기되기도 한다. 실제로 2013년 10월 23일 국회에서 '파독근로자 예우, 어떻게 할 것인가?'라는 토론회가 개최되기도 했다.[29] 유공자 인정을 요구하는 근거는, 서독 인력 송출과 마찬가지로 외화 획득에 기여한 베트남 파병 군인은 국가유공자 인정을 받았고, 중동 건설의 경우는 건설 기업들이 각종 포상과 혜택을 받았는데, 서독 취업 노동자의 경우는 어떠한 인정도 받지 못했다는 것이다. 따라서 오늘날 독일에서 소액의 연금으로 어렵게 생활하는 서독 취업 노동자에게 산업화에 기여한 공로를 인정해 복지를 제공해야 한다는 것이다.[30]

그러나 국가유공자 인정 문제를 논하기 위해서는 먼저 서독 인력 송출이 국가에 의한 동원인지 개인의 선택이었는지를 먼저 판단해야 한다. 여러 자료와 구술 면담을 종합해 보건대, 서독 취업은 순수하게 개인적인 결정이었고 당시로서는 커다란 특권이었다. 베트남전에 동원된 참전 용사의 유공자 인정은 당연한 것이고, 중동 건설의 경우 기업에 대한 혜택은 있었을지 몰라도 건설 노동자 개개인에 대한 복지 혜택은 없다. 게다가 경제개발에 기여한 국내 송금은 취업 초기와 귀국을 계획한 경우에 가장 많았고, 서독 체류의 경우는 당연히 송금이 중단되었거나 감소했다. 따라서 적어도 송금을 통한 기

---

29 국회의원회관 제1소회의실, 오후 2시.

30 "파독근로자, 국가사회발전의 유공자인가?" http://berlinreport.com/bbs/board.php?bo_table=free&wr_id=81392(검색일: 2013. 10. 20).

여는 독일에 체류하거나 제3국에 이주한 경우보다 귀국을 선택한 사람들이 대체로 더 많이 했다고 봐야 할 것이다.

마지막으로 1960−1970년대 경제개발의 시대에는 국민 모두가 산업 역군이었다. 서독보다 더 열악한 조건에서 훨씬 낮은 임금으로 일한 국내의 탄광 노동자나 간호사까지 굳이 들먹이지 않더라도, 저임금으로 열악한 노동조건에서 일했던 국내의 산업 노동자와 농민 모두가 개발독재 시대의 서발턴이자 개발의 주역이었다. 물론 빈곤한 조국을 떠나 서독 및 제3국으로 이주한 이들은 한국이라면 겪지 않아도 될 여러 정신적 육체적 어려움을 경험해야 했다. 그러나 그에 대한 보상은 적지 않아 한국에서라면 결코 누릴 수 없었던 많은 혜택을 받은 것 또한 사실이다. 서독 취업 노동자는 개발 시대를 경험한 국내외의 모든 한국인과 마찬가지로 자신과 가족의 생존과 미래를 위해 치열하게 살았고, 하나하나의 삶이 모여 한국의 경제성장으로 완성되었다. 개발의 결실이 소수에게 편중되었다는 점을 제외한다면, 한국 경제개발의 역사는 희생적인 영웅이 등장하는 신화가 아니라 개인의 구체적이고 치열했던 삶의 총합이었다.

참고문헌

경제기획원 편. 1967. 『경제백서』. 서울: 경제기획원.

경제기획원 편. 1970. 『경제백서』. 서울: 경제기획원.

경제기획원 편. 1973. 『경제백서』. 서울: 경제기획원.

권이종 편. 2009. 『파독광부백서』. 서울: 한국파독광부총연합회.

김원. 2011. 『박정희 시대의 유령들: 기억, 사건, 그리고 정치』. 서울: 현실문화연구.

김조자. 1975a. "서독주재 한국간호요원의 발전을 위한 취업실태 조사연구 I." 『대한간호』 14권 2호, 24-35.

김조자. 1975b. "서독주재 한국간호요원의 발전을 위한 취업실태 조사연구 II." 『대한간호』 14권 3호, 11-23.

나혜심. 2009. "파독 한인여성 이주노동자의 역사: 1960-1970년대 한인간호인력 독일행의 원인." 『서양사론』 제100호, 255-285.

노명환. 2011. "냉전 시대 박정희의 한국 산업화 정책과 서독의 의미와 역할 1961-1967." 『사림』 제38호, 289-323.

동아출판사. 1965. 『붕정칠만리. 박정희 대통령 방독기』. 서울: 동아출판사.

박래영 편. 1988. 『한국의 해외취업』. 서울: 재단법인 아산사회복지사업재단.

박승. 1970. 『한국경제성장론』. 서울: 일신사.

백영훈. 2001. 『한강에 흐르는 라인강의 기적. 잊혀진 기적의 현장』. 서울: KID출판사업국.

베르너 아벨스하우저(Werner Abelshauser). 2010. "서독과 서유럽 경제에서 한국전쟁의 의미." 역사문제연구소 편. 『한국전쟁에 대한 11가지 시선』. 서울: 역사비평사.

변형윤. 1996. 『한국경제론』. 서울: 유풍출판사.

심윤종. 1975. "해외 취업인의 실태-재독 한국간호원을 중심으로." 『인문과학 논문집』 제2권 7호.

역사문제연구소 편. 2010. 『한국전쟁에 대한 11가지 시선』. 서울: 역사비평사.

유상근 편. 2009. 『파독광부 45년사』. 재독한인글뤽아우프회.

윤용선. 2013. "독일 베트남 이주민: 교육과 이주민 통합." 『역사문화연구』 제47집,

199-233.
이선옥. 2013. "뉴욕 파독산업전사 동우회원 11명에 대한 설문조사." (10월 3일).
이영석 · 박재홍. 2006. "재독일 교민의 역이주와 귀향 의식에 대한 연구. 남해군 '독일마을' 입주 교민들의 경우." 『독어교육』 제36집, 443-480.
이영숙. 2009. 『누구나 가슴 속엔 꿈이 있다: 독일에서 의사가 된 간호사 이야기』. 서울: 북스코프.
이용일. 2003. "노동시장 중심의 독일 외국인 정책의 지속성, 1873-현재." 『독일연구』 제6호, 59-100.
이유재. 2010. "동서의 양진영에서. 남북한에 대한 동서독의 개발원조 1953-1963." 역사문제연구소 편. 『한국전쟁에 대한 11가지 시선』. 서울: 역사비평사.
이영조 · 이옥남. 2013. "1960년대 초 서독의 대한 상업차관에 대한 파독근로자의 임금 담보설의 진실." 『한국정치외교사논총』 제34집 2호, 171-194.
전산초. 1974. "간호원 수출에 문제점 있다." 『동아일보』 (6월 15일).
전형중. 2010. "유럽의 이주인력 고용분석: 독일과 프랑스의 비교." 『유럽연구』 제28권 2호, 177-207.
정해본. 1988. "서독진출." 박래영 편. 『한국의 해외취업』. 서울: 재단법인 아산사회복지사업재단.
진실과 화해를 위한 조사위원회. 2008. "파독 광부 · 간호사의 한국경제발전에 대한 기여의 건." 『2008년 하반기 조사보고서』 제1권.
채창균 · 이태열. 2001. "자연실업률의 추정 및 변화 요인 분석." 한국직업능력개발원 편. 『기본보고서』 01-01. 서울: 한국직업능력개발원.
"다변적 경제외교의 방향." 『한국일보』 (1964년 12월 11일), 사설.
"돌아와서 말하는 서독 광부 3년." 『경향신문』 (1968년 4월 13일).
"파독광부 인기퇴조." 『매일경제』 (1974년 4월 16일).
"파독광부 집단이탈." 『경향신문』 (1967년 11월 17일), 사설.
"파독근로자, 국가사회발전의 유공자인가?" http://berlinreport.com/bbs/board.php?bo_table= free&wr_id=81392(검색일: 2013. 10. 20).
Politisches Archiv des Auswärtigen Amts, V6-80-55-92.23. Bde. 1510.
Politisches Archiv des Auswärtigen Amts, V6-80-55-92.23. Bestand 85, Bd. 1404, 1510, 1511, 1512, Forts.Band 1405.
Chies, L. 1994. *Das Migrationsproblem in der Europäischen Gemeinschaft: theoretische und empirische Analyse der Bestimmungsfaktoren und Folgen internationaler Arbeitskräftewanderungen*. Frankfurt am Main:

P. Lang.

Choe, Jae-Hyeon and Hansjürgen Daheim. 1987. *Rückkehr- und Bleibeperspektiven koreanischer Arbeitsmigranten in der Bundesrepublik Deutschland*. Frankfurt am Main [u.a.]: Peter Lang.

Knortz, Heike. 2008. Diplomatische Tauschgeschäfte. *"Gastarbeiter" in der westdeutschen Diplomatie und Beschäftigungspolitik 1953-1973*. Köln: Böhlau Verlag.

Piore, M. J. 1979. *Birds of passage: Migrant Labor Industrial Societies*. New York: Cambridge University Press.

Ravenstein, E. G. 1885. "The Laws of Migration", *Journal of the Statistical Society of London* Vol. 48 No.2(June), 167–235.

2장

광부·간호사의 파독

이 시기 한국과 서독의 정치 환경에 대한 비교연구

| **정흥모**(세종대학교)

당시 한국과 서독을 둘러싼 국제 정치적 환경은 이중의 연대 즉 냉전이 잉태한 반공의 연대와 선진 공업 국가의 이익이 단합한 자본주의의 연대가 미국·서독·일본 3국의 한국 원조 정책의 공조를 가능하게 했다는 것이다. 요컨대 한국에 대한 원조에서 미국은 두 마리 토끼, 즉 한국에서 군사·정치적 영향력 지속과 경비 절감을 동시에 잡을 수 있었고, 일본은 미국과의 역할 분담을 통해 한일 관계 정상화 이후 한국에서 경제적 영향력을 가중시킬 수 있게 되었고, 서독도 1961년 한국에 상업 차관의 공여 이후 노동력 수급을 통해 손해 보는 장사를 하지 않았다는 것이다.

I. 서론

문제 제기 및 연구 목적

백영훈의 『한강에 흐르는 라인강의 기적』은 이 글의 연구 주제와 관련해서 주요한 시사점을 던져주고 있다. 먼저 그는 우리가 지금 누리고 있는 물질적 풍요 때문에 오래되지 않은 가난의 역사를 송두리째 잊은 채 살고 있다고 진단한다. 오래되지 않은 가난의 역사가 바로 우리 삶의 뿌리라고 보는 것이다. 그런데 과거를 잊다 보면 미래를 기약할 수 없기 때문에 이쯤에서 1960년대의 개발 연대를 되돌아봄으로써 현재의 우리를 추스르고 희망찬 미래를 준비하자고 후대에게 부탁 겸 요청하고 있는 것 같다. 그러면서 그는 우리가 당한 당시의 어려움을 극복하는 데 일익을 담당한 파독 광부·간호사를 기억해야 하듯 우리를 도운 서독도 기억할 것을 당부한다. 이것이 그의 파독 이후 40년 때의 기록인데 현재 광부·간호사 서독 파견 50주년을 맞이하게 되어 그의 호소가 더욱 새롭게 와 닿는 것 같다.

그런데 광부·간호사 서독 파견 50년에 대한 평가 작업이 1960년대의 개발독재를 미화하는 방식으로 진행되는 것을 백영훈도 의식했던 것처럼 경계해야 한다. 마찬가지로 1960년대의 경제개발을 가능하도록 도운 원조 증여국, 즉 미국·서독·일본 등에 대한 태도 역시 감사 일변도로 흐르는 것을 경계해야 할 것이다. 50년 전의 일을 회고하는 당시 일원의 현장 체험적 평가도 의미 있는 일이겠으나 반세기가 지난 시점에서 학문적 평가는 보다 객관적일 것을 요구한다고 하겠다. 그렇다면 어떻게 개발독재와 원조 증여국의 원조에 대한 미화의 늪에 빠지지 않으면서 광부·간호사 서독 파견 50년에 대한 균형 잡힌 현재적 평가를 할 수 있을까?

여기서 광부·간호사의 파독 문제는 미시적 또는 개인적 차원에서 이루어진 단순한 해외 인력 송출의 성격으로 규정하기보다 거시적 또는 구조적 측면에서 접근하게 될 때 어느 정도 균형 잡힌 평가 작업이 가능할 수 있다고 본다. 이 말은 개인사적 차원에서 서독으로 이주 노동을 떠나지 않았다는 것이 아니다. 그보다는 분석 틀을 거시적 또는 구조적 측면에 맞추겠다는 것이다. 그렇다면 왜 거시적 또는 구조적 분석이 광부·간호사 파독 문제의 성격 규정에서 균형 잡힌 평가가 가능하다고 전제하고 있는가? 광부·간호사의 파독 문제는 왜 박정희 정권이 미국과 일본이 아닌 서독을 선택하고, 그 서독에 광부·간호 인력을 보냈는가에 대한 국제 정치의 현실주의 이면을 이해할 수 있을 때, 비로소 50년 평가 작업의 실마리를 풀 수 있는 성질의 것이라고 판단하기 때문이다. 그렇다고 박정희 정권을 둘러싼 이들 국가의 국내적 환경 변수들을 연구에서 배제한 채 분석 및 평가 작업이 가능하다는 것을 주장하려는 것은 더더욱 아니다. 오히려 그 반대다. 1950−1960년대 한국을 비롯해서 이들 3국이 처한 환경에 대해 알아보면 그 이유가 좀 더 분명해질 수 있겠다는 것이다.

먼저, 1950−1960년대 미국의 경우 달러 위기와 그로 초래된 재정 위기를 극복하면서도 냉전 시기의 동맹 강화라는 두 마리 토끼를 잡기 위한 출구전략Exit Strategy[1]으로 박정희 군사정권이 요구한 원조 증액에 대해 거리 두기가

1 조선일보는 "미국은 왜 일본 집단적 자위권 행사 지지하나"라는 기사에서 군비축소에 나선 미국이 일본에게 중국 견제 역할을 '아웃소싱(위탁처리)'하는 방식으로 "일본의 집단적 자위권 행사를 포함한 군사력 증강에 환영과 협력의 뜻을 공식적으로" 천명했다고 한다(조선일보 13/10/05). 이는 시간은 지났지만 국제정치의 전략적 변화의 논리는 같은 맥락에서 이루어지고 있음을 목격할 수 있는 좋은 사례가

필요했다. 또한 서독과 일본은 마셜플랜Marshall plan[2]과 한국전쟁을 계기로 전쟁 이전 수준으로 경제가 예상보다 빠르게 회복되었을 뿐만 아니라 미국과의 무역에서 역조 현상도 나타나게 되면서 이제 잉여 자본의 해소를 통한 미래 시장 개척에 대한 필요성과 그러면서도 동맹의 연대 책임을 일정 부분 져야 한다는 압박을 받게 되었다. 따라서 서독과 일본도 이 같은 문제를 해결하기 위한 출구전략의 일환으로서 한국을 비롯해서 제3세계 국가에 대한 원조에 관심을 기울이게 된 것이다.

반면에 박정희 군사정권은 이들 국가의 출구전략과 달리 입구전략Entrance Strategy을 수립하고 있었다. 박정희는 쿠데타 이후 정치 안정을 경제성장에 연동시켰다. 경제성장은 경제개발 정책의 실현에 있었는데 당시 장면 정권 때 입안된 1차 경제개발계획을 실행에 옮기기 위해서는 추가적인 자본이 필요했다. 그러나 박정희는 1950년대 말부터 예견된 미국의 재정 지원 축소라는 현실을 1960년대 초에 봉착하게 되면서 난관에 처하게 된다. 케네디 대통령이 박정희 방미 일행에 대해 추가 재정 지원이란 선물을 제공하지 않은 것은 "강대국은 정의를 실현하고 약소국은 안전을 보장받으면서 평화가 유지되는 새로운 세계 질서를 구축"하겠다는 케네디의 정치철학에 박정희가 쿠데타로 찬물을 끼얹었기 때문만은 아니라는 것이다. 여하튼 박정희는 급박하고 동시에 절박한 자본을 확보하기 위해 새로운 출로를 모색하게 되었다. 당시 일본과의 접촉은 대한민국 국민의 정치 감정상 시기상조였기 때문에 서독으로 눈

된다고 하겠다.

2 마셜 플랜(Marshall Plan)은 제2차 세계대전이 끝난 뒤, 미국이 서유럽 16개국에 행한 대외원조계획이다. 정식 명칭은 유럽부흥계획(European Recovery Program, ERP)이지만, 당시 미국의 국무장관이었던 조지 마셜(George Catlett Marshall, 1880–1959)이 처음으로 공식 제안하였기에 그의 이름을 따서 '마셜 플랜'이라고 한다(두산백과).

을 돌리게 된 것이다. 요컨대 박정희는 원조 채널의 다변화로 자본 확충을 꾀한다는 입구전략을 통해 경제개발과 경제성장을 이루어 정치 안정과 정통성 확보를 도모하려 했던 것이다.

결과적으로 박정희 정권의 서독 선택과 광부·간호사의 파독은 미국·서독·일본의 출구전략과 한국의 입구전략이 시기적으로 서로의 필요를 해소해야 하는 국내외 정치 환경과 만난 지점에서 빚어진 사건이라 하겠다. 그러나 박정희의 입구전략으로서 서독 선택은 서독의 원조 규모가 미국에 비해 4내지 5분의 1밖에 안 된다는 현실에서 알 수 있듯이 입구전략을 정상 수준에 올려놓기에는 결코 충분할 수 없었다. 결국 박정희는 입구전략의 성사를 위해 이후 한일 국교정상화와 베트남 파병 등과 같은 위험을 담보로 한 정책에 손을 대기 시작했다. 다시 말해 박정희 수반 공화당 정권은 이후 서독보다는 일본과 미국에 종속되는 길로 나아가게 된 것이다.

여하튼 여기서 이 글의 주된 관심은 출구전략과 입구전략의 만남이 어떤 맥락에서 그리고 어떤 과정을 거쳐서 성사되게 됐는가를 비판적으로 검토하는 데 있다. 이 비판적 검토는 안에서 밖을 보는 방식이 아닌 밖에서 안을 보는 방식을 통해 박정희의 서독 선택과 광부·간호사의 파독에 대한 원인을 분석하겠다는 것이다. 전자의 안에서 밖을 보는 방식은 인물 중심주의로 흐를 위험을 내포하고 있다. 이 경우 논술 방식은 환원주의로 귀결될 것이다. 반면에 후자의 밖에서 안을 보는 방식은 구조 중심주의를 말한다. 다시 말해 밖에서 안을 보는 구조주의적 접근 방법은 "왜 서독인가?", "왜 서독은 광산업계의 구조 조정이 시작되는 시점에서 광부를 받아들였는가?", "주한미국경제협조처USOM: United States Operations Mission는 어떤 역할을 담당했는가? 왜 케네디는 박정희 방미 일행을 빈손으로 돌려보냈는가?", "누가 왜 한일 국교정상화를 원했는가?" 와 같은 질문들을 논박하여 증여국과 수원국 간의 관계를 인물 중심에서 비롯된 감성적 평가에서 구조 중심에서 도출되는 객관적 평가로 재정립하자는 것을 말하는데 이 점은 동시에 이 글의 연구 목적이기도 하다.

연구 대상 및 시기

이 글은 한국과 미국·서독·일본을 중심으로 박정희 정권 때 이루어진 광부(1963–1977년)·간호사(1950년대–1976년)의 파독부터 중단까지를 연구 시기로 정하며, 이 기간에 이뤄진 이들 국가 간의 정치적 문제를 연구 대상으로 삼는다. 따라서 이 같은 문제에 대한 접근 또는 분석은 국내 정치와 국제 정치가 맞닿는 지점에 대한 이해를 요구하고 있음을 알 수 있다. 다시 말해 광부·간호사의 파독 문제에 대한 이해는 그것이 일차적으로는 일국가의 문제이며 나아가 국가 대 국가의 문제라는 것이다. 그러나 좀 더 깊이 파고들면 이 문제의 뿌리는 일국가나 국가 대 국가만의 문제 이전에 국내 정치의 질서가 냉전 체제라는 당시의 국제 정치의 질서와 일정 부분 맞물려 작동하고 있었다는 데 까지 뻗어 있었던 만큼 여기까지를 연구의 대상으로 삼아야 한다는 것이다. 그런 만큼 광부·간호사의 해외 송출을 연구 대상으로 한 분석에서 그 분석 단위로 냉전을 기제로 한 국제적 차원에서의 논의는 필수적이다(노명환 2011, 289–321; 나혜심 2012, 308–313; 한국파독광부협회 2009). 이 글에서 1990년 통일된 독일을 서독으로 표기하는 이유도 연구 시기에 맞춘 의도적 선택이다.

결과적으로 국내 정치와 국제 정치에 대한 교차적 비교 분석이 요구된다. 교차적 비교 분석의 하위 단위는 첫째, 한국 정부의 국내외 정치적 역학이다. 둘째, 미국·서독·일본이란 우방 국가이면서 동시에 원조 증여 국가의 국내외 정치적 역학이다. 셋째, 한국 정부와 이들 국가의 정치·군사·경제 협력 관계다. 더 나아가 냉전의 역할에 대해서도 주목해야 한다는 것이다. 이 연구는 위의 3가지 요인에 더하여 1970년대 중·후반 서독의 외국인 노동자 정책의 변화에 대해서도 살필 것이다. 당시 광부·간호사가 강제 귀국의 위기에 몰렸기 때문이다.

무엇보다도 첫 번째 요인인 한국 정부의 국내외 정치적 역학에 대한 분석 즉 박정희 정권의 서독 선택과 광부·간호사의 파독에 대한 분석에서 우리는 박정희 정권이 미국과 소원해지고 서독과 친밀해지는 경로에 주목할 것이다. 주지하다시피 당시 박정희의 정권 장악을 부정적으로 보는 시각이 적지 않았다. 따라서 박정희는 정권의 태생적 한계를 정당화시켜 줄 토대를 마련해야 했다. 그 정당화의 돌파구를 박정희는 경제개발에서 찾았다. 그러나 경제개발을 위해서 절대적으로 필요한 시드 머니seed money 곧 자본은 태부족 상태였다.[3] 이를 위해 김원이 말하는 "서발턴subaltern"에 해당하는 광부·간호 인력을 서독으로 보냈다. 이 과정에서 미국과의 불화설이 불거졌고 그 끝에 마치 미국과 척을 지고 서독과 열애라도 시작하게 된 것처럼 한·독 관계를 조명하고 있는데 이점에 대해 논박하게 될 것이다. 여하튼 그렇게 경제개발의 첫 삽은 떴으나 이것은 시작에 불과했다. 이후 박정희는 일본과의 국교정상화 추진을 비롯 월남 파병을 단행하게 되면서 경제개발에서 가시적인 성과를 내기 시작하나 역으로 미·일에 대한 군사·경제적 예속은 심화되어 간다.

---

3 이 점과 관련해서 "파독 광부·간호사들이 보낸 송금액은 1965년부터 1975년까지 총 101,530천 달러로, 1965-1967년의 송금액의 경우 총수출액 대비 각각 1.6%, 1.9%, 1.8%였다. 이는 가득률이 100%인 점과 단 1달러의 외화도 소중한 1960년대 한국의 경제 상황에 비추어 외화가득과 국제수지 개선, 국민소득 향상 나아가 경제성장에 상당한 기여를 한 것으로 평가" 받고 있다. 뿐만 아니라 "광부·간호사 파독은 최초의 대규모 해외 인력 파견이었다. 광부·간호사들은 경제발전 초기 외화 송금으로 국내 경제 활성화에 기여했으며, 1970년대와 1980년대 한인들이 유럽이나 북미 지역으로 진출할 수 있는 토대를 마련하였다. 즉, 이들은 현 국제화 시대 이전 해외 개척에 선구적인 역할을 하였다는 평가도 받고 있다."(진실·화해를 위한 과거사정리위원회 2009, 225)

두세 번째 요인인 미국·서독·일본이란 우방 국가이면서 동시에 원조 증여 국가의 국내외 정치적 역학 분석에서 우리는 먼저 미국의 대외 원조 정책과 정책의 변화를 비롯해서 그 일선 기관 특히 USOM의 역할에 주목해야만 한다. USOM은 1950년대 말 경제 위기에 처하면서 제3세계 관리에 어려움을 당한 미국 정부를 위해 중요한 역할을 담당하게 된다. 즉 USOM은 아시아에서 동맹을 강화하면서도 한국의 지원 문제를 해결할 방법으로 일본과 서독이 일정 역할을 떠맡아줄 것을 타진하게 된다. 여하튼 전후 연장선상에서 서독은 1961년 12월에 체결한 '경제 및 기술협조에 관한 의정서'에 따라 한국에 재정개발원조 총 1억 5천만 마르크 중 7천500만 마르크는 장기 개발차관으로, 나머지 7천500만 마르크는 장기 수출 거래로 발생하는 청구에 대해 보증으로 공여하게 된 것이다. 뿐만 아니라 미국은 한국이 일본과의 국교정상화를 서둘 것을 요구하고 그 교량의 역할을 자임하게 된다.[4] 그 결과 한일 국교정상화가 1965년 6월 성사되었다.

서독의 개발원조는 박정희 군사정권에게 늦은 단비와 같은 것이었다. 1950년대 말(1957–1958년) 세계공황이 발생하고 미국의 군사·경제원조가 급감하면서 경제 침체가 이어졌다. 그 결과 한국에 대한 무상 원조가 줄어들자 박정희 군사정권은 다각도로 원조 국가를 찾아야 했다. 이런 상황에서 미국의 직간접적 압박에 따라 서독은 기술원조 협력 방안의 기틀을 마련하여 경제원조까지 포함한 한·독 정부 간 경제 및 기술협조에 관한 협정에 나선 것이다. 이 협정은 향후 서독으로부터 제공받게 될 재정원조와 기술원조에

4 "미국은 아시아 상황의 특수성을 반영하기 위해 콜론보고서를 작성하였다. 콜론보고서는 대한민국이 비 공산세계와 외교·문화 그리고 경제관계를 증대시키는 것이 미국의 이익에 도움이 된다고 지적하고, 한국과 일본의 관계가 개선되는 것은 더 중요하다고 지적하고 있다. …… 케네디정부가 한일관계 개선을 위해 그전의 정부보다 더 노력한 것은 사실이다."(유병용 외 2009, 44–45)

대한 근거가 되었다.[5] 광부 파독은 바로 이 기술원조의 일환으로 이루어졌다.

그런데 여기서 왜 서독이 한국의 광부들을 받아들였느냐에 대한 설명은 별도의 변수 즉 정치적 변수를 함께 고려해야만 가능하다. 왜냐하면 당시 서독은 국내적으로 광산업계의 전망이 밝지 않은 상태란 진단을 받기 시작했기 때문이다. 에너지 산업 분야에서 구조 조정 즉 국내산 석탄에서 수입산 석탄으로, 그리고 석탄에서 가스·석유로 대체되고 있었기 때문이다. 그렇기 때문에 이런 상황에서 왜 서독이 한국에서 온 광부를 수용하게 되었는가에 대해 논박하게 될 것이다.

그런데 당시 서독이 국제적으로 염두에 두고 있었던 것 중에 하나는 서독 단독대표권 즉 동독과의 체제 경쟁이다. 그런 가운데 동독은 북한의 전후 복구를 적극적으로 도왔다. 이 때문에 박정희가 서독을 냉전 시대 반공의 연대로 택했듯 서독 또한 한국을 냉전 시대 반공의 연대로 택할 수 있게 된 것이다. 결과적으로 양국의 정치 상황은 냉전 시대의 분단이란 하나의 공통분모를 갖고 있는 가운데 반공의 연대를 과시할 필요가 있었던 것이다.[6]

다른 한편 서독 초대 총리(1949-1963년) 아데나워Konrad Adenauer에서 서독 초대 경제부 장관(1949-1963년)이자 제2대 총리(1963-1966년)인 에르하르트Ludwig Erhard로 서독의 수상 교체는 서독이 한국을 반공의 연대로 택하는 데 긍정적 효과로 작용하게 된다.[7] 아데나워의 대외 정책의 기조는 친서방 정책

---

5 기술원조에 의거, 서독 정부는 한국의 기술 훈련생을 소규모로 받기 시작했다.

6 이런 바탕에서 박정희의 서독 에르하르트 수상과의 만남은 "경제 발전을 통해 국력 배양을 도모함으로써 승공 통일에 노력"하겠다는 결의를 다지게 한 것이다. 그 결과 서독이 라인강의 기적을 일으켜 부국이 된 것처럼 한국은 한강의 기적을 일으켜 빈국에서 탈출할 수 있을 것이란 신념이 서독에게 우호적으로 다가가는 계기가 되었다.

7 에르하르트는 한국과도 특별한 인연을 맺는다. 5·16군사정변으로 집권한 박정희 대통령은 미국을 방문해 존 F. 케네디 대통령을 만나 차관 제공 등 경제적 지원을 요청했지만 거절당한다. 독일로 발길을 돌린 박 대통령은 1964년 12월 9일 에르하르트를 만난다. 에르하르트는 박 대통령을 따뜻하게 맞이하

에 편중되었으나 이와 달리 에르하르트는 일명 대서양주의자로 미국에 대한 협력 차원에서 한국에 대한 원조에 우호적인 입장을 취하게 된다. 왜냐하면 에르하르트는 미국의 동맹 결속이란 집단행동의 결행에 적극적으로 참여하는 자세를 보이기 때문이다.

그런데 지금까지는 파독 이전까지의 총체적 상황을 재구성하는 단계다. 바꾸어 말해 파독 이후 서독에서 광부·간호사가 현지에서 정착하기까지의 문제는 별개라는 것이다. 그러므로 이 연구는 1970년대 서독의 외국 노동자 정책의 변화가 파독 광부·간호사에게 어떤 영향을 미쳤는지도 네 번째로 검토한다. 석유파동이 발생하면서 서독의 외국 노동자 정책 변화는 이미 예고되고 있었기 때문이다. 다시 말해 서독 정부가 외국 노동자들을 강제 귀국 조치하려 들자 파독 광부·간호사도 이에 대한 대응을 해야 했던 때문이다.

연구 방법

위에서 다룬 4가지 요인을 통해 50년 된 광부·간호사 파독 문제에 대한 정치·역사적 이해를 도모할 수 있겠다. 이런 작업을 보다 정교하게 수행하기 위해서 우리는 비교정치학자 알몬드Gabriel A. Almond의 입장에 서서 출발한다. 그

며 3000만 달러의 차관을 약속했다. 한국의 장래를 낙관했기 때문이다. 하지만 그는 차관에 대한 인적 담보를 요구했다. 약 1만 8000명의 간호원과 광부들이 독일로 간 계기다. 그들이 고국으로 송금한 돈은 1억 164만 달러나 됐다. 당시로선 상상도 못할 외화 공급원이었다. 그는 박 대통령에게 경제발전을 위한 소중한 조언도 들려주었다. "고속도로를 건설하고, 그 위에 달릴 자동차 공장을 세우세요. 일자리를 가장 많이 창출하는 산업입니다. 그리고 제철회사를 건설하세요. 차를 만들려면 철이 필요하지요. 또 자동차가 달리려면 석유가 필요하니 정유공장을 세우세요. 수출을 하려면 선박회사도 필요해요." 에르하르트는 또 "앙숙 관계인 독일·프랑스의 과거사를 언급한 뒤 '국가 지도자는 과거에 집착하지 말고 미래를 내다봐야 한다.' 며 한·일 국교 수립을 권유했다."고 당시 통역을 맡았던 백영훈 전 의원은 전한다 (중앙일보 13/02/10).

는 체제 수준에서 행위가 다른 유형(한국과 서독)은 그것이 같은 정치체제 내에 있다 하더라도 불가피하게 구조·과정에서 다른 요인(경제 수준, 문화, 종교 등)과 비교 가능하다고 한다. 이런 이유에서 알몬드로부터 한국의 광부·간호사 파독과 서독의 한국 광부·간호사 수용에 따른 분석이 비교정치와 접목될 수 있음을 발견하게 된다. 그러나 국내외 정치 상황을 중심으로 한국의 광부·간호사 파독 문제를 분석하기 위해서는 맥락의 비교를 해야 한다. 왜냐하면 이 연구는 기존 연구가 사태 발전의 역사적 맥락을 고려하지 않고 일반화된 기존의 이론을 너무 포괄적으로 적용하는 경향이 있다는 점을 지적하면서 이를 보충하기 위해 고안된 분석 방법 중 하나이기 때문이다. 다시 말해 한국의 광부·간호사를 서독으로 송출하는 문제에서 서독과 한국을 비교한다면 개념과 현상의 역사 맥락을 따라 비교해야만 비교연구가 가능하고 타당성을 지닐 수 있다는 것이다. 여기서 말하는 개념과 현상의 역사 맥락은 양 국가의 국내외 정치 상황을 말한다. 양 국가가 처한 당시의 국내외 정치 상황에 대한 파악이 전제되어야 계속해서 연구를 체계적으로 수행할 수 있다는 것이다(최종고 2005, 245-246).

예를 들어 보자. 최종고는 케네디의 박정희에 대한 홀대에 대해 언급하면서 미국을 대신해서 한국을 도울 국가로 서독을 타진하게 된다는 점을 강조한다. 그러나 이점에 대한 정치학자들의 평가는 같지 않다. 여기서 그 평가가 어떻게 다른지를 짚어 보는 것이 중요하다. 평가를 짚어 보는 작업이 바로 교차 비교연구가 될 것이다. 이 교차 비교연구는 정치·경제·역사 영역 간 교차 비교뿐만 아니라 한·독 간 국가 차원의 교차 비교에서도 이루어진다.

그런데 이 교차 비교연구를 가능하게 하는 정치경제적 연구가 많이 진행된 상태다. 그러므로 이들 2차 자료들 간의 교차 분석은 이 연구를 심화시켜 줄 것으로 기대된다. 그러나 이 연구는 2차 문헌의 활용에만 머물지 않는다.

다시 말해 이 연구는 2차 문헌 간 비교 검토와 사료 제시를 통해 기왕의 주장에 대해 비판적으로 논박할 것이다. 기왕의 주장에 대한 비판적 논박이란 나를 중심으로 상대방을 보는, 즉 안에서 밖을 보는 식의 논술이 아니라 구조 또는 틀에서 나를 보는, 즉 밖에서 안을 보는 식으로 논술될 것이다. 그런데 전자는 같은 사건에 대한 상대방의 의도를 간과하기 쉬운 단점이 있다. 후자는 구조 결정주의적 오류를 범하기 쉽다. 그러므로 "더 나은 수준의 같은 지점"에 도달하기 위해서 구조를 아래로부터 분석하고 기술하는 자세가 요망된다. 이를 통해 우리는 역사적 사실에 대한 보다 풍부하고 객관적인 접근과 그 평가 작업을 기대할 수 있을 것이다. 결과적으로 위와 같은 내용 분석과 연구 방법에 입각하게 되면 우리는 역사적 사실에 대한 객관적이고 체계적인 분석을 할 수 있을 것으로 기대한다.

선행 연구 및 글의 구성

한국 현대사에서 파독 광부·간호사들은 역사적 관심의 대상이 되지 못했다.[8] 관심의 부족과 자료에 대한 접근 가능성이 낮았기 때문이다. 먼저, 1950-1970년대 한국인 간호 인력 이주의 과정과 노동력 송출의 사회·정치적 배경에 대한 역사학적 작업조차 본격적으로 이루어지지 못했던 소치다. 그러다가 최근에 이주의 여성화가 진행되면서 사회학과 정치학 방면에서 간호 인력에 대한 연구가 본격화되고 있다. 그 내용을 들여다보면 "첫째, 이주의 역사에 대한 연구, 둘째, 당사자들의 회고 및 기억에 대한 연구, 셋째, 파독 간호 인

8 광부·간호사의 파독 경위와 과정에 대해서 진실·화해를 위한 과거사정리위원회는 자세하게 설명하고 있다.

력 1세대의 서로 다른 생애 체험에 대한 연구로 나누고 있다."(이희영 2011) 이 같은 파독 간호 인력 1세대에 대한 기존의 학술 연구는 이후 다양한 학문 분과 전공자들에게 확산돼서 그동안 접근하기 어려웠던 독일 자료를 바탕으로 한 본격적인 연구가 기대되고 있다. 반면에 연구가 부진했던 광부에 대한 역사 연구도 이루어지고 있다. 그런 가운데 글뤽아우프Glückauf[9]가 『파독광부 45년사』를 냈다. 이런 기류는 2011년 『파독간호 평가 사업 최종보고서』로 이어졌다. 양자가 나눠 다룬 주제를 진실·화해를 위한 과거사정리위원회가 하나로 묶어 보고서를 내기도 했다. 매우 충실하게 기초 자료에 입각한 보고서란 점에서 이후 파독 이주 노동자 문제는 한 단계 높은 차원으로 도약할 수 있는 전기가 마련되었다고 본다.

향후 파독 이주 노동자의 연구는 한 국가의 틀을 벗어나서 국제적인 비교와 관계사적인 틀을 가지고 연구가 이루어져야 할 것이다. 그리고 독일과 미국에서 그동안 발굴되지 않았던 자료를 새로이 찾고 수집·분석함으로써 연구의 질을 고양하여 한국 현대사의 재조명에 크게 기여하는 방향으로 나아가야 할 것이다.

이 글의 I장은 "더 나은 수준의 같은 지점"에 도달하기 위해서 검토의 쟁점과 그 연구 내용 및 기술 방법에 대해 적시하고 있다. II장에서는 광부·간호사의 파독을 가능케 한 한국·서독의 국내·국제 정치적 변수를 분석한다. 그러나 박정희의 서독 선택과 광부·간호사의 파독이 결실을 맺게 되기까지

---

9 글뤽아우프(Glückauf)는 독일 광부들의 인사법이다. 이 인사말의 뜻은 "새로운 광맥 발견의 행운을 빈다(Ich wünsche Dir Glück, tu einen neuen Gang auf)."에 있다. 이 인사는 동시에 갱도에서 일을 마치고 안전하게 귀가하라는 의미에서도 사용된다. 이 인사말을 재독 광부 출신 교민들이 1976년에 결성한 친목회 이름으로 사용하고 있는 것이다. 2009년 독일 광산 박물관(Deutsches Bergbau-Museum Bochum)이 특별 전시회를 개최했는데, 그때 사용된 주제도 "Glück auf! Ruhrgebiet: Der Steinkohlenbergbau nach 1945"이었다.

의 과정은 또 다른 변수에 대한 설명을 필요로 한다. 당시 냉전이란 국제체제의 특수성이 국가 지도자나 국가정책을 좌우하는 측면이 강했기 때문이다. 그리하여 III장은 한국과 서독을 둘러싼 주요 국제 정치적 환경에 해당하는 냉전과 미국의 대외 원조 정책에 대해 분석하고 있다. 그리고 IV장에선 서독의 외교 및 원조 정책과 외국인 노동자 정책의 변화에 대해 파독 광부·간호사들은 어떻게 대응했는가를 다룬다. 이를 통해 광부·간호사의 파독과 그 정치적 함의에 대해 논구한다.

Ⅱ. 한국과 서독의 국내 정치적 환경

한국의 국내 정치 상황

여기서 검토하려는 문제와 그 결과를 앞당겨 요약하면 다음과 같다. 즉 미국은 군사 쿠데타를 진실로 반대하고 있었던가? 그렇지 않다. 미국은 애매모호한 입장을 취하면서 한국에서 미국의 우위를 관철해 나간다. 왜 박정희는 서독에 눈을 돌렸나? 박정희는 경제개발을 하고 싶었으나 돈이 없었고, 미국은 현상 유지를 바랐기 때문이다. 이런 갈등 국면의 해결책으로 박정희는 돈을 빌려 줄 다른 국가의 존재가 절실했던 것이다. 당시 실업률은 23%가 넘었다. 서독과의 기술협력과 차관 공여 및 광부·간호 인력의 파독은 박정희가 경제개발을 추진하기에 충분한 돈줄은 아니지만 경제개발을 하겠다는 의지를 천명하기에 충분한 입구전략이 되었다. 그렇다면 이것은 미국과의 정치적 갈등이나 정통성의 위기를 초래하게 되는가? 아니다. 박정희가 경제개발을 지속적으로 추진하기 위해서 필요한 재원은 여전히 턱없이 부족했기 때문이다. 그 결과 박정희는 과감한 무리수를 띄우게 된다. 그것이 다름 아닌 한일국교정상화와 베트남 파병이다. 이 결단은 부작용을 초래했다. 대일 종속이 심화되었고, 국제사회에서 외교적 고립을 초래했다. 그러나 이 선택의 결과로 박정희 정권이 얻은 것은 크다. 특히 한일 관계 정상화로 일본에서 들어오기 시작한 6억 달러의 청부권 자금(무상 원조 3억, 유상 원조 2억, 민간 상업차관 1억) 및 각종 차관이 합쳐져서 박정희 정부는 출범 초기 직면했던 만성적인 외환부족 문제를 해결할 수 있었다. 그리고 1965–1970년 사이 31만 2천8백53명이 참전한 베트남 전쟁으로 10억 달러에 달하는 수입과 35억 달러가 넘는 차관을 얻고, 1970년대 중반 7만 명의 노동자들이 사우디아라비아에서 30억 달러 정도를 벌어들였는데(김진향 2007), 이를 계기로 박정희 군사정권은 점차 민간 정권으로 입지를 굳히게 되고 결국은 개발독재를 1979년까지 지속하게 된 것이다.

1. 군부 정권의 등장

5·16군사정변이 발생했는데, 이에 대한 미국의 공식적인 반응은 기껏해야 일관성 없는 혼란스러운 것이었으나 결코 우호적인 것은 아니었다. 그러면 미국은 군사 쿠데타에 전혀 개입되지 않았으며 쿠데타를 진실로 반대하고 있었던가? 지금까지 알려진 자료들만으로도 그렇지 않음을 알 수 있다(박현채 2003, 228).

그렇다면 5·16군사정변 직후 미국이 표면적으로 보여 준 쿠데타에 대한 거부 반응을 어떻게 해석해야 할 것인가? 미국 대외 정책의 이중적 모습을 이해하기 위해 쿠데타 세력과 미국의 일시적인 갈등 관계를 살펴보자(박현채 2003, 229–230). 1950년대 미국의 동아시아 정책의 기조는 일본을 중심으로 하는 지역 통합 전략에 있었다. 이 전략은 이승만과 장제스의 반대로 미완성되었다. 그러던 차에 1950년대 말에 가서 상황이 달라졌다. 다시 말해 "이 무렵 미국은 전후 최초로 달러 위기에 봉착했고, 그 결과 지금까지의 무상원조를 위주로 한 개발원조 정책을 재고할 필요성에 직면하게 되었다는 것이다." 다시 말하면 동아시아 지역에서 미국이 이에 대한 대답으로 발견한 것은 원조를 차관으로 돌리면서 패전의 상처에서 벗어난 일본에게 이 지역에 대한 경제·군사적 지원의 일부를 분담토록 하는 방안이었다는 것이다. 미국은 이것이 자신의 부담을 덜어줄 뿐 아니라 한국, 일본, 대만에게도 도움이 된다고 믿었다는 것이다. 이들 세 나라가 상품 시장과 자본 수요라는 서로의 필요성을 충족시켜 줄 수 있다고 판단한 것이라는 게 김일영의 생각이다(김일영 2004, 363). 여기서부터 출발하여 그는 "그 후 미국 정부의 동아시아 관계자들은 기회가 있을 때마다 한일 관계의 조속한 정상화를 바란다는 발언을 반복하면서 한국과 일본 정부에 압력을 가했다. 평소 민주주의와 의회정치를 존중한다고 입버릇처럼 되뇌던 미국이 박정희 정부의 계엄령 선포를 주저 없이 승인한 데에는 바로 이러한 국제 정치적 배경이 있었던 것이다."[10] 라고 단정하게 된다(김일영 2004, 364; 411–412).

여기서 제기되는 문제는 "이러한 한국 내 미국 포스트의 반발에도 불구하

10 "이승만의 몰락을 지켜본 주한 미 대사였던 맥카나기(W. P. McConaughty)는 1961년 이임성명에서 한일 간에 조속한 관계 정상화를 바란다고 했으며(동아일보 61/04/11), 후임으로 온 버거 대사도 같은 취지의 발언을 반복했다. 그 뒤를 이은 브라운(W. G. Brown) 대사는 부임 일성(一聲)으로 자신의 임무를 양국 간의 우호 관계 수립이라고 말했으며(한국일보 64/06/08), 그 밖에도 로버트 케네디(R. Kennedy) 법무장관과 윌리엄 번디(W. Bundy) 미국무성 동아시아 담당 차관보 등도 유사한 발언을 계속했다(이도성 1995, 249–253)."

고 쿠데타가 성공할 수 있었던 까닭은 무엇인가?"라는 점이다. 그것은 매그루더Cater Magruder나 그린Marshall Green과 달리 미국 정부가 유보적인 태도를 취했기 때문이다. "미국무부 대변인 화이트L. White는 5월 16일 정오(워싱턴 시각)의 정례 브리핑에서 미국은 한국에서 벌어지고 있는 유동적인 상황을 주시하고 있다고만 밝히면서, 매그루더와 그린의 성명은 그들의 직무 범위 안에서 이루어진 것일 뿐이라고 해명했다."(김일영 2004, 324)는 것이다. 그런 가운데 5월 22일 박정희의[11] 군사 쿠데타 집단에게 힘을 실어 주는 성명 즉 "혁명정권이 공약한 유엔 지지와 사회개혁 및 헌정에의 복귀를 찬양하며, 조속한 시일 내에 합헌적인 절차로의 복귀를 촉구"한다고 미 국무부가 발표하게 되는데, 이는 쿠데타 초반의 불개입에서 묵인 혹은 수용으로 태도의 전환을 알리기에 충분한 것이었다. 그런데 5월 22일 미 국무부의 성명을 가능케 한 것 즉 쿠데타가 혁명으로 전환되는 것을 알리는 직접적인 계기는 5월 18일로 소급된다. 이날 미 국무부가 주한 미 대사관에 보낸 전문에서 이미 태도의 변화를 감지할 수 있었다는 것이다. 즉 "국민 통합을 유지할 수 있으면서도 문민적 구성원이 다수를 차지하는 정부를 조속히 구성하되, 그것은 광범위한 기초를 지니고 있는 정파의 이해에 얽매이지 않는 책임 있는 정부"여야 한다는 새로운 정부구성의 방향성을 이미 제시했다는 것이다. 그래서 김일영을 비롯 현대정

11 Michael Breen의 저서를 보면, Mark Clifford는 박정희를 경제 전사(economic warrior)로 부르면서 가장 잘 알려진 20세기 국가 설계자 중 누구도(Ataturk, Nasser, Lenin) 박정희보다 지속 가능하고 번영적인 국가를 건설하지 못했다고 말한 바 있다. 일본에서 군사교육을 받은 전력이 있음에도 불구하고 박정희는 부역자로 간주되지 않았다. 그는 1946년 대구에서 공산주의자들이 활개 치던 때 형이 경찰에 의해 살해당한 후 좌파 쪽에 섰다. 1948년 군내에서 박정희는 공산주의 조직을 지도하였었고 젊은 장교들을 반란에 참여한 죄로 사형을 선고받았다. 그 후 사면됐다. …… 박정희는 이승만 정권을 강하게 혐오했다. 그가 부패하고 지나치게 미국에 의존적이었기 때문이다. 케네디 정부는 박정희의 역사를 잘 알고 있었다. 그래서 그의 쿠데타를 염려했다. 그가 여전히 공산주의자일 수 있기 때문이다. 러시아식 발음을 딴 별명으로 박정희는 박코프(Parkov)라고 불렸다(Breen 2004, 134–136).

치사 연구자들은 5월 18일을 기점으로 쿠데타가 혁명으로 전환되었다고 강조하게 된다.[12]

이를 이어서 미국의 지지 입장이 잇따르게 되는데 5월 26일 케네디 대통령이 육군 참모총장 장동영에게 회답한 글에서 "미국 정부는 양국 간의 전통적인 우호 관계가 계속될 것과 우리 양국이 한국과 자유세계의 복지와 힘을 증진시키는 데 계속 협조할 것을 확인한다."고 적어 보냈으며, 7월 27일에는 미 국무장관 러스크Dean Rusk가 군사정권의 업무와 관련하여 "정력적이고 신속한 조치를 환영"한다고 했으며, 그 끝에 11월 14일 국가 재건 최고 회의 의장 박정희가 미국을 방문함으로써 군사정권은 미국의 완전한 승인과 지지를 획득했다는 것이다(박현채 2003, 231; 기미야 다다시 2008, 84).

이 점에 대해 백영훈(2001, 29)과 노명환은 미국이 당시 케네디J. F. Kennedy 미 대통령의 민주주의 확산 정책과 제3세계로의 군사 쿠데타 확산의 빌미가 될 것을 우려해 박정희를 냉대했다고 주장한다. 이런 이유에서 박정희가 서독에 눈을 돌리게 되었다는 것이다.[13] 우리는 이 점에 대해 좀 더 숙고해야 한다. 왜냐하면 위에서 지적한 것처럼 박정희 집단의 5·16군사정변은 5월 18일을 계기로 성공한 혁명으로 탈바꿈하기 때문이다. 다시 말해 박정희의 군사 쿠데타에 대한 미 대통령의 반대에 부닥쳐서 박정희 집단이 서독에 눈을

---

12 즉 성공한 이유는 "5월 18일(워싱턴 시각) 미중앙정보국은 케네디(J. F. Kennedy) 대통령에게 제출한 보고서에서 '어떤 저항도 존재하지 않았고, 국민들은 무관심했으며, 장면 총리의 저항 포기, 장도영의 이중 행동, 윤보선 대통령의 타협적 태도와 이에 기인한 합헌적인 정권이다. 그리고 이에 따른 군사정권의 정통성 강화'를 이유로 꼽았다."는 데 있다는 것이다(김일영 2004, 329). 여기서는 워싱턴 시각 5월 22일 우리 시각 5월 23일 미 국무부의 첫 번째 공식논평을 기점으로 쿠데타가 혁명으로 전환되었다고 보고 있다(박현채 1992, 230).

13 박정희가 서독에 눈을 돌린 이유는 첫째, 박정희의 쿠데타가 미국의 케네디 행정부로부터 냉대를 받게 되었다는 데 있다. 둘째, 쿠데타의 정당성을 이끌어내기 위해서 경제 발전이란 가시적인 성과를 일궈내야 하는 가운데 추진한 제1차 경제발전계획에 막대한 자금이 필요했기 때문이다.

돌린 것이 아니라, 1957-1958년 발생한 미국의 경제 위기로 미국의 원조가 급감하는 상황에서 박정희 군사정권이 경제적 성과를 내겠다는 시기와 맞물리게 되던 차에 또 다른 원조 공여국을 찾아 나서는 가운데 라인강의 기적을 이룬 서독에 관심을 가지게 되었다는 것이다. 이렇게 되면 경제 논리가 안보 논리보다 선행하게 되는 것이다. 그리고 이 경제 논리는 단순히 박정희 정권만의 선택에 그치지 않고 계속해서 주변국은 물론 결국에 광부, 간호사의 파독으로까지 이어지게 되는 연결고리가 조성된다는 주장이 가능해지게 된다. 요컨대 박정희를 서독과 연결해 준 연결고리는 일차적으로 경제 논리에서 찾아야 한다는 것이다(노명환 2011, 294). 즉 미국과의 정치적 갈등이나 정통성의 위기가 아니라는 것이다.

어떻게 미국과의 정치적 갈등이나 정통성의 위기가 아니라는 점을 재차 확인할 수 있을까? 그 단면을 당시 케네디 대통령의 대외안보 담당 특별보좌관보 로스토우Walt W. Rostow의 박정희에 대한 평가에서 읽을 수 있다. 5·16군사정변의 발생으로 한국에 대한 불신이 미국의 정부 관리들 사이에서 팽배하던 가운데 로스토우는 국가안전위원회 회의에서 3개 요인 때문에 자신은 한국의 발전을 낙관적으로 본다고 주장하였는데 그중 하나가 박정희다. 그는 한국 발전의 첫 번째 낙관 요인을 새롭고 효과적인 경제와 사회계획이 추진되고 있다는 데서 찾고 있으며, 두 번째 낙관 요인을 젊고 능력이 있으며 야심만만한 사람들이 새 정부를 장악하였다는 데서 찾고 있으며, 세 번째 낙관 요인을 한일 관계의 점차적 개선에서 찾고 있다(김광희 2008, 132).

2. 경제개발

1960년 한국은행의 보고서에 따르면 1959년의 실업자 수는 229만 명, 1960년에는 노동인구의 23.7%에 달하는 213만 명이었다. 4·19혁명은 이러한 원조 경제의 모순이 정치적 측면에서 폭발적으로 노출된 것이다(박현채 2003, 223). 좀 더 구체적으로 보면 광부·간호사를 서독으로 보낸 1960년대 한국의 경제지표는 1인당 GNP 87달러, 한국은행 외화 보유 잔고 2,300만 달러, 연간 물가 상승률 42%, 실업률 23%, 민간 저축률 3%의 열악한 경제 상황 상태였다는 것이다(진실·화해를 위한 과거사정리위원회(이하 진화위) 2009, 194). 왜 경제개발이 필요한가를 단적으로 말해 주는 경제지표다.

여하튼 제1차 경제개발 5개년 계획의 당초 계획은 지도된 자본주의 체제 하에서 자립 경제를 달성하기 위한 기반을 구축한다는 목적을 내걸고 농업 생산력의 증대와 전력, 석탄, 정유, 종합제철, 조선, 시멘트 등 기반 산업의 자력 건설을 도모하려는 데 있었다고 한다. 이러한 계획에 기초하여 투자 재원의 조달 비율도 내자 77%, 외자 27.8%로 설정되었다는 것이다. 그러나 이러한 내포적 성격의 계획은 오래 계속되지 못했는데 그 이유는 소요 외자의 조달난, 외국자본의 비협조 등 난관에 부딪혔을 뿐만 아니라 국내의 자본가로부터도 반발을 샀기 때문이다. 결국 1963년에 계획 내용을 대폭 수정한 새로운 계획을 재편성해야만 했다는 것이다. 요컨대 당초 계획의 개발 방식, 즉 내포적(혹은 내향적) 개발 방식을 외연적(혹은 외향적) 개발 방식(차관 의존형 개발 방식)으로 바꿨다는 것이다(이내영 1987, 146). 여기에서도 즉 개발 방식의 변경에서 미국의 경제 논리가 반영되고 있음을 알 수 있다.

결과는 때로 과정을 비쳐 주는 거울과 같은 역할을 수행하기도 한다. 다시 말하면 "1961년 1월 케네디가 백악관의 새 주인이 되었을 때는 각종 근대화 이론이 미국의 대외 정책에 뚜렷이 영향을 주기 시작할 때였다. (다시 말해) 근대화이론의 흥기는 국제사회의 배경에 그 원인이 있는데 첫째, 미국이 사회주의 진영 주변의 나라들이 소련의 근대화 모델을 선택하는 것을 두려워한 것이고 둘째, 독립 후 광범한 개발도상국들이 모두 경제 건설 모델을 탐색

하였기에 미국은 그들에게 경제 발전 모델을 제공하여 그들을 자본주의 세계 경제체제에 끌어들일 수요가 있었기 때문이다."(김광희 2008, 131) 요컨대 제1차 경제개발 5개년 계획의 기본 골격은 대내 지향적 수입 대체에 맞춰져 있었는데 이것이 박정희 정권 출범 이후 대외 지향적 수출 지향으로 수정되었다는 것이다.[14]

애초에 미국은 제1차 경제개발 5개년 계획의 기본 골격을 내키지 않아 했던 것이다. 무엇보다도 한국전쟁 후 5·16군사정변까지의 모든 주요 정책은 원조 자금과 직접 관련이 안 되는 정책까지를 포함해 한국 정부와 주한미원조당국[15]이 공동으로 결정하던 관례를 깨고(이완범 2006, 131) 박정희가 앞서 갔기 때문이다. 이를 두고 미 의회는 쿠데타 초기의 한미 경제 관계가 대결적이었다고 기술할 정도였다. 그리하여 미국은 제1차 경제개발 5개년 안이 마련된 직후부터 계획 변경을 권고했으며 결국 대폭적인 수정 보완을 요구했던 것이다. 다시 말하면 미국은 미국 정부와 상의하지 않은 채 경제정책을 결정하는 군사정부의 태도에 당혹해했으며 이로 인해 갈등이 증폭되었다. 그 결과 미국은 경제개발 계획을 두고 미국의 증원을 획득하기 위한 '쇼핑리스트'라고 싸잡았다. 민족주의와 자립 경제의 기틀 확립을 목적으로 작성

---

14 (부연하면) "1962년 시작된 제1차 경제개발 5개년 계획이 암초를 만났다는 것이다. 암초에는 여러 가지가 있다. '흉작으로 인한 쌀값 파동(1963년 초), 개발에 따른 통화팽창과 수입·수요의 확대, 통화개혁(1962년 6월 군부가 단행)의 실패와 외자도입의 부진에 기인하는 자금(특히 외환) 압박 등으로' 시작부터 암초를 만나게 된 것이다. 그러나 가장 큰 암초는 미국이라는 것이다. 이로 인해 경제개발계획이 수정되었기 때문이다. 또는 수정되어야 하는 문제에 봉착했기 때문이다. 이 수정안의 결과물이 수출 지향적 공업화다. 그리고 이 수정안은 박정희 군부가 1963년 민주 공화당 창당 및 대통령 선거 실시를 통해 민정으로 이양됨과 동시에 박정희 정부에 의해 1964년부터 시행되게 된 것이다."(김일영 2004, 355-360)

15 1961년 2-9월 이전에는 유엔사령부경제조정관실(OEC: Office of Economic Coordinator) 이며 그 이후에는 USOM(1961년 2월의 신경원협정의 5항에 특별사절단을 둔다는 구절이 있으며 정식으로는 1961년 9월 4일 공포된 FAA에 근거)이었다(임철규 1965, 161).

된 경제개발 계획의 초안에 대해 1961년 8월 초 군사정부로부터 설명을 들은 USOM 소장 모이어Raymond T. Moyer 역시 "모든 요소에 대한 충분한 사전 검토 없이 너무 성급하게 만들어진 계획이라 실망스런 결과를 초래할 것"이라고 비판적인 반응을 보이기는 마찬가지였다. 박정희의 제1차 경제개발 5개년 계획은 경제개발에 대한 종합 계획을 세운 것이라기보다는 '공장 건설 일람표'를 만든 것에 불과하다는 평가절하 일색의 평가가 이어졌다(이완범 2006, 132).

박정희는 경제 발전에 소요되는 재원을 확보하기 위해 노력했다. 그 일환으로 박정희는 1961년 11월의 방미에서 케네디 대통령에게 원조를 요청했는데, 미 국무부 산하 국제개발처Act for International Development; AID의 해밀턴Hamilton 처장은 7.1%의 성장률을 문제 삼으면서 "이들 공장을 모두 지으려면 약 20억 달러가 필요한데 한국같이 가난한 나라에 누가 투자하겠느냐"며 역시 회의적인 반응을 보였다. 게다가 미국은 성장률을 5%로 낮추라고까지 권고했다. 한국문제특별대책반은 아직 최고회의의 7%안(1961년 7월)이 나오기 전이었던 1961년 6월 5일의 시점에서 한국의 연평균 경제성장률을 5% 정도로 계획해야 한다고 이미 안을 만들기도 했다. 미국은 불안한 성장보다 안정을 원했던 것이다(이완범 2006, 133).

그럼에도 불구하고 경제 발전에 소요되는 재원을 확보하기 위한 박정희의 노력은 계속됐다. "그 시작은 1962년 화폐개혁부터 시작하여 부정 축재 환수, 한국은행의 정부 기구화를 비롯 사실상의 은행 국유화, 금리현실화 등으로 동원 가능한 재원을 끌어 모았으나 경제개발 계획을 실행에 옮기기에는 여전히 턱없이 부족했다. 특히 미국의 원조가 (1950년대 말부터) 급속히 줄어들고 있는 상황에서 외자도입은 더욱더 절실한 것이 되었다."(김일영 2004, 355–360) 결과적으로 국내 자본만으로 투자 재원 곧 시드머니seed money가 조성되지 않자 절대적으로 부족한 재원 마련을 위해 외자도입의 새로운 출구를 찾아 나서야 했던 것이다. 다시 말하면 1960년대 초까지 전후 복구 및 경제 발전에 필요한 투자 재원의 대부분을 미국의 무상 원조에 의존하던 상태에서 미국은 국제수지의 악화와 달러의 해외 유출 급증으로 1950년대 말부터 무상 원조를 유상 원조로 전환하는 것을 유도하였다. 그 결과 한국에 대한 무상 원조도 급격히 줄었고 한국 정부는 다방면으로 원조 공여자를 찾아 나서야 했던 것이다(진화위 2009, 179-180). 그 일환에 따라 "서독에 광부와 간호사의 파견, 브라질 이민선 출발, 선원 수출과 원양어업 개척, 울산공장에 대한 걸프의 투자와 같은 외화 유치, 환율 현실화와 외자 도입법 개정, GATT 가입, 한일국교정상화 추진, 베트남 파병 검토 등이" 1963년부터 2년 동안 벌어지게 된 것이다(김일영 2004, 360).

이렇게 미국이 1차 경제개발 계획에 대해 비판적인 인식을 가지고 있었음에도 불구하고 박정희 정권은 외자 확보를 위해 서독에 첫 접촉을 시도하게 되었던 것이다. 서독의 경우 장면 정권 때부터 민간 차원에서 추진되어 1961년 3월 18일 한·독 기술원조협정이 체결되었으며 대한석공(석탄공사)에 1천 5백만 달러(독일 화폐로 6천만 마르크)의 차관을 주는 형식으로 시설 용량 10만 KW의 화력발전소를 강원도 영월에 건설한다는 계획이 성사되었다. 그러다가 1961년 12월 13일 우리나라와 서독 간에 경제협력 및 기술협력에 관한 의정서를 맺고 이에 의거하여 서독은 7천500만 마르크(1천875만 달러)의 재정차관을 제공했다. 또한 서독 수출업자와 일반적 상업 베이스에 의하여 추진된 상업차관으로 5천488만 마르크가 도입되었다(이완범 2006, 138-139). 결국 1964년 박정희 대통령의 방독 이전까지 서독으로부터의 차관 도입 확정 액은 2억 382만 8천 마르크(5천95만 7천 달러 상당)에 달했다.

그렇다면 미국과 한국 사이에 정치적 갈등이나 정통성의 위기가 발생한 것인가? 아니다. 그 이유는 국제 상황(미국 정부의 입장)과 국내 상황(군사정부의 경제개혁)으로 나눠 생각해 볼 수 있다. 첫째, 국제 상황(미국 정부의 입장)을 살펴보면, 미국은 경제적 부담을 줄이고 현상 유지 즉 한국에서 미국의 고문관적 우위를 확보 및 지속하기 위해 미국의 대외(원조)정책을 관철하려 한 것뿐이다. 앞서 언급했듯이 당시 미국은 혹은 케네디는 미국 대외 정책의 기조를 근대화론에서 찾고 있었다. 이 연장선상에서 로스토우는 가장 이상적인 근대화 영도 세력을 젊은 농촌 출신의 사람에서 찾았다. 이는 미국학계가 개발도상국의 새로운 통치 세력인 군인의 작용을 주목하게 되었다는 것을 의미한다. 이런 이유에서 로스토우는 케네디에게 박정희 정권을 승인할 것을 직접 권고하였다고 한다. 그리하여 미국 정부는 한국 군부의 리더십을 건설적인 경제 발전 방향으로 유도하기로 결정하였다는 것이다. 이에 대해 화답이라도 하듯이 1961년 11월 박정희가 미국을 방문한 시기에 특별히 단독으로 로스토우를 만났다고 한다. 그런 그가 1965년 5월 한국을 찾자 한국 사회에서 지대한 관심을 불러일으켰을 뿐만 아니라 한국에 도착한 다음 날 곧바로 박정희의 접견을 받았다고 한다(김광희 2008, 133). 그리고 이 요구가 받아들여져 양국은 협력 모드로 돌아가게 되었다는 것이다.

둘째, 국내 상황(군사정부의 경제개혁)을 보면, 박정희는 경제 발전에 소요되는 재원을 확보하기 위해 구체적인 노력의 일환으로 1962년 통화개혁에 들어갔다. 통화개혁은 유원식(최고회의 수석재경위원)이 박정희의 후원 아래 직속상관 김동하 최고회의 재경위원장도 모르게 발의했을 정도란다(이완범 2006, 146). 6월 16일 긴급금융조치 공포 시에도 미국과의 사전 협의가 역시 이루어지지 않았다고 한다. 그로 인해 유원식의 독주에 대해 재경위원회 내부에서도 비난이 분출했다는 것이다. 이렇게 되자 미국은 통화개혁이 한국 기업의 확고한 지지를 못 얻고 있다는 사실에 주목하면서 "미국이 산업개발공사의 설립 자금으로 4천만 달러를 제공할 것이니 봉쇄 예금(동결 자금)을 푸는 것이 어떠냐"고 박정희에게 제의했다고 한다. 박정희 군부가 빠르게 호응하지 않자 압박의 강도를 높여 6월 21일 미 국무부의 에드워드 라이스Edward Rice 차관보는 정일권 주미 대사를 불러 강제 동결시킨 예금을 풀지 않으면 원조를 끊겠다는 식으로 말했다는 것이다. 당시 정부 예산의 반을 미국 원조 자금에 의존하고 있던 한국 정부로서는 손을 드는 수밖에 없게 된 것이다.[16] 요컨대 야심차게 시작한 통화개혁에서 박정희는 국내 기업과 미국의 압력에 못 이겨 동결자금도 풀고 화폐단위만 10분의 1로 절하시키는 것으로 만족해야 했을 뿐이었다. 통화개혁 실패로 자력갱생파이자 급진파는 밀려나고 대외 개방적 공업화를 추구했던 기업가와 신진 엘리트 관료 그룹, 미국 경제고문단 그리고 실용주의자들의 노선에 힘이 실리게 된 것이다(이완범 2006, 145-146). 정리하면 1962년 7월 대외 개방으로의 방향 선회 조짐이 보이기 시작했던 한국경제는 1963년 7월 경제협력위원회ECC의 창립으로 한·미 간의 원활한 협조체제가 구축되고 결국 수출 드라이브의 본격 추진(1964년 후반)을 향한 토대를 마련하게 되었다는 것이다(이완범 2006, 147-149).

결과적으로 1964년에 한국경제기획원과 미국개발원조기구는 더욱 협조적인 관계로 발전하게 되었다. 그 끝에 한국은 수출 주도형 공업화 전략으로 전환하였고, 미국원조기구는 가능한 한국 정부의 정책 자주성을 존중하는 태도를 취하게 되었다는 것이다. 1963년 미국개발원조기구는 박정희 정부가 재정 안정화 정책을 엄격히 실시할 것을 요구하였지만, 1964년 이후에는 점

16 "정보를 장악하면 권력을 장악한다. 더 많은 정보를 장악하면 더 많은 권력을 장악한다. 거기다 돈줄까지 쥐고 있으면 권력을 행사할 수 있게 된다. 즉 베버가 말한 것처럼 상대를 나의 의지에 따라 굴복시킬 수 있게 된다."

차 박정희 정부의 경제성장 정책을 승인하였을 뿐만 아니라 미국은 한국에 협조하여 경공업품의 수출과 중화학공업의 수입 대체를 결합하는 발전 전략도 수립하게 되었다는 것이다(김광희 2008, 134).

모두에서 박정희의 경제개발 계획이 미국과의 정치적 갈등이나 정통성의 위기가 아니라고 했다. 미국은 경제적 부담을 줄이고 현상 유지 즉 한국에서 미국의 고문관적 우위 확보 및 지속을 위한 미국의 대외(원조)정책을 관철하려 박정희의 발전 전략에 수정을 자기식으로 유도했다고 말했다. 그렇다면 그 결과는 무엇인가?

한일국교정상화와 베트남 파병이란 부작용을 초래했다는 것이다. 대일 종속이 심화되었고, 국제사회에서 외교적 고립도 자초하게 되었다. 그러나 이 선택의 결과로 박정희 정권이 얻은 것도 크다. "베트남 참전으로 얻은 10억 달러에 달하는 수입과 35억 달러가 넘는 차관, 그리고 한일 관계 정상화로 일본에서 들어오기 시작한 6억 달러의 청부권 자금(무상 원조 3억, 유상 원조 2억, 민간 상업차관 1억) 및 각종 차관이 합쳐져서 정부는 출범 초기 직면했던 만성적인 외환 부족 문제를 해결할 수 있었"(김일영 2004, 372)기 때문이다.

서독의 국내 정치 상황

여기서 검토하려는 내용은 크게 두 가지다. 첫째, 서독이 한국의 광부·간호 인력을 받아들인 외국 노동자 수급 정책의 본질은 서독 산업 정책의 변화 즉 에너지 정책의 변화, 광부의 임금 인상, 싼 값의 노동력 수급이란 요구와 그 조정을 위한 시간을 벌자는 데 있다는 것이다. 둘째, 서독과 미국의 공조 강화의 본질도 미국의 원조 정책의 일맥선상에 있다는 것이다. 다시 말해 미국과 한국의 공조가 한국이 미국의 원조 정책에 따른 것이라고 할 때, 서독의 미국과의 공조는 미국의 원조 정책 협력에 따른 부산물이라는 것이다. 요컨대 이 두 가지 테제의 검토에 초점을 맞춰 내용을 분석한다.

1. 경제 발전: 노동력 부족

1940년대 말 서독은 역동적인 경제성장을 시작하였다. 마셜플랜이 1947년 말 서독 경제 재건을 도왔다.[17] 서독에서 낮은 생산 비용으로 인해 수출이 증가했다. 이는 한국전쟁으로 강화됐다. 1달러 대 4.20마르크(DM)로 책정된 고정 환율도 수출을 간접적으로 도왔다. 이런 요인들이 역동적이고 지속적인 수출 성장을 견인했던 것이다. 그 결과 1960년 서독의 수출은 1950년 대비 4.5배 증가했다. 국민총생산은 3배 증가했다. 서독이 세계 수출에서 차지하는 비중도 6%에서 10%로 증가했다. 이 경제 호황은 1966−1967년 일시 중단되긴 했으나 석유파동[Öipreiskrise]이 일어나기 전 1973년까지 지속되었다.

서독에 대한 투자는 1952−1960년 사이에 120% 증가했고 국내총생산은

---

17 David R. Henderson. *German Economic Miracle* 이란 글에서는 마셜플랜이 서독 경제를 회복시킨 일등 공신이 아니라고 말한다. "This account has not mentioned the Marshall Plan. Can't West Germany's revival be attributed mainly to that? The answer is no. The reason is simple: Marshall Plan aid to West Germany was not that large. Cumulative aid from the Marshall Plan and other aid programs totaled only $2 billion through October 1954. Even in 1948 and 1949, when aid was at its peak, Marshall Plan aid was less than 5 percent of German national income. Other countries that received substantial Marshall Plan aid exhibited lower growth than Germany. Moreover, while West Germany was receiving aid, it was also making reparations and restitution payments well in excess of $1 billion. Finally, and most important, the Allies charged the Germans DM7.2 billion annually ($2.4 billion) for their costs of occupying Germany. (Of course, these occupation costs also meant that Germany did not need to pay for its own defense.) Moreover, as economist Tyler Cowen notes, Belgium recovered the fastest from the war and placed a greater reliance on free markets than the other war-torn European countries did, and Belgium's recovery predated the Marshall Plan."(http://www.econlib.org/res/img/masthead_econlib.jpg 검색일: 2013. 10. 10).

80% 증가했다. 1955년은 경제성장이 가장 도드라진 해가 되었다. 경제는 약 10.5% 성장했고 실질임금도 약 10% 증가했다. 일각에서 언급되던 "경제 기적"은 1955년 모두에게 회자되었다. 1950년대 서독의 수준은 미국의 수준에 근접했다.[18] 1950년과 1960년 사이 서독의 자동차 산업의 자동차 생산은 5배 증가했다. 실업자도 거의 사라졌다. 8백만 명의 동유럽에서 추방된 독일인들과 2백만 명의 동독 출신 난민들이 일자리를 찾은 것이다. 1950년대 후반 거의 완전고용 수준에 달했다. 실업률은 2% 이하로 떨어졌다. 이런 기조는 1960년대에도 지속되었다. 1966년 4%대의 경제성장률은 1968년 7.3%로 증가하였고, 1966년 3.5%이던 인플레이션율도 1.5%로 낮아졌다. 재정부문에서도 막대한 누적 부채를 상환하고서도 1969년에 15억 마르크의 재정 흑자를 기록하는 등 큰 성과를 거두었다. 국가 채무가 빠른 속도로 줄어든 것이다. 그 결과 1950-1970년 사이 실질임금은 2.5배 증가했다. 1949-1968년 사이 서독의 재정은 균형을 이루었다. 1949년까지 농업 부문 종사자가 20%에 달했으나 1970년에는 10%로 줄었다.

그 결과 1955년부터 1973년까지 이탈리아(1955), 그리스·스페인(1960), 튀니지, 터키(1961), 포르투갈(1964), 유고슬라비아(1968), 모로코 그리고 한국 등에서 약 2백4십만 명의 단기 방문 혹은 손님 노동자[Gastarbeiter]를 공식적으로 받아들이게 됐다(Pagenstecher 1993, 51). 노동력의 부족 현상이 성장을 위험에 빠뜨릴 것처럼 보였기 때문이다.[19]

---

18 "1950년 한국전쟁의 결과로 서방 진영이 재무장하는 것을 계기로 서독의 경제 발전은 날개를 달게 되었다. 서독의 수출 경제는 서독의 경제 기적을 낳았다. 1951년 2분기 경상수지가 흑자로 돌아섰다. 1951년 25억 달러를 시작으로 1958년 66억 달러로 흑자가 증가했다. 50년대 말경에 가면 미국은 서독과의 무역에서 적자를 기록하게 된다. 1950년 114억 달러 수입에서 1958년 114억 달러로 증가했다. 수출은 1950년 81억 달러에서 1958년 370억 달러로 증가했다."(Hein 2005, 20)

19 http: //de.wikipedia.org/wiki/Wirtschaftswunder

요컨대 부족한 간호 인력을 조달하기 위해서 서독은 한국만이 아니라 외국, 특히 아시아 여성들에 대한 취업 내지 교육을 권고했었는데 이는 그만큼 이 분야의 노동력이 절대적으로 부족하다는 긴박한 상황이 반영된 결과라 할 것이다(나혜심 2012, 305). 다른 한편 1960년대 서독에서 광업도 절대적인 노동력 부족 현상을 빚었다. 철에 대한 수요는 급증했으나 단지 소수의 젊은 독일인들만이 충원되어 위험 업종에 대한 기피 현상을 단적으로 보여 줬다. 그러다가 이내 광업은 구조 조정을 맞이하게 됐다. 에너지 수요가 석탄·철광에서 가스·석유로 바뀐 결과다. 이런 정황에서 서독의 광산업자들과 정부는 개발원조의 명분으로 값싼 한국의 광부들을 모집한 것이다.

2. 광업 정책의 변화

2차 대전 후 루르광산 지역을 점령한 영·미 점령군은 서독의 경제 재건의 토대가 루르 지역에 있음을 이해하게 되었다. 이에 영국 군사정부는 1945년 여름 북독일 석탄관리위원회North German Coal Control를 설립하였다. 그러다가 통화개혁과 마셜플랜이 실시되면서 1948년 서독 석탄 채광업이 시작되었다. 1946–1947년 수송 문제나 노동력 부족 현상이 원인이기도 하나 1950–1951년 한국전쟁과 다국적 루르점령군이 규정한 강제 수출 조항 때문에 석탄의 부족 현상이 재차 대두되었다. 이 문제 해결을 위해 30여 개의 새로운 광산업자들이 투입되었다.

1951년 유럽석탄청강공동체EGKS가 설립되어 수년간 지속된 석탄 부족 문제는 해결되었다. 동시에 미국에서 대규모 석탄 수입이 이루어졌다. 1952년 서독의 석탄 채굴은 123.3백만 톤으로 증가해서 전년 대비 4.4백만 톤이 증가했다. 이는 전 유럽 광산 국가에서 단연 최고였다. 1952년 말경 서독의 석탄 채굴업 종사자는 473,600명이었다. 이 중 328,000명은 주간 근무에 종사했다. 14,000명의 훈련생 규모는 1938년 대비 3배 규모였다.

석탄 채굴업은 1957년까지 지속적으로 성장했다. 1957년 말경 서독의 석탄 채굴업 종사자는 492,600명이었다. 그러나 1년 뒤 사정이 바뀌었다. 석탄 산업에 위기가 시작된 것이다. 무슨 일이 일어난 것인가? 이렇게 짧은 시간 안에 그리고 부족한 규모의 석탄 공급이 과잉 공급이 될 것이라고 전문가들도 예상하지 못한 일이 벌어진 것이다. 1957년 753,000톤가량의 석탄과 코크스 등의 생산을 신청했는데 1958년 8월 말 1천만 톤으로 증가했다. 게다가 유럽과 서독의 시장에 미국산 저가 에너지가 수입되었다. 서독의 석탄 매매업자와 대규모 구매자들이 서독 석탄 채굴업자들의 장기간 채굴 능력의 한계 때문에 미국의 석탄업자들과 장기간 수입 계약을 체결했기 때문이다. 더욱이 유럽의 철강업자들이 코크스를 서독이 아닌 제3세계로부터 수입하는 경우도 늘어났다.

연방 경제부장관 루트비히 에르하르트Ludwig Erhard에게 광산업계의 압력이 가해졌지만 특단의 조치는 취해지지 않았다. 1959년에 비로소 제3국의 석탄에 대한 관세의 부가와 수입 규모가 책정되었다. 루트비히 에르하르트는 기본적으로 자신의 시장경제 신조에 따라 다양한 에너지 공급자들 간의 자유스런 경제체제를 옹호했다. 유럽석탄철강공동체가 가격과 판매 규정을 정했으나 1957–1958년의 석탄 위기 때 이를 철회시켰다.

1959년 루르와 자르 지역에서 탄광 폐쇄가 시작되었다. 1957년 니더작센주에서 이미 2개의 석탄 수직갱도가 폐쇄됐다. 서독에서 1958년부터 석탄은 에너지 소비의 증가로 이어지지 않았다. 에너지 소비에서 석유가 석탄을 1966년부터 앞지르게 되었다. 이렇게 되자 연방 경제부장관과 광산업계 최고 경영자들은 석탄 위기가 구조적인 원인을 가지고 있으며 단순히 경기 문제가 아니라는 점에 의견 일치를 보았다. 위기 대책의 일환으로 석탄업계는

1960년대부터 루르탄광 행동공동체를 구성했다. 구체적인 행동으로 필요한 집중화과정에 들어갔다. 1959-1964년 사이 서독의 석탄 생산은 1억 4천만 톤 감량됐다. 1964년까지 10개의 수직갱도가 문을 닫았다.[20] 그 밖에 40개의 개별 광산이 20개의 대규모 광산으로 통합됐다. 광산의 수는 1956년 175개에서 1962년 140개로, 그리고 1966년 95개로 줄었다. 1956년 기계화된 공정에 의한 석탄 채굴은 전체 대비 15.8%였는데 1966년엔 77.1%에 달했고 광산업 종사자는 377,841명에서 186,640명으로 줄었다. 그러나 연방과 주정부 재원, 유럽석탄철강공동체의 재원, 광산 기업주의 보조금 등으로 광부들은 정치·사회적으로 큰 피해를 입지 않았다. 1963년 9월 1일 석탄 채굴업에 대한 합리화 촉구법이 실시됐다. 1964년 10월 31일 합리화 연합체는 31개의 수직갱도 시설과 20개의 소규모 광산을 폐쇄하여 2천6백만 톤의 절감을 제시했는데 실제적으로 1965년 말까지 3천만 톤을 절감하였다.

이러는 사이에도 석유, 가스 그리고 수입 석탄은 계속해서 유입되었다. 1966년 노드라인 베스트팔렌[SPD-FDP] 주와 연방 정부[SPD-CDU/CSU]가 새롭게 꾸려지면서 에르하르트의 자유주의 경제정책의 시대가 마감되고, 10년 끌던 석탄 위기도 새로운 국면을 맞이하게 되었다. 즉 국가, 노조 그리고 광산주가 한자리에 모여 1966년 11월 23일 독일 석탄 공구 행동공동체를 결성했다. 연방 정부의 새로운 에너지 정책은 1967년 5월 24일 제안한 "독일 석탄 채굴의 조절과 회복에 관한 법"에 나타나 있다. 연방 경제부, 노드라인 베스트팔렌 주

---

20 1959년 프리드리히 티센(Friedrich Thyssen)의 폐쇄를 시작으로 1960년 크리스티안 레빈(Christian Levin), 프린쯔 레겐트(Prinz Regent), 다넨바움(Dannenbaum), 빌헬미네 빅토리아(Wihelmine Victoria), 1961년 프리드리허 나흐바(Friedlicher Nachbar), 알러 헬벡(Alter Hellweg), 클로스터부쉬(Klosterbusch), 엥겔스부르크(Engelsburg), 1962년 부루흐슈트라쎄(Bruchstraß e)를 거쳐 1964년까지 루르 지역에서 10개의 수직갱도 시설이 문을 닫았다.

정부, IG 광산 및 에너지, 그리고 광산주는 1968년 6월 14일 루르석탄 주식회사의 건립에 합의했다. 1968년 11월 24일 루르광산 지역의 통합 주식회사가 연방 경제부장관의 적극적인 개입과 협약으로 탄생했다. 루르주식회사와 24개의 기존 광산 협동체가 통합됐다. 이로써 루르 광구의 94%, 그리고 서독 석탄 채굴의 75%를 담당하는 거대 회사가 탄생했다. 이 회사에 186,000명이 종사했다. 1971년 석탄 채굴량은 약 1억 1천만 톤이고, 1973년엔 1억 톤, 그리고 1978년엔 8천3백9십만 톤으로 줄었다. 1997년엔 4천8백만 톤에 종사자 82,500명이었고, 2005년엔 3천만 톤에 종사자 30,000명으로 줄었다 (Farrenkopf 2009, 1–24).

다시 한번 석탄 산업의 위기 국면을 정리해 본다. 1956–1957년 루르 지역에서 고용자 수는 최고에 달했다. 그리고 겉으로는 지속적인 발전이 계속될 것처럼 보였다. 그러나 1958년 그런 기대는 날아갔다. 루르 지역의 경영자협회는 자문하기 시작했다. 석탄 시대는 종말을 고하는가? 석탄의 미래는 있는가? 1957–1958년 무슨 일이 벌어진 것인가? 1957–1958년 초 이 짧은 시간 안에 석탄 판매에 있어서 정치, 경제 그리고 사람들에게 전적으로 놀라운 일이 벌어진 것이다. 무엇보다도 1957년 10월 탄광주들은 연방 경제부장관 에르하르트의 침묵과 거센 반대에도 불구하고 석탄 가격을 인상하였다. 1958년 에센Essen, 보쿰Bochum, 뮬하임Mülheim의 16,000명이 해고되어 떠났다.

정리하면, 서독 석탄 채광업의 몰락은 이미 시작되었다. 이 몰락은 지속되었다. 석탄이 부족한 연도에도 산업과 가정의 공급을 안정시키기 위해서 에너지 수입은 가속된 것이다. 게다가 수송료가 싸지면서 미국산 석탄과 계속해서 가격이 떨어지고 있는 석유와 같은 싼 수입 에너지가 서독 및 유럽 시장에 쏟아져 들어왔다. 그 결과 서독산 석탄은 시장에서 밀려났다. 1958년부터 석탄은 증가하는 에너지 소비 시장에서 더 이상 발을 붙이지 못했다. 광산업자들은 에너지 수입에 제약을 가할 것을 거세게 요구했다. 그 결과 1959년부터 석탄 수입에서 수입 할당제를 도입하고 분담량을 정하기로 했다. 이런 일들이 경제 기적 가운데 나타난 석탄의 위기였다.

1960년의 호경기가 일시적으로 광산업에 숨 고를 시간을 가져다주었다. 1965년 4월 에르하르트 총리가 루르 지역을 방문해서 "광구에 위기란 없다(Es gibt keine Kriese im Revier)."라고 말하기도 했다. 1959년에서 1964년까지 약 1억 4천만 톤의 연간 생산을 유지했다. 동시에 광산업자들은 경비 절감, 생산성 향상 등에 몰두했다. 여기에 더해 긍정적인 합리화 조치 특히 이윤 창출을 위한 기계화에 힘을 쏟았다. 그러나 광석층과 채광지에서의 채굴로는 수익을 맞추기 어렵게 됐다. 연간 생산량은 10개 갱도Schachtanlagen 시설의 폐쇄를 통해 축소됐다. 이에 대한 대응으로 1960년 광산업의 공동 전략이 시도되어 루르광산 지역 행동공동체가 결성됐다. 이 단체의 목적은 비경제적 수직갱도의 폐쇄를 용이하게 해서 필요한 집중화 과정을 촉진하는 데 있다. 그런데 유럽석탄철강공동체가 이에 소요되는 자금을 지원하지 않아 실패로 끝났다. 1963년 9월 1일 연방 법인체로서 독일 석탄철강 합리화 연합체를 결성했다. 이 연합체는 31개의 수직갱도와 20개의 소규모 광산의 폐쇄를 건의했다. 그리고 1965년 말에 이 합리화 연합체는 실제로 3천만 톤 생산 규모의 시설을 폐쇄하였다.

1966-1967년의 경기 침체는 루르 지역의 상태를 악화시켰다. 1966년 하역되지 않은 석탄 더미의 높이는 새로운 기록을 경신했다. 1965년에서 1968년 사이에 90개의 광산Zechen 이 58개로 줄었고 316,114명의 광부가 216,113명으로 줄었다. 1965년 이후 석탄 위기의 첨예화로 동요와 미래에 대한 불안이 다시 고조됐다. 광부들은 사업장 폐쇄에 저항했으며, 일자리 박탈에 대한 두려움을 떨칠 수 없었다. 1966년 2월 19일 겔젠키르헨Gelsenkirchen에 있는 그

라프 비스마크Graf Bismarck 광산의 폐쇄에 반대하는 시위를 비롯해서 수많은 시위가 줄을 이었다. 이 당시의 분위기를 프랑크프루트 일간지 FAZ는 "만약 루르에서 화재가 발생하면 라인강의 물로도 그 불을 끄지 못할 것이다(Wenn es an der Ruhr brennt, gibt es im Rhein nicht genug Wasser das Feuer zu löschen)."로 요약하고 있다. 1957년 루르 지역에 494,181명의 광부가 있었는데 2008년 현재 24,000명이 남아 있다.[21]

Ⅲ. 한국과 서독을 둘러싼 국제 정치적 환경

냉전과 미국·서독·일본의 원조

여기서 검토하려는 문제와 그 결과를 앞당겨 요약하면 다음과 같다. 당시 한국과 서독을 둘러싼 국제 정치적 환경은 이중의 연대 즉 냉전이 잉태한 반공의 연대와 선진 공업 국가의 이익이 단합한 자본주의의 연대가 미국·서독·일본 3국의 한국 원조 정책의 공조를 가능하게 했다는 것이다. 요컨대 한국에 대한 원조에서 미국은 두 마리 토끼, 즉 한국에서 군사·정치적 영향력 지속과 경비 절감을 동시에 잡을 수 있었고, 일본은 미국과의 역할 분담을 통해 한일 관계 정상화 이후 한국에서 경제적 영향력을 가중시킬 수 있게 되었고,

---

21 http: //www.glueckauf-ruhrgebiet.de/tiki-index.php?page=Ausstellung(요약정리).

서독도 1961년 한국에 상업차관의 공여 이후 노동력 수급을 통해 손해 보는 장사를 하지 않았다는 것이다.

1. 반공의 연대로서의 원조

냉전은 "강대국 간의 선전과 침투, 간접적인 경제적·군사적 압력에 의한 극심한 적대 관계"를 지칭한다. 다시 말하면 냉전은 "볼셰비키 혁명과 제2차 세계대전으로 시작된 세계 자본주의와 공산주의 간의 전쟁도 평화도 아닌 근원적 대치 상태underlying rivalry를 지칭하는 말로서 대결과 견제가 주요한 특징이다." 이러한 대치 상태는 미·소 간의 상호 견제가 시작되면서 비롯되었다.[22]

이 냉전이 광부·간호사 파독과 연관성이 있다는 것인가? 물론 연관성이 높다. 연관성을 검토해야 하는 몇 가지 이유가 있다. 첫째, 반공의 연대 때문이다. 에르하르트는 소련이 경제 후진국에 대해 지원하는 것에 경각심을 갖고 동남아시아와 극동 지방에서의 공조를 통해 반공적인 연대를 만드는 데 관심이 많았다고 한다. 이런 이유에서 냉전의 또 다른 지점인 한국에 대한 지원을 진행하지 않을 수 없는 상황이었고, 특히 간호학생을 비롯한 기술 교육생의 서독 유입에 적절한 명분을 제공하고 있었기에 냉전과의 연관성을 완전히 부인할 수 없다는 지적이 있다(나혜심 2012, 305-306). 둘째, 체제 경쟁 때문이다. 이 시기 한국과 서독 사이의 개발원조와 인력 이동의 관계를 언급할 때 빼놓을 수 없는 것이 체제 경쟁이다. 특히 당시 서독이 염두에 두어야 했던 동독과의 경쟁 관계다. 동독이 북한의 재건 사업을 적극적으로 돕고 있었기 때문이다. 게다가 한국에 무상 원조를 제공하던 미국의 경제 사정이 1950년대 말에 악화되면서 미국으로부터 지원을 받았던 서독의 역할을 기대하는

---

22 한국민족문화대백과(http://encykorea.aks.ac.kr/).

상황에 대해 서독 측은 거부할 수 없었다는 지적이 있다(나혜심 2012, 312). 셋째, 국제 공조 때문이다. 당시 경제개발과 인력의 유출, 그리고 외화도입이 절실히 필요했던 한국과 사회국가sozial Staat의 실현을 위해 사회보험을 제공하는 임금노동자와 시민의 인간다운 삶을 위해 봉사할 인력을 필요로 했던 서독은 매우 먼 거리를 사이에 두고 있었지만 미국이라는 국가가 매개가 되는 국제적인 규모의 공조 관계를 통해서 필요한 인력을 주고받을 수 있었다는 지적이다(나혜심 2012, 313). 반면에 한국 정부도 서독으로의 인력 수출을 통해 외교적으로 서방 자유 진영인 서독과 정치·외교적 우호 관계를 수립하길 원하던 차였다. 당시 실업률이 높다는 것은 사회 불안정을 의미하고 사회 불안정은 냉전 체제하에서 공산주의가 쉽게 침투할 수 있다는 위기감을 조성할 수 있었기 때문이다. 결과적으로 서독 역시 냉전식 사고에 의해 한국 독재 체제의 반공 노선을 인정하고, 한국이 서방에 통합되는 것이 중요하다고 인식하여 32개국 후진국 개발원조 프로그램에 한국을 포함하게 되었다는 것이다(진화위 2009, 183).

넷째, 국제 공조와의 연장선상에 있는 한일 공동의 강력한 반공 전선의 구축 필요성 때문이다. 주지하다시피 1965년 6월 한일협정이 체결됐다. 이를 계기로 일본 독점자본의 본격적인 대한 진출이 시작되어 한국은 일본 독점자본의 경제권으로(군사적으로는 한·미·일 삼각 군사동맹 체제로) 편입되는데, 이는 원조의 공동 부담 즉 원조를 일본에게 떠넘기려 한 미국의 요구이기도 했다는 지적이 있다. 즉 "한일 국교 재개 문제는 경제 발전을 위해서 일본 자본(상업차관)을 도입한다는 단순한 차원을 넘어선 보다 고차원적인 전략적 요구(즉 5·16군사정변 직후의 정치적·사회적 불안정과 경제적 난국을 타개하고 한일 공동의 강력한 반공 전선을 구축하기 위해서는 일본과의 관계 수복이 필요불가결하다는 전략적 요구)에서 나온 문제란 것이다. 미국의 입장에서 보아도 한국에 대한 경제적 지원의 일부를 일본에 떠맡기지 않으면 안 될 상황이었다. 왜냐하면 당시의 미일 관계에서는 미국의 국제수지와 외화 사정의 악화가 반대급부로서 일본 측의 호황이라는 형태로 나타나고 있었고, 일본이 IMF 8개국으로 이행한 것을 계기로 일본도 저개발국에 대한 경제협력을 증대할 수밖에 없는 국제적 압력을 받고 있었기 때문이다. 그뿐만 아니라 일본 자신도 1960년대에 들어서부터는 외화보유고의 증대와 관련하여 민간 베이스의 자본수출이 불가피해져 1960년대 말에는 이른바 '아시아 개발의 10년'이라는 슬로건을 내걸게 되었다."(이내영 1987, 148)고 이대근이 지적했다는 것이다.

더 나아가서 미국은 동북아 조약기구NEATO 창설을 제안하였다. "동북아 조약기구 창설은 한국과 일본 사이의 화해를 전제하고 있고 일본이 대한민국을 지원하는 것을 가정하고 있다. 뿐만 아니라 서독을 핵심 방파제로 하여 서유럽을 통합하고 이를 대서양 건너 미국과 묶고 한국을 방파제로 하여 동북아를 결합하고 이를 태평양 건너 미국과 연결하여 소련과 중국의 좌우에서 봉쇄가 이루어지게 하는 정책을 추진하였는데 한일 관계의 어려움으로 이 정책이 쉽게 실현되지 않았다. 이러한 상황에서 미국은 서유럽과 동북아 서방 지역 간의 교류와 협력을 통해, 특히 서독의 이 지역에 대한 역할을 통해 자신의 구상을 실현시킬 기대를 키웠던 것으로 보인다."(노명환 2011, 314–315)는 지적이 있다. 결과적으로, 한·미·일 지배층의 이해관계는 원조에서 시작하여 반공의 연대까지 거침없이 밀고 나가는 데 의견과 행동을 완전히 일치하고 있었다는 것이다. 이런 기조는 1970년대 "군사적으로는 여전히 미·소 간의 양극화, 정치적으로는 다극화, 그리고 경제적으로는 이데올로기보다 국가 이익에 역점을 둔 치열한 실리 추구의 시대라 할 수 있으며, 특히 정치적 다극화의 조류 속에서 일본이나 서독과 같은 나라는 그 경제력의 증강을 통해서, 그리고 중공이나 프랑스 같은 나라는 핵을 포함한 군사력을 가지고 그

나름대로의 정치적인 영향력을 작용함으로써 다극화 시대를 맞게 되었으며 동·서 화해 구조를 형성했던 시대" 즉 긴장 완화 시대를 맞이하면서 다소 유연해지지만 그 본질은 크게 달라지지 않고 1989년 소련 공산주의 체제 붕괴까지 지속된다고 봐야 할 것이다(한정일 1982, 17).

2. 자본의 연대로서의 원조

한국이 경제개발 계획을 급속히 추진하기 위한 선결 조건은 외자의 도입이었다. 한국에 대한 미국의 무상 경제원조가 감소함에 따라 일본으로부터 발전기금을 확보하기 위해서라도 한일회담은 박정희 정부의 시급한 과제가 되었다. 제1차 경제개발 5개년계획 기간에 박정희 정부의 원래 목표는 4.26억 달러의 외자도입이었다. 그러나 1964년 말까지 도입한 외자는 목표의 30%에 불과하였다. 당시 동서 냉전 국면에서 한국의 가장 현실적인 외자도입은 일본이라는 것을 부인할 수 없었다는 것이다(김광희 2008, 136-137).

마찬가지로 일본도 관계 정상화에 관심을 가지고 있었다. 1961년 6월 일본 수상 이케다 하야토는 케네디 대통령에게 일본에게 한국 문제는 중국 문제보다 더욱 중요하다고 의견을 표시하였다. 그러면서 반공 체제의 유지를 위해서라도 "일본은 한국에 대하여 경제원조를 하여야 하며 조속히 관계 정상화를 이루어야 한다."고 표시하였다는 것이다. 당시 일본이 미국·서구 이외 또 하나의 경제 중심이 되는 추세는 날로 뚜렷해져 갔다. 경제 중심으로서 일본도 자기의 주위에 사닥다리 형태 혹은 세 등급의 분업 체제를 형성하여 자기 주변의 국가에 '사양 산업'을 이전할 것을 필요로 하였다는 것이다. 이외에 1960년대에 들어선 이후 일본의 중화학공업은 생산능력의 과잉 문제에 부닥쳐서 새로운 해외시장과 원료 산지를 개척할 필요가 있었다는 것이다(김광희 2008, 137-138).

특히 주목을 요하는 점은 미일 양국 사이의 공동방위 구상의 정비를 중심으로 한 이해 조정에 있다. 1969년 11월 닉슨·사토 공동 성명을 통해 표명된 공동방위 구상은 1970년대 아시아 지역에 대한 제국주의의 경략의 지침, 즉 미일 간의 정치·군사·경제적 상호 협력을 바탕으로 한 '다각적 군사 체제'를 의도한 것이기 때문이란다. 그런데 이 공동방위 구상 이면에는 자본의 운동 논리가 깔려 있다는 것이다. 전후 일본의 국제 경제적 지위 상승, 선진 자본주의 각국 간의 불평등 발전을 반영한 제국주의 간 전후적 시장 분할의 재조정이 그것이다. 미국은 국내 경제 애로의 타개책으로서 일본에 달러 방위 협력, 무역 및 자본의 자유화 촉진, 수출 규제 등을 요구하는 대신 동남아시아에 대한 일본의 진출을 양보하였다. 이후 일본의 한국 진출은 더욱 가속화되었는데 특히 일본 자본은 중화학공업화의 중요한 계기들과 깊이 결합하였다는 지적이다. 여하튼 이로부터 미국–일본–한국 사이에 이른바 삼각 무역구조가 형성되고, 이 위에 이들 3구간의 삼각 방위 체제의 기틀이 갖추어지기 시작한다. 일본과 미국 간의 시장 분할의 재조정 역시 미국의 핵우산 밑에서 이루어진 것이지만, 한국은 특히 이들 양국에 의한 '이중의' 지배 망 속에 종속적으로 통합되는 형태를 취하게 되었다고 박현채(2003, 251)는 주장한다.

결과적으로 1965년 6월 박정희 정부는 국내의 강력한 반대를 무릅쓰고 성사시킨 한일 관계 정상화의 계기로 박정희 발전 모델을 정식으로 궤도에 올리게 된다. 이로써 박정희는 케네디 정부로부터 의심을 산 "박코프Parkov"(러시아식 소리를 딴 별명. 여기서는 공산주의자 박정희)에서 개발독재자로 변모하게 된 것이다(Breen 2004, 135–136). 그리고 일본은 미국을 대체하여 한국의 가장 중요한 외국 대부금의 주요 내원이 되었을 뿐만 아니라 기술도입과 대외무역의 주요한 상대가 되었다.[23]

다른 한편 한일 관계의 정상화는 한국에 심각한 문젯거리를 안겨 주게 된다. 일본 경제원조에 대한 의존과 거액의 대일 무역 적자가 그것이다. 이로부터 한국은 대외 관계에서 정치·군사적으로 미국에 종속되고 경제적으로 일본에 종속되는 이중 종속 구조를 가지게 되었다는 것이다. 한일 외교 관계가 정상화된 후 일본은 자금 공급원의 역할을 했다. 한국은 일본을 자금 공급원으로 미국을 상품 판매의 주요 시장으로 하는 한국·미국·일본의 경제성장 트라이앵글triangle 무역구조를 형성하고 경제의 도약을 위하여 중요한 조건을 마련하게 되었다고 김광희(2008, 144)는 지적한다.

미국의 대외 원조 정책

여기서는 미국의 대한 원조 정책의 중심축을 담당한 주한미국경제협조처USOM: United States Operations Mission이 한국에서 어떤 역할을 수행했는가를 통해 미국의 대한 원조 정책의 메커니즘을 들여다보려고 한다. 이 이해가 전제되어야만 국내적으로는 박정희 정권의 정책 집행과 국제적으로는 관련 국가들의 대한 원조 정책의 변화를 확인할 수 있을 것이다.

1. USOM의 역할

USOM의 역할은 크게 두 가지로 나눠 생각해 볼 수 있다 첫째, 미국의 대한 원조 기구로서의 역할이다. 둘째, "준準정책 기획 기관"으로서의 역할이다. 그 밖에 경제조정관실OEC: Office of the Economic Coodinator의 운용을 두고 한국의 경제

23 "1965년의 관계 정상화로부터 1973년까지 일본은 한국에 상업 대부금 6.74억 달러와 공공 대부금 4.16억 달러를 제공하였다. 한국에 대한 일본의 투자액은 1971년에는 4,200만 달러로서 한국외자총액의 35.4%를 차지하였고, 1979년에는 5.9억 달러로 외자총액의 59.8%를 차지하였다."(김광희 2008, 141–143)

원조가 군사력 유지에 목적을 두고 있었으며 그 결과 한국에서 군부의 영향력이 높아지게 되었다는 점을 강조하는 분석도 있다(이현진 2006, 370–371). 여하튼 첫째, 미국의 대한 원조 기구로서의 역할을 살펴보자. USOM의 시작은 휴전을 계기로 통합사령부와 대한민국과의 경제 문제를 조정하는 합동경제위원회의 사령부 측 대표 기관으로 설립된 국제군 경제조정관실UNCIOEC에 있다. 그러나 실제적으로는 미국 단독의 대한 경제원조 현지 사절단 기구로 그 모습을 발전시켜 1951년의 미상호안전보장법MSA과 그 후 수차례에 걸친 개정법, 그리고 그 완결판인 대외원조법FAA(1961년 제정)에 의거한 원조 업무와 그에 관련된 경제원조 기능을 담당했던 기구다.[24] USOM은 한편으로는 태평양 건너 미국무부 산하 국제개발처AID의 현지 행정기관으로서 주한미대사관과 AID의 지휘 감독을 받으며 다른 한편으로는 한반도 남한에서 마주잡은 정부 관계 기관과 더불어 도마 위에 올린 남한 경제를 원조의 칼로 조리했다는 것이다.[25]

AID의 외청外廳격인 대한 경제원조 현지 사절단으로서 USOM은 종래의 경제조정관실과 USOM 그리고 대사관에 의한 모든 경제 협조 기능을 일원적

24 "USOM은 그 전신인 경제조정관실에 기원한다. USOM은 그 법적 근거를 1961년 9월 4일 공포된 신대외원조법(FAA)에 의한 국제개발처(AID) 직제에 두고 있다. 한국 정부와는 1961년 2월 8일 체결된 그 말썽 많던 한미 경제기술원조협정(일명 신경원협정)에 의해 미합중국에 의해 경제적·기술적 및 관련되는 원조에 관한 책임 사항을 수행하도록 지명된 기관(종합각서 2항)의 일부로서의 특별 사절단(동각서 5항)으로 규정되어 있다. 동각서는 또한 이 USOM의 대표자 즉 처장과 그 구성원은 미국 외교 사절단의 일부로 간주(동 5항)되고 정부가 전적으로 협력하며 이 협력에는 본 협정의 규정을 수행함에 있어 필요한 시설의 제공도 포함시키고 있다."(임철규 1965, 156–157)

25 "휴전 이후 미국의 대한 경제원조 조정책과 그 방식은 크게 1961년까지의 MSA 시대와 그 후의 FAA 시대로 나뉜다. 좀 더 보면 ① 덜레스적 정치 도의관에 입각한 군사원조 중심의 재건과 방어 목적을 위한 무상 FOA원조(54–57 미회계년도) ② 보다 쥐어짠 실리관에서 공여 방식을 차관 형태로 바꾸기 시작한 ICA원조(58–61년도) ③ 뉴·프론티어의 자조자립적 이상주의에 부합시켜 이제는 더욱더 엄격한 장기 개발계획하에 직접투자 우선으로 치닫고 있는 AID원조(1962년도–) 등으로 변모하였다고 한다."(임철규 1965, 151)

으로 흡수 통합하게 되고 국무성→AID→주한미대사관→USOM의 단일 체계를 이루었다. 당시 기획원과 재무부 등 정부 측과 USOM을 연락 짓는 원조관계 당국 간의 최대 협의 사항 또는 과업이라면 재정 안정 계획을 들게 되는데, 지난날 자유당·민주당 때의 그것과는 달리 재정·금융 부문의 각 계정에 미세하게 파고들고 있을 뿐만 아니라 물자 수급·외자도입 계획 등 외환·무역 부문에 걸쳐 속속들이 분석 규명하게 되어 있으므로 USOM의 협조 기능은 일반적인 경제정책(계획 기능)에까지 확대 강화되었다고 임철규는 말한다.[26] 한국은 1953년 하반기 이후 1964년 말까지 11년 반 동안 USOM을 통해 미국의 경제원조를 28억 1천6백만 달러로 연평균 2억 2천4백만 달러, 현 화폐가치(달러당 270원으로 보고)로는 6백60여억 원 정도인데, 그 밖에 1억 달러 남짓의 운크라UNKRA원조라든가, IDA(국제개발협회=제2세계은행)유엔 특별기금원조 등을 합치면 약 30억 달러의 원조를 받았다고 한다. 이를 두고 임철규(1965, 152)가 USOM을 30억 불 원조의 권부權府라고 칭한 것이다.

둘째, "준準정책 기획 기관"으로서의 역할을 살펴보자. USOM의 대한국 정부 협조 기능이 국한된 원조 업무 분야의 집행 면에 치중하던 것으로부터 전반적인 경제 정책의 계획 면에 눈을 돌리고 있다는 점에서 AID본부의 정책 수립 과정에 더욱 접근해 가고 있음을 보게 된다. 비록 맡겨진 권한은 작으나 건의권자로서의 USOM처장이 "어필appeal"할 수 있다는 것이 워싱턴 측과의 밀착도를 나타내고 또한 그만큼 강력한 배경에서 대정부 협조 업무를 수행해 낸 것은 어찌 보면 당연한 일인지도 모른다(임철규 1965, 157–

26 "양측이 모두 오늘날까지 한국 경제의 처방전으로 안정과 성장을 말하지 않은 때는 없었으나, 거개의 실제 경우로 보아 정부에서는 증원→생산 증가→성장의 논리를 좇는 데 대해 원조 효용→재정 안정을 최우선 원칙으로 내세운 것이 USOM이나 그 배후자들의 일치된 경향처럼 보였다."(임철규 1965, 153–154)

158). 그러므로 실제는 그 권한을 넘어섰다고 봐야 할 것이다. 예컨대 한국 광부의 서독 파견이 처음 언급된 것도 1961년 초 USOM의 중개를 통해서였다. 이 기관은 1957년부터 일본 광부들이 2년간 서독에 400명씩 파견되었다가 1963년 8월 일본 광부의 계약이 만료되었고 일본 국내 사정으로 더 이상 파독이 불가능하게 된 사실을 알고 한국 광부의 고용을 서독 정부에 적극적으로 추천했다(진화위 2009, 183). 구체적으로 말하면 USOM과 광부 파독과의 연계성을 알 수 있는 문서 하나가 독일 연방사료보관소에서 발견되었다. 1961년 1월 31일에 주한 서독 대사관에서 서독 외무부에 보낸 문서인데, 1960년 11월 30일에 주한 서독 대사관의 한 모임을 보고하는 내용이 들어 있다. 여기서는 미국의 대한 원조 담당관과 서독의 대사 사이에 더 이상 진행되기 어려울 것 같은 일본 광부의 파독 대신에 한국 광부를 파견하는 것에 대한 논의가 진행되었다. 여기서 관심이 가는 것은 서독 대사가 자국의 외무부로 보낸 공문의 다음과 같은 발언이다. "그런 방식으로 서독이 한국에 지원해야 할 개발원조의 의무를 해결하는 것이 어떻겠느냐."(나혜심 2012, 310) 실제로 2008년 과거사 위원회의 보고서는 "독일연방공화국으로의 한국 광부 공고에 관한 계획(안)A Proposal Of Korean Labor (Minors) Employment To The Federal Republic Of Germany"을 USOM에서 기초한 것으로 추정하고 있다(2009, 181). 이 점은 "USOM의 대표들은 1961년 1월 일본 사찰 여행에서 일본이 광산노동자 총 250명을 2년 훈련 과정으로 서독에 보냈으며, 결과가 긍정적이어서 추가로 500명을 보낼 예정이라는 소식을 접하게 되었다. 이에 USOM 대표는 서울 주재 서독 대사관을 접촉하여, 서독이 한국에 대해서도 일본과 유사한 프로그램을 시행했으면 좋겠다는 의사를 표명했다."고 진술하고 있는 이유재(2010, 204)에게서도 확인할 수 있다. 여하튼 1961년에 한국에 차관과 기술원조를 약속한 서독은 다른 어떤 것보다 광부의 파독으로 협정을 실행에 옮

길 수 있고 이로써 미국과 연계되어 있던 자본(주의)의 연대(이중의 연대 즉 반공의 연대+자본주의의 연대)를 실천에 옮길 수 있다는 점을 염두에 두었다는 지적이다(나혜심 2012, 310).

2. 미국 원조 정책의 변화

한국의 경제 발전의 시작은 원조에 힘입은 바 크다. 특히 미국의 대한 원조가 상호 안전보장법MSA: Mutual Security Act에서 대외원조법FAA: Foreign Assistance Act of 1961으로 바뀐 점은 박정희 세력이 경제개발 정책을 위한 자금 마련을 위해 시선을 유럽으로 돌린 한 계기가 된다. 다시 말하면 1961년 9월 4일 미국 의회에서 새로운 대외 원조법이 탄생했다. 이것을 계기로 1954년 미국의 MSA법에 의거한 대외원조는 폐기되고, 대신에 국제개발처AID: Act for International Development원조가 등장했다. 이에 따라 종래의 무상 원조는 유상 원조로, 방위 원조는 경제원조로 바뀌게 되었다는 것이다(이내영 1987, 96).

1961년을 기점으로 MSA가 FAA로 바뀌게 되는데 먼저 1945년부터 1960년 초까지 이어진 대한 원조에 대해 알아본다. 먼저 전쟁 전 즉 군정기와 정부 수립 직후의 구호 원조의 중심은 점령지역구호원조GARIOA: Government and Relief in Occupied Area와 경제협조처원조ECA: Economic Cooperation Administration였다고 한다.[27] ECA 원조는 한국 정부에 공여된 최초의 본격적인 장기 경제원조로 1948년 12월 10일에 체결된 한·미원조협정(DCA 협정)에 의거하여 1949년 1월부터 실시되었지만 한국전쟁을 계기로 중단되었다(이내영 1987, 97). 그러다가 한국전쟁을 계기로 ECA 원조(장기 경제 부흥 계획)는 중단되고 긴급군사원조가 시작

27 "군정기 원조는 소비재 공여를 중심으로 한 긴급 구조적 성격을 가지고 있었으며, 자립적인 산업구조를 형성하기보다는 오히려 저해했던 것이다."(임철규 1965, 99–100)

되었다. 이 원조의 주축은 한국민간구호원조CRIK: Civil Relief In Korea와 한국재건단원조UNKRA: United Nations Korean Reconstruction Agency라고 한다(이내영 1987, 101).

UNKRA 원조는 제5차 UN총회 결의 제401호(V)(1950년 12월 1일)에 의거하여 UNKRA에 의해 실시된 장기 부흥 원조로서 당초 주한 UN 군 민사처UNCACK의 긴급 구호 활동을 지원하는 형태로 실시되었는데, 원조 물자의 대량 도입에 따른 한국조정위원회KCC: Korean Cordination Committee 설치와 UNKRA계획의 수립을 계기로 본격화하여, 1958년 6월 30일에 UNKRA가 해체될 때까지 계속되었다. 한국전쟁이 끝나면서 부흥·방위 원조가 시작되었는데, 주축이 된 것은 MSA원조 즉 대외활동본부원조FOA: Foreign Operation Administration와 국제협조처원조ICA: International Cooperation Administration다. FOA원조는 태스크 보고에 의거하여 3개년종합계획의 구체화로서 UN군사사령관 관할하의 경제조정관실OEC: Office of the Economic Coordination for Korea과 합동경제위원회CEB: Combined Economic Board에 의해 실시된 정전 후 최초의 본격적인 부흥·방위 원조다. FOA의 해체(1955년 6월 말)를 계기로 FOA원조는 끝나고, 대신 ICA원조가 그 자리를 메웠다. ICA원조는 워싱턴의 국제협조처와 그 현지 기관이었던 USOM에 의해 실시된 미국의 대표적인 부흥·방위 원조라지만, 계열상으로는 FOA원조와 동종의 것으로서 성격상의 차이는 없다. 왜냐하면 ICA원조도 FOA원조와 마찬가지로 MSA법에 의거한 MSA원조이며, 우드협약에 의거해서 운영되었기 때문이다. ICA는 FOA가 해체되고 1955년 9월 1일에 국무성의 반독립기관으로 설치된 대외 원조 행정기관인데 이와 관련하여 FOA 즉 당시의 주한경제조정관도 ICA주한대표로 이름을 바꾸고, 경제조정관실OEC도 USOM으로 개편되어, 주한 미국 대사의 지휘하에 들어갔다. OEC의 사업은 USOM으로 넘어가, UN원조는 명실공히 소멸하였다. ICA원조는 FOA원조의 계속으로서 1955년 후반부터 1961년 말까지 거의 6년 반에 걸쳐 실시되었는데, 그간에 공여된 원조액 합계는 15억 3,787만 4천 달러다. MSA법에 기초한 ICA 원조는 1957년의 3억 2,326만 8천 달러를 절정으로 1958년부터는 점차 감소하기 시작했는데 이는 미국 국제수지의 대폭적인 악화[28]와 깊은 관련이 있다. 원조 경제의 중압을 견뎌낼 수 없었던 것이다. 차관 원조가 원조의 주류가 된 것은 전술한 바처럼 1961년의 FAA[29]에 따른 AID원조가 실시되면서부터다.[30] 이로써 "종래의 ICA 원조와 같은 무상·증여 원조가 아니라 상환을 전제로 한 차관 형식 원조에 중점이 주어졌다."(이내영 1987, 103-112)

1953-1969년 사이에 미국이 군사 장비와 무기 보급 등 한국에 제공한 원조는 3억 달러로 미국의 동아시아 원조 총액의 27%를 차지하게 되면서 1968년 한국군의 총병력은 62만에 달하였고 또 대량의 신식 전투기를 갖추게 되었다고 한다(김광희 2008, 79). 이처럼 전쟁 후 한국의 생존과 발전에 중요한 영향을 미친 원조는 대부분 미국이 제공한 것이다. 1946년부터 1976년까지 미국이 한국에 제공한 경제와 군사원조 총액은 127억 달러이며 그중에서 절반이 군사원조라고 한다. 1945-1964년 한국에 대한 원조는 33.9억 달러인데 이런 방대한 액수의 원조는 다른 어떠한 국가도 받기 어려운 액수라고 한다. 제2차 세계대전 이후 미국이 유럽 부흥을 돕기 위한 마셜플랜의 원조 총액도 129.3억 달러로 각 국가에 평균 4.3억 달러밖에 되지 않았다고 한다. 반면에 한국은 33.9억 달러나 되는 원조를 받았는데 이는 마셜플랜의 평균치

28 예를 들면 1958-1960년의 적자 폭은 111억 1,600만 달러에 이르고 있다.

29 이와 동시에 1950년 이래의 MSA법은 폐기되어 MSA 원조도 중단되었다.

30 "미국의 국제개발청(AID: Agency for International Development)이 제공하는 차관으로 미국 물자의 도입을 조건으로 하는 조건부 차관(tied loan)이며, 개발차관이라고 한다. AID차관자금에는 AID S/A(Supporting Assistance)와 AID P/L(Program Loan)이 있다. 전자는 개도국에 제공되는 무상 원조이며, 후자는 1961년 미국의 대외원조법에 의하여 경제개발을 촉진하고 산업을 현대화하는 데 필요한 물자 중 특히 기계류와 그 부속품 및 부대 용역을 지원하기 위하여 대여된다."(진화위 2009, 199-200)

대비 8.6배에 달하는 액수라고 한다(김광희 2008, 80). 요컨대 한국은 아시아 나라들 중 미국의 경제원조를 가장 많이 받은 나라이며 군사원조는 베트남 다음으로 두 번째로 많이 받은 국가인 셈이다(김광희 2008, 81).

문제는 왜 이러한 변화(무상·증여 원조에서 유상·증여 원조로의 전환)가 생겼는가에 있는데, 앞서 언급했듯이 가장 큰 원인은 달러 위기(금의 유출)의 악화다. 물론 달러 위기의 격화는 국제수지 악화의 반영인데 그 배경에는 국제시장에서 차지하는 미국의 경제적 지위가 그만큼 상대적으로 낮아졌다는 것이 있다. 이러한 의미에서 정책 전환은 미국의 전반적 위기의 반영이고 이 위기에 의해 비롯된 세계 전략의 딜레마의 표현으로서, 어쩔 수 없는 선택이었다고 할 수도 있겠다. 요컨대 미국은 "자국의 달러 유출을 최대한으로 억제하는 동시에 대외 원조도 실시해야 하는" 딜레마에서 빠져나오기 위한 수단으로 유상·차관 원조로의 전환을 택하지 않을 수 없었다(이내영 1987, 112-113).

어쨌든 혼란의 주원인은 원조 정책(유상·차관 원조로의 전환)의 전환에 있는데, 이와 관련하여 보다 중요한 문제는 원조 정책의 전환을 불가피하게 한 원인은 무엇인가 하는 것이다. 말할 나위 없이 그것은 달러 위기이며 미국의 국제수지의 악화다(이내영 1987, 137). 그리고 이 점은 다시 대외 원조의 방향성 즉 무상에서 유상, 단기에서 장기, 현상 타개에서 현상 유지 등을 규정하게 된 것이다. 더 나아가서 미국이 담당한 역할을 대체할 세력을 찾는 일이다. 왜 미국이 한국의 일본과의 관계 정상화에 적극적으로 중재자의 역할을 자임했는지를 알 수 있는 대목이고 한일 관계 정상화 이후 한국의 대일 종속의 심화가 그 결과를 확인시켜 주고 있는 것이다.

Ⅳ. 서독의 대외 원조 정책과 외국인 노동자 정책

에르하르트의 고언을 박정희가 받아들여 조국 근대화의 발판으로 삼게 했다고 해서 또는 근대화 사업의 종잣돈 마련의 자부심을 서독이 심어 줬다고 해서 서독이 항상 파독 광부·간호사들의 뒷배를 봐준 것은 아니다. 반대로 한국 정부가 주관하여 노동 인력을 서독으로 파송했다고 해서 현지에서 닥친 파독 광부·간호사들의 노동조건 개선과 체류 문제를 적극 해결해 준 것도 아니다. 서독은 경제 상황에 따라 노동시장 정책을 유연하게 집행했으며, 그 정책 집행의 대상자들인 파독 광부·간호사들 역시 발 빠르게 대응하지 않으면 안 되었다. 이를 통해 말하려는 것은 "빤한 업무business as usual"다. 요컨대 한국이나 서독 정부가 서독으로의 노동력 송출 과정에서 특별 조건을 제시하지 않았으니 한국이나 서독 정부가 파독 광부·간호사들에게 특별 대우를 할 것이 없다는 것이다.

서독의 대외 원조 정책

냉전은 블록 결속적 운동을 조장했다. 즉 한국과 서독의 냉전 연대를 가능하게 했다. 1949년 중공혁명, 1950–1953년 한국전쟁, 공산주의의 다양한 형태의 위협 등의 대두로 1953–1961년 미국은 제3세계 국가와 "상호 안보 프로그램"을 맺게 된다. 다른 한편 할슈타인 독트린Hallstein Doctrine이[31] 1950–

---

31 "1955년 말에 표명된 할슈타인 원칙은 대동독 강경책으로 동독과 외교 관계를 맺는 국가와는 외교 관

1960년대 개도국 지원과 연계되어 실시되었다. 제3세계에 대한 할슈타인 독트린의 강요는 신식민주의에 다름 아니라고 동구권에서 비난받았다. 그럼에도 불구하고 1959년 10월 아디스 아베다Addis Abeda에서 모인 외교부 대사 회동에서 "수표 외교Scheckbuchdiplomatie"(정흥모 2009, 223)를 자찬했다(Hein 2005, 35). 그러나 서독의 수표 외교cheque-book diplomacy가 서독의 외교정책이란 점에 대한 비난도 만만치 않다. 왜냐하면 수표 외교란 그 본질에 있어서 "미래를 만들기보다 과거의 변화를 안정화시키는 데 몰두한 것"(Gutjahr 1994, 92)이기 때문이다.

그런데 사실상 1950년대 서독 정부의 개발원조[32]에서 양적·질적인 심화는 방어적이고 단지 외부의 자극에 대응하는 정도였기 때문에 제3세계에 대한 문제에는 공식적으로 주의를 기울이지 않았다. 1956년 사민당이 제안한 개발원조 주제를 다루었다. 외교부에 "저개발국 경제 지원"과 "개발원조를 위한 법인체" 구성이란 명목으로 5천만 마르크를 예산에 편성하자고 했다. 미국과 비교할 수 없는 예산 규모이지만 기존의 개발원조가 턱없이 부족하다는 데 문제의식을 갖게 된 것이다. 국제적으로 비교할 때도 5천만 마르크는 큰 규모가 아니지만 정부 예산에 편성했다는 데서 이를 하나의 국가과제로

계를 맺지 않는다는 옛 서독의 외교상 원칙이다. 이 원칙은 서독만이 국제법상 존재하는 유일한 독일국가이며, 따라서 전 독일민족을 대표하고 그 이름 아래 행동할 수 있는 유일한 주체라는 주장에 의한 것이었다. 이 원칙은 한때 동독의 국제법적 승인을 못하게 막는 데 상당한 효과를 올렸지만, 그즈음 상황은 오히려 이 원칙을 고집하면 할수록 서독 스스로의 고립을 초래하는 결과가 되었다. 1967년 서독은 루마니아와 외교 관계를 맺고, 또 1968년 유고슬라비아와 외교 관계를 재개함으로써, 사실상 이 원칙은 포기되었으며 더구나 1991년 독일이 통일을 이루자 완전 무효가 되었다."(시사상식사전)

32 "서독의 외국 원조 정책에서 수원의 원칙은 ① 일체의 정치적 조건을 붙이지 않는다. ② 원조는 원조 요청국에만 제공한다. ③ 원조 제공 시는 수원 국가의 의견을 존중한다. ④ 원조 계획은 국제기구와의 협조 밑에서 진행한다. ⑤ 자본재 시설에 앞서 기술자 양성에 우선적으로 중점을 둔다로 되어 있다."(백운길 1961, 140–142)

인식하기 시작했다는 점과 독립적으로 집행할 예산이 생겼다는 점은 개발원조와 관련해서 큰 의미를 갖게 된 것은 분명하다. 1957·1958·1959년 5천만 마르크가 기술원조로 책정되었다(Hein 2005, 38–39).

반면에 루트비히 에르하르트Ludwig Erhard는 서독에 가해지는 점증적인 권고·압박, 신생국 원조에 대한 도덕적 요구, 제3세계에 대한 전체주의적 영향력의 위험, 그리고 전후 서독이 도움을 받았다는 사실을 들어 개발원조를 강조했다. 쿠르트 비렌바흐Kurt Birrenbach는 개발원조는 현저한 정치적 의미를 갖는다고 말한다. 예를 들면 유엔UN에서 개도국이 새로운 다수가 된 점, 시장과 지하자원에 대한 관심, 그리고 서구 전통에 있는 인종과 종교의 자유에 대한 지원 그리고 특히 동구권과의 싸움에서 저개발국을 끌어들여야 하는 이유에서 강조해 말했다. 이 같은 여러 가지 이유들 중에 에르하르트는 공여국의 이익보다는 개도국의 필요 때문에 원조가 필요하다고 보았다. 사민당spd의 헬무트 칼비쩌Hellmut Kalbitzer는 "서독의 이익 때문에 개도국 원조 정책이 필요하다." 고 지적하면서 "개발원조Entwicklungshilfe"보다는 "경제협력"이라는 표현을 썼다. 1963년 게르하르트 프리쯔Gerhard Fritz는 "개발원조의 초당성"을 강조했다. 그럼에도 불구하고 사민당은 고데스베르크 강령Godesberger Programm에서 개도국에 대한 원조에 깊은 관심을 표명하지 않았다. 1960년 3월에서야 개발 정책 연구진을 꾸렸다. 그러나 1960년 11월까지 독자적인 개발 정치 프로그램을 작성하지 않았다. 기사련CDU+CSU=Union도 사정은 비슷하다. 1961년에 200페이지에 달하는 "개도국과 우리의 원조"라는 보고서를 냈다. 이 보고서에 서독 정부의 개도국 정치의 방향에 대해 기술하고 긍정적으로 적고 있다. 1970년대까지 기사련의 개도국 정치 논의는 "모호"한 수준이었다(Hein 2005, 43).

정리하면, 1950년대 후반까지 서독의 제3세계 정치의 근저에는 첫째, 제3세계를 지원한다는 것과 둘째, 동독을 국제적으로 인정하지 않겠다는 정책이 있다. 요컨대 단독대표권Alleinvertretungsanspruch으로 이어지는 할슈타인 독트린 적용에 집착하는가 하면, 경제 규모가 커지면서 제3세계 지원에서 비중있는 위치에 서게 됐다. 그러다가 1960년대 서독의 제3세계 정치는 빗발치는 비판을 받게 된다. 68운동이 터지면서 이 정책이 자본주의의 신제국주의 확산에 기여한다는 비판이 제기된 것이다. 그 단적인 예를 파독 간호사의 경우에서 찾을 수 있다.[33] 1971년 11월에 발행된 『사회주의 병원언론지』에 따르면 한국에 간호사가 부족하다는 것이다. 그 이유는 간호 인력이 서독으로 유출되었기 때문이다. 이것이 신제국주의의 또 다른 얼굴이란 것이다.

여하튼 1970년대 사민당 정권은 단기적으로는 외교정책과 경제정책이 맞물리게 하였고 장기적으로는 평화 정치와 연결시켰다. 그 결과 1958-1959년과 1973-1974년의 제3세계 정치는 일관성을 띠게 된다고 평가할 수 있다. 그렇다고 이것이 국내 정치에 그대로 반영되었다는 말은 아니다. 적어도 외국인 노동자 정책에서는 달리 나타나고 있음을 다음 내용에서 목격할 수 있을 것이다.

서독의 외국인 노동자 정책: 이에 대한 광부·간호사의 대응

여기서 검토하려는 내용은 파독 광부·간호사들이 서독의 외국인 노동자 정책 전반에 대해 반기를 들었다거나 저항했다는 데 있지 않다. 이들에게는 그

33 In Berlin erscheint die "Sozialistische Krankenhaus Presse"-herausgegeben von medizinischen Arbeiternder Berliner Krankenanstalten Nr.10 für November(vgl. Okt. 1971) mit den Artike In "Koreanerinnen. Schwesternmangel-auch in Südkorea!" und "Im Interesse unsere ausländischen Kollegen?" zum Personalvertretungsgesetz(PVG), welches die Kandidatur der ausländischen Beschäftigten zu den Personalratswahlen(PRW) untersagt (Sozialistische Krankenhaus Presse 71/11, 14ff).

럴 만한 역량도 이유도 없었다. 그렇다고 광부의 경우 1963년부터 1977년까지 14년 파견 기간과 계약 만료 1980년까지 약 17년 동안 아무런 일이 없었던 것은 물론 아니다. 간호사의 경우도 사정은 비슷하다. 파독 광부·간호사들이 서독의 외국인 노동자 정책에 대해 집단행동을 했다는 말이다. 앞에서 말한 "1970년대 사민당 정권은 단기적으로는 외교정책과 경제정책이 맞물리게 하였고 장기적으로는 평화 정치와 연결시켰다."는 내용이 서독 국내 정치에 그대로 반영된 것은 아니라는 말이다. 다시 말해 크게 보면 첫째, 노동조건과 둘째, 체류 문제로 인해 파독 광부·간호사들도 집단행동을 하게 된 것이다.

첫째, 노동조건을 살펴보자. 파독 광부의 첫 번째 노동쟁의는 생각보다 빠른 시기인 1965년 4월 카스트롭 라욱셀Castrop-Rauxel에 있는 클뢰크너 베르케 주식회사Klckner-Werke AG에서 일어났다. 발단은 파독 광부와 동료 서독인과의 싸움에 있었다. 이를 계기로 서독인 광부에 비해 부당 대우를 받던 것을 시정해 달라는 요구가 제기되었고 외모가 다른 한국인을 무시 또는 차별하지 말 것을 요구하게 되었다. 이를 관철하기 위해 동 사업장에 근무하던 파독 광부 150명 전원이 3일간 파업을 벌인 결과 사업주의 수용으로 일단락되었다. 1970년대 들어서도 노동조건과 관련된 쟁의가 발생했다. 1970년 6월 에밀 마이라쉬 탄광에서 쟁의가 발생했다. 직접적인 계기는 노동계약에 의거한 정상 임금의 미지급에 있었다. 이와 더불어 동료 서독인 광부들의 욕지거리가 불만을 키웠다. 이에 탄광 노동자 3천 명 중 한국인 2백 명 가운데 일차로 8명이 통역을 통해 시정을 요구했다. 이에 대해 광산 사업자는 이들을 즉시 해고했다. 일이 이렇게 되자 한인 광부들이 동정 파업을 결의하면서, 첫째, 8명 한인 광부의 해고 취소, 둘째, 교육생 단가가 아닌 노동자 단가로 임금 지급, 셋째, 욕하지 말 것을 요구하였다. 파업 사흘이 지난 뒤 요구 조항이 관철되었다. 또 다른 예는 1970년 11월 에쉬바일러 광산Eschweiler Bergwerksverein에서 일어났다. 계기는 서독인 감독의 거친 업무 지시에 있었다. 73명이 3일간 파업에 참여했는데 이번에도 사업자 측의 요구 사항 수용으로 끝났다(조기상 2007).

그러다가 1970년대 말 경제 위기가 닥치면서 서독은 수백만 명의 초청 노동자들을 귀국 조치하려고 했다. 한국의 파독 노동자들도 강제 귀환에 반대하는 정치적 행동에 들어갔다. 서독 정부에 "3년으로 묶인 계약 기간 폐지,[34] 동시에 타국의 초청자들에게 허용하는 노동을 한국인 초청 노동자들에게 허용, 동등한 사회적 지위 보장, 동등한 직업 재교육 기회 보장" 등을 요구했다.[35]

간호사의 경우 사정은 광부의 경우와 조금 달랐다. 서독은 1965년만 해도 약 3만의 간호 인력이 부족한 상태였다. 경제 기적으로 인해 젊은이들이 이른바 3D 업종(더럽고dirty, 힘들고difficult, 위험한dangerous 일)을 기피했기 때문에 발생한 일이다. 게다가 간호 인력 양성에 최소 3년의 시간과 경비가 들어가는데 정부와 사업자는 시간과 부대 비용을 절약하기 위해 외국에서 간호 인력을 수입한 것이다.

1973년 석유파동이 일어나면서 사정이 급변하였다. 이것이 쟁의의 직접적인 계기가 되었다는 것이다. 왜냐하면 1차 석유파동이 닥치게 되자 서독

---

34 3년 계약 종료 후 고국으로 돌아가야 한다는 노동계약은 기본권에 위배된다. 노동자 입장에서 볼 때 정당하지 못한 조항이다. 이 계약은 소위 "훈련생 계약"이라고 한다. 사망을 하거나 상해를 입었을 경우 법적으로나 사회적 보호를 당사자와 그 유족이 받을 수 없었다. 법적인 보상을 받지 못하고 곧장 본국으로 돌아가야 했다. 실업수당을 청구할 권한도 없었다.

35 Yoon Woon-sup und Kim Hae-dong. "Die koreanischen Bergarbeiter in Deutschland. Gestern und Heute."(http: //koreaverband.ahkorea.com/_file/publikationen/archive/2-96/2-96-art16.pdf).

병원 당국이 10–11% 인력 감축에 나선 것이다. 엎친 데 덮친 격으로 1974년 서독 내 간호사의 임금이 11% 상승함에 따라 서독 여성들에게 간호사가 인기 직종으로 급부상하게 되면서 서독 여성들이 대거 간호사직에 진출하게 되었다. 그러면서 독일인과 유럽공동체 소속의 외국인에게 신규노동시장에서 우선적으로 일자리가 제공되었다. 다른 한편으로 서독은 임금이 보다 저렴한 필리핀이나 아프리카 등의 저개발 국가의 간호사를 고용하는 쪽으로 정책을 바꿨다(진화위 2009, 191). 요컨대 석유파동의 직격탄을 한국인 간호사들을 포함한 외국 간호사들이 맞게 된 것이다. 서독 정부는 전체 외국인 간호사의 4분의 1에 해당하는 외국인 간호사 565,000명의 일자리를 서독 간호사들에게 주기 위해 외국인 간호사들의 귀국 조치를 취하면서 1976년부터 본격적으로 노동 허가와 체류 허가를 연장해 주지 않음으로써 사실상 강제 추방을 시작하였다. 사회 일각에서 "외국인이 독일인 일자리를 빼앗아 갔다(Ausländer nehmen den Deutschen Arbeit wege)." "너희들이 온 곳으로 돌아가라(Geht dahin zurück, wo ihr hergekommen seid)."는 분위기가 조성되었다(Berner and Choi 2006, 19). 특히 바이에른Bayern이나 바덴 뷰텐베르그Baden-Wüttenberg의 경우 계약 기간이 종료되면 더 이상 체류 허가를 내주지 않았다. 한국 간호사의 경우 추방은 당하지 않았으나 어려움에 봉착하게 되었고 이런 상황이 성공적인 저항의 동기가 되었다(Yoo 1996, 29; Berner and Choi 2006, 18). 다시 말해 저항의 동기가 된 것은 추방은 당하지 않았으나 추방으로 내몰리는 상황에서 해고가 단행되고 있었기 때문이다. 예컨대 뮌헨의 한 병원에서는 한국인 간호사 17명이 집단 해고당하는 일이 발생하기도 했다는 것이다.

여기저기서 간호사들이 퇴직을 당하게 되자 1977년 5월 강제 추방 조치에 대응하는 첫 행동이 시작되었다. 재독여성모임이 1977년 5월 서명운동을 준비하게 되었고 그러면서 서독 여론을 환기시키는 작업에 들어갔다. 이들은 "우리는 상품이 아니다(Wir sind keine Ware)!"라며 "5년 이상 종사자에게 무기한 노동 허가, 8년 이상 체류자에게 무기한 체류 허가"를 내줄 것을 요구하였다. 서명운동은 호응이 높았고 서독 매스컴도 이 문제를 집중 보도하게 되자 1977년 7월 27일 당시 베를린의 내무국장이 이 요구 사항을 수용하겠다는 의사를 밝혔다(최영숙 2007). 이런 노력의 결과 1978년 한국 간호요원들과 5년 이상 근무한 사람들에게 서독 정부는 무기한 거주 허가를 하고 가족 동반을 허용하였다. 이것이 간호 인력이 서독에 잔류하여 재독 한인사회를 구성하는 계기가 되었다(이애주 외 2011, 125). 요컨대 서독 여론이 이 항의에 적극적인 관심을 표명하게 되자 서독 정부는 강제 귀환 조치를 취소하였고 원하면 정년까지 일할 수 있도록 특별 조치를 내렸다(이수안 2007, 90–91).

둘째, 체류 문제를 살펴보자. 파독 광부의 경우 3년 단기 연수생이었기 때문에 계약이 만료되면 귀가해야 했다. 계약이 갱신되지 않았기 때문에 체류 연장이 안 되는 상황이었다. 반면에 간호사의 경우는 체류 허가가 연장되었기 때문에 파독 광부와 사정이 달랐다. 파독 광부들은 이 문제를 해결하기 위해서 "선원이 되기도 했고, 독일인과 결혼도 했고, 학교에 진학도 했고, 독일인의 양자가 되기도 했다."고 한다. 그중 많은 파독 광부들은 체류 허가가 연장된 파독 간호사를 찾아 결혼을 하게 되었다고 한다(조기상 2007).

정리하면, 서독은 1980년대 초 실업률의 상승으로 이주 노동자의 본국 귀국을 권장하는 한편 1990년 독일통일과 주변 국가의 전쟁으로 인해 유입된 난민 대책의 일환으로 체류 자격을 강화하여 2000년대까지 이주 노동자의 유입을 막았으나 그 후 사정이 달라져서 2005년에는 다소 완화된 이민법을 시행하고 있다. 그 추세를 〈표 1〉과 같이 정리할 수 있겠다.

〈표 1〉 독일의 이주민 정책

1955–1973년	모집 단계	해외 인력, 윤번제로 단기간의 노동력 문제 해결
1973–1980년	확정 단계	석유 위기로 실업률 상승 시작, 이주 인력 모집 정지, 가족 동반이 늘어나고 출생률 상승
1981–1998년	방어 단계	난민 급증, 독일 정부는 "독일은 이민국이 아니다."라고 계속 주장
1998년 이후	인정 단계	독일국적법 개혁, 그린카드 발급, 이주 노동자 모집 가능, 2005년 이민법 제정

V. 결론

광부·간호 인력의 파독은 미국·서독·일본의 출구전략과 박정희 정권의 입구전략이 시기적으로 국내외 정치 환경과 맞아 떨어져 성사된 것이다. 그러나 보다 정밀하게는 복수의 현안에 대해 3국의 출구전략이 공동의 이익을 실현할 수 있었다는 것이다. 결과적으로 박정희 정권의 서독 선택과 광부·간호사의 파독은 미국·서독·일본의 출구전략과 한국의 입구전략이 시기적으로 서로의 필요를 해소해야 하는 국내외 정치 환경과 만난 지점에서 성사된 사건이라는 것이다. 때문에 복수의 현안에 대한 정리로 결론을 갈음할 수 있겠다.

복수의 현안 중 첫째는 미국과의 갈등의 조정이 아닌 갈등의 충돌을 피해야 한다는 데 있다. 즉 입구전략과 출구전략이 극한상황을 피해야 한다는 것이다. 이런 점에서 미국은 군사 쿠데타를 진심로 반대하지 않았던 것이다. 미국은 애매모호한 입장을 취하면서 한국에서 출구전략을 관철하고자 했다. 그렇다면 박정희가 서독에 눈을 돌렸다는 말은 무엇인가? 한국의 경제개발을 위한 입구전략과, 미국의 현상 유지를 위한 출구전략이 만나는 지점이 서독이라는 것이다. 이런 상황에서 서독과의 기술협력과 차관 공여 및 광부·간호 인력의 파독은 박정희가 경제개발을 추진하기에 충분한 돈줄은 아니지만 경제개발을 하겠다는 의지를 천명하기에 충분한 입구전략이 되었다는 것이다. 그렇다면 서독이 얻는 것은 무엇인가? 첫째, 서독이 타국은 물론이고 한국의 광부·간호 인력을 받아들인 외국 노동자 수급 정책의 본질은 서독 산업 정책의 변화 즉 에너지 정책의 변화로 광산업 구조 조정을 위한 시간 벌기와 광부의 임금 인상에 대한 싼 값의 양질의 노동력 공급에 있다. 둘째, 냉전하에서 서독과 미국의 공조 강화다. 다시 말해 당시 한국과 서독을 둘러싼 국제정치적 환경은 이중의 연대 즉 냉전이 잉태한 반공의 연대와 선진 공업 국가의 자본이 단합한 자본주의의 연대가 미국·서독·일본 3국의 한국 원조 정책의 공조를 가능하게 했다는 것이다.

복수의 현안 중 둘째는 USOM의 역할이다. USOM은 미국의 대한 원조 정책의 중심축을 담당했을 뿐만 아니라 정책 기획 기관으로서의 역할까지도 담당했다. 실제적으로는 한국의 경제 기획원의 기능을 담당했다는 말이다. 그러나 USOM의 맹위도 무너져 내리는 미국의 경제적 위상 앞에서 언제까지나 지속될 수는 없었다. 이런 때 하는 것이 제도 개선을 통한 질적 전환이다. 원조 정책(무상에서 유상·차관 원조로의 전환)의 방향 전환은 단순히 원조 정책의 내용 전환으로 그치는 것이 아니라 그 질적 차원에 있어서 사실상 일본에 의한 미국 역할의 대체를 의미하고 있었던 것이다. 1980년대 한국 경제의 대일 의존도는 갈수록 심해져 갔다. 마치 한국 경제의 대미 의존도 심화로 주종 관계가 성립됐던 시기가 있었던 것처럼 말이다.

복수의 현안 중 셋째는 "빤한 업무business as usual"다. 서독이 1970년대 두 차례에 걸친 석유파동으로 외국인 노동 인력 수입 금지 및 귀국 조치란 카드를 들고 나왔다. 이때 파독 광부·간호사는 조국으로부터 아무런 도움을 받지 못했다. 서독도 경제 위기 상황에선 자국민 보호 정책으로 선회하게 된 것이다. 이런 상황에서 파독 광부·간호사들 또한 자구책을 마련하게 되었다. 일차적으로는 노동조건 개선이고 본질적으로는 강제 귀국 조치에 대한 투쟁이다. 여기서 다음과 같은 논리적 결론 도출이 가능해진다. 즉 "비대칭적 외교diplomacy as asymmetric"가 "빤한 업무business as usual"가 되었다는 것이다. 이는 한편으로 국가 대 국가의 외교 관계 혹은 국가 간 담합에서나 다른 한편으로 노동 정책 당국 혹은 사용자와 노동자 관계 모두에서 나타난 현상이다. 요컨대 한국이나 서독 정부가 서독으로의 노동력 송출 과정에서 특별 조건을 제시하지 않았으니 한국이나 서독 정부가 파독 광부·간호사들에게 특별 대우를 할 것이 없다는 것이다. 무상 원조를 줄 만큼 주었으니 유상 원조로의 전환은 새로울 것이 없다거나, 어느 정도 경제 강국이 되었으니 중간 보스의 역할을 외면해서는 안 된다는 것이다. 즉 입구전략으로서 "비대칭적 외교"와 출구전략으로서 "빤한 업무"가 서로의 필요에 따라 의도적으로 맞아떨어졌다는 것이다. 이것이 광부·간호사의 파독에 따른 이 시기 한국과 서독의 정치 환경 및 당시 한국과 서독을 둘러싼 정치 환경의 또 다른 행위자인 미국과 일본을 고려할 때 도출해 낼 수 있는 잠정적으로나마 하나의 스토리텔링storytelling에 해당한다는 것이다.

기미야 다다시. 2008.『박정희 정부의 선택: 1960년대 수출지향형 공업화와 냉전체제』. 서울: 후마니타스.

김광희. 2008.『박정희와 개발독재 – 1961–1979』. 서울: 선인.

김용찬. 2007. "여성노동자 국제이주와 이주수용국가에서의 조직화관계연구."『사회과학연구』 15집 1호, 182–216.

김일영. 2004.『건국과 부국: 현대한국정치사 강의』. 서울: 생각의 나무.

김진향. 2007. "1960/70년대 독일로 온 한국 간호사들 – 한국에서 온 부드러운 천사들." 한민족유럽연대/이주노동자인권연대.『한국과 독일의 이주정책과 이주운동, 미래를 향한 연대』, 2007년 이주인권연대 한 – 독 공동심포지움 발표문.

나혜심. 2012.『독일로 간 한인 간호여성』. 고양: 산과글.

노명환. 2011. "냉전 시대 박정희의 한국 산업화 정책과 서독의 의미와 역할 1961–1967."『사림』 38집, 289–323.

동아출판사 편. 1965.『붕정7만리: 박정희대통령방독기』. 서울: 동아출판사.

박현채. 2003.『청년을 위한 한국 현대사 – 1945–1991: 고난과 희망의 민족사』. 서울: 소나무.

백영훈. 2001.『한강에 흐르는 라인강의 기적』. 서울: KDI출판국.

백운길. 1961. "독일자본도입의 경위와 의의."『사상계』 7권, 136–143.

유병용 외. 2009.『박정희 시대 한미관계』. 서울: 백산서당.

이광일. 2011.『박정희체제, 자유주의적 비판 뛰어넘기』. 서울: 메이데이.

이내영. 1987.『한국경제의 관점』. 서울: 백산서당.

이도성 편. 1995.『실록 박정희와 한일회담: 5 · 16에서 조인까지』. 서울: 한송.

이수안. 2008. "이주 여성의 타자성과 관용의 상호 발현에 대한 이론적 모색: 재독 한인 여성의 이주 정착 과정을 중심으로."『사회와 이론』12집, 73–107.

이애주 외. 2011.『파독간호 평가사업 최종보고서』. 서울: 이애주국회의원 사무실.

이완범. 2006.『박정희와 한강의 기적: 1차 5개년 계획과 무역입국』. 서울: 선인.

이유재. 2010. "동서의 양진영에서: 남북한에 대한 동서독의 개발원조 1953–1963." 역사문제연구소 편.『한국전쟁에 대한 11가지 시선』. 서울: 역사비평사.

이현진. 2006. “1950년대 미국의 대한원조구상과 경제조정관실.” 『한국사상사학』 26집, 343-376.

이희영. 2011. “독일로 간 여성들과 한국사회: 간호인력 1세대의 경험과 연구과제에 대한 제언.” 이애주 외.『파독간호 평가사업 최종보고서』. 서울: 이애주국회의원 사무실.

임철규. 1965. “유숨.” 『신동아』. 서울: 동아일보사.

조기상. 2007. “이주노동운동 사례(파독 광부).” 한민족유럽연대/이주노동자인권연대.『한국과 독일의 이주정책과 이주운동, 미래를 향한 연대』, 2007년 이주인권연대 한-독 공동심포지움 발표문.

진실 · 화해를 위한 과거사정리위원회. 2009.『파독 광부 · 간호사의 한국경제 발전에 대한 기여의 건, 2008년 하반기 조사보고서(1)』. 서울: 진실 · 화해를 위한 과거사정리위원회.

최영숙. 2007. “파독간호사의 투쟁사례.” 한민족유럽연대/이주노동자인권연대. 『한국과 독일의 이주정책과 이주운동, 미래를 향한 연대』, 2007년 이주인권연대 한-독 공동심포지움 발표문.

최종고. 2005. 『한강에서 라인강까지: 한독관계사』. 서울: 유로출판사.

한국파독광부총연합회. 2009. 『파독광부백서』. 서울: 한국파독광부총연합회.

한정일. 1982. 『한국정치발전론』. 서울: 전예원.

황병태. 2011. 『박정희 패러다임: 경제기획원 과장이 본 박정희 대통령』. 서울: 조선뉴스프레스.

두산백과.

시사상식사전.

『조선일보』 (2013년 10월 5일).

『중앙일보』 (2013년 2월 10일).

한국민족문화대백과(한국학중앙연구원).

Berner, Heike and Sun-ju Choi und Koreanische Frauengruppe in Deutschalnd(Hg.). 2006. *Zuhause. Erzählungen von deutschen Koreanerinnen*. Berlin: Hamburg.

Breen, Michael. 2004. The Koreans: *Who They Are, What They Want, Where Their Future Lies*. New York: Thomas Dunne Books.

Farrenkopf, Michael und Rainer Slotta. 2009. “Zur Geschichte des Ruhrbergbaus nach 1945: ein Überblick.” *Glück auf! Ruhrgebiet: der*

Steinkohlenbergbau nach 1945.(Katalog der Ausstellung des Deutschen Bergbau-Museums Bochum vom 6. Dezember 2009 bis 2. Mai 2010).

Henderson, David R. 2013. *German Economic Miracle*. 출처:http://www.econlib.org/ res/img/masthead_econlib.jpg.

Hein, Bastian. 2006. *Die Westdeutschen und die Dritte Welt. Entwicklungspolitik und Entwicklungsdienste zwischen Reform und Revolte 1959-1974*. München: Oldenbourg.

Gutjahr, Lothar. 1994. *German Foreign and Defence Policy after Unification*. London: Pinter.

Yoo, Jung-Sook. 1996. *Koreanische Immigranten in Deutschland: Interessenvertretung und Selbstorganisation*. Hamburg: Dr. Kovac.

Pagenstecher, Cord. 1993. "Rotationsprinzip und Rückkehrorientierung im Einwanderungsprozeß. 'Gastarbeit' in der Bundesrepublik Deutschland." Fachbereich Geschichtswissenschaften. Freie Universität Berlin. Magisterarbeit.

Sozialistische Krankenhaus Presse Nr. 10(Berlin Nov. 1971)

Yoon, Woon-sup und Hae-dong Kim. *Die koreanischen Bergarbeiter in Deutschland. Gestern und Heute*. 출처:http://koreaverband.ahkorea.com/_file/publikationen/ archive/2-96/2-96-art16.pdf

http://www.glueckauf-ruhrgebiet.de/tiki-index.php?page=Ausstellung

http://de.wikipedia.org/wiki/Wirtschaftswunder

http://koreaverband.ahkorea.com/_file/publikationen/archive/2-96/2-96-art16.pdf

3장

직업훈련생으로서 파독 광부·간호 인력의 교육 및 재자격화 고찰연구

| **유진영**(서울제일대학원대학교)

광부·간호 인력 파견의 배경으로 한국전쟁으로 인한 국제 원조에서 독일은 직접적인 원조보다는 미국과의 협조 아래 간접적인 원조로서 경제원조 가운데 교육 원조를 택했다. 직업훈련생으로서 독일로 간 한국의 광부·간호 인력의 국내와 독일에서의 교육과정과 재자격화 과정 그리고 계약 후의 그들의 삶에 대해 고찰해 본다.

I. 서론

연구 배경과 문제 제기

2013년은 한국의 광부와 간호 인력이 독일로 보내진 지 50년째를 맞는 기념해가 된다. 1963년부터 1977년까지 이들이 왜 서독으로 보내졌는지에 대해서는 1960년대 한국과 독일의 경제적·정치적 배경과 직·간접적으로 관련되어 있다.

경제개발 자금을 자체적으로 확보하기 어려웠던 한국 정부는 전후 복구 및 경제 발전에 필요한 투자 자금의 대부분을 미국 원조에 의존하였다. 이 시기 미국은 냉전이라는 국제정치 체제하에서 한국 및 제3세계 국가들의 경제적 자립을 돕기 위해 1960년대 초반까지 한국을 비롯한 제3세계 국가들에 무상 원조를 지원해 왔다. 그러나 1960년대 초반부터 국제수지 악화에 달러의 해외 유출 급등으로 미국 국내 사정이 어려워지자 미국은 이들 국가에 지원했던 무상 원조를 유상 원조로 전환하였다. 그 결과 미국의 한국에 대한 무상 원조도 급격히 줄었고 한국 정부는 서방 국가를 포함하여 다방면으로 원조 공여자를 찾아야 했다. 그러던 중 1961년 3월 18일 서독과의 기술원조 협정을 체결하여 경제개발에 필요한 기술 방면 협력 방안의 기틀을 마련하였고, 1961년 12월 13일 기술원조뿐 아니라 경제원조까지 포함한 '한·독 정부 간 경제와 기술에 관한 협정'을 체결하였다. 이 협정은 향후 독일로부터 제공받게 될 재정 원조(공공차관과 상업차관)와 기술원조에 대한 근거를 제공하였다.[1]

기술원조에 의거하여 독일 정부는 1960년대 초반 한국의 기술훈련생(또는 직업훈련생)을 소규모로 받기 시작했다. 한국 광부의 파독은 이러한 직업훈련생의 일부인 광산 기술훈련생의 자격으로 이루어졌다. 즉, 독일의 채광 기술을 배워 한국 광산의 발전을 도모하려는 것이었다. 그러나 광산 기술훈련생이라는 것은 명목이었고, 실질적으로 이들은 정식 노동자나 다름없었다.

한국 광부의 파독은 독일의 역사적·정치적 배경과도 관련이 있다. 제2차 세계대전의 폐허에서 일어선 독일은 '라인강의 기적'으로 일컬어지는 경제 발전 속에서 1960년경 완전고용 상태에 도달했고 각 산업에서 부족한 노동력을 동독으로부터 충당하였다. 그러나 정치적인 이유로 1961년부터 동독으로부터 노동력 유입이 중단되었다. 특히, 탄광의 노동 인력은 절대적으로 부족한 상황에 놓여 있었고 독일 정부는 남부 및 동부 유럽, 아프리카, 동남아시아 일부 지역, 그리고 일본, 한국 등지에서 '단기방문 노동자Gastarbeiter' 제도로 노동력을 유입함으로써 이러한 문제를 타개하려 하였다(김태우 2009, 35-36). 다시 말해서 1960년대 한국 광부의 독일 파견은 전후 복구와 경제개발이라는 시급한 과제를 해결하기 위하여 외국의 기술력과 자본이 필요했던 한국의 상황과 제2차 세계대전에서 복구된 후 고도의 경제 발전하에 산업 노동력 부족을 해외 노동자의 유입으로 해결하려고 했었던 독일의 상황이 부합된 것이라고 볼 수 있다.

이러한 협력 관계 안에서 1960-1970년대 파독 근로자 진출 현황을 보면 취업 관련하여 1963년 12월 16일 '한국 광부의 독일 광산 임시 취

---

1 당시 독일의 대(對)한국 차관의 성격과 도입 절차에 대한 문서 자료 등의 분석을 통해 과연 한국 정부가 파독 근로자의 임금을 담보로 서독 정부로부터 차관을 제공받았는가 여부를 밝혔다(이영조 외 2013, 171-194 참조).

〈표 1〉 연도별 직종별 한국 근로자 파독 현황

연도	합계	간호사	광부
1963	247	–	247
1964	806	–	806
1965	1,198	18	1,180
1966	1,513	1,227	286
1967	428	421	7
1968	94	91	3
1969	847	837	10
1970	3,022	1,717	1,305
1971	2,345	1,363	982
1972	1,520	1,449	71
1973	2,024	1,182	842
1974	2,386	1,206	1,088
1975	459	459	–
1976	376	62	314
1977	795	–	795
총계	17,968명	10,032명	7,936명

출처: 양희순(2008, 23); Choe and Daheim(1987, 21).

업 계획Programm zur vorübergehenden Beschäftigung von koreanischen Bergarbeitern im westdeutschen Steinkohlebergbau' 협정 체결이 한국 측에서는 한국 정부(노동청)와 독일 측에서는 독일 석탄 광산협회(탄광협회)Der Steinkohlebergbau der BRD 간에 체결되었다(양희순 2008, 29).

광부 파독의 전 과정은 정부 주도하에 이루어졌다. 한국 정부는 1950년대 후반부터 독일 측과 광부 파독의 가능성을 타진하였고, 그 결과 1963년 첫 파독이 이루어졌다. 제1차 광부협정에 의해 1963년 12월 21일부터 1966년

〈표 2〉 광부 파독 관련 주요 내용

시기	주요 내용
1961. 3. 18.	대한민국 정부와 독일 연방공화국 간의 기술원조에 관한 협정 체결
1961. 4. 14.	대한석탄공사와 서독 지멘스사 사이 루르 탄광에 한국 광부를 고용한다는 각서 교환
1961. 12. 13.	한·독 간 경제 및 기술원조에 관한 의정서 교환
1962. 5. 24.	서독 M.A.N. 사 주독 한국 대사에게 한국인 근로자 500-1,000명 고용의사 표명
1963. 1. 7.	주한 서독 대사에게 인력 진출 종합 계획 추진을 지시
1963. 5. 11.	독일 노동성 광부 250명의 고용을 희망(3년간)
1963. 8. 9.	한국 정부 서울시장 및 각 도지사에게 서독 광부 모집 선발 지시
1963. 12. 16.	한국 광부 해외 고용 계획에 관하여 한국 정부와 서독탄광협회 사이에 협정 체결(제1차 광부협정)
1963. 12. 21.	파독 광부 제1진 제1기 123명 출국
1963. 12. 21.- 1966. 7. 30.	제1차 광부 총 7진 2,521명 출국
1964. 6. 10.	독일 측에서 3년간 총 2,000명 범위 내에서 광부 요청
1965. 1. 29.	주독대사관과 독일 탄광협회 간에 제2차 파견(2,000명) 합의
1965. 10. 26.	서독탄광협회 11월 중에 140명의 광부를, 1966년 1,2월에 400명의 광부를 고용할 수 있다고 외무부에 요청
1966. 4.	2,000명 서독 파견 계획 모집자 미파독 책임 문제로 주독 노무관 소환
1969. 4. 15.	함본 광산 사장 테르호스트(TERHORST) 일행 한국 방문
1969. 11. 27.	제1차 광부협정 개정
1970. 1. 21.	신광부협정 관계로 독일 연방노동성에서 한·독 정부 간 회의
1970. 2. 18.	한·독 정부 간 제2차 광부 파독을 위한 협정 체결
1970. 7. 29.	한국해외개발공사 서독주재 사무소 설치
1970. 2. 19.- 1977. 10. 22.	제2차 광부 총 47진 5,415명 출국
1970. 5. 22.	독일 석탄 광산에서의 한국 광부의 취업에 대한 한독 정부 간의 협정
1973. 11. 23.	독일 정부「외국 노동력 도입 중지」방침 발표
1978.	서독 정부 외국 신규 근로자 고용 전면 금지

7월 30일까지 2,519명이 파독되었다. 1967–1969년 사이에는 1967년 동백림사건으로 공식적인 파독이 중지된 적도 있었지만 여전히 소수의 광부들이 파독되었다. 제2차 광부협정에 의해 1970년 2월 19일 2차 1진 243명을 시작으로 파독이 재개되었다. 1977년까지 총 4,219명의 광부들이 파독되었고, 1·2차 광부협정에 따라 총 7,936명이 독일 광산에 취업하였다. 한국 광부의 독일 파견 주요 내용은 〈표 2〉에서 정리하였다.

한국 광부의 정식 신분은 노동자가 아니라 광산 기술훈련생이었다. 이는 당시 한국이 유럽공동시장EEC 가입국이 아니었기 때문에 정식으로 고용계약 또는 노동계약을 체결할 수 없으며, 더욱이 국제노동기구ILO가입국도 아니기 때문에 정식 고용계약 가능성이 없었던 것으로 추정된다. 그러나 임금이나 복지 면에서 독일 광부, 구동독 출신 가스트 아르바이터Gastarbeiter와 동등한 대우를 받았다. 반면 간호사의 독일 파견은 처음에는 민간 주도로 이루어졌는데, 민간 주도의 간호사 파독이 활성화되자 이후 정부가 개입하게 되었다(김태우 2009, 60–62).

이러한 과정을 거쳐 6진까지 독일의 4개 탄광회사에 총 2,233명의 한국 광부가 1963년 12월–1965년 11월의 약 2년 사이에 취업하게 됨으로써 건국 이래 처음으로 2,000명 이상의 집단 취업이 이루어진 것이었다.[2] 그런데 실제로 제1차(1965–1966) 파독 광부의 학력 비율을 보면 대학(전문대 포함)

---

2 독일 코블렌츠 연방문서보존소(BA–Koblenz). Bd. 1404, koreanische Bergarbeiter in der BRD(서독의 남한 광산 노동자). 100–101. 국사편찬위원회 소장; 중국의 "Hsinhua"통신에 따르면 이런 남한 광산 노동자의 중개는 'moderner Sklavenhandel'이라고 표현되었다. 1964년 4월 5일에 주간지인 "Der Stern"에서 현대 Sklaverei에 대한 기사에 이런 내용이 실렸다고 한다. 같은 내용에 대한 또 다른 보고는 독일 연방문서보존소, Bd.1404, Beschäftigung koreanischer Bergarbeiter im westdeutschen Steinkohlenbergbau(1963–1964). 서부 독일 탄광에서의 한국인 광산 노동자들의 고용 문제에 관한 서류. 70.에도 나와 있다.

〈표 3〉 **제1차 파독 광부 규모(1963-1966년)**

진	파독 시기	인원(명)
1진	1963. 12.	247
2진	1964. 10.	429
3진	1964. 11.	377
4진	1965. 3.	541
5진	1965.	503
6진	1965. 11.	136
7진	1966. 7.	288
계		2,521

졸업자가 24%, 고등학교 졸업자가 50%였다. 이는 당시 실업 문제 중에서도 고학력 실업자 문제가 얼마나 심각했는지를 보여 준다.

이 같은 모집과 선발 과정을 거쳐 1970년 1월에 300명이 파독됨으로써 제2차 광부 파독이 시작되었다. 2차 광부의 선발 및 송출에도 정부는 중심적인 역할을 수행하였으며, 정부는 1977년부터 약 8천여 명의 광부를 독일로 파견하였다(김태우 2009, 37; 88-89).

본 연구에서는 다음과 같은 문제 제기를 하고자 한다. 먼저 기존의 연구에서는 파독 광부 선발 과정과 단기간의 교육이 독일에서 고용될 때 어떤 효과를 나타냈는지에 대해서는 자세하게 소개되지 않았다. 여러 신문 매체나 언론 매체 등을 통해서 각 개인의 회고사를 볼 때, 한국에선 신학대학을 다닌 목사 지망생이었던 김근철(조선일보 13/01/01, A6), 고려대 경제학과에 재학 중이었던 김태우(조선일보 13/01/16, A8), 전북 장수 시골 마을에서 서울로 올라와 노동일을 하던 권이종(조선일보 13/01/07, 3) 등의 예를 통해서 원래 광부가 아닌 사람들이 지원해서 갔었고, 고학력자가 많았었다는 사실을 짐작할 수 있다.

사실 한국에서의 광부 교육이 당시 독일에서의 광부 교육과 어떻게 인정 및 호환이 되는지에 대해서는 아무런 발견을 할 수 없었다. 독일은 19세기 초기 산업화가 시작되면서 광산업이 발달하여 20세기 초에는 광산 관련 직업학교와 기술학교(Bergschule, Bergakademie 등)가 생겨나 그곳에서 전문적인 직업훈련이 이루어졌다. 보통 이 학교들에서 직업훈련은 3년 과정이 소요되며, 광산에서의 실습이 포함되어 이루어진다.

한국의 광부들이 독일에서 직업에 투입되었을 때는 단기간의 소정 교육만 받고 갔기에 독일의 광산업 직종상 독일식 훈련을 받은 사람들에 비해 하등의 직업 지위에 종사하였을 것으로 짐작된다. 이러한 직업교육 및 기술 부문에서 한국 광부들의 위치와 그들의 한국에서의 교육이 직업 수행에 어떤 효과를 나타냈는지에 관해 본 연구에서 고찰해 보고자 한다. 이와 더불어 파독 광부들의 인생 경로를 고찰해 보건대, 광부로서 3년 계약이 끝난 후 더 연장되는 경우가 드물어 사실 이들은 직종을 전환하여 전환 교육을 받거나 대학 등에 입학함으로써 다른 방향의 직종으로 나아감을 볼 수 있었다.

광부와 함께 간호사의 독일 파견도 비슷한 시기에 이루어졌지만, 내용 면에서는 차이가 있다.

1965–1969년 사이에는 재독 한국인 의사인 이종수 박사, 이수길 박사 등 개인에 의해 한국 간호사 파독 주선 및 성사가 이루어졌고, 1969년 9월 22일에는 한국 간호 요원 독일 내 병원 취업에 관한 절차 합의(독일병원협회와 주독대사관 노무관)가, 1969년 11월 27일 '한국 광부의 독일 광산 임시 취업 계획' 협정 개정이 체결되었다. 그리고 1970년 6월 26일 유자격 한국 간호사 및 간호조무사 독일 병원 취업에 관한 협정이 체결되었다.

간호사 파독은 크게 3시기로 구분할 수 있다. 첫째, 1950년대 말부터

〈표 4〉 독일에 파견된 간호 인력

연도	간호조무사	간호사	계	(비교)주독 공관 통계
~1965	146	897	1,043	18
1966	297	723	1,020	1,277
1967	191	216	407	421
1968	-	9	9	91
1969	55	459	514	837
1970	859	897	1,766	1,717
1971	893	461	1,354	1,363
1972	866	669	1,535	1,449
1973	419	763	1,182	1,182
1974	252	954	1,206	1,206
1975	58	410	468	459
1976	15	55	70	62
계	4,051	6,513	10,564	10,032

출처: 대한간호조무사협회(2010, 91); 1995년 독일병원협회 DKGe.V의 출처 참고.

1966년 1월까지 민간 주도의 시기, 둘째, 1966년 3월부터 1969년까지 정부와 민간의 동시 주도 시기, 셋째, 1970년부터 1976년까지 제1, 2차 간호협정에 의한 정부 주도의 시기이다.

첫 번째 시기인 1950년대 말부터 1966년 1월까지는 민간 주도의 비공식적인 간호 인력의 파독이었다. 이때 카톨릭 교회 주선, 이종수 박사 주선, 그리고 이수길 박사 주선에 의해 이루어졌다. 두 번째 시기인 1966년 3월-1969년까지는 정부와 민간 모두 한국해외공사와 협력하여 파독하였다. 민간 차원의 간호 인력 독일 진출은 1969년 8월 한·독 간 간호요원협정으로 발전하여 대규모로 본격적인 간호 요원 파독이 시작되었다. 세 번째 시기는

1, 2차 간호협정에 의한 시기로 1970-1976년까지는 약 7,033명의 간호 요원이 파독되었다. 제1차 협정은 1974년 12월 31일로 만료되는 기한부 협정이었다. 이에 따르면 간호원과 간호보조원의 비율을 1대 5로 책정하고 있다. 또한 독일병원협회가 병원별 간호 인력 소요 인원을 해외개발공사에 통보하면 해외개발공사는 병원별 배치 인원을 선정하되 관리가 곤란한 지역은 제외하기로 하고, 병원별 배치 인원을 그룹으로 편성하여 3개월간에 걸쳐 어학, 교양, 소양 교육을 철저히 한 뒤 파독하기로 하였다. 1970년 4월에는 제161차 간호원과 보조 간호원을 각각 수백 명씩 모집 공고하였다. 간호원은 만 42세 이하, 보조 간호원은 만 35세 이하로 연령 제한하였고, 자격은 해당 직종 면허소지자로서 국가고시에 합격한 자여야 했으며, 국비 보조 간호원의 경우 의무 복무기한 만료자에 한하였다(나혜심 2009, 265-266).

또한 1970년 5월에는 파독 보조 간호원 훈련생을 공고하였다. 수백 명의 선발 대상자를 연령으로는 18세 이상 25세 이하로 제한하였고, 학력 면에서 중졸 이상의 학력자로 규정하였다. 간호원과 달리 보조 간호원은 9개월의 교육과정을 이수한 뒤 국가고시 응시 자격이 부여되었으며, 이에 합격하면 파독되어 취업할 수 있는 가능성이 주어졌다. 간호 요원은 독일이나 외국의 국가고시 합격자로서 병원 근무에 적합한 유자격자여야 한다는 고용계약 제7조에 의거해서 교육, 선발, 파독되어야만 했다. 보조 간호원은 1971년 6월까지는 해외개발공사와 28개 사설학원에서 양성해서 파독하였다. 특히 보조 간호원 또는 간호보조원은 파독을 계기로 새로 생겨난 직책이다. 1967년부터 1973년 8월까지 해외개발공사의 보조 간호원 양성 실태는 다음의 〈표 5〉와 같다.

파독 간호원들은 대부분 계약 만료 후 귀국하였다. 그러나 일부는 미국이나 캐나다 등 제3국으로 진출하였는데 이는 독일에서 취득한 간호 요원 자격

〈표 5〉 해외개발공사에서 양성한 보조 간호원

연도	1967	1968	1969	1970	1971	1972	1973. 8.	계
인원	368	70	118	438	1,158	844	248	3,244

증을 인정받을 수 있었기 때문이다. 또한 일부는 계약 연장으로 장기 체류하게 되었는데 이들은 독일 사회에 익숙해져 독일인과의 결혼 등으로 독일 국적을 취득하기도 하면서 재독 이민 사회를 이루었다(김태우 2009, 63-64).

간호사와 관련하여 다음의 문제 제기를 할 수 있다. 한국 간호사들이 독일 병원에 투입되어 일을 하게 될 때 한국에서와는 다른 체계의 간호사 시스템과 간호 교육 부문에서 '과자격화'의 문제가 지적되어 나왔다. 한국에서 간호의 직업교육은 간호 관련 대학과 전문대학에서의 교과과정(커리큘럼)을 통해서 전문적으로 이루어지고 있었다. 그러나 당시 독일 간호사는 초등학교와 중학교에 해당되는 레알슐레Realschule 또는 하우프트슐레Hauptschule를 졸업하고 1-2년가량 직업학교를 다니거나 가정이나, 병원, 사회사업 기관에서 일한 후 간호학교에 입학하여 3년간 교육을 받고 나면 20대 초반에 간호사가 되었다. 이 관점에서 두 국가 간의 직업교육인 간호 교육제도의 차이를 드러내는 비교연구가 필요하다.

또한 한국의 간호 교육은 조선 시대까지 전통적 교육 방식에서 개화기, 일제강점기, 미군정기를 거치면서 변화가 있었던 데 비해, 독일은 간호 교육이 기독교식의 전통 교육에 기반을 두었고 1960년대에 교육법상 직업교육에서 분리하여 병원 산하의 교육으로 그 담당 주체가 바뀌면서 학교식의 교육보다는 실습 주체자의 교육이 우선시되는 교육 구조였다. 이러한 관점에서 당시 파독 간호사들의 직업 생활과 일반 삶에 미쳤던 간호 교육제도상의 차이에 관해 더욱 뚜렷이 드러내어 고찰할 필요가 있고, 더불어서 간호의 주체가 간호사 중심인지 의사 중심인지에 대한 제도상의 차이, 직업상에서 드러난 문화 간의 차이 등에 대해서 알아보고자 한다.

무엇보다 두 근로자 파견의 배경으로 한국전쟁으로 인한 국제 원조에서 독일은 직접적인 원조보다는 미국과의 협조 아래 간접적인 원조로서 경제원조 가운데 교육 원조를 택했다. 한국 광부나 간호사 파견에는 직접적인 근로자Gastarbeiter의 채용이 목적이 아니라 직업훈련생Ausbildung을 받아들여 그들을 훈련함으로써 귀국 후 그들이 국가 발전에 기여한다는 그러한 목적으로 이들을 받아들였던 것이다(나혜심 2009, 265-266).

연구 방법

본 논문의 연구에 대한 선행 연구로서 나혜심의 연구 『독일로 간 한인 간호여성』(2012)은 파독 간호 인력에 대한 역사적 배경과 전반적인 설명을 하고 있다. 그리고 최재현Jae-Hyeon Choi과 한스유르겐 다하임Hansjürgen Daheim의 공동 연구(Choe and Daheim 1987)는 간호 여성뿐만 아니라 한인 이주 노동자 모두를 대상으로 삼으며 그들이 어떤 이유로 한국으로 돌아갔는지, 또는 어떤 사정이 있어서 독일에 머물게 되었는지를 분석함으로써 이주 노동을 택하고 경험했던 당시 한인들에 대한 전반적인 이주사를 연구하였다. 이 글에서는 한인 노동력 전반의 파독 동기를 한국의 높은 실업률과 외환 부족, 그리고 이를 해소하기 위한 한국 정부의 노력에서 찾고 있다.

유도진의 연구(Yoo 1975)는 1970-1974년까지 파독 간호 인력의 독일 적응 문제를 도왔던 당시의 사회복지사 유도진이 이들 여성들은 물론이고 그들과 같은 병원에 근무하던 독일 의사를 대상으로 설문 조사를 한 후 그 내용을 기반으로 분석 결과를 내놓은 박사논문이었다. 당시의 한인 간호 인력이 독일에 대해, 그리고 독일 사회의 상황에 대해 어느 정도로 사전 교육을 받았는지, 독일에서 적응하기 위해 어떤 교육을 받았는지에 집중하였고 그 연구를 위해 여성들이 이주 노동을 선택한 동기나 독일 생활에 대한 평가에 관한 설문 조사가 실시되었다. 심윤종의 논문에서는 1972년 9월부터 12월에 걸쳐 라인, 마인, 네카 지역의 12개 병원에서 일하던 한인 간호 여성들을 설문 조사하고 그들의 불만이나 어려움에 대해 분석하고 있다.

이 외에 여러 선행 연구들이 있으며[3] 본 연구에서는 이러한 기존의 연구들에 근거해 논의들을 정리하고, 국사편찬위원회에 소장된 독일 코블렌츠 연방문서보존소 및 독일 외무성 문서보존소의 자료를 발굴하여 문제 제기에 대한 답을 얻으려고 한다(유진영 2013, 22-28). 또한 구술 자료를 통해 제기된 질문에 대한 답을 보완하고자 한다.

3 국내에서 나온 역사학 분야의 성과로 다음과 같은 선행 연구를 들 수 있다. 김학선 외(2009); 김용찬(2007); 이수자(2004; 2006); 이수안(2008); 이선희(2012) 그 외 『시민의 신문』, 『교포신문』, 『파독: 파독 간호 40년사』, 『아우토반에 뿌린 눈물』, 『한강에 흐르는 라인 강의 기적』, 『한강과 라인강 위에 무지개를 놓다』 등이 있다.

Ⅱ. 당시 한국에서의 교육 상황

광부 교육

석탄 산업 중흥 시대인 1957년부터 1966년에는 정부가 해외 원조 자금의 적극적 유치를 통해 전쟁 피해를 입은 탄광을 복구하고자 했다. 또한 석탄 산업 철도의 개통으로 석탄 산업의 기반이 어느 정도 조성되자 정부는 본격적인 석탄 증산 정책을 추진하였다. 이때 정부 수립 최초의 증산 계획은 1956년을 기점으로 한 '석탄개발 5개년계획 및 연료종합 5개년계획'이라고 볼 수 있다.

이 계획은 1년 뒤 '탄전종합개발 10개년계획(1957–1966년)'으로 변경되고, 다시 '석탄증산 8개년계획(1959–1966년)'으로 수정된 뒤, 1960년 '제1차 경제개발 5개년계획'에 승계되었다. 그 이후 국영 탄광과 국유 광구가 매입되면서 민영 탄광이 본격적으로 등장하였고, 석탄 자급자족이 실현되었다. 이런 노력의 결과로 국내 석탄 산업은 1957년부터 1966년까지 사상 유례가 없을 정도의 고속 성장을 거듭했다. 정부의 적극적인 증산 정책에 따라 1956년 181만 톤이던 생산량은 1967년에는 1,244만 톤으로 6배가 넘는 성장을 기록했다. 1966년에는 마침내 석탄의 자급자족을 달성하기에 이른다(대한석탄공사 2001, 73–75).

그러나 이러한 석탄 산업의 발전에 복병이 생겼는데 그것은 수요의 증가에 따른 공급 체계의 지속적 보완이 이뤄지지 않게 되었다는 점이었다. 이런 문제와 더불어 마침내 1966년 10월, 이른바 '연탄파동'으로 석탄 산업의 전성기는 막을 내리게 되었다. 연탄파동 이후 연료 정책이 전환되었는데 먼저 유류 위주로 전환되었다. 그 이유는 연탄파동이 발생하자 정부는 연탄 공장에 감독관을 파견하는 등의 조치를 취했으나 근본적인 수송이 해결되지 않고서는 다른 방안이 없다고 판단했기 때문이었다. 수송 문제의 해결을 위해 태백선 전철화를 추진하였으나 이때 정부는 마치 기다렸다는 듯이 연탄파동을 구실로 즉각적인 연료 정책의 전환을 추진하였다. 그래서 1966년 11월 16일, 정부는 대통령 지시에 의해 가정용 월동 연료난의 해결이라는 명분하에 무연탄 위주의 난방 연료를 유류(벙커C유)로 대체키로 결정했다. 그 후 주유종탄정책(1967–1973)이 실시되었다(대한석탄공사 2001, 85–94).

이러한 연료 정책에서 한국 광부가 서독으로 파견된 최초의 시점은 1963년 12월 21일이었다. 그러나 벌써 장면 정부 때인 1950년대 후반부터 이미 광부 파독을 위한 가능성을 타진하는 작업이 진행되어 왔다. 사실상 미국 대외원조기관USOM은 1957년부터 일본 광부들을 2년 근무조건으로 독일에 400명씩 파견했었고 1963년 8월에 일본 광부의 계약이 만료되면서 일본 국내 사정으로 더 이상 파독이 불가능하게 된 사실을 알게 되었다. 그래서 이 기관은 한국 광부의 고용을 독일 정부에 적극적으로 추천했다.

주한 서독 대사 칼 뷩어Karl Bünger가 서울의 독일 대사관에서 독일 본Bonn 외무성으로 1961년 4월 27일에 보낸 편지에 의하면 다음과 같다. “한국의 광부들을 독일로 보내려는 생각은 벌써부터 USOM에 의해 제기되었다. 이 계획은 우리의 도움을 구하는 한국 석탄협회가 제안한 것으로 우리 측과 계획한 바로는 한국 광부들을 지금까지보다 더 깊은 곳의 석탄 채탄과 필요한 수직굴 및 수로 등에 투입할 수 있다는 것이다. 그러나 이 일에 한국인 광부들은 별로 훈련이 되어 있지 않다. 그래서 나는 경우에 따라서 대한석탄공사 사장인 김성호의 제안을 개발원조의 관점에서 평가해 주기를 요청한다.”[4]

그러던 중 1962년 5월 24일 독일 뉘른베르크 소재 M.A.N. 회사가 주독 한국대사관에 한국 광부 500-1,000명을 고용할 의사를 밝혀오자, 1963년 2월 1일 주독 한국대사관은 1차로 서독연방보건성 제2국장 게테르비츠 박사와 이 문제를 토의하였다. 이것은 한·독 간 광부 파견에 관한 최초의 교섭이었다. 그 후 10여 차례에 걸친 서독 정부 관계자와의 논의 결과 독일 노동성을 비롯하여, 독일 경제성, 경제협력성, 독일 외무성과도 전반적인 합의에 도달하였다.

아울러 1963년 2월 4일 서독의 민간 기업들이 3,000-4,000명의 한국 근로자들을 고용할 의사를 전해 왔으며, 같은 해 5월 11일에는 독일 노동성에서 한국 광부 250명을 고용하겠다는 정식 의사표시를 해 옴으로써 한국 정부는 광부 파독의 실무에 착수하였다. 1963년 6월 10일 경제기획원 주관으로 이루어진 광부 파독에 관한 실무 협의 결과로 종합계획이 세워졌다. 이 계획은 곧 실천에 옮겨져 1963년 6월 28일 보건사회부 주관의 관계부처 실무자 회의를 거쳐 7월 4일 최고 회의와 내각 수장에게 보고되었다. 이후 여러 경로를 거쳐 보건사회부는 1963년 8월 9일 서울특별시장 및 각 도지사에게 파견 대상 광부 모집과 선발을 지시하고 경제기획원이 국고 부담으로 이에 소요되는 예산을 확보함으로써 광부 송출 사업이 본격화되었다.

이어 정부는 1963년 8월 13일 '독일파독광부선출위원회'를 구성하여 전국적으로 파독 광부를 모집하였다. 최초 모집에 전국적으로 2,895명이 지원하였고, 서류 심사에 통과된 1,174명을 대상으로 학과 필기시험과 적성 시험을 실시하여 375명을 선발하였는데, 375명 중 종합 신체검사를 실시하여 최종 194명을 선발하였다. 최종 선발된 194명은 독일 측에서 요구한 260-280

---

4 독일 코블렌츠 연방문서보존소(BA-Koblenz), Bestand 85, Band 1404, Forts. Band 1405, koreanische Bergarbeiter in der BRD von 1961-1968, 13-15. 국사편찬위원회 소장.

명 선에 못 미치는 인원이었으므로 추가로 91명을 더 보충하였다. 실제로 제1차(1963–1966) 파독 광부의 학력 비율을 보면, 대학(전문대 포함) 졸업자가 24%, 고등학교 졸업자가 50%로서 당시 파독 광부 지원에 고학력자들이 많이 몰렸음을 볼 수 있다.

그렇다면 국내에서는 광부들의 교육이 어떻게 실시되고 있었는가? 광복 이후 일본인 기술자가 철수하며 국내 탄광은 심각한 인력난에 직면하였다. 평양 지역의 탄광에서 근무하다 월남한 일부 기술자에 의존하던 상황에서 석탄 증산과 국내 석탄 산업의 활성화를 위해서는 장비 개선과 함께 그에 상응하는 인력 양성이 무엇보다 필요하였다. 그래서 대한석탄공사는 경영상황이 다소 호전되자 1957년 장성에 기술훈련원을 설치하여 본격적인 인력양성에 착수하게 되었다. 비록 대상이 직원에 한정되었지만, 그렇게 양성된 인력이 1960년대 이후 민영 탄광 개발에 대거 참여함으로써 국내 석탄 산업을 이끌게 되었다. 이 같은 사실은 기술훈련원을 설치한 정인욱 총재(강원산업 회장)의 글에서도 알 수 있다. 그는 "석탄 공사는 당장 탄광을 운영하여 이익을 내는 것보다는 탄광 기술자를 양성해 민영 탄광에 공급하는 사관학교 역할을 해야 한다."고 하였을 뿐 아니라 "기술자를 양성해 민영 탄광에 공급해야 한다는 아이디어는 적중하여 공사 출신 기술자와 관리자들이 민영 탄광에 속속 취업하여 우리나라 민영 탄광 전성시대를 열었다."고 하였다. 이는 바로 경영 흑자보다 인력 양성으로 석탄 산업 발전의 터전을 제공하는 일이 우선이었음을 말해 주는 대목이다(대한석탄공사 2001, 500–501).

그래서 대한석탄공사에서 실시한 교육기관으로 기술훈련소를 보면, 1957년 3월 21일 설립 인가를 받아 3월 29일 초대 소장(김남길)이 임명되고 4월 말 훈련 계획을 확정한 기술훈련소는 6월 5일 제1기 훈련생으로 33명을 입소시킴으로써 장성에서 문을 열었다. 교육이 본격화되면서 기존 시설로는 부족하여 1960년 별도의 건물을 신축할 계획이었으나, 4·19혁명 이후 사회적 혼란으로 훈련소 운영이 일시 중단되며 건물 신축은 취소되고 말았다. 이후 1961년 2월, 훈련소는 함백을 대단위로 개발한다는 당시의 계획에 편승하여 함백으로 이전하였다. 그러나 함백훈련소는 그리 오래 가질 못하였는데, 그 이유는 함백 이전의 배경이 되었던 함백 개발이 광량 부족으로 인해 실패로 귀결되었고, 장성 제1수갱 건설공사가 착수되면서 장성이 석탄 산업의 메카로 부각되었기 때문이었다. 또한 훈련생의 절반 이상을 차지하는 장성 직원들에게는 함백이 장성보다 규모도 적고 시설이 낙후되어 교육의 효과를 볼 수 없었고 강사진의 확보도 어려웠다. 결국 1962년 10월, 함백 이전 1년 반 만에 장성으로 되돌아와 임무소가 떠난 자리에 터전을 마련하여 3년간 서독 파견 광부의 교육을 담당하였고 1964년에는 그 명칭을 '훈련소'로 변경하였다(대한석탄공사 2001, 501-505).

대한석탄공사의 교육을 보면 개소 초기에는 주로 갱내 기술직원에 대한 실무 교육에 중점을 두어 각 광업소에서 선정된 관리 직원들을 대상으로 해당 직책에 따른 업무 지식을 비롯하여 작업 안전과 중요 작업의 수행 요령을 교육하였다. 그러나 이후 교육과정이 점차 확대되면서 인원도 늘어났다. 1959년 대졸 공채로 선발된 41명의 신입사원이 훈련소를 거쳐 간 이래 공사의 신입사원에 대한 교육이 정례화되었고, 1960년 5월 광산구호대훈련이 매년 정례적으로 이뤄졌으나 '광산보안법' 제정 후에는 제도화되었다. 1961년에는 민영 탄광의 기술직원에 대한 교육이 검토되기도 했으나 비용 부담의 문제로 실행되지는 못하였다(대한석탄공사 2001, 506-507).

이처럼 미흡하게 실시되는 국내 광부 훈련에 비해 1963년 8월 13일 '독일파독광부선출위원회'에서 모집된 파독 광부들은 출국 전, 독일 현지에서 적응할 수 있도록 실지 교육과 어학 교육을 받았다. 교육과 훈련은 2차로 나누어 실시되었는데 예를 들어, 전반기 교육에서는 10월에 선발된 194명을 A·B조로 나누어 A조인 91명은 10월 25일 장성광업소에서 지하작업 훈련을 받았고, B조인 103명은 서울에서 어학 훈련을 받았다. 이렇게 194명의 훈련 대상자들이 서울과 장성에서 실기 교육 훈련을 받고 있는 동안 추가로 선발된 91명은 광부 출신이었기 때문에 실기 교육보다 어학 교육에 중점을 두었다. 이로써 파독 인원 250명은 해외이주심사위원회의 심사를 전원 통과하여 출국 수속이 진행되었다. 최초의 출국은 이날 1963년 12월 21일이었다.

이런 과정을 거쳐 제4진의 모집부터 정부는 '1965년도 독일노동력협력에 관한 탄광노동자 출국계획'을 수립하고 세부 방침을 마련하는 등 광부 모집과 송출의 과정이 체계적으로 진행되었다. 모집 인원은 1,000명으로 정하였으며, 모집 방법은 공개 경쟁 모집을 하기로 했으며, 응모 자격은 5항으로 나누어 명시하였다.

① 연령 20–30세 이상의 병역을 필한 대한민국 남자
② 중학교 1년 이상 수료자
③ 탄광 종사 경력 1년 이상인 자로 이직 후 3년이 경과하지 않은 자
④ 해외여행에 결격사유가 없는 자
⑤ 탄광 노동에 적합한 체격 기준에 달한 자

원서 교부는 시도 사회과 및 직업 안정소에서 하되 원서 접수는 시도 사회과에서만 하고, 서류 심사 후 수험표를 교부하여 신체검사 합격자에게 필기시험 응시 자격을 부여하기로 하였다. 신체검사는 중앙에서 실시하되 종합병원에 의뢰하여 엑스레이 촬영과 일반 검사의 2단계를 택하였다. 필기시험은 광산 실무 80%, 일반 상식 20%로 배점을 정하였는데, 대한석탄공사 재직광

부로 동 석탄공사가 추천하는 경우에는 필기시험을 면제하고 신체검사만으로 선발하도록 하였다. 광부 훈련도 훈련 방침, 훈련 기간, 훈련 장소 등에 걸쳐 상세한 계획이 세워졌다. 지하작업에서 발생할 수 있는 사고에의 대비와 갱내 안전 등 광산 실기 훈련을 중점적으로 실시하고, 광산 지하작업에 필요한 독어 교육을 실시하기도 하였다. 광부들의 출국 수속이 간편하도록 노동청 주관 아래 훈련 기간 중에 처리하기로 했다.

광부 파독 관련 주요 협정에는 광부의 취업 기간을 3년으로 하였다. 광부 선발의 응모 요건은 '20–35세인 자', '1년 이상 탄광의 갱내에서 작업한 경력이 있는 자', 그리고 '독일로 출발 전 3년 중 한국 탄광직에서 휴직 상태에 있지 아니한 자'였다. 연간 파견 광부 수의 상한선은 1,000명으로 정하였으며, 광부의 독일 왕복 여비는 이 협정 제16장에 의하여 특별회계적립금으로 불입된 금액으로 충당하였다. 한국이 국제노동기구ILO 가입국이 아니었으므로 한국 광부는 직업병에 대한 보상 규정과 공상에 대한 보상에 있어서 자국 및 외국 근로자 동등 취급 규정(국제노동협약 19호)에 의한 보상 혜택을 받지 못하였다. 따라서 한국 광부의 공상 및 직업병에 대한 보상 문제에 관해서는 독일 국내법이 적용되었다. 근로계약 기간 3년 완료 후 연장 기간은 1년 또는 6개월이었다. 한국 광부들의 고용 신분은 광산기술 훈련교육생이었지만 노동조합 가입, 의료보험 등 각종 보험의 가입과 사회보장의 혜택을 받는 등 정식 노동자와 유사한 대우를 받았다.

제1차 광부협정 제15장에 의하면 한국 광부는 독일탄광노동자보험법에서 면제되었다. 대신에 1차 광부협정 때는 고용주가 13%, 광부가 7%, 2차 광부협정 때는 고용주가 15%, 광부가 8.5% 매월 불입함으로써 기여금이 적립되었는데 고용주는 광부의 임금에서 이를 공제하였다. 이 제도는 한국 광부들의 신분이 기술적으로 '광부 훈련생'이어서 공식적인 고용계약의 체결이 불가능하였으므로 한국 정부가 독일탄광협회와 협의해서 결정한 광부에 대한 사회보장제도의 일환이었다. 이 협정에는 한국 광부의 언어 관련 조항도 있었다. 즉, 한국 광부는 독일 광산 종업원 규정에 의거 사고를 방지하기 위하여 독일어를 사용할 수 있고 충분히 이해하여 상급자 또는 동료의 말을 반복할 수 있는 자에 한해서 지하작업에 허용된다고 되어 있다. 그리고 한국 광부가 독일어를 충분히 사용하기 전까지는 서독 도착 후 통상 6주 동안 한국 광부는 무료로 서독 광산회사로부터 독일어 강습을 받도록 되어 있다.

협정에는 연락관에 관한 규정도 포함되어 있다. 즉, 한국 정부는 연락관을 파견할 수 있고, 서독 탄광회사는 피고용인인 한국 광부 중에서 1명의 유자격 광부를 연락관으로 임명하도록 되어 있다. 연락관은 임무를 완수하기 위하여 필요하다면 작업이 면제되었고, 연락관의 역할은 한국 광부와 회사 간 중간 역할을 하는 것이며, 그 외에도 기술적 감독 또는 훈련 등에 종사하도록 되어 있다. 연락관은 또한 광부의 사회적 또는 개인적인 사항에도 관심을 가져야 하며 문화적 생활에도 참여하도록 되어 있다. 또한 연락관은 탄광회사와 광부 사이에 우호적인 관계를 계속하도록 노력한다는 조항도 포함되어 있다.

연락관 외에도 정부는 1965년 3명의 노무관을 파견하였다. 노무관들은 대사관에 주재하며 광산 근로자의 실질적인 광산 노무관리를 맡았다. 이러한 내용을 포함한 제1차 광부협정에 따라 1963년 12월 21일 제1차 1진 121명의 광부가 파독된 이후 대규모의 광부 파독이 진행되자 정부는 1965년 11월 3일 재단법인 한국해외개발공사를 발족하여 광부 및 해외 인력 송출을 전담시켰다.

1964년 10월 14일자 편지를 보면 한국주재 서독의 벙어Bünger대사가 독일 본Bonn의 외무부에 보낸 편지에서 "한국 정부는 서독으로 보내는 한국인 광부의 수를 계속 늘리고자 애쓰고 있다. 이 프로그램이 전체 국민에게 매우 인기가 있다."[5]고 평했다.

국내에서의 광부교육을 보면 1963년부터 1965년까지 3년간은 2,455명이 훈련소에서 교육을 받고 서독으로 취업하러 떠났으며, 1964년 4월에는 MTB 훈련이 처음으로 도입돼 우선 계장급 직원 280명이 교육을 이수하였고 1965년 이후에는 차장, 갱장, 과장 등 간부급으로까지 교육이 확대되었다. 1967년 5월 '직업훈련법' 제정 공포에 따른 정부 정책에 호응하여 '기능공훈련규정'을 별도로 제정, 기능공 양성을 본격화함으로써 직업훈련의 선도적인 역할을 수행하였고, 1969년에는 교육과정도 신입직원 훈련 외에 직종별 직능훈련, 관리직 보직 예정자를 대상으로 한 감독자 훈련, 간부 승진 대상자를 위한 관리자 훈련 및 특수 과정으로 확대 개편하여 교육을 시행하였다. 주로 사내교육에 한정되어 실시되던 교육은 태백훈련원 준공 후 민영 탄광 취업자에 대한 교육까지 담당하면서 신규 채용자 4,200여 명이 거쳐 가기도 하였다(대한석탄공사 2001, 506-507).

〈표 6〉을 보면 1963년부터 서독 파견자 훈련이 실시되어 1970년까지 2,455명이 거쳐 간 것으로 나와 있다. 그리고 신입직원 훈련도 보면 대졸이 1959년부터 광산 훈련을 받은 것으로 나와 있어서 파독 광부 파견 시 많은 고학력자가 포함된 이유에 대해 짐작하게 해준다.

1969년 초반부터 서독의 광산업이 다시 호전되고 광부 인력의 수요가 증가하자 한국 정부는 주독 한국대사관을 통해 광부 파독 재개를 위한 협상을 시도하였다. 1969년 4월 15일 노동청장 초청으로 이루어진 독일 광산계 인

---

5 독일 코블렌츠 연방문서보존소(BA-Koblenz). Bestand 85, Band 1404, Beschäftigung koreanischer Bergarbeiter im westdeutschen Steinkohlenbergbau(1963-1964), 서부 독일 탄광에서의 한국인 광산 노동자들의 고용문제에 관한 서류, 86-89. 국사편찬위원회 소장.

〈표 6〉 1970년까지의 훈련 과정별 교육 인원

과정 \ 연도		57	58	59	60	61	62	63	64	65	66	67	68	69	70	계
관리 감독자 훈련	간부									108	16	22	23			169
	계장								280	40	37	44	54	32	79	566
	반장												112		151	263
신입 직원 훈련	대졸			41	37	49	55	48	27	44	31	27	27		31	417
	고졸							30				53	34			117
기술 직원 훈련	기술 직원	99	170	140	64	69	157	113	28	174	55	49	26	30	54	1,228
사무 직원 훈련	사무 직원												24	89	51	164
기능공 지도원 훈련											23	26	26			75
기능공 훈련										9		144	63		48	264
사내 계		99	170	181	101	118	212	191	335	375	162	279	412	214	414	3,263
서독 파견자 훈련								194	800	1,461						2,455
민영 광산 직원 훈련												11				11
총계		99	170	181	101	118	212	385	1,135	1,836	162	290	412	214	414	5,729

출처: 대한석탄공사(2001, 506).

사의 방한이 광부 파독 재개의 계기가 되었다. 함본 및 티센Thyssen광산의 테오도르 테르호스트Theodor Terhorst 박사는 노동청장에게 한국 광부 2,000명을 신규 채용하겠다는 의사를 밝혔다. 또한 1969년 7월이면 고용 기간이 만료되어 독일 광산을 떠나는 한국 광부의 수가 많아져 인력의 공백이 생기는 점도

〈표 7〉 **고용계약서 번역본**

갑: 에센 루르 탄광 주식회사 대표 집행부

을: △△ 소재의 한국 노동자
○○○○년 ○○월 ○○일 생
혼인 상태(미혼, 기혼, 사별)

사이에 다음과 같은 고용계약을 체결한다.

제1조
갑은 한국 노동자를 루르탄광 주식회사의 탄광에서 독일 도착하는 날부터 향후 3년간 광부로 채용한다. 최초 3개월은 적응 기간으로 하며, 이 기간 중 적응을 하지 못할 때는 2주일간의 예고 기간을 거쳐 계약 해지할 수 있다.
을은 지하 탄광에서 하는 채굴 작업을 익힐 기회를 가진다. 을은 계약 기간 동안 갑에게 익힌 탄광일을 해야 하고, 적응 기간이 끝난 후 남은 시간 또는 성과급제(도급제)(Leistungslohnarbeit)를 위해 지하에서 작업을 해야 한다. 개인적인 이유나 작업 태도가 나쁠 때는 계약을 해지할 수 있다.

제2조
을은 국적으로 인해서 같은 작업을 하는 독일 노동자와 비교해서 보수를 적게 받거나 나쁜 노동조건에 처하거나 작업의 보호를 받지 못하는 부당한 대우를 받지 아니한다. 이에 대한 세세한 규정은 라인 베스트팔렌지방의 석탄 광산의 표준 계약 조건을 따르며, 기존 계약 대신 새로운 표준 노동계약 조건이 정해지면 새 규정을 따른다. 이에 언급되지 않은 몇 가지 조건은 별지에 표시되어 있다.

제3조
노동시간은 회사의 규정에 따른다. 현재 정규적인 채광 작업의 노동시간은 휴식 시간을 포함해서 일주일에 5일, 매일 8시간이다. 운반 작업의 노동시간은 일주일에 5일, 하루 8시간이며 추가로 30분간의 휴식 시간이 주어진다.

제4조
을은 지하 작업을 하기 전에 작업에 필요한 만큼 독일어를 말하고 알아들을 수 있도록 독일어 시험에 합격해야 한다.

제5조
을은 석탄 채굴에 필요한 작업을 수행하기 위해서 지하 현장에서 교육을 받아야 한다. 을은 기본 급여와 노동조건에 관한 교육을 받기 위해 별도 안내문을 받는다.

제6조
갑은 을에게 독일노동청이 인정할 만한 숙소를 제공한다.
a. 숙소는 공동 숙소를 제공한다.
b. 을은 숙박비와 식사비로 하루 11-12마르크를 지불해야 한다. 하루 3끼 식사가 제공되지 않는 숙소에서는 이에 상당하는 비용을 삭감한 비용을 지불한다. 하루 3끼 식사를 제공하는 숙소에서는 모든 식사에 참여하는 것이 의무 사항이다.
c. 숙소 임대 관계는 루르탄광 주식회사와 노동계약이 종료되면서 자동으로 해약된다. 을은 노동계약 해지와 함께 바로 공동 숙소를 비워야 한다.

제7조
을은 최초 봉급을 받을 때까지 선급금을 받을 수 있고 적절한 이자와 함께 원금을 할부로 갚아야 한다.

제8조
을은 독일 광산에서 중단 없이 6개월간 일한 후에 한 번의 계약상 휴가를 받을 수 있다. 휴가 기간은 1월 1일 기준이다. 연중 휴가 기간은 회사의 규정에 따라 작업하는 날 21-27일간이다. 기간은 나이에 따라 다르다.

제9조
갑과 을은 공동으로 을의 광부조합 연금보험을 면제해 달라고 신청해야 한다.

제10조
갑은 을의 체재 허가를 받기 위해 소요되는 비용을 부담한다.

제11조
을은 한국을 떠나기 전에 기생충을 없애기 위해서 "알코파" 약을 복용해야 한다.

제12조
이 계약서에 명시된 노동조건은 독일법에 근거하고 있다. 이 계약 내용에 이의가 있는 경우에는 회사의 전권을 맡은 소송대리인에 대해서 할 수 없고, 회사에 직접 해야 한다. 고용계약과 관련한 갑과 을 사이의 법적 분쟁은 독일 법정의 노동 담당 관청에서 담당한다. 이 노동계약서의 내용은 독일어와 한국어로 작성되며, 독일어 판이 원문이다.

갑: 에센 루르 탄광 주식회사 서명

을: 한국 계약자 서명

광부 파독의 재개에 기여하였다. 제2차로 합의된 내용에서 광부의 내독 인원은 제1차 광부협정과 마찬가지로 연간 1,000명이었고 광부의 질과 독일 광산 사정에 따라 추가할 수 있다고 했다. 그리고 계약 기간, 특별회계, 건강보험은 종전과 같았고 광부 선발에 있어서 엄선을 요망한다는 내용이 추가되었다. 이를 토대로 1969년 11월 27일 한·독 정부는 제1차 광부협정을 개정하여 1970년 2월 18일 광부 파견 재개를 위한 제2차 광부협정, 일명 '신광부협정'을 체결하였고, 이 협정에는 보다 구체적으로 양국 간에 파견 광부의 체류 기간, 고용조건, 선발 방법 등에 관한 협약이 이루어졌다(김태우 2009, 90–94). 신광부협정의 주요 내용은 제1차 광부협정에 기반하였다.

이 같은 모집과 선발 과정을 거쳐 1970년 1월에 300명이 파독됨으로써 제2차 광부 파독이 시작되었다. 2차 광부의 선발 및 파독에도 정부는 중심적인 역할을 수행하였으며, 정부는 1977년부터 약 8천여 명의 광부를 독일로 파견하였다(김태우 2009, 37; 88–89).

당시 파독 광부로 갔던 김영현 씨를 통해서 당시 광부 파견을 선택한 이유와 파독 당시 기본 소양 교육이 어떠했는지 들어 보았다.[6] 그는 1977년 5월에 독일에 도착했고 한국에서는 광부 시험에 합격하고 나서 해외개발공사에서 교육받았으며 3개월간(독일어 기본 교육, 소양 교육, 그러나 실습 교육은 없었다)의 교육을 받았다고 했다. 독일로 오게 된 경위에 대해서는 "집안에 친척 중 한 사람이 독일에 다녀와서 독일에서 광부를 모집하고 있다는 것을 알았다. 당시 광산에 다녔던 사람도 만나서 뭐를 해야 할지 묻고, 시험 볼 때 뭐를 들어야지 하는 것을 알았다. 그래서 동네 쌀집에 가서 60kg 쌀을 담아서

---

6 설문자: 유진영, 일시: 2013년 8월 14일 독일 하노버의 한 정원에서 오후 3–4시경, 이름: 김영현, 출생연도: 1952년, 거주지: 독일 하노버.

연습했다."고 답했다. 선발 시험에 관해서는 "시험은 체력 검사를 했다. 진짜 광산에 있었는가? 이런 거 물어보았다. 그리고 무거운 것 드는 것을 시험했다. 그래서 이전에 광산에서 직접 일한 사람한테 물어보고 나서 대답할 수 있었다. 감자도장 만들고, 이력서 조작하고 등등"을 했다고 답했다.

또 당시 나이 25세로 1974년 11월 14일 파독 광부로 갔던 조형래 씨[7]는 "독일에 오기 전에 군대 제대하고 농사를 지었다. 독일 두이스부르크 근처의 캄푸린트 포르트(9진)에 오게 되었다. 그 전에 강원도 도계광산에서 교육을 받고, 1달 가까이, 막장(석탄이 나오는 곳)에 들어가서 하는 것 보았다. 시험을 볼 때는 든든한 '백(배경)'이 있어서 어렵지 않았다. 시험을 보러 갈 때 서울의 초등학교에 엄청나게 많은 사람들이 모였다. 당시 해외개발공사 사장이 전라도 사람이어서 그가 힘을 써서 전라도 사람들이 독일로 많이 오게 되었다. 집안에 해외개발공사 이사로 계신 분이 있었다."고 답했다. 파독 선택에 대한 이유에 대해서는 "결정을 하게 된 계기는 독일에 와서 3년만 일하면, 당시 세운상가 점포하는 사람이 1000만 원 정도만 있으면 점포를 열 수 있다고 해서 그것을 벌러 왔다."고 하였고 당시 이론 시험은 없었고, 체력 검사만 보았다고 했다. 서울에서 독일어 교육을 받았다고 하며 기억상으로 3개월 정도 받았다고 했다.

인터뷰를 통해서 짐작할 수 있는 점은 당시의 선발 시험이 객관적이거나 공정하기보다는 여러 요인이 작용하고 있었음을 알 수 있었다. 그리고 독일로 보내지기 전에 1–3개월 정도의 기본 교육이 있었음을 알 수 있었다. 다음은 국내에서 간호 직업교육이 어떻게 이루어졌는지 알아보겠다.

---

7 설문자: 유진영, 일시: 2013년 8월 14일 하노버의 한 정원에서 오후 3–4시경, 이름: 조형래, 출생연도: 1949년, 거주지: 독일 하노버.

간호 교육

한국에서는 간호 교육에서 3년제 교육제도가 시행되었는데, 1952년 공포된 교육법 시행령에 의해 해방 후 고등간호학교로 통일되었던 모든 간호 교육기관은 1957년을 전후하여 간호고등기술학교로 개칭하여 간호과와 조산과를 둘 수 있도록 하였으며, 입학 자격은 중학교 졸업자로 하여 3년 과정의 고등학교 수준으로 하였다. 그 후 다시 1962년 1월 개정된 교육법에 의해 간호학교로 개편하고 초급대학 또는 전문학교 수준으로 승격하였다. 그래서 간호학교의 최저 입학 수준을 고등학교 졸업자로서 통일하는 학제상 진정을 보게 되었다. 이 외에 학사 과정 교육제도로서 4년제 학사 과정은 1955년 처음 이화여자대학교에서 개설하여 1959년 15명의 첫 졸업생을 배출하였고, 1957년에는 연세대학교에, 1959년에는 서울대학교에 의과대학 간호학과가 설치되어 간호학사를 양성하였다.

또 부산 소재 일신병원에서는 1953년 최초로 조산 교육과정을 설치하여 간호사 면허 소지자로 하여금 조산 교육을 받게 하였다. 교육 기간은 처음에는 6개월에서 후에 9개월로 변경되었다. 1962년 의료법 개정에 따라 조산원 수습 지정병원에 한해 1년의 교육과정 수료 후 면허를 취득하게 하였다(고명숙 외 2008, 286−287).

간호사들의 국제 교류에 관하여 보면 한국전쟁이 종료된 직후 여러 가지 어려운 여건에도 불구하고 각종 국제 교류와 간호사의 해외 유학을 통해 국제적으로는 한국의 간호를 알리는 계기가 되었고, 국내적으로는 그러한 계기를 통한 자극과 지원으로 간호 발전을 위해 더욱 박차를 가할 수 있게 되었다. 국제 교류로 대한간호협회 대표자들이 국제간호 협의회, 국제간호 협의회 교육연구회, 세계보건기구의 간호 분과 학술대회 등 각종 회의에 참석하기 시작하였다. 한편 외국의 각종 원조 단체에서는 한국의 의료 기관 및 간호 교육기관의 재건을 위해 물자와 인력, 교육 기자재 등을 지원하였다.

한미재단과 UNKRA[United Nations Korean Reconstruction Agency]에서는 간호학교의 개전과 발전을 위해 간호 교육용 교재 및 비품을 17개 학교에 기증하였고, 교재 출판을 위한 기금을 조성하여 해부생리학 등의 교재를 출간하도록 하였다. 한편 덴마크, 스웨덴, 노르웨이의 스칸디나비아 세 나라에서는 사절단을 구성하고 한국 정부와 공동 사업으로 10년간의 협정을 체결하여 국립중앙의료원을 개설하였으며, 1959년부터 국립의료원 간호학교의 설립과 운영을 지원하였다. 또한 미군정 기간과 정부 수립 이후의 많은 수의 간호사들이 록펠러 지원, 한미재단 지원, 하와이 한인회 초청, 선교 단체의 지원 등으로 미국, 캐

〈표 8〉 **간호 교육제도의 변천 과정**

연도	명칭	비고
1903	양성소	보구여관: 1903 세브란스 양성소: 1905
1946	고등간호학교	
1955	간호학과	이화여대: 1955 연세대: 1957
1957	간호고등기술학교	
1960	대학원 석사과정 개설	이화여대: 1960 연세대: 1963
1962	간호학교	
1968	간호대학	이화여대, 연세대: 1968
1971	간호전문학교	
1978	대학원 박사과정 개설	연세대: 1978 이화여대: 1979
1979	간호전문대학	

나다, 영국, 뉴질랜드, 오스트레일리아 등으로 유학을 하여 국제적으로 학문을 연마하고 실무에 관한 견문을 넓히고 돌아왔다(고명숙 외 2008, 287-288).

간호조무사 과정의 양성은 1967년부터 간호 대체 인력으로 간호조무사를 배출하면서 시작되었다. 1967년부터 보건 지소에 근무할 간호보조원을 확보하기 위하여 1966년 7월 25일 대통령령 제2665호로 '의료보조원법 시행령' 제1조를 개정하여 '의료보조원'의 종별에 제7번째로 '간호보조원'을 신설하였으며, 간호보조원의 업무 범위는 '보건사회부령'이 정하도록 위임하였다(대한간호조무사협회 2010, 82-83).

간호사 파독의 배경을 살펴보면, 1960년대 독일에서는 라인 강의 기적이라 불리는 단기간의 경제 부흥으로 완전고용 상태에 도달했으나 정치적인 이유로 동독으로부터의 노동력 유입이 중단됨으로써 노동력 부족 현상이 심각하였다. 특히 자국 간호사들이 병원 근무를 기피하면서 의료 현장에서는 간호 인력 부족 현상이 두드러지게 나타났다. 1965년 한 해의 경우에만 병원과 양로원에서 약 3만 명이 넘는 간호사의 신규 고용이 필요할 정도로 인력이 부족한 형편이었으며(김학선 외 2009, 174) 이를 해결하기 위해 외국 간호사들의 수급이 절실한 형편이었다(김학선 외 2009, 174; Choe and Daheim 1987, 9).

한국에서는 한국전쟁 후의 상황은 말할 것도 없고 1960년대와 1970년대 한국의 어린 여성들은 급속한 경제개발 계획하에서 시작된 제조업 중심의 산업구조 속에서 생산직 여성 노동자로서 동원되고 있었다. 1960년대 중반의 보사부 통계에 의하면 3천 명의 간호사들이 직장을 찾고 있으며 보사부에 아예 등록하지 않은 간호사도 많다는 것이었다. 앞에서 말한 21개의 일류 종합병원에 취직하려면 간호전문학교나 간호대학을 졸업한 후 어려운 시험을 거쳐야 하며 기혼자는 아예 시험에 응시도 못 했다. 한국 간호사는 다양한 학력을 갖고 있었다. 1968년 2월 서울시 내 간호사 실태 조사에 의하면 총 2,681명 중 간호대학 출신 19%, 간호학교 출신 60%, 간호고등학교 출신 10%, 그리고 나머지 검정 및 기타 출신이었다.

1차 파독인 1965년부터 1968년까지 3년 동안 민간 차원에서 행해졌던 중개를 통해 많은 수의 간호 인력이 독일로 갔다. 1차 간호사 파독(1966년 1월 31일 독일 도착) 과정에서 이수길 박사는 친면이 있는 6대 국회의원 이만섭 의원(전 국회의장)과 김효칠 의원을 만나 자신의 귀국 목적을 설명하고 보사부장관과의 면담을 부탁했고, 결국 보건복지부 오원선 장관과의 면담이 성사되어 보사부에서 파독 간호사 선발 세부 사항과 절차가 결정되었다. 전 언론기관에서 이수길의 주선으로 한국 간호사들이 서독 병원에 취업하게 되고 월급은 독일 간호사와 똑같으며 계약 기간은 3년이며 본인이 원하면 연장할 수 있다는 보도가 매일 나갔다. 128명 모집에 593명이 응시하여 5대 1의 비율로 치열한 경쟁을 벌이게 되었다. 선발은 9명으로 구성된 전형 위원이 임상문답과 면접으로 나누어 실시하였는데 많은 간호사들이 간호협회 회비를 그때까지 지불하지 않은 이유로 동 협회 위원장의 추천을 받지 못해 실격하는 사태도 발생했다. 선발 기준은 다음과 같았다.

① 고등학교를 졸업한 후 간호전문학교나 전문대학을 졸업한 자
② 종합병원에 근무한 경험이 있는 자
③ 30세 미만으로 미혼자
④ 용모가 단정한 자
⑤ 현대 시설을 갖춘 종합병원에서 근무한 자

당시 한국에서 여권은 극소수층만이 받을 수 있는 전용물로서 여권 수속

〈표 9〉 **근무계약서**

△△△ 병원과 간호원 □□□(생년월일 ○○. ○○. ○○○○)는 다음과 같은 계약을 맺는다.

1. 간호원은 3년간 고용주에게 근무할 의무가 있다. 근무계약은 196x년 x월 x일부터 196x년 x월 x일까지 효력을 발생한다. 계약 기간 이후 간호원이 계속 근무하기를 원하면 독일 관청의 허가를 받아 1년씩 연장할 수 있다.

2. 간호원은 맡은 의무를 성공적으로 달성하기 위해 독일어를 배우는 데 노력해야 한다. 고용주는 독일어 강습에 있어서 협조를 한다.

3. 고용자의 대우는 독일연방 고용인 대우 규정(1961년 2월 23일부)에 따르며 앞으로의 봉급 인상 그리고 특별수당도 위의 규정에 따른다. 최초의 6개월은 시험 기간으로 봉급 인상이 해당되지 않는다. 간호원은 맡은 바 의무를 이행함에 있어 독일의 사무규정 및 근무 규정을 이해하여 임무를 수행해야 한다. 기타 자세한 세칙은 일반적인 독일의 노동, 사회보험법에 따른다.

4. 간호원의 월급은 별표와 같다.

〈미혼자의 봉급〉

근무 연수	월급 액수
1–2	627마르크(157$)
3–4	648마르크(162$)
5–6	669마르크(167$)
7–8	690마르크(172$)
9–10	711마르크(178$)
11–12	732마르크(183$)

*기혼자는 본봉에 53마르크가 가산됨.

5. 숙박에 대해서는 독일 고용자 계약에 따라 그 숙박료를 월급에서 제한다. 간호원은 계약이 해제됨과 동시에 살던 방을 곧 비워 주어야 할 의무가 있다.

6. 고용주는 간호원의 항공료(서울–프랑크푸르트 왕복)를 부담할 의무가 있다.

7. 간호원은 수송비를 고용주 측에서 부담함에 있어 고용인의 보험비와 부수 보조비를 이용하였다는 것을 이해하고 그의 처리를 고용주 측에 일임한다는 것을 승인하여야 한다. 간호원들이 받는 순 수입은 항공료를 삭제하지 않음으로 독일 간호원과 같다.

8. 이 계약은 독일 민법 제626조에 의거해 쌍방 간에 언제든지 해약될 수 있다. 이런 경우에는 쌍방 간에 미해결된 비용을 계산하여야 한다.

9. 이 계약의 변화나 보증은 문장으로 수정한다. 구두나 언약은 효력을 상실한다.

10. 계약서는 한국어, 독일어 2장을 만든다. 간호원은 한국어로 된 계약서를 갖게 된다. 불확실한 점에 있어서는 독일어로 된 계약서를 따른다.

프랑크푸르트 ○○○○년 ○○월 ○○일

고용주 서명 ___________ 간호원 서명 ___________

출처: 양희순(2008, 228).

도 까다로워 보통 6–8개월이 소요되었으며 4개 부처에서 총 24개의 도장이 찍혀야 여권이 나왔다. 최초로 한국 간호사 128명이 독일에 파견되었고 이때의 근무계약서는 〈표 9〉와 같다.

2차 간호사 파독(1966년 4월 28일 독일 도착)부터는 해외개발공사에서 전담하였고 1966년 1월 29일에 한국 해외개발공사와 이수길 사이에 〈표 10〉과 같은 간호사 서독 취업 알선 계약서가 체결됐다. 대한민국의 간호사를 서독에 취업 알선함에 있어 현지 병원의 이수길(〈표 10〉에서 '갑')과 취업 대상자 선발 기관인 한국 해외개발공사(〈표 10〉에서 '을') 간에 다음과 같은 조항의 계약을 체결했다.

이러한 과정을 거쳐 한국 간호 요원들은 1966년부터 1976년까지 1만 32명이 서독에 취업하였으며 독일 통계청에 따르면 이들 가운데 1976년에 현역으로 근무한 간호 요원은 4,829명이었다. 독일에 밀어닥친 1974–1975년 석유파동 이후, 1978년 5월 바이에른 주는 한국 간호사들의 계약을 연장하

〈표 10〉 **계약서(1966. 1. 29.)**

제1조 갑은 서독 노동청의 허가 조건에 의해 서독 프랑크푸르트시의 각 병원에 을이 선발한 대한민국의 간호사를 취업시키는 책임을 가진다.

제2조 을은 갑이 요청하는 인원의 해당자를 선발하여 출국일까지 모든 수속을 담당한다.

제3조 갑은 다음 조건에 의해 간호사를 취업시킨다.
1. 왕복 여비를 초청자 부담으로 한다.(서울—프랑크푸르트)
2. 대우는 독일연방공화국 고용인 대우규정(1961. 2. 23.)에 따른다.
3. 고용 기간은 3년으로 한다.

제4조 을은 공히 간호사로부터 취업 알선조의 어떤 명목의 비용도 징수할 수 없다. 단, 선발 수험료는 차항에 부제한다.

제5조 간호사 선발에 소요되는 비용은 을이 부담하고(간호사 개개인이 출국 수속 및 독어 교육에 필요로 하는 비용은 수익자 부담) 부대 수입이 있을 시는 을의 소득으로 한다.

제6조 갑은 차 사업의 중대성을 명심하여 모든 면에 노력하되 만일 위약을 할 시는 대한민국 국법에 의해 손해배상을 지불하여야 한다.

제7조 차 사업의 원활한 완수를 위해 이견이 있을 시는 갑, 을이 합의하여 이를 결정한다.

제8조 갑, 을은 후일을 위해 차 계약서를 2부 작성하여 1부씩 보관한다.

제9조 약속된 기간에 요청한 인원을 보내지 못할 경우는 갑은 을에게 손해배상을 청구할 수 있다.

1966. 1. 29.

갑: 서독 마인츠대학병원 이수길

을: 한국 해외개발공사 대표이사 정희섭

지 않고 귀국을 종용했다(양희순 2008, 216-249).

1969년 파독 간호사로 오게 된 강금자 씨[8]는 파독 선택 이유와 파독 전의 기본 교육에 대해 다음과 같이 답했다. "(당시) 목포여고를 마친 후 서울간호대학(당시 3년)에 다녔다. 그리고 간호사 시험을 보고 나서 파독 간호사 광고를 보고 지원했다. 서울간호대학에서 3년간의 교육 기간 동안에 간호사로서의 업무에 대해 모두 배웠다. 독일 오기 전에 1년간 한국의 병원에서 근무했는데, 마포 아동시립병원에서 근무했고, 다시 목포로 내려가서 적십자병원에서 근무했다. 독일 가는 수속을 해 놓고 두 달간 목포에 가서 일하고 왔다. 딸이 넷이었고 홀로 어머니가 키웠기 때문에 학비가 많이 들었다. 나는 첫째 딸이었고, 어머니가 빚을 내서 생활하고 학비를 내는 것에 마음이 몹시 아파서 자원해서 가게 되었다. 가서 돈을 벌어 빨리 어머니의 빚을 가려주고자 했다. 빚만 갚으면 돌아오려고 했고, 둘째 동생도 그런 이유로 독일행에 지원했다. 1969년에 독일에 왔고, 제일 처음에 자브뤼켄Saarbrücken에 도착했다."고 선택 이유를 소상히 들었다. 이미 간호사로 일하고 있었기에 선발 시험에 대해서는 "질문은 면허증(국가고시-간호사) 있느냐, 외국은 뭐하러 가느냐, 영어를 할 줄 아느냐 였고, 솔직히 영어 못한다고 했다. 그랬더니 솔직해서 좋다고 바로 '합격!'을 외쳤다."고 했다.

인터뷰를 통해서 강 씨는 당시 간호대학을 졸업하고 근무를 하던 중 독일의 간호사 모집 광고를 보고 지원했음을 알 수 있다. 그러나 이미 간호사로 학력과 경험을 구비하고 있었기에 별 교육은 받지 않은 것으로 보인다.

사실 독일 간호사협회Deutsche Schwestergemeinschaft e.v.는 한국의 간호 훈련생을 모집하기 위해 사전 조사를 실시했었다. 1967년 5월 14일부터 1967년 6

8 설문자: 유진영, 일시: 2013년 8월 12일 월요일, 이름: 강금자, 출생연도: 1947년, 거주지: 독일 하노버.

월 12일까지 일본, 한국, 대만, 필리핀, 홍콩을 돌면서 간호사 교육을 조사하고 아그네스 칼 협회의 루트 엘스터 간호부장Oberin Ruth Elster, Präsidentin des Agnes Karll-Verbandes이 이에 대한 기록을 남겼다. 한국을 방문한 시기는 1967년 5월 20–24일이며 이때 독일대사관을 방문하고, 한국 보건부Gesundheitsministerium, 한국 간호사협회koreanischer Schwesterverband와 대화를 나누면서 한국의 간호 실정에 대해 조사하였다.[9] 또한 서독 간호사협회가 한국 간호사협회를 만나서 1967년 5월 23일에는 서울대학교, 이화여자대학교, 국립 의학센터National Medical Center를 방문했다.[10] 그래서 서울대학교의 간호학교의 교과과정과 간호보조학교의 커리큘럼을 조사하기도 했다.[11]

1970년 6월 25일에 독일 간호사협회die Deutschen Krankenhausgesellschaft: DKG와 한국 해외발전단체Korea Overseas Development Corporation: KODCO 사이에 계약이 체결되었고 곧 1970년 8월 6일에 한국 정부 장관심의회로부터 승인되었다. 이 체결에 따라 1971년부터 1974년 사이에 최소한 2,200명의 시험에 검증된 간호사들과 9,800명의 간호보조원들이 서독으로 가게 되었다(Choe and Daheim 1987, 9–11; Shim 1974, 1–9).

해외개발공사를 통해 해외에 진출한 간호조무사 현황을 보면 지난 1966년 이래 서독 4,051명, 스위스 33명, 오스트리아 60명 등이다. 간호조무사 약 4천여 명 중 2천여 명이 정예 기술자로 체류하게 되었으며 간호사와도 신분상의 구별 없이 거의 동등한 대우를 받았다고 한다(대한간호조무사협회

9 독일 코블렌츠 연방문서보존소(BA–Koblenz), Bd. 1320, Beschäftigung ausländischer Arbeiter in Deutschland, 외국인 노동자들의 독일 고용, 80–103. 국사편찬위원회 소장.

10 독일 코블렌츠 연방문서보존소(BA–Koblenz), Bd. 1320, Beschäftigung ausländischer Arbeiter in Deutschland, 외국인 노동자들의 독일 고용, 105. 국사편찬위원회 소장.

11 독일 코블렌츠 연방문서보존소(BA–Koblenz), Bd. 1320, Beschäftigung ausländischer Arbeiter in Deutschland, 외국인 노동자들의 독일 고용, 111–113. 국사편찬위원회 소장.

2010, 88).

1971년에는 독일 병원협회Deutsche Krankengesellschaft가 한국 해외개발공사와 독일 병원에서 한국 간호 인력에 대한 프로그램Korea-programm[12]을 체결했고, 협상은 2월 중순으로 결론 내었다.[13]

이수자의 진술에 따르면 "1965년 이후 공식적 협의에 의해 파견된 간호사들은 일반적으로 독일로 떠나기 전에 한국 해외개발공사에서 한 달가량 기초 독일어 교육을 받고 독일에 도착해서는 근무하는 병원에 따라서 독일어를 배울 기회를 가지거나 또는 병원의 배려 없이 아예 개인적으로 공부해야만 하는 두 가지 경우에 놓였다. 병원에서 주선하거나 허용하는 경우 근무시간 외에 6주에서 3개월 정도씩 독일어 어학 기관을 방문하였다. 대부분의 경우 독일 도착 하루 이틀 후부터 즉시 병원에 투입되었다. 당연히 언어 소통의 어려움이 있었고 이와 연관되어 언어 습득이 어느 정도 이루어질 때까지는 이들이 투입되는 근무의 종류도 한국에서 담당하던 간호사 근무와는 거리가 있어서 청소나 오물 수거 등 거의 허드렛일에 가까운 것이었다."(이수자 2006, 205)고 했다.

이런 과정을 거쳐 독일 병원에 취업한 간호사들의 대우와 처우를 보면 한국 간호사들이 받는 보수는 독일 고용인법에 의거해 독일 간호사와 동등하게 근무 경력에 따라 받으며 초봉은 632마르크에서 시작하고 결혼 수당과 자녀 수당이 추가되었다. 한국 간호사들은 독일 간호사와 똑같이 병실에 보호자가

---

12 독일 코블렌츠 연방문서보존소(BA–Koblenz), Bestand 85, Bd. 1510, Beschäftigung koreanischer Krankenschwestern(1970–1971), Betr: Durchführung des Korea–Programms zur Anweisung von Pflegekräften für Krankenhäuser in der BRD, 95–98. 국사편찬위원회 소장.

13 독일 코블렌츠 연방문서보존소(BA–Koblenz), Bestand 85, Bd. 1511(2), Beschäftigung koreanischer Krankenschwester(2), 남한 간호사들의 고용(2) 101. 국사편찬위원회 소장.

없으므로 환자의 식사, 침상 정리, 목욕, 투약, 기타 환자의 시중을 들고 약국이나 실험실에 가기도 했다. 그러나 이러한 대우와 처우는 모든 한국 간호사들에게 일률적으로 같게 나타난 것이 아니라 각기 속한 소속 병원 및 기관에 따라 차이가 났다.

한국 간호사들이 독일 병원에 투입되어 일을 하게 될 때 한국에서와는 다른 체계의 간호사 시스템과 간호 교육 부문에서 '과자격화'의 문제가 지적되어 나왔다. 한국에서 간호의 직업교육은 간호 관련 대학과 전문대학에서의 교과과정을 통해서 전문적으로 이루어지고 있었다. 그러나 당시 독일 간호사는 초등학교와 중학교 등을 졸업하고 1-2년 직업학교를 다니거나 병원, 사회사업 기관에서 일한 후 간호학교에 입학하여 3년간 교육을 받고 나면 간호사가 되었다.

Ⅲ. 당시 독일에서의 광부 직업교육과 간호 직업교육

광부

독일에서 광부가 되는 교육은 광산학교Bergschule에서 실시되는데, 이곳에서는 갱부Hauer, 갱부장Steiger과 같은 광산 기술자를 양성한다. 산업화 시작 때부터 독일에서는 이미 광산 작업 상급 지도자가 여러 광산학교에서 양성되었고 학교에서는 폭넓은 기술적 기초 지식을 제공하였다.

1920년대 이후부터 갱부 훈련은 광산 노조의 요구에 따라 법적으로 정해졌다. 그 후 이 직업은 전문적인 지식이 요구되었기 때문에 광산에서는 점차 수공업자, 처음에는 금속공Schlosser, 이후에 전기공Elektriker이 필요하게 되었다. 훈련이 끝나고 시험을 합격하고 나면 숙련공Facharbeiter으로서 계속해서 실제적인 경험을 함으로써 이어지는 갱부시험Hauerprüfung을 치르게 된다. 이 시험은 이론 시험과 실습 시험으로 이루어져 있다.

갱부시험은 연령상 빠르면 20세가 되어야 치를 수 있다. 광산도제Scheidejunge의 광부시험Knappenprüfung과 갱부시험 사이에는 최소한 2년의 직업 실습이 있다. 갱부시험을 합격하고 나면 시험으로부터 해방된다. 그 후 얼마나 열심히 능숙한 솜씨로 일하느냐에 따라 갱부는 감독관Hutmann 또는 갱부장으로 승진될 수 있다. 심지어 작업조 갱부장Schichtmeister 또는 광산 감독관Bergmeister이 될 수도 있다. 갱부가 감독관Meisterhauer이 되면 광산의 후계자들을 기술적으로 훈련시킨다. 이러한 과제를 위해 감독관은 광산 내부의 시험을 졸업하는 준비 과정에서 특별한 교육을 받는다. 그리고 그는 광산청에 등록된다. 특히 경험이 많은 갱부는 10년 이상 지하에서 일하고, 최소 35세 이상이 되면 수갱부장首坑夫長, Fahrsteiger이 되기에 적합하다. 이 지위를 얻기 위해서는 수갱부장 코스에 참가해서 증명을 획득해야 한다.

1963년에 서독에서는 광산업을 위한 국가 엔지니어학교가 설립되었다. 광산학교에서의 훈련은 규정상 3년이 걸렸고, 광산에서의 실제 노동과 연관되었다.[14] 갱부장이 되려면 광산전문학교Bergfachschule, Technikerschule나 광산학교를 졸업하거나, 또는 전문대학교 수업을 이수하거나 광산청에 감독관으로서

---

14 http://de.wikipedia.org/wiki/Bergschule; Bischoff and Bramann(1988); Reuther(1982); Kaden(2012).

채용되어야 한다. 갱부장은 8시간에서 최대 10시간 근무한다.

오늘날 광산에서 서열의 가장 아래에는 (교대)작업조 갱부장이 위치하며 그는 한 광구에서 영업(교대)작업조를 이끈다. 이러한 3–8명의 작업조 갱부장은 상위 서열인 광구 갱부장Reviersteiger 아래에 위치한다. 광구 갱부장 위로 수갱부장이 있다. 수갱부장은 수송대Fahrabteilung를 책임지며, 그 아래로 1–3개의 광구/광산지역Reviere이 속한다. 다시 서열로 본다면 수갱부장에게 1–3명의 광구 갱부장이 속하며 3–24명의 작업조 갱부장이 속한다. 수갱부장 위로 상위 갱부장Obersteiger이 있으며 한 명의 상위 갱부장에게 1–3명의 수갱부장이 속한다.

이로써 상위 갱부장은 광산의 크기에 따라서 9명의 광구 갱부장, 72명까지의 작업조 갱부장을 책임진다. 광산에는 보통, 크기에 따라 다르지만 5명 이상의 상위 갱부장이 일하고 있다.[15]

간호 인력

역사적으로 독일에서 간호 훈련은 중앙집권적이지 않고 분산되어 있으며 개별 병원에 의해 이루어진다. 훈련 감독은 각 관할 건강(보건) 기관이 맡고 있는데 공공 병원 및 적십자, 공적 및 사적 기관에서 맡고 있다. 이러한 기관은 훈련에 지대한 영향을 미치고 기본 간호에 있어서 훈련 원칙을 제시한다. 이는 교육 범위, 규정, 법규, 감독 등에 걸쳐 정확하게 진행된다.

그래서 간호 훈련은 다른 훈련 분야와 달리 병원의 노동조직하에 위치한다. 간호법Krankenpflegegesetz에 따라 훈련 기관은 '학교Schule'라고 명명된다. 그러

15 http://de.wikipedia.org/wiki/Steiger_(Bergbau)

나 이 학교는 이제까지의 이해에 따른 학교가 아니다. 즉 학교법에 따른 학교가 아닌 것이다. 그 기준은 1964년 연방사회법원의 판결에서 정해졌고 그래서 간호학교는 교육기관 아래에 놓이지 않고, 보건청, 즉 공공 병원에 책임이 있다. 이것은 한국에서의 간호 교육과 많은 차이를 보이는 점이다.

독일의 간호 훈련은 병원 및 요양원에서 환자의 '기본 간호'에 봉사하는 '실제적인 훈련'에 기반을 두고 있다. 기본 간호는 치료 간호가 아닌 청결 업무와 그 밖의 가정적인 일들, 입원실, 활동실, 간호 업무를 위해서 소통하는 영역에서 일반적인 위생을 유지하고 청소하는 일들을 의미하고 있다. 또한 독일간호법(Der §7 Abs. 2 des Krankenpflegegesetzes)에 따르면 의사 혹은 간호부장Oberin이 훈련에 책임을 지고 있다. 그러나 수업 간호사가 간호 교육을 시킨다 해도 사실상 수업 간호사가 교육학적인 교육을 받았다고 볼 수 없다. 이러한 간호 교육의 전문성과 관련하여 교육의 자격 수준은 다른 직업과 비교하여 볼 때 매우 낮은 편으로 보인다. 이 같은 병원에서의 훈련은 학교 체계 내에 포함되지 않고 있다.

독일에서 간호 교육(훈련) 기간은 통상 3년의 과정이 걸린다. 그러나 실습 활동의 기간은 법적으로 정해져 있지 않다. 원칙상 '실습 활동'은 32개월의 졸업 시험 전에 실시되어야 한다. 이론 훈련 기간은 3년의 활동 시간에서 1,200 시간을 차지한다. 사실상 간호학교의 수업 시간 수는 교육과정별로 차이가 난다.

〈표 11〉은 실제적인 3년간의 훈련 기간에서 학습 간호사들의 교육 계획을 보여 준다. 표에서 보듯이 일반 의학 분야에서의 교육 기간으로 8개월을 비롯해 외과, 산부인과 등의 교육을 두루 거치면 32개월의 과정이 소요된다. 이러한 독일에서의 간호 교육을 위한 전제 조건은 간호법에 따라 다음과 같이 나타난다. 우선 연령이 17세 이상이어야 하고, 학력은 레알슐레 혹

〈표 11〉 독일에서 간호사들의 실제 훈련에서 배열

과목	기간
의학적 분야(Medizinische Abteilung)	8개월
외과적 분야(Chirugische Abteilung)	6개월
산부인과적 분야(Gynäkologische Abteilung)	2개월
수술실, 응급실(Operationssaal, Ambulanz)	3개월
주별 분야 및 신생아 분야(제왕절개 포함)(Wochen-, Neugeborenen-Abteilung, einschließlich Kreißsaal)	3개월
유아실과 예방실(Kinderabteilung und Infektionsabteilung)	3개월
이비인후과, 안과, 피부과 등의 계속 분야(Weitere Fachabteilungen, z. B. Hals-Nasen- Ohren, Augen-, Hautabteilungen)	4개월
전체(3개월의 휴가와 오순절과 부활절 등 휴가 포함)	32개월

은 그 이상의 학교 졸업, 또는 초등학교 졸업이나 동등한 학교교육과 3년간의 간호예비학교를 졸업하면 가능하였다. 초등학교와 중등학교를 포함해 9년간 교육받은 경우에 간호예비학교를 2년간 다녔다면 가능하였고 간호보조원으로 3년간 일하였다면 이 또한 가능하였다. 졸업 시험은 중앙 지점에서 확정되지 않고 병원의 각 훈련 지점에서 이루어지는데 시험 규정은 간호법(Krankenpflegegesetz §4, Prüfungsvorschriften)에 따라 규정된다(Yoo 1975, 102-109).

Ⅳ. 두 국가 간 직업교육 차이와 업무

광부로서 직업 인정과 업무

서독으로 파견된 광부들이 어떤 사전 교육을 받았는지는 앞에서 설명했다. 1963년 12월 19일자에 나타난 1963년 12월 21일 서독으로 보낼 한국 광부들에 대한 초안을 보면[16] 독일 도착 후 한국 광부들에 관한 프로그램이 소개되어 있다. 이 프로그램에는 광부 선발과 기생충 방지에 대한 의사 조사, 노동계약서 등에 관해 언급되어 있다. 그리고 프로그램 11조[Artikel 11]에 언어 수업에 대해 언급되는데 사전 독일어 교육과 실습에 대해서 설명하고 있다. 독일로 떠나기 전의 사전 교육과 함께 독일 도착 후 최대 6주간 언어교육을 받기 위해 지상 교육을 받을 것이 언급되어 있다. 직업교육에 관해서는 13조[Artikel 13]에 언급되어 있으며 2년간 광산에서 훈련받고 나서 관심이 있는 한국인 광부는 노동시간 외에 추가 비용 없이 금속 관련 지식과 숙련을 배울 수 있다고 언급되어 있다.[17]

---

16 독일 코블렌츠 연방문서보존소(BA-Koblenz), Bestand 85, Band 1404, Beschäftigung koreanischer Bergarbeiter im westdeutschen Steinkohlenbergbau(1963. 11. 16-1964. 11. 27) 서부 독일 탄광에서의 한국인 광산 노동자들의 고용문제에 관한 서류, 19-21, 33-39. 국사편찬위원회 소장.

17 독일 코블렌츠 연방문서보존소(BA-Koblenz), Bestand 85, Band 1510, Beschäftigung koreanischer Bergarbeiter(1970. 2. 17-1970. 6. 9) 한국인 광산노동자들의 고용문제, 5-14. 국사편찬위원회 소장; 독일 연방문서보존소, Bestand 85, Band 1404, Beschäftigung koreanischer Bergarbeiter im westdeutschen Steinkohlenbergbau(1963. 11. 16-1964. 11. 27) 서부 독일 탄광에서의 한국인 광산 노동자들의 고용문제에 관한 서류, 33-39. 국사편찬위원회 소장.

이러한 독일 측의 제안Programm에 대해서 1964년 7월 23일 독일주재 본 한국대사인 최덕신Choi Duk-shin은 독일의 정부부서 국장Ministerialdirektor인 쾨퍼비츠Dr. Köfferbitz에게 매우 감사하며, 이 프로그램이 양 국가의 이해를 도모하는 데 큰 기여를 하리라고, 또 한국의 경제적 재건에 독일에서 훈련받은 광부들이 돌아오면 큰 역할을 하리라고 응답했다.[18]

파독 광부가 일했던 주요 광산들과 광산별 분포 현황을 보면 〈표 12〉와 같다. 이러한 광산에서의 근무조건은 (1964년경) 근무시간이 주 5일 40시간으로 되어 있고, 임금은 지상 근무일 경우 1일 약 20.20마르크(약 1,290원)이며, 지하 근무의 경우 1일 약 30–39마르크(약 1,920–2,500원)였다. 숙식은 광산에서 제공하는 기숙사에서 2–4명이 함께 거주(비용 본인 부담)하며 해결했다. 그러나 사실상 한국인 광부들은 채탄 작업에 적합하지 않은 체력을 갖고 있었으며 이들이 20킬로그램이 넘는 착암기를 들고 경사진 막장에서 하루 3교대로 직접 채탄 작업을 하는 것은 무척 힘든 일이었다(재독한인글뤽아우프회 2009, 75).

한국인 광부들은 독일의 지하 갱에 들어가기 위해 여러 단계의 교육을 받아야 했다. 국내에서의 이론, 현장 교육뿐만 아니라 서독 현지에서도 이론과 현장 교육을 거듭 받았다. 먼저 독일 현지에서는 모두 같은 것은 아니지만, 보통 6주간의 교육을 받았다. 이는 한국 광부가 독일어를 충분히 사용하기 전까지 서독 도착 후 통상 6주일의 작업을 해야 한다고 규정한, 한국 정부와 독일연방 석탄산업청 사이에 체결된 1963년 12월 6일 '서독 파견 한국 광부

---

18 독일 코블렌츠 연방문서보존소(BA–Koblenz), Bestand 85, Band 1404, Beschäftigung koreanischer Bergarbeiter im westdeutschen Steinkohlenbergbau(1963. 11. 16–1964. 11. 27) 서부 독일 탄광에서의 한국인 광산 노동자들의 고용문제에 관한 서류, 51–52. 국사편찬위원회 소장.

〈표 12〉 파독 한인 광부가 일했던 주요 광산과 광산별 분포 현황

<table>
<tr><td rowspan="3">파독
한인 광부
고용주별
·
지역별
분포 현황</td><td>루르 탄광
주식회사
소속</td><td>West Deutschsteinkohlen–Ruhrbergbau AG
(본사 Hauptverwaltung Stadt Essen에센)
1) Ruhr–Bergwerkbetriebe Lohberg/Dinslaken딘스라켄
2) Ruhr–Bergwerkbetriebe Walsum/Duisburg–Walsum뒤스부르크-발숨
3) Ruhr–Bergwerkbetriebe Friedrich Heinrich/Kamp–Lintfort캄프-린트포트
4) Ruhr–Bergwerkbetriebe Ostfeld/Oberhausen–Sterkrade오버하우젠 슈테르크라데
5) Ruhr–Bergwerkbetriebe Constantien/Gelsenkirchen–Wanne–Eickel겔젠키르헨-반네-아이켈
6) Ruhr–Bergwerkbetriebe Ickan/Castrop–Rauxel카스트롭 라욱셀
7) Ruhr–Bergwerkbetriebe Ewald/Recklinghausen–Herten레클링엔하우젠 헤르텐</td></tr>
<tr><td>룩셈부르크
왕궁 재단
에쉬봐일러
탄광 주식회사
소속</td><td>Eschweiler–Bergwerks–Verein (E.B.V) AG
(본사 Kohlscheid–Herzogenrat/Aachen아헨)
1) E.V.E–Bergwerksbetriebe Emil–Mayrisch/Aldenhoven–Siersdorf–Alsdorf/Aachen아헨
2) E.V.E–Bergwerksbetriebe Gulay. Wrseln bei Aachen아헨
3) E.V.E–Bergwerksbetriebe F.–Heinrich/Altendorf–Alten Essen알렌도르프-알텐 에센
4) E.V.E–Bergwerksbetriebe Bochum Lothringen, Erin, Herbede/Bochum보쿰, Herbede헤르베데, C.–R.
5) E.V.E–Bergwerksbetriebe Westfalen/Ahlen–Westfalen알렌-베스트팔렌</td></tr>
<tr><td>남부 독일 및
탄광 지하
부설(승강기,
운송 시설)
회사 소속</td><td>West Deutscher Steinkohlen u.–Braunkohlen Saarbrucken und Passau AG
International Hoch und Tiefbaubetriebe Heitkamp AG, Wanne–Eickel–Herne</td></tr>
<tr><td>단위
광산별
소개</td><td colspan="2">Ahlen Bergwerk Westfalen(EBV/RAB)알렌 베스트팔렌
Bottrop Bergwerk Franz Haniel(RAG)보트롭 프란츠 하니엘
Castrop–Rauxel Bergwerk Victor–Ickern(RAG)카스트롭-라욱셀
Castrop–Rauxel Bergwerk Erin(EBV) Siersdorf EmilMayrisch(EBV)카스트롭-라욱셀</td></tr>
</table>

단위 광산별 소개	Dinslaken–Lohberg Bergwerk Lohberg(RAG)딘스라켄 Dortmund–Derne Bergwerk Gneisenau(RAG)도르트문트 Duisburg–Hamborn Bergwerk Friedrich–Thyssen(RAG)뒤스부르크-함본 Duisburg–Walsum Bergwerk Walsum(RAG)뒤스부르크-발숨 Gelsenkirchen–Schalke겔센키르헨-샬케 Gelsenkirchen Bergwerk Graf–Bismarck겔센키르헨-비스마르크 Herne Wanne– Bergwerk Pluto(RAG)헤르네 반네-플루토 Kamp–Lintfort Bergwerk Friedrich–Heinrich(RAG)캄프-린트포트 Oberhausen–Sterkrade Bergwerk Sterkrade오버하우젠-스테어크라데 Oberhausen–Sterkrade Bergwerk Osterfeld(RAG)오버하우젠-오스터펠드 Bergwerk Recklinghausen(RAG)레클링하우젠

임시 고용 계획'에 따른 조치다. 주로 3주간의 지상 교육과 3주간의 지하 교육으로 구성되는 게 보통이었다. 또 이 기간 중에 의사소통을 위해서 광산 회사에서 제공하는 무료 어학 강습에도 참석했다. 지상 교육은 식기와 기숙사를 배정받은 뒤, 보통 월요일부터 광산 본사에서 수업이 시작됐다.

당시 광부로 갔던 이들의 회고록에 따르면, 정각 오전 6시에 시작되어 보통 오후 2시 30분쯤 끝났고 중간에 30분 정도 휴식 시간이 있어 점심을 먹었다고 한다. 실용 독일어 위주의 언어교육과 함께 지하에서 쓰이는 연장 용어와 기능 등을 배우고 익혔다. 또 보편적인 신호법과 안전 규칙, 기본적인 기계조작법, 광산 노동의 기본인 석탄을 캐는 방법과 동발(스템펠)을 세우는 요령 등도 익혔다. 초기 한국인 광부들은 대부분 수업에 열중했던 것으로 보인다.

1차 1진 한국인 광부 모두 1964년 2월 7일 치러진 지하 작업을 위한 학과 시험에서 합격할 정도였다고 했다. 1964년 2월 21일자 조선일보의 6면 '라인 강변에서 온 봄 소식'을 보면 1963년 12월 두 차례에 걸쳐 서독 뒤셀도르프에 도착, 아헨 카스트롭라욱셀 함본 겔센키르헨 등 루르 탄광 지대에서 기초 교육과 지상 실습을 해 오던 한국 광부 250명은 지난 7일 시행된 지하 작업을 위한 여러 학과 시험에서 한 사람의 낙오자도 없이 전원 합격했으며 애당초 급변한 기후와 맞지 않는 식성 때문에 받은 고통에서 벗어나 잘 적응해 간다고 현지 광부 오학봉 씨 등 3명이 노동청장 앞으로 전해왔다고 한다.

또한 사상계에 실린 김한용의 평가를 보면 다음과 같다. "지하 교육도 시간 운영 등에서 지상 교육과 비슷했다. 작업 종류와 연장 종류에 따라 소그룹별 실습이 이뤄지기도 했지만, 뿔뿔이 흩어져 현장에서 보조 작업을 하며 실질적인 일을 배우기도 했다. 지하 실습은 주로 석탄 캐는 막장에서 보조를 하면서 작업의 기본을 배웠다. 파독 광산 노동자들에 따르면, 독일 현지 교육은 대단히 실용적이고 실증적이다. 언어교육은 지하 현장과 밀접하도록 꾸몄고, 연장 용어와 기능 교육도 실물을 배치하는 등의 조치가 그것이다. 이곳의 교육 방법은 몹시도 실제적이라는 것을 느꼈다. 교육이란 것이 교육을 위한 교육이 되어서도 안 될 것이며, 시험을 치기 위한 교육도 가치 있는 것은 못 된다고 생각된다. 이 사람들 교육은 물론 외국인을 위한 교육이겠지만, 차트 하나라도 섬세한 주의를 하여 만들어졌다는 것을 볼 수 있고, 내용 역시 간단하면서도 실용적이었다. 그리고 도구나 기계의 명칭을 이해시키는 데도 모든 것이 실제로 배치되어 있기 때문에 이해가 여간 빠르다."(김한용 1964, 203) 한국인 광부들은 이미 한국에서 이와 비슷한 이론과 실습 교육을 받았지만, 서독 현지의 교육 내용과는 너무 달랐다고 입을 모았다. 너무 형식적인 것이었다(재독한인글뤽아우프회 2009, 88–89).

따라서 간호사와 달리 광부의 경우 독일 현지에서 배우는 수준은 한국에 비해 그 수준이 훨씬 더 높았다. 즉 배울 내용이 있었던 것이다. 반면, 간호사의 경우는 한국의 수준이 더 높았다는 점에서 비교해 볼 수 있다.

광산에서는 새로운 작업장에서의 적응이 어려워 사망 사건이 발생하기도 하였다. 독일 광산의 작업 조건은 누구든 항상 긴장된 상태에서 정신을 똑바로 차리지 않으면 좌우, 앞뒤, 위아래 360도 어느 방향에서도 죽음의 사신이 달려들 준비를 하고 있었다. 한국 정부는 광부들을 모집하여 일정 기간 독일어 강좌와 강원도 장성 등지의 탄광에서 몇 주간의 실습을 하게 했지만, 그것은 지극히 형식적이었다. 다른 육체 노동을 해 본 경험이 드물었으며, 곡괭이나 삽조차 잡아 보지 못한 사람들이 많았으니, 형식적인 훈련과 실습에서 그 효과를 기대한다는 것은 어리석은 일이었다. 여러 이유에서 한국 내에서의 실습이나 교육은 진지하게 받아들여지지 않았다고 하는데, 탄광에서 사망 사고가 발생했을 때 광부들 사이에서는 여러 가지 불만과 불안, 자성의 목소리가 불거졌다. 한국에서 사전 준비가 좀 더 철저했어야 한다는 반성이 터져 나왔다고 한다. 현지 사정에 대해 미리 교육만 제대로 받았어도 그런 억울한 사고를 미연에 방지할 수 있었을 것이란 비판이 거세게 일었다.

주독 한국대사관 등에 따르면, 1963년부터 1982년까지 독일 현지에서 광산 노동 중 숨진 광부는 26명에 이른다. 이는 파독 광부 사망자 78명 가운데 가장 높은 비율이다. 또, 교통사고(21명), 질병(17명), 자살(4명), 익사(2명), 사인불명(8명) 등이 그 뒤를 이었다. 즉, 파독 광부들은 지하에서만 죽어간 것이 아니었다. 도로 위에서, 물가에서, 각종 질병 등으로 독일에서 죽었다. 역시 가장 많은 것은 교통사고였다(김태우 2009, 103-141).

당시 파독 후 재교육을 받은 광부의 인터뷰를 보면 다음과 같다. 파독 광부 염수용 씨[19]는 "독일에 도착한 광부들은 광산 현장에 투입되기 전에 몇 단계의 사전 교육을 받았는데, 통상적으로 3주간의 이론과 3주간의 현장 교육, 총 6주간의 교육을 받았다. 이후 채탄부, 굴전부, 잡부 등으로 분류되어 각각의 갱에 배치되어 일을 하였다. 나는 1차 4진으로 1965년에 파독되었다. 당시 90%가 학사 졸업생이었다. 당시 경쟁률 5.6 : 1이었다. 해외개발공사(현

---

19 2013년 5월 파독협회 염수용 부회장과의 인터뷰.

KOICA)에 자료가 있을 것이다. 광부의 선발은 노동부에서 담당, 간호원의 선발은 보사부에서 담당했다. 나는 3년의 계약 끝나고 전문대학교Fach(hoch)schule에서 3년간 훈련받고, 갱부장이 되기 위해 광산학을 두이스부르그Duisburg에서 공부했다. 그리고 후에 기술직technische Angestellte으로 근무했다."고 했다.

김영현 씨[20]는 "독일의 두이스부르그 근처의 캄푸린트 포르트(11진)에서 교육받았다. 와서 재교육을 받았는데, 독일어 배우고, 광산에서 사용하는 언어, 예를 들어 광산처소마다 장소를 알려주고, 도면을 수직으로 잘라서 필요한 언어를 가르쳤다. 3개월가량 지상Übertage에서 일을 했다. 아직 지하Untertage에 들어가기 전이었다. 부서가 나눠지는데 전공부(전기과)로 들어갔다. 마이스터(갱부장/갱부감독) 따라다니면서 시키는 일을 했다. 일이 쉬워서 월급도 적었다. 온지 반년 만에 광산에서 가불을 해 줘서 처음으로 집에 돈을 보냈다. 5,000마르크를 받았는데, 2000마르크를 쓰고 나머지는 집으로 송금했다. 3년 계약을 했는데 신분은 훈련생Auszubildende이었다."라고 기억을 더듬었다. 조형래 씨[21]도 "캄푸린트 포르트(9진)에 도착한 50명의 사람들이 재교육을 받았다. 당시 400명 정도였고 군대보다 규율이 더 엄했다. 독어, 광산 언어(외울 것)를 3개월 정도 배웠다."고 기억했다.

인터뷰를 통해서 당시 파독 광부들은 통상적으로 3주간의 이론과 3주간의 현장 교육, 총 6주간의 교육 혹은 광산별로 3개월까지 광산 언어와 기본 교육을 받은 것으로 보인다. 한국에서의 사전 교육보다 독일에서의 기본 교육이 더 나았다고 평가하는데 이는 훨씬 실무적으로 실시되었기 때문에 그러했을 것이다. 또한 한국의 광부들은 기술 훈련생이었기 때문에 광산의 위계질서에

---

20 설문자: 유진영, 이름: 김영현, 앞의 인터뷰 정보와 동일.

21 설문자: 유진영, 이름: 조형래, 앞의 인터뷰 정보와 동일.

서 서열의 가장 아래에 있는 (교대)작업조 갱부장의 지시에 따르며 작업을 했다. 당시 광부로 근무했던 박철규 씨는 "저로서는 작업감독Steiger만 많이 상대하지 광구 갱부장, 항장Reviersteiger 이상의 관리들은 사실상 만나 보기가 쉽지가 않았다."라고 고백했다.[22]

간호원으로서 직업 인정과 업무

한국인 간호 여성이 독일에 가기 전에 받아야 하는 교육으로 6개월간의 '코리아 프로그램'이라는 사전 교육 프로그램이 있었다. 그러나 이 프로그램은 이론 중심의 교육에, 시행 또한 적절히 이뤄지지 않아 한국 간호 여성들이 독일 문화 및 일터에 적응하는 데 어려움이 많았다. 그렇다면 한국과 독일에서의 간호 직업교육 간에는 어떤 차이가 발생하는지 알아보고, 그러한 교육적 차이는 문화적·역사적 배경하에서 생겨난 것임을 고찰해 보자. 또 이러한 차이로 인해 파독 간호사들이 겪었던 직무 차이에서의 어려움에 대해 알아보도록 하자.

먼저, 한국에서 병원, 요양원, 양로원 내 간호원의 과제는 다음과 같다. 간호원은 의학적이고 치료적인 방침의 지원과 함께 간호, 양호, 병원에서 환자의 건강학적, 정신적 및 심리적인 상태의 치료 간호에서 과제를 갖고 있다. 그리고 병원 행정과 재정에 있어서 행정적인 행위를 하고, 동료를 돌보는 의무를 갖고 있다.

〈그림 1〉은 간호 분야의 행정적인 조직을 보여 준다. 한국에서 간호사는 환자의 일반적인 간호와 건강교육에 책임을 갖고 있고 수 간호사의 부재 시

---

22 설문자: 유진영, 이름: 박철규, 2014년 1월 6일자 인터뷰 편지.

〈그림 1〉 **한국의 간호 행정 조직**

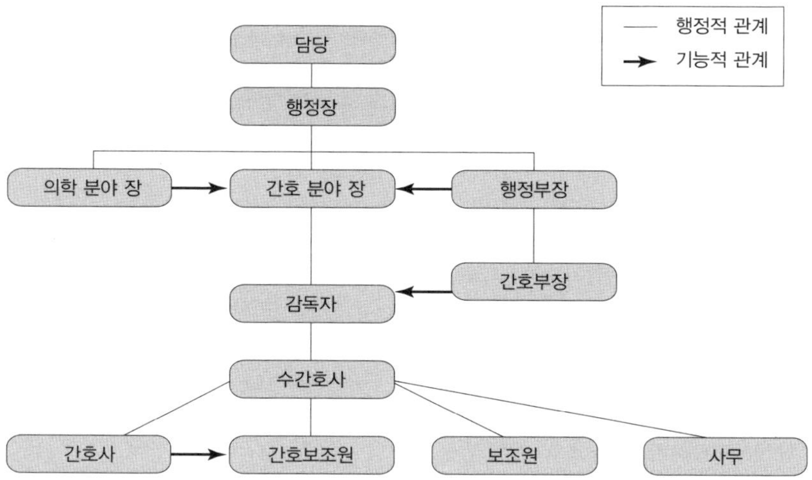

출처: Yoo(1975, 111).

그 과제를 대신한다. 간호보조원은 간호사의 통제하에 간호 도움의 과제를 실행한다. 간호사와 간호보조원의 과제는 노동 범위, 책임, 훈련에서 차이가 난다.

한국의 간호사와 간호조무사의 역할과 자격은 〈표 13〉과 같다. 한국에서 간호사 직업은 높은 전문성을 갖고 있다. 자격은 대학이나 전문대학에서 6학기에서 8학기의 수업을 통해 얻어진다.

다음은 독일에서 간호사의 과제에 대해 알아보겠다. 간호사의 과제는 기본 간호, 치료 간호, 행정, 보살핌, 집안일 등의 활동을 포함한다. 간호 부분의 행정적인 조직은 〈그림 2〉와 같다.

독일에서 간호사의 개별 과제로 병동 간호사Die Stationsschwester는 보살핌 업무와 지도 업무가 있으며 위치는 의사 아래에 놓인다. 그들의 과제로는 행정, 조직, 인사의 지도, 치료 간호 및 기본 간호가 속한다. 병동 간호사 아래 첫

〈표 13〉 **한국에서 간호사와 간호조무사의 차이**

명칭	기능	교육	역할	시험
간호사	전문적인 의학인	대학 전제조건인 고등학교 졸업 후 3-4년간 대학에서 공부	의학인으로서 간호	중앙시험
간호조무사	간호의 조력	중학교 졸업 후 직업학교에서 9개월간 공부	간호 보조	각 지방에서 지방관청장하에 위치

출처: Yoo(1975, 114).

〈그림 2〉 **독일의 간호 행정 조직**

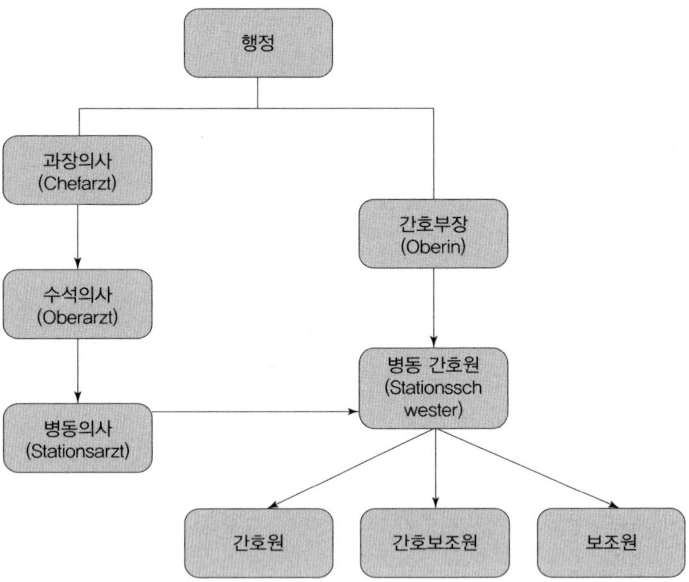

출처: Yoo(1975, 117).

번째와 두 번째 간호사Erste und Zweite Schwester가 위치하며 이들은 치료 및 기본 간호, 간호학생을 지도하고, 그 아래 위치한 일반 간호사Krankenschwester는 기본 간호, 치료 간호를 하며, 간호보조원Krankenpflegehelferin은 기본 간호를 맡는다. 이때 두 가지 형태의 간호가 구분되는데 첫째는 기본 간호Grundpflege로서 여기에는 휴식과 수면 등이 포함되고, 둘째는 치료 간호Behandlungspflege로서 여기에는 일반적인 간호 행위가 들어간다.

그래서 독일과 한국 간호사의 훈련과 과제 범위에서 차이를 보면, 먼저 간호 교육에서 차이는 독일에서는 각 병원의 간호학교에서 간호사가 훈련되는 반면에, 한국에서 간호사의 훈련은 기본적으로 아비투어와 고등교육 훈련을 요구한다는 점을 들 수 있다. 또 독일에서 간호원의 자격은 보충 훈련을 받고 레알슐레를 졸업하거나 또는 하우프트슐레를 졸업하는 것을 전제로 한다. 그리고 독일에서는 간호사 학교가 지역의 병원에 연결되어 있는 반면에, 한국에서 간호사 학교는 병원으로부터 독립적이다. 간호학교가 독일에서는 건강청 및 사회청 산하에 놓여 있는 반면에, 한국에서는 문화 및 정보부 산하에 놓여 있다.

한국에서 간호사 훈련은 학문적이고 전문적으로 방향을 둔 훈련의 틀에 있는 반면, 독일에서는 실제적인 훈련에 방향을 두고 있다. 교육 기간을 보면, 독일에서는 전문학교에서 3년이 걸리는 반면에, 한국에서는 전문대학 또는 대학에서 6-8학기가 걸린다. 4년간의 훈련 기간 동안 전체 이론적인 훈련은 한국에서 2,413시간이 걸리고, 독일에서는 최소한 1,200시간이 든다. 그래서 비교를 해 보면 한국에서는 이론적인 훈련이 첫 훈련 해에 독일에서의 경우보다 5배 더 높고, 두 번째 훈련 해에 3배, 세 번째 훈련 해 역시 독일에서의 훈련보다 3배 더 높다. 한국에서 전체 이론적인 훈련은 독일에서의 훈련보다 4배 더 시간이 든다.

이런 차이는 이론을 배운 후에 병원과 공공 보건청에서 실제적 훈련을 더욱 강화한 한국 간호사들의 고등교육 훈련에 기인한다. 독일에서는 훈련 졸업 후에 간호사들이 곧장 병원으로 투입되는 실제 훈련이 지배하고 있다.

간호사의 과제 범위에 있어서 차이는 다음과 같다. 환자의 기본 간호(일상적 간호)는 한국에서는 간호사가 아니라 대부분 환자의 보호자가 행하는데, 독일에서는 이런 일들을 간호사들이 해야 했다. 환자의 간호는 노동 범위에 따라서 일반적으로 한 간호사, 사립 간호사, 학습 간호사(간호학생), 간호조무사가 속하는 팀워크로 행해진다. 그래서 한국 간호 인력이 독일에서 마주친 일들은 독일의 간호사들 역시 해야 하는 일이었지만 한국에서 흔히 볼 수 있는 일과는 같지 않았다. 그것은 의료적인 처치나 환자 처치에 대한 일정한 권한을 가진 전문직으로서의 일이기보다는 간병 행위에 가까운 것이었다. 병원에 가족이나 간병인이 따로 있지 않고 환자를 돌보는 일이 간호사의 일이었기 때문이다. 즉 우리가 간호라고 부르지만 당시 독일인들이 외국인 간호 여성을 통하여 해결하려고 했던 일은 한국에서 보아 왔던 간호사의 의료적인 일이 아니었다(나혜심 2013, 187).

이런 점에서 간호사의 과제는 기능적으로 차이를 보인다. 한국의 간호사들이 독립적·의학적인 방향의 치료 간호를 한다면, 독일에서 간호사들은 기본 간호로 방향을 잡아서 한국 간호사가 본래 하던 치료 간호는 자리를 잡을 수가 없다. 치료 간호를 위해 독일 간호사들은 훈련되지 않는다. 독일 간호사들은 위계적인 시스템에서 종속규정에 따라 일하고, 한국의 간호사들은 의사와 기능적으로 연결되어 있는 간호 범위의 노동팀에서 일한다.

그래서 종합해 보면 한국 간호 인력의 직업적인 상황은 독일 간호 인력의 것과 시작부터 차이가 난다. 특히 한국 간호사들은 아비투어 이후에 전문대학이나 대학에서 자격을 얻는다. 반면 독일 간호사들은 적은 학교교육 이후

3년간의, 실습에 가까운 훈련을 병원에서 한다. 이에 상응해서 독일 간호사들은 기본 간호에, 한국 간호사들은 환자의 치료 간호에 더욱 방향을 둔다. 그래서 한국 간호 인력은 대부분 그들의 자격을 갖춘 후에 독일의 병원 및 요양기관에서 일하게 되었는데 이런 일들은 그들에게 익숙하지 않았고 부분적으로 매우 힘들었다고 한다. 또 여기에 더 치명적인 요인은 처음부터 부족한 언어 능력이었고 이 때문에 일부러 복잡하지 않은 일을 선호하기도 하였다 (Yoo 1975, 110–128; 나혜심 2013, 276; 이수자 2006, 206–207).

당시 파독 간호사로 갔던 강금자 씨의 인터뷰를 보면 이런 내용이 잘 드러난다. "독일의 간호사들과 비교해서 한국의 간호사 교육의 질이 훨씬 높았고, (한국 간호사들은 아비투어를 하고 대학에 가고, 거기에 비해 독일 간호사들은 아비투어도 안 하고 들어오고) 그것을 독일 의사들이 인정해 주었다. 독일은 3년간 직업학교, 간호학교에서 배우지만, 한국은 아비투어 보고 3–4년간 대학에서 배우고 훨씬 이론적으로 실제적으로 많이 배우기에 지식 자체가 달랐다. 예를 들어 수술에서 의사가 뭐 하나 가져오라 하면 독일 간호사들은 한 가지만 가져오지만 한국 간호사들은 뭐가 필요할지 이것저것 다 챙겨가기 때문에 독일 의사들이 최고라고 칭찬했다. 그러면서 미국식으로 배운 간호 교육을 칭찬했다. 일하는 것도 한국 간호사들은 이해가 빨라, 눈치상으로 빨리 돌아가서 업무가 쉬웠다. 의사들이 한국 사람들은 가난한 곳에서 왔지만 훨씬 일을 잘 한다고 이야기를 해 주니까 독일 동료들이 그렇게 무시하지 못했다. 그러나 독일 말이 달리기 때문에 힘든 점은 있었다."[23]고 했다.

---

23 설문자: 유진영, 이름 : 강금자, 앞의 인터뷰 정보와 동일.

V. 계약 후 광부와 간호원으로서의 삶

광부: 계약 기간 후 전환 교육

『파독광부 백서』를 통해 독일에서의 광부 근무 후 행적이 여러 그룹으로 나뉘었음을 볼 수 있다. 구체적으로는 〈표 14〉에서처럼 대학교수, 광산의 최고 간부, 언론 분야 활동, 사업 등의 전문직 활동 및 종교 분야의 활동 그리고 마지막으로 태권도 보급 활동에 두루 활약하는 것을 볼 수 있다.

그 외에 광부로서의 훈련 기간 후에 다른 직장을 잡아 생활하는 사람들은 〈표 15〉와 같은 장소에서 두루 활동한 것으로 나타난다. 〈표 15〉를 통해 당시 광산이 있었던 지역과 가까운 곳에 대단위 산업단지가 조성되어 있어 쾰른,

〈표 14〉 독일에서의 광부 근무 후 행적

그룹	행적
첫째 그룹	독일에 파견되어 광부로 일한 경우
둘째 그룹	국내외의 대학교수로 활동
셋째 그룹	독일 광산의 최고 간부 자리까지 올라 활동 광산 근무를 마치고, 광산 전문대학과 베를린 공과대학을 졸업하여 최고의 직위까지 올라가 활동
넷째 그룹	국내외 언론 분야에서 활동
다섯째 그룹	국내외 사업, 자영업, 영화사, 기타 전문직 등에서 활동
여섯째 그룹	종교 분야에서 기독교 계통으로 목회 활동
일곱째 그룹	독일과 유럽 전 지역에 한국 태권도 보급

출처: 김태우(2009, 157-160).

〈표 15〉 다른 직장에서의 활동

장소	활동
쾰른과 레버쿠젠	쾰른 내·외곽으로는 많은 중화학 회사들이 밀집되어 있다. 자동차 생산 회사로 종업원 3만 명이 조업하는 '포드 자동차', 국제적 규모를 갖춘 'FG전선생산회사', 세계대전 당시부터 각종 선박에 장착하는 대형 모터와 차량, 트랙터 등에 필요한 소형 모터를 생산하는 '클뢰크너 훔볼트 회사', '지멘스' 등이 있다. 또 인근 도시 레버쿠젠에는 세계굴지의 '바이어 제약회사'가 위치하고 있다. 1960년대 말경부터 각 광산에서 임기가 끝난 한국인 젊은이들이 이 지역으로 이동하여 배우자를 만나 가정을 이루며 위의 생산업체에 취업했다.
바이어(Bayer) 제약회사	바이어 제약회사는 바이어베르크가에 위치한다. 이곳에 한국인이 입사하게 된 시기는 1960년대 중반으로 추정된다. 광산 3년 임기를 마친 한국인 광부들이 쾰른 지역으로 이동하면서부터 오기 시작했다. 회사 자체 내에서 양성하는 교육에 참여하여 마이스터 자격증을 취득하기도 했다.
포드 자동차 (Ford Automobil)	포드 자동차 회사에 한국인 광부 출신들이 입사했다.
클뢰크너 훔볼트 (Klöckner Humboldt Deutz AG)	클뢰크너 훔볼트 회사는 중장비 모터 생산 회사다. 광부 출신 한국인들이 이 회사에 근무하기 시작한 것은 1970년 전후다.
보쿰(Bochum)과 뤼셀스하임	오펠(Opel) 사의 본거지다.
오펠 자동차 (Bochum)	독일에는 보쿰, 뤼셀스하임, 카이저스라우터른, 아이젠 나흐에 오펠(Opel) 생산 공장이 있다. 당시 오펠 공장 종업원은 약 22,000명 정도였으며 한국인들이 선반(Dreher), 수출 부속품 포장(Packung Arbeiter, Auto Ersatzteile Export Abteilung), 결점처리(Nacharbeit, Maengel Teil), 시트재봉공, 모터 조립, 용접, Auto 조립, 도색(Lackierungsabteilung) 등에서 근무했으며 일부는 교육과정을 이수하고, 차체 검사(Karosserie Kontrolle) 등에 근무하였다.
오펠 자동차 (Opel Automobil)	뤼셀스하임에는 약 10명 내외의 한국인들이 근무했으며 모두가 재독한인사회발전에 공헌을 많이 했다.
프랑크푸르트 지역 (Rüsselsheim)	한국의 대표적 기업 삼성, 현대, 기아 등 300여 회사의 법인체들이 상주해 있는 곳으로 한국인들이 가장 많이 왕래하는 도시이다.

장소	활동
획스트(Hoechst)제약	언제부터 몇 명이 근무했다는 기록은 파악되지 않고 있다.
만네스만(Mannesmann AG)철강회사	1970년대 초부터 한국인 취업이 이루어졌으며 철강붐 피크를 이루었던 1979−1990년대에는 뒤셀도르프(라트, 라이스홀츠, 리렌펠트), 뒤스부르크, 뮐하임, 렘샤이드에 약 100명에 가까운 한국인들이 근무한 것으로 파악되어 있다.
티센(ThyssenKrupp) 철강회사	이 회사에는 약 20여 명에 달하는 광부 출신 한국인들이(홍성원, 이승직, 박승규, 홍기주, 김두환, 이응국, 천명윤, 김영규 씨 등) 근무했다.
다이믈러 벤츠(Daimler Benz)회사	소형 화물차를 제조하는 뒤셀도르프 공장에는 광산 근로자 출신 8명이 근무한 것으로 알려져 있다.
필립스(Valvo BRF der Phillips GmbH)	주로 TV브라운관을 만드는 곳으로 1968년도부터 2002년 문닫을 때까지 이곳에서 한국인들이 21명이나 근무했다.
플레거(Pflegerdienst/병원 남자 간호사)	광부가 어느 날부터 병원에 간호사로 근무하게 되는 과정의 기초는 대개 광부로 오기 전 본국에서 의료 계통에 종사한 경험자도 일부 있으나 대개는 병역의무 기간 동안에 병영에서 익힌 간호 기술에서 기인하며, 병원에 입사 후 기업주가 제공하는 교육에 참여하여 얻은 자격으로 간호사 직을 갖게 되었다. 이 가운데 전문기술을 배워 특수직 'MTA'으로 근무한 이도 있다.

출처: 김태우(2009, 157−160).

레버쿠젠, 프랑크푸르트 등지에서 전환 근무를 하는 것을 볼 수 있었다. 그리고 한국의 간호 여성과 관련이 있는지 남성 간호 인력인 플레거로 근무하는 것도 볼 수 있었다. 이러한 직업 전환과 관련하여 당시 광부로 왔었던 김영현 씨[24]는 다음과 같이 진술했다. "결혼해서 머물면서 아이 둘 낳고, 살다가 하노버시에 와서 직업 전환 교육Umschlung을 받았다. 먼저는 치공기술Zahnlabor을 배우고 싶었는데, 그것을 배우려면 뉘른베르그에 가야 해서 그만두었고, 두 번째로 하고 싶은 정밀기계공업Feinmechanik, Optik과정을 브레멘에서 2년 과정 속

24 설문자: 유진영, 이름: 김영현, 앞의 인터뷰 정보와 동일.

성으로 배웠다. 이것을 배우고 나서 하노버에서 polygram(CD 만드는 것) 일을 하자, 당시 선경(현재 SK)에서 이 기술을 배우고자 했다. 그래서 선경의 기술자Techniker로서 일했는데, 일은 어렵지 않았다. 한국으로 선경이 초청해 줘서 잘해 주었다."고 했다. 그리고 조형래 씨[25]는 "4년 계약이 끝나자 독일에서 한국에 보내는 후진국 지원금으로 부산에 기술학교가 세워졌다. 그때 독일어를 할 줄 아는 조교로 부산직업훈련원에 가서 '메카니커'(기계기술학교 조교)로서 열심히 배워서 자격증을 땄다. 그것으로 부족해서 전문대학을 다녀야겠다고 생각하고 하노버에 왔고 간호원 일을 하는 부인을 만나 결혼했다. 일을 하려고 하니 80년대 석유파동이 나서 일자리를 구할 수 없었다. 그래서 아는 사람의 정원에서 일을 시작했는데 어떤 독일 사람이 와서 왜 보조로 일하냐고 학교를 다니라고 했다. 그래서 '정원사학교'를 다녔고 그 이후로 자격증 따고 졸업했다. 그러니까 회사에서 7년간 일하고 그 후에 양로원에서 30년간 정원사 일을 한 것이다."라고 답했다.

이처럼 광부 계약 후의 한인 광부들은 다양한 삶의 전환을 하게 된다. 이러한 파독 광부·간호사들의 계약 만료 후의 이동 추이를 살펴보면, 약 20%가 독일 잔류, 40%가 귀국, 40%가 유럽과 북미 및 기타 제3국으로 진출하였다고 한다. 독일을 제외한 유럽 20여 개국에 5,000여 명, 북미의 토론토에 400여 명, 시카고 450여 명, 뉴욕 55여 명, 로스엔젤레스에 700여 명 이동한 것으로 추산하고 있다. 독일에 잔류하거나 북미 등의 제3국으로 진출한 광부·간호사들은 각 지역에서 모임을 조직하여, 장학사업, 복지사업 등을 펴는 등 이민 초기 한인 교포 사회의 형성 및 발전에 기여한 사실이 확인되고 있다. 특히 북미 지역 중에서도 로스엔젤레스, 시카고, 토론토 등은 파독 광부·

25 설문자: 유진영, 이름: 조형래, 앞의 인터뷰 정보와 동일.

간호사가 초기 이민 사회의 기초를 형성하고 다졌다고 해도 과언이 아니다.

파독 광부들은 한국의 국내 실업문제, 사회문제 해결 등에 일익을 담당했을 뿐 아니라, 한국인도 외국에서 노력하고 인내하면 생활이 가능하다는 것을 보여 주었으며 이로써 자신감을 얻은 한국 노동력이 후에 베트남, 중동, 동남아 등지로 진출하는 데 밑받침이 되었다. 그리고 국내외에 한국 광부총연합회를 결성하여 향후 활동을 하고 있다(김태우 2009, 281–295).

간호원

파독 간호사들의 경험은 세 가지 과정, 즉 삶에 도전하기, 새로운 삶 껴안기, 삶에 의미 부여하기로 나타났다. 파독 간호사들이 한국과 독일 양국의 간호계에 미친 영향을 살펴보면, 당시 독일은 직업 전문인으로서 전인 간호, 지역사회 간호, 보건 간호 등 독자적인 간호를 지향하는 교육 환경에서 양성된 친절하고 선진 기술을 갖춘 한국의 간호사들을 높이 평가하였다. 파독 간호사가 한국 간호계에 미친 영향을 살펴보면 우선 간호보조원(현 간호조무사)이라는 간호 관련 직업이 새로 생긴 것을 들 수 있다(나혜심 2013, 205–207). 이들은 9개월 이론과 3개월 실습 등 모두 일 년의 이수 과정을 거친 후에 간호보조원 자격증을 받았다. 한국에는 1960년대 중반까지도 그런 직업이 존재하지 않았으나 1971년에서 1974년의 코리아 프로그램Korea-programm으로 9,800명의 보조원이 필요하게 되자 독일 수출에 필요한 숫자를 맞추기 위하여 간호보조원 양성 학교가 많이 생겼던 것이다. 그 다음으로는 사회적으로 간호사에 대한 관심이 높아진 것을 들 수 있다. 당시 외국 여행이 쉽지 않던 시기에 여성으로서 해외에 취업하고 상당한 외화를 벌어들이는 직업으로 사회의 관심이 집중되었기 때문이다. 뿐만 아니라 해외 근로는 간호사들에게 새로운 가능성의 길을 열어 주었다. 선진국에서 일하는 고소득자로 인식됨으로써 결과적으로는 한국 간호계의 임금과 지위가 격상되는 데 밑거름이 되었을 것으로 추론해 볼 수 있다.

그러나 다른 한편으로, 귀국한 일부 간호사에게는 독일에서의 근무 경험이 오히려 취업에 장애가 되었다. 독일 간호사들의 전문 지식이나 수준이 한국에서보다 낮았기 때문에 직장을 구하는 데 힘이 들었다. 뿐만 아니라 독일에서 자신의 권리를 주장하며 독립적이고 개성적인 의식화된 삶을 살아왔는데 한국의 개인 병원이나 사회에서는 의식화된 간호사나 반항적인 간호사를 원하지 않았던 것이다(김학선 외 2009, 180-182; 이수자 2006, 209-210).

이처럼 파독 간호사의 개인적인 삶은, 위기 상황에서 한국의 여성들은 남들이 얻기 어려운 기회를 잡고 외국에서 공부할 수 있다는 기대를 갖고 또는 당시 고등교육의 기회를 얻어 선호하는 직업을 가졌다는 점에서 긍정적인 면도 거론할 수 있으나 부정적인 면도 존재하고 있었다. 즉, 그들은 한국 사회와 비교해서 당시로서는 적지 않은 돈을 받기는 했지만 그 과정에 사회권의 가장 기본적인 의미인 인간다운 삶은 포기해야 하기도 했다. 가족도, 여가도, 노동 공간과 분리된 휴식 공간도, 심지어 먹고 자는 문제까지, 그들이 그 대가라고 생각했던 추가 수당과 바꾸면서 살았다(나혜심 2012, 301-307; Shim 1974, 34-78; 88-136). 서독 병원 생활의 가장 큰 시련은 언어였다. 하지만 1년이 지나면서 말문이 터지자 한국에서 온 간호조무사는 야무진 한국 여성의 모습을 보여 주기 시작했다. 독일만이 아니라 전 유럽에서 한국 간호조무사들의 명성은 자자했다. 근면하고 성실할 뿐 아니라 인간미 있고 덕성이 있어 모범적인 사람들로 기억에 남았다(대한간호조무사협회 2010, 89).

독일 병원에서 한국인들에 대한 평가를 보면 전문 지식은 60%로 매우 좋다고 평가되었다. 75%는 한국인을 열심이라고, 70%는 높은 노동 윤리가 있다고, 72%는 기꺼이 그들과 함께 일하고자 한다고 대답했다. 그리고 대부분에서 나타나는 반응은 한국인의 언어 지식이 부족하고 매우 가볍게 기분이 상한다는 것이었다(Yoo 1975, 385). 파독 간호원으로 근무한 강금자 씨의 경우에는 "운전면허도 따고 주말마다 자기 집으로 데리고 가는 독일 동료(간호사)가 있어서 독일 생활을 쉽게 그리고 친절하게 배울 수 있었다. 친구들도 빨리 사귀고. 또 독일인들과 연애 경험(의사, 엔지니어)도 있었다."고 말하면서 외로운 시간보다는 즐거운 기억으로 남는다고 했다. 또한 간호사 시절에는 한국 교회보다는 독일인들과 교류가 컸다[26]고 하면서 젊은 나이에 독일 생활에 쉽게 동화되었다고 했다.

그 외에도 간호조무사로 와서 다양한 인생행로를 보이는 경우가 있었는데 먼저, 파독 간호보조원에서 세르비아 대사가 된 김영희 씨의 경우도 주목할 만하다. 또 독일에 간호조무사로 와서 의학박사가 된 강정희 씨의 경우, 그리고 오스트리아 의료 요직에 오른 강유송 씨의 경우도 꼽을 수 있다(대한간호조무사협회 2010, 91–95).

---

26 설문자: 유진영, 이름 : 강금자, 앞의 인터뷰와 정보 동일.

Ⅵ. 결론

이상과 같이 직업훈련생으로서 독일로 간 한국의 광부·간호 인력의 국내와 독일에서의 교육과정과 재자격화 과정 그리고 계약 후의 그들의 삶에 대해 고찰해 보았다. 결론에서는 이런 내용들을 다시 한 번 정리하고 그 의미를 찾아보고자 한다.

1960년대 초 기술원조뿐 아니라 경제원조까지 포함한 '한·독 정부 간 경제와 기술에 관한 협정' 체결 이후 기술원조에 의거하여 1960년대 초반에 한국의 기술 훈련생(직업훈련생)들은 독일로 가기 시작했다. 서독 정부는 광산 노동자 모집을 남한에 대한 '기술원조' 명목이라고 밝혔다. 그리고 독일에서의 남한 노동자 고용은 공식적으로 남한 광산 노동자들의 직업 능력 향상이라는 목적을 띠고 있었다. 한국인 광부·간호 인력의 파독은 1963년부터 이러한 목적으로 이루어졌다. 즉, 광산업계와 간호업계에서 독일의 발전된 기술을 배워 와 한국의 경제 및 사회 발전에 기여하려는 목적에서 시작된 것이었다. 1963년에서 1977년까지 대략 18,000여 명의 젊은이들이 독일로 떠났다.

제1차 광부협정에 따라 1963년 12월 21일 제1차 제1진 121명의 광부가 보내진 후 대규모의 광부 파독이 진행되자 정부는 1965년 11월 3일 재단법인 한국 해외개발공사를 발족하여 광부 및 해외 인력 송출을 전담하게 하였다. 그 이후 1969년 11월 27일 한·독 정부는 제1차 광부협정을 개정하여 1970년 2월 18일 광부 파견 재개를 위한 제2차 광부협정, 일명 '신광부협정'을 체결하여 보다 구체적으로 양국 간에 파견 광부의 체류 기간, 고용조건, 선발 방법 등에 관한 협약을 맺었다.

당시 한국에서의 광부 인력 양성은 1957년 장성에 기술훈련원을 설치하여 본격적인 인력 양성에 착수하였다. 대한석탄공사에서의 교육은 주로 갱내 기술직원에 대한 실무 교육에 중점을 두었고 각 광업소에서 선정된 관리직원들을 대상으로 해당 직책에 따른 업무 지식을 비롯한 작업 안전과 중요 작업의 수행 요령을 교육하였다. 이곳에서 1963년부터 1965년까지 3년간 2,455명이 교육을 받고 서독으로 떠났다. 사실상 국내에서 민영 탄광의 기술직원에 대한 교육이 검토되었으나 비용 부담의 문제로 실행되지 못했다. 이 같은 점으로 미루어 보아 한국의 광산에서는 소수만이 광산 교육을 받을 수 있었고 그것 또한 원활하게 진행된 것 같지는 않다. 이런 점에서 한국 광부의 기술교육이 필요하다고 판단되었고 이러한 요청에 의해 독일에서는 '기술원조'라는 교육 원조를 통해 독일과 한국의 이해관계를 조정하였던 것이다.

한국과 달리 독일은 19세기 초기 산업화가 시작되면서 광산업이 발달하여 20세기 초에는 광산 관련 직업학교와 기술학교가 생겨나 전문적인 직업훈련이 이루어졌다. 당시 한국의 광부들이 독일의 광산에 투입되었을 때는 이런 독일의 전문적인 교육과정을 거치지 않고 단기간의 소정 교육만 받고 갔기에 광산업 직종상 하등의 직업 지위에 종사했다. 말 그대로 직업훈련생이지 엄밀한 의미에서 노동자는 아니었던 것이다. 한국의 광부 훈련생은 독일 광산의 지하 갱에 들어가기 위해 여러 단계의 교육을 받았는데, 보통 6주에서 3개월간의 언어교육과 실습 교육을 받도록 되어 있었다.

한국에서 간호 인력 양성은 1957년을 전후로 간호고등기술학교에서 간호과와 조산과로 나뉘어 교육되다가 1962년 개정된 교육법으로 간호학교가 초급대학 또는 전문학교 수준으로 승격되면서 간호 교육의 고등교육화, 전문화가 이루어졌다. 그 외에도 4년제 학사 과정 교육제도가 여러 대학에서 개설되면서 전문적인 간호사가 양성되었다.

한국과 독일의 간호 인력의 역사는 거슬러 올라가면 한국인 간호사들이 1959년부터 종교 단체를 통해 독일로 이주하면서 시작되었다. 1965년 이후 1차 파독 시기 이후부터 당시에 독일의 간호사보다 더 많은 교육을 받았던 한국의 간호사들은 여러 다양한 이유에서 독일행을 결심해 떠났다. 독일로 떠나기 전에 한국의 간호사들은 코리아 프로그램을 통해 언어교육을 비롯해 사전 교육을 받았다. 그리고 독일에서 도착 후 재교육을 받았으나 실상 미국식의 고등 간호 교육을 받은 한국의 간호 인력은 독일의 병원에서 좋은 평을 들었다. 한국 간호사들은 독일 간호사와 달리 '과자격화'된 인력이었다. 이뿐만 아니라 한국과 독일에서의 간호 행정조직은 차이가 났으며 간호사의 훈련과 과제 범위에서도 차이가 났다. 직업교육에서 독일에서는 전문(직업)학교 3년이 걸리는 데 비해, 한국에서는 아비투어 이후 전문대학 또는 대학에서 6-8학기가 걸린다는 점이 그 한 예이다.

이러한 점에 대해서 서독에 파견된 당시의 광부·간호사를 통한 개발원조가 부분적으로 사기였다고 문제 제기되기도 했다. 그 이유로 광부에 대해서는 "남한이 절실하게 필요로 했던 장학금이나 견습생 자리는 서독 측으로부터 매우 제한적으로만 제공되거나 전혀 제공되지 않았으며, 광산 노동자들은 직업적인 측면에서 심화 교육을 받지 못했다."(김성보 외 2010, 182-209; 205-209)는 점을 꼽았고, 또 간호사에 대해서는 "독일에서는 노동 강도가 높고, 임금이 적은 간호사 직업 선택이 적었고, 간호사 교육이 국제적 수준에 뒤쳐져 있었다. 독일 정부로서는 교육비를 절감하고, 3년 계약으로 인건비를 절약할 수 있으며"(재독한인글뤽아우프회 2009, 85)라고 했다.

그러나 사실상 이러한 상황을 한국과 독일의 정부와 각 협회는 알고 있었고, 각 국가의 서로의 이해관계에 따라 협약을 체결했다. 이러한 정황을 파독 광부 지원자나 간호원 지원자들이 정확히 알고 있지 못했다 하더라도 인터뷰를 통해서 들어본 결과 자신들의 파독 목적도 직업적으로 기술을 배우러 간다는 것이 주목적이 아님을 확인할 수 있었다. 개개인별로 다양한 목적을 갖고 있었는데, 그것이 경제적이건, 정치적이건, 개인적이건 하나로 요약하기 어렵다. 이로 인해서 어느 한편, 독일 정부나 한국 정부만을 탓할 수 없는 일이라고 생각된다. 그래서 한쪽으로 치우친 편향된 의견보다는 이 시기의 국가 간, 개인 간의 이해관계를 바라보는 데 균형적인 시각이 제시될 필요가 있다. 어찌 되었건 '직업훈련생(기술교육생)'의 훈련이라는 목적으로 파독된 이들은 떠나기 전 국내에서 그리고 독일에서 소정의 기본 교육을 다시 받게 되고 직업전선에서 '훈련'받으며 훈련생으로서 임금을 벌어서 그 기대를 채워 나갔다.

본 연구에서는 직업훈련생이라는 명분하에 갔던 이들의 1차 목적인 교육적 측면에 대해서 살펴보았다. 한국에서 이들의 교육적 상황, 선발 과정, 사전교육, 독일 도착 후 현지 적응 교육과 업무 교육에 대해서 고찰하였다. 직업교육생으로 그들이 더 나은 교육을 받았었는가? 사실상 이 질문에 대답하긴 어렵다. 그 이유는 한국과 서독의 관계는 냉전이라는 정치적 영향에도 불구하고 사실상 경제적인 것이었다고 볼 수 있기 때문이다. 기술원조 중에서 교육 원조라는 이름으로 행해진 인력 송출에서 양국은 자국의 이해를 우선적으로 보았다. 국가적 차원이 아닌 개인적 차원에서 파독을 선택한 이들의 속마음은 어땠을까? 교육 원조를 통해 선진국 독일의 교육을 배워 와 국가 발전에 이바지하려는 의도가 컸을까? 대부분의 경우 경제적으로 더 나은 임금을 받고자 함이 가장 컸고, 선진국의 교육을 배워 와 애국하려는 의도는 찾아보기 어려웠다. 적어도 광부의 경우에는 다시 광부로서 한국으로 되돌아온 경우가 거의 없었기 때문이다. 광부로서 3년 계약이 끝난 후 직종을 연계하여 지속하거나 전환한 경우들을 볼 수 있었다. 예를 들어 학업을 시작하여 국내외 대학교수로서 활동하거나 독일 광산의 최고 자리까지 오르거나 언론 분야에서 활동하는 등 다양하였다.

간호 인력의 경우는 광부의 경우와 달리 한국으로 되돌아와 간호사로 다시 복귀하거나 독일에 남거나 다른 국가로 전향했다. 독일에 남는 경우 계약이 연장되어 장기 근무한 경우가 많았다. 이때 파독 간호사가 한국의 간호 부문에 끼친 영향도 적지 않았지만 1차적으로 간호 교육에 있어서는 파독 간호사들의 교육 수준이 현지의 간호 교육 수준보다 높았던 것으로 고찰되었다.

독일 코블렌츠 연방문서보존소(BA-Koblenz). Bd. 1320, Beschäftigung ausländischer Arbeiter in Deutschland, 외국인노동자들의 독일고용, 105. 국사편찬위원회 소장.

독일 코블렌츠 연방문서보존소(BA-Koblenz). Bd. 1320, Beschäftigung ausländischer Arbeiter in Deutschland, 외국인노동자들의 독일고용, 111-113. 국사편찬위원회 소장.

독일 코블렌츠 연방문서보존소(BA-Koblenz). Bd. 1320, Beschäftigung ausländischer Arbeiter in Deutschland, 외국인노동자들의 독일고용, 80-103. 국사편찬위원회 소장.

독일 코블렌츠 연방문서보존소(BA-Koblenz). Bd.1404, Beschäftigung koreanischer Bergarbeiter im westdeutschen Steinkohlenbergbau (1963-1964), 서부 독일 탄광에서의 한국인 광산 노동자들의 고용문제에 관한 서류, 70. 국사편찬위원회 소장.

독일 코블렌츠 연방문서보존소(BA-Koblenz). Bd.1404, koreanische Bergarbeiter in der BRD(서독의 남한 광산노동자), 100-101. 국사편찬위원회 소장.

독일 코블렌츠 연방문서보존소(BA-Koblenz). Bd.1404,Koreanische Bergarbeiter in der BRD(서독의 남한 광산노동자), 120. 국사편찬위원회 소장.

독일 코블렌츠 연방문서보존소(BA-Koblenz). Bestand 85, Band 1404, Beschäftigung koreanischer Bergarbeiter im westdeutschen Steinkohlenbergbau(1963. 11. 16-1964. 11. 27) 서부독일 탄광에서의 한국인 광산 노동자들의 고용문제에 관한 서류, 19-21, 33-39. 국사편찬위원회 소장.

독일 코블렌츠 연방문서보존소(BA-Koblenz). Bestand 85, Band 1404, Beschäftigung koreanischer Bergarbeiter im westdeutschen Steinkohlenbergbau(1963. 11. 16-1964. 11. 27) 서부독일 탄광에서의 한국인 광산 노동자들의 고용문제에 관한 서류, 51-52. 국사편찬위원회 소장.

독일 코블렌츠 연방문서보존소(BA-Koblenz). Bestand 85, Band 1404,

Beschäftigung koreanischer Bergarbeiter im westdeutschen Steinkohlenbergbau(1963−1964), 서부 독일 탄광에서의 한국인 광산 노동자들의 고용문제에 관한 서류, 86−89. 국사편찬위원회 소장.

독일 코블렌츠 연방문서보존소(BA−Koblenz). Bestand 85, Band 1404, Forts. Band 1405, koreanische Bergarbeiter in der BRD von 1961−1968, 13−15. 국사편찬위원회 소장.

독일 코블렌츠 연방문서보존소(BA−Koblenz). Bestand 85, Band 1510, Beschäftigung koreanischer Bergarbeiter(1970. 2. 17−1970. 6. 9) 한국인 광산노동자들의 고용문제, 5−14. 동일한 내용으로 독일 연방문서보존소, Bestand 85, Band 1404, Beschäftigung koreanischer Bergarbeiter im westdeutschen Steinkohlenbergbau(1963. 11. 16−1964. 11. 27) 서부 독일 탄광에서의 한국인 광산 노동자들의 고용문제에 관한 서류, 33−39. 국사편찬위원회 소장.

독일 코블렌츠 연방문서보존소(BA−Koblenz). Bestand 85, Band 1510, Beschäftigung koreanischer Bergarbeiter (1970. 2. 17−1970. 6. 9) 한국인 광산노동자들의 고용문제, 62−63. 국사편찬위원회 소장.

독일 코블렌츠 연방문서보존소(BA−Koblenz). Bestand 85, Bd. 1510, Beschäftigung koreanischer Krankenschwestern(1970−1971), Betr: Durchführung des Korea−Programms zur Anweisung von Pflegekräften für Krankenhäuser in der BRD, 95−98. 국사편찬위원회 소장.

독일 코블렌츠 연방문서보존소(BA−Koblenz). Bestand 85, Bd. 1511(2), Beschäftigung koreanischer Krankenschwester(2), 남한 간호사들의 고용(2), 101. 국사편찬위원회 소장.

독일 코블렌츠 연방문서보존소(BA−Koblenz). Bd.1404, koreanische Bergarbeiter in der BRD(서독의 남한 광산노동자), 122−123. 국사편찬위원회 소장.

고명숙 외. 2008.『간호학개론』. 서울: 수문사

김성보·한운석 외. 2010.『한국전쟁에 대한 11가지 시선』. 서울: 역사비평사.

김용찬. 2007. "여성노동자 국제이주와 이주 수용국가에서의 조직화 관계연구: 한인 여성노동자의 독일이주와 조직화 사례분석."『사회과학연구』15호, 182−216.

김태우. 2009.『한국 파독광부백서』. 한국파독광부총연합회 편. 서울: 문영사.

김학선·홍선우·최경숙. 2009. "파독간호사 삶의 재조명."『한국산업간호학회지』제18권 2호, 174−184.

김한용. 1964. "호평 받는 한국 광부들." 사상계 10월호.

나혜심. 2009. “파독 한인여성 이주노동자의 역사.” 『서양사론』 제100호, 255−285.

______. 2012. 『독일로 간 한인 간호여성』. 고양: 산과글.

______. 2013. “트랜스내셔널 관점에서 본 독일 한인간호이주의 역사.” 『의사학』 제22권 제1호(4월), 179−215.대한간호조무사협회. 2010. 『(국민간호와 함께 한) 간호조무사 45년사, 1965−2010』. 서울: 대한간호조무사협회.

대한석탄공사. 2001. 『대한석탄공사 50년사: 1950−2000』. 서울: 대한석탄공사.

양희순. 2008. 『파독, 파독간호 40년사, 여기에 40년! 독일 땅으로 그렇게 왔었지』. Filderstadt: GmbH.

유진영. 2013. “독일 연방문서보관소 파독 관련 사료를 접하고.” 『역사의 창』 2013년 하반기, 22−28.

이선희. 2012. “재독한인들의 한국인으로서의 인식문제와 정체성 변천과정.” 『한국사연구』 Vol. 158, 301−335.

이수안. 2008. “이주 여성의 타자성과 관용의 상호 발현에 대한 이론적 모색.” 『사회와 이론』 통권 제12집, 73−107.

이수자. 2004. “이주여성 디아스포라: 국제성별분업, 문화혼성성, 타자화와 섹슈얼리티.” 『한국사회학』 제38집, 2호, 189−219.

______. 2006. “지구화와 이주과정에서 발현되는 문화혼종성−재독 한인 여성과 재한외국인 여성의 문화적응 비교분석을 중심으로.” 『한독사회과학논총』 Vol.16 No. 2, 191−228.

이영석. 2008. “재독일 교민의 한국에 대한 기억.” 『독일어문학』 제40집, 327−343.

이영조·이옥남. 2013. “1960년대 초 서독의 대한 상업차관에 대한 파독근로자의 임금담보설의 진실.” 『한국정치외교사논총』 제34집 제2호, 171−194.

재독한인글뤽아우프회. 2009. 『파독광부 45년사: 1963−2008』. 서울: 재독한인글뤽아우프회.

『조선일보』 (2013년 1일 1일), A6.

『조선일보』 (2013년 1월 16일), A8.

『조선일보』 (2013년 1월 7일), 3.

독일 하노버에서 강금자·김영현·조형래의 인터뷰. 2013년 8월 12일, 14일. 설문자: 유진영.

서신을 통한 박철규의 인터뷰. 2014년 1월 6일. 설문자: 유진영.

Bischoff, Walter and Heinz Bramann. 1988. *Westfälische Berggewerkschaftskasse Bochum: Das kleine Bergbaulexikon*, 7. Auflage. Essen: Verlag Glückauf.

Choe, Jae-Hyeon and Hansjürgen Daheim. 1987. *Rückkehr- und Bleibeperspektiven koreanischer Arbeitsmigranten in der Bundesrepublik Deutschland*. Frankfurt am Main: Peter Lang.

Kaden, Herbert. 2012. *Das Sächsische Bergschulwesen. Entstehung, Entwicklung, Epilog(1776–1924)*. Köln: Böhlau.

Reuther, Ernst-Ulrich. 1982. *Einführung in den Bergbau*. 1. Auflage. Essen: Verlag Glückauf.

Shim, Yunchong. 1974. *Aspekte der sozio-kulturellen Einordnung koreanischer Krankenpflegekräfte in Deutschland*. Frankfurt am Main: Herbert Lang.

Yoo, Do-Jin. 1975. *Die Situation koreanischer Krankenpflegekräfte in der Bundesrepublik Deutschland und Ihre sozialpädagogischen Probleme*. Christian-Albrechts-Universität zu Kiel.

4장

독일로의 노동 이주, 한인 독일 노동 이주자에게 가족이 갖는 의미

| 나혜심(성균관대학교)

이주자들의 개인적인 경험 속에서 이주는 단순하고 일회적인 국경 넘기가 아니라 출신국의 문화와 이주국의 문화 사이를 장기적으로, 그리고 점진적으로 횡단하는 과정이다. 그 과정에서 본국 가족과의 유대는 이들의 이주 목적과 이주국에서의 생활을 진행하는 매우 중요한 근간이 된다. 그리고 시간이 지나면서 자신의 가족을 이주국에 새로 만들면서 단기적인 노동 이주를 장기적인 정주 과정으로 변화시키게 된다. 결국 개인에게 이주는 가족을 통하여 인식하고 경험하는 과정을 의미한다.

Ⅰ. 들어가는 말

이주는 국경Border을 전제로 해서 인식되는 현상이다. 물론 한 국가 내에서 지역적으로 옮겨 다니는 행위 역시 이주의 한 유형이기는 하다. 서구 사회는 물론 한국 사회에서도 산업화가 본격화되던 시기에는 지역 간의 이동 현상, 특히 두드러지는 도농 간의 이주, 또는 산업화 선진 지역과 후진 지역 사이의 이주는 드라마틱하게 진행되었다. 주로 산업화가 먼저 이루어진, 이른바 산업화 선진 지역으로 일자리를 찾는 인구가 몰려든다. 반면에 농촌의 생계 기반은 상대적으로 열악해지면서 교육과 취업의 기회를 찾아서 많은 젊은이들이 도시로 몰려들게 된다. 이로 인해 도시의 인구 증가와 농촌 지역의 황폐화가 나타나는데, 이보다 더 중요한 현상은 도시의 경제 발전과 그 주변 지역으로의 인구 유입으로 인한 빈곤 지역 형성 등 사회적 양상이 나타나면서 사회 전반에 빈부 격차가 급격하게 증가되기도 하였다는 점이다.

인간의 삶이 시작된 이래로 보다 나은 삶의 조건을 찾는 이주는 있어 왔고, 그것은 국민국가적인 경계가 일상화되기 이전부터 오랜 시간 동안 진행되어 왔으므로 이것은 반드시 국경이라는 의식과 결부된 행위는 아니었다. 하지만 매우 다양한 분야에서 관심을 갖고 연구하는 현상인 이주는 대개 국경을 사이에 두고 벌어지는 현상으로서 이해된다. 이런 식의 이주에 대한 이해는 19세기 이래로 국민국가적 틀이 정치적인 일상이 되면서 당연하게 여기게 되었으며, 그 일상의 급격한 변화로 보이는 글로벌라이제이션Globalization 경향 속에서 오늘날 국경을 넘는 이주 행위는 매우 주목할 만한 현상으로 파악되고 있다.

이주의 증가를 통하여 그동안 당연시 여겨 왔던 국민국가적인 경계의 의미가 상대적으로 약화되는 것처럼 여겨지기 때문에 특히 국민국가적인 경계의 안정성 유지를 염두에 두는 차원에서 주목을 받을 수밖에 없다. 이는 그대로 이주에 대한 연구 경향으로 이어지는데 즉, 국민국가적 경계 내의 공간에 이런 이주 행위가 다양한 문제를 야기하는 것으로 파악하는 경향이 그것이다. 이를 바라보는 관점의 중심에는 당연히 국경에 대한 인식이 전제되어 있다. 물론 최근 들어 이주 현상이 지구상의 이분화된 구조 속에서 진행되는 것이라는 점을 목도한 이들에 의해서 오늘날의 이런 모습을 하나의 국민국가 내의 국경이 아닌, 부와 빈의 양상으로 이분화되어 가는 지구 차원의 불평등 구조와 관련해서 언급되기도 하지만[1] 이런 인식에서도 국경의 의미가 간과되는 것은 아니다.

이런 이유에 의해서 이주에 대한 분석은 그것이 부정적이든 아니면 긍정적이든 간에 상관없이 이주가 이루어진 국가 내의 사회적 영향을 중심으로 진행되고 있다.[2] 이미 오래전부터 이주가 시작되었지만 본격적으로 자국에 유입되는 외국인들을 염두에 둔 정책을 본격적으로 시행했던 1970년대 이후 서구 자본주의 국가들의 경우에도 이런 경향은 마찬가지였다. 2차 대전이 끝나고 나서 전후 복구는 물론 이때 시작된 냉전 체제 속에서 서구 유럽 사회는 미국을 중심으로 하는 자본주의적 동맹 구도를 형성하게 되었고 그 안에서 경제적 발전이 본격화되었다. 대부분의 서유럽 사회에서 미국의 마셜플랜

---

1 김동춘. "변화되는 세계에서의 계급과 계층." (http://dckim.skhu.ac.kr).

2 예를 들면 독일의 연방이주와난민국(Bundesamt fuer Migration und Fluechtlinge)은 유럽위원회(European Commision)의 재정적인 지원을 받아서 이주민의 유입이 독일 사회에 미치는 영향을 경제·문화·정치적인 차원에서 연구하였다. 그 결과물은 Bundesamt fuer Migration und Fluechtlinge, *The Impact of Immigration on Germany's Society*, 2005. 물론 이는 공적인 영역에서 진행된 것이지만 이 외에도 많은 사회·정치학적인 연구들이 진행되었다.

의 영향으로 진행된 이 과정 속에서 각 국가들은 전쟁으로 인해서 붕괴된 사회, 경제의 복구 수준을 넘어 경제성장을 경험하게 되었고, 일부 국가의 경우 전례 없는 경제 부흥을 경험하게 되었다. 이 과정에서 독일은 물론 프랑스, 영국, 그리고 덴마크에 이르기까지 많은 자본주의 국가들은 노동력의 부족을 경험하였고 이를 해결하기 위해서 남유럽과 지중해 지역 또는 그들이 이전에 갖고 있던 식민지 국가들로부터 이주 노동자들을 받게 되었다.

특히 독일의 경우에는 2차 대전 중에 인구가 많이 감소한데다가 이후에 등장한 사회적 시장경제의 원칙 속에서 소비재 생산의 집중, 그리고 생산직 노동력 부족을 극심하게 겪게 되었다. 특히 생산공정의 합리화 과정이 덜 진척되거나 낮은 수준의 기술이 필요한 분야에서 노동자들이 필요하게 되었다. 일자리가 넉넉한 상황에서 자국의 젊은이들은 덜 흥미를 느꼈기 때문이다. 또한 젊은 남성들의 인구가 줄어든 대신에 가계를 책임지게 된 여성들이 더 이상 집안에서 전통적인 일만을 할 수 없게 되었던 상황 속에서 가족 중에 노인들의 요양과 간호 등, 이른바 전통적인 여성의 일들을 충분히 감당될 수 없게 되었다. 또한 사회구조의 변화 속에서 가족의 규모가 축소되고 노인을 부양하는 임무가 사회적인 것으로 변화하면서 의료는 물론 노인 요양을 위한 많은 일자리가 생겨났다. 이런 모든 자리에 외국인 저임금 노동력이 필요하게 되어 1955년부터 본격적으로 외국인 노동력의 고용이 시작되었다. 특히 한국인 간호 인력이 그 먼 곳까지 갔던 데에는 이와 같은 사회·경제적 원인이 작용하고 있었다.

이미 그 이전부터 주변 국가들로부터 노동력이 유입되고는 있었지만 이 과정을 제도화하기 위하여 각기 이주 노동력을 받는 국가들과의 노동력 고용을 위한 국가적인 협약이 맺어졌는데 그것은 바로 1955년 이탈리아와의 협정 체결을 시작하면서부터였다. 그리고 이 과정은 공식적으로 더 이상 외국인 노동자를 새로이 받지 않기로 했다는 발표가 이루어진 1973년까지 지속되었다. 1955년에 이탈리아와의 협약을 시작으로 1960년 스페인과 그리스, 1961년 터키, 1963년 모로코, 1964년 포르투갈, 1965년 튀니지, 1968년 유고슬라비아와 각기 국가 간 노동력 교류를 위한 협약이 맺어졌다.

이들 노동력은 모두 손님 노동자Gastarbeiter로 불렸는데 노동력의 부족 속에서 이들은 상당한 환대를 받으며 독일 사회로 유입되었다. 손님이 방문하면 그 집에 잠시 머물다가 반드시 돌아가게 되어 있는 것처럼 이들 고용된 외국인 노동력들은 일시적으로 계약된 기간 동안만 노동력을 제공하고 자신의 나라로 돌아갈 것이라고 생각되었다. 특히 이런 양상을 제도화하기 위해서 로테이션Rotation 원칙까지 적용하였는데, 이는 고용한 사람을 고용 기간 종료와 함께 귀국시키고 다시 새로운 노동력을 받아들이는 것이었다. 독일에 정착하는 것을 방지하기 위한 원칙이었다. 이런 제도적 장치 속에서 적어도 1973년까지 천4백만 명의 손님 노동자 중 약 천백만 명이 귀국했다. 하지만 그 와중에도 정주하는 외국인들이 늘어났고, 특히 1973년 이후에는 장기 체류하거나 정주하는 이들이 늘어났다. 그것은 이주자의 체류 기간이 길어지면서 자신에게 다양한 문화적·의식적인 변화들이 발생하였을 뿐만 아니라 독일인 고용주의 입장에서도 겨우 독일 사회와 일거리에 익숙해진 이들을 보내고 새로운 사람을 받아서 처음부터 적응 과정을 겪게 하는 것은 비경제적인 측면이 있었기 때문에 현실적으로 이 제도를 지킬 수 없는 경우가 많았기 때문이다. 이런 상황 속에서 정착의 가능성을 간과하고 이들과의 삶에 대한 대책을 염두에 두고 있지 않던 독일 사회의 정책 입안자들과 사회문제를 분석하는 학자들은 외국인 노동 이주자들과의 삶에 대해 고민하기 시작하였고 본격적으로 이주 노동자에 대한 대책이 세워졌다.

이후 오늘에 이르기까지 외국인 이주 노동자 정책 또는 외국인 정책은 정책 시행의 결과와 경험을 받아들이면서 다양한 목표와 내용으로 변화되어왔다. 그것은 구체적으로는 이주자들을 독일 사회에 통합하기 위한 것에서, 개별 이주자들이 갖고 있는 문화적 다양성을 인정하는 다문화적 정책으로 발전하였다. 그리고 최근에는 다문화적 공존의 어려움을 인정하고 독일적인 문화에 수용될 것을 주장하는 강경한 목소리에 이르기까지 상황들을 반영하면서 변화해 오고 있다. 이는 비록 구체적인 문제의식과 목표는 다르더라도 모두가 국경을 사이에 둔, 즉 국가적인 경계 안과 바깥의 이분화를 전제로 한다. 물론 이주에 대한 연구 중에는 사회 현상으로서의 이주행위가 아니라 이주자 자체에 초점을 두고 이들이 새로운 사회에 적응하는 문제, 겪는 어려움에 대한 해결, 그들의 건강과 정신병리학적 상황에 대한 것을 대상으로 하는 것들도 상대적으로 소수이기는 하나 진행되고 있다. 하지만 그것의 목적은 궁극적으로 이주 국가의 성공적인 이주자 정책에 있기 때문에 역시 이들을 받아들인 이주국가Destination country의 사회가 중점에 있고 국경 안의 사회와 문화에 대한 배려의 연장선상에 있다.

이런 경향은 한국 사회 역시 마찬가지다. 특히 1990년대 이후에 외국인 노동 이주자의 국내 유입 증가 현상 속에서 한국 사회의 관심은 이들의 유입이 한국 사회에 미치는 영향과 발생하는 '문제' 들을 어떻게 해결하는가에 집중되어 있다. 기본적으로 앞에서 살펴보았던 과거 다른 국가들과 마찬가지로 이들의 유입이 가져다 주는 긍정적인 부분보다는 부정적인 부분에 대한 관심이 전제되어 있다. 이러한 다분히 국가주의적인 이주에 대한 인식은 한국 사회가 떠나보냈던 이주자들을 이해하는 데에서도 그대로 드러난다. 주변 국가는 물론 남북 아메리카로의 오랜 이주의 역사 속에서 한국 역시 매우 멀리 떨어져 있는 나라인 독일로 이주 노동력을 보냈던 역사를 갖고 있는데 1950년대 말부터 독일로 갔던 이들 한인 이주 노동자들에 대한 관심 역시 이러한 이주자를 보는 국가주의적 관점에서 그리 멀리 있지 않다. 한인 독일 노동 이주자들이 한국이라는 국가적 단위에 송금한 금액을 중심으로 그들 이주의 역사가 갖는 의미를 규정하고, 그것을 기준으로 하여 그들의 역사적인 의미를 평하는 것이 그동안 이들에 대한 관심의 한가운데 있다고 해도 과언이 아니었다.[3] 비록 이런 시도들이 그들이 했던 과거의 행위의 역사적 의미를 긍정적으로 평가하려는 자세의 연장선상에 있다고 하더라도 여전히 이런 관심들이 이주자들 자체에 있지 않은 것은 부인하기 어렵다. 그것은 그들이 행한 국경 넘기, 돈 벌기, 그리고 송금하기라고 하는 이미 집단화되고 객체화된 개념으로서의 이주 행위만을 가지고 그들의 역사를 살펴보는 것에 불과하다. 국경을 넘고, 송금했던 행위자의 인간적인 삶 자체에 대한 역사적 관심은 여기서 사장되어 있는 셈이다.

이에 본고에서는 국가 경계라는 인식에 매몰되어 이주자들 자체를 연구의 중심에 놓지 못하는 이주사 전반에 대하여 문제를 제기하고 특히 한국의 경제적 근대화에 대한 기여라는 방식으로 독일로 갔던 노동 이주자들을 그들의 행위 결과만에 기초하여 집단적인 방식으로 평가해 왔던 한국의 이주사 연구 경향을 극복하려는 의도로 시작되었다. 그리고 무엇보다 행위에 대한 집단적 결과가 아닌 그들 자체를 연구의 중심에 두는 것을 목적으로 한다. 이를 위하여 트랜스내셔널transnational한 방식의 접근이 이루어질 것이다. 흔히 역사학에서 트랜스내셔널한 접근은 민족국가 단위의 역사 연구 행위를 극복하기 위하여 공간을 확장하고 민족 공간 너머로의 외연 확장을 시도하는 것이다.[4] 민

3 애초에 이들이 한국사에서 갖는 의미를 경제적 근대화와 연관시키면서 일종의 신화화를 시도했던 언급들에서는 말할 것도 없다. 또한 과거사위원회에서의 조사는 앞서의 신화화된 이들의 삶을 좀 더 객관적으로 검증하는 차원에서이기는 했지만, 중점은 역시 그들의 경제적 기여에 있었다.

4 이런 방식의 이해는 예를 들면, 박혜정(2010).

족국가 단위 극복이라는 인식에 기본적인 동의를 전제로 하면서 여기서는 국경을 사이에 둔 관계와 연속의 의미에서 이주를 살펴보고 그런 의미에서 이주를 횡단crossnational의 의미로 사용하려고 한다. 왜냐하면 이주가 이주 출신국Source Country와 이주 대상국Destination Country 사이의 국경을 넘는 일을 의미하는 것이기는 하나, 이주 과정에 담긴 실제 이주자들의 행위로서의 이주는 국경 넘기라는 단순하고 일회적인 행위가 아니라 국경을 사이에 두고 가족적 유대와 상당 정도의 생활 공유는 물론 문화, 세계관, 인식 등에서 두 문화의 동시적인 향유, 고수, 유지를 하고 있는 것이기 때문이다. 그리고 이 모든 유대와 공유는 시간이 지나면서 서서히 양 문화에 대한 적응의 강도를 달리하는 횡단적인 이행 과정으로 진행된다. 특히 단기 계약을 하고 일시적으로만 체류와 고용 과정을 진행하는 것을 전제로 했던 독일 노동시장의 한인 노동 이주자들 중 많은 이들이 정착하면서 어김없이 이 과정을 경험했고 지금도 이동은 계속되고 있기 때문이다. 이주와 관련해서 국경을 넘어 한 국가의 사회적 문제를 야기하는 것에 대부분의 관심이 몰려 있지만 이주자 본인에게는 국경의 의미보다는 국경을 가로지르면서 가족, 고향, 익숙한 문화, 언어에서 새로운 문화, 새로운 사회, 새로운 세계관 등과의 만남, 떠남, 그리고 이동하기라는 과정을 통하여 더 이주의 본질로 다가서기 때문이다.[5]

---

5 이 글에서 이야기하는 '국가를 가로지르는 유대'에 대하여 다른 연구에서는 초국가주의적 가족 유대라는 표현으로 다루어지고 있다. 즉 이주자들이 자신의 본국과 정착국을 연결시키는 다양한 사회적 관계를 만들고 이를 유지하는 행위들을 하는 데 이것이 바로 초국가주의라고 보는 것이다. 그리고 이 글에서 언급하는 것과 유사하게 초국가적 가족이라는 개념을 사용하기도 한다. 기본적으로는 이와 유사한 상황 인식이기는 한데 이 글에서는 이 관계들이 국경을 가로지르며 서로 영향을 받는, 이동하는 것으로 인식하며 또한 이 관계들이 유지되는 것일 뿐만 아니라 시간의 경과 속에서 서서히 정착국의 사회와 문화로 점진적으로 이동해 가는 현상에 더 주목한다는 차이가 있다. 또한 초국가적 가족에 대한 관심에서는 한국의 결혼 이주 여성의 경우와 같이, 국가를 초월하는 가족의 형성과 유대의 문제를 대상으로 하여 이 용어를 사용하기 때문에 그 안에서 진행되는 이주 과정의 횡단 국가적인 진행이라는 것에 대한

이런 방식의 이주에 대한 이해가 필요하다는 문제의식은 매우 현실적인 상황과 연관이 있다. 무엇보다 독일 노동 이주자들이 갖고 있는 송금자로서의 위상을 집단적으로 살피면서도 그들 모두를 이와 동일시하고 또한 단순화시키는 것에 비하여 그것을 가능하게 하였던 그들의 실제 삶에는 관심이 없는 한국적인 상황이 그 하나이다. 한편으로는 단지 노동력만을 제공하고 다시 자신의 나라로 되돌아가야 하는 대상이라고 생각하였던 독일의 '초청 노동자' 정책에 담겨 있는 인식의 문제점이 이주자들의 삶을 얼마나 단편적으로 이해하고 있는지 하는 점을 지적하기 위해서이다. 이주는 국경을 넘는 단순한 물리적인 장소 이동일 수 없으며 인간적인 경험과 갈등과 적응, 그리고 변화들이 국경을 넘었으되 여전히 국경 사이를 가로지르며 지속되는 현상이다. 이 현상은 시간적으로 상당히 장기적인 규모를 통하여 진행되며 그런 이유에서 이주자들의 개인적인 고통과 갈등, 그리고 고독이 발생한다. 또한 이와 동시에 새로운 문화에 대한 낯섦은 점차 적응과 익숙함으로 변화하며 이 과정을 통하여 이들의 문화적 정체성은 변화를 경험한다. 그리고 이런 현상이 이루어지는 중심에 바로 가족이 있다.

여기서 가족은 확대가족이 아니라 핵가족이다. 한인들이 독일로 노동 이주를 가던 시기에 미혼이거나 일부는 가장으로서 가족을 남겨 두고 가는 경우가 대부분이었기 때문에 이들 한국에 남겨진 가족과 이주자 사이에는 멀리 떨어져 있지만 끊임없이 연결되는 요소들이 있다. 그중 하나가 단지 송금이라는 행위일 뿐이다. 또한 이주자들의 독일 생활이 장기화되면서 독일에서 가족을 다시 만드는 경우가 많았으며, 이것은 이주자가 독일에 정주하는 대

유사한 관심에도 불구하고 정확하게 이 장에서 다루는 횡단적인 가족 유대와 구분되는 대상을 다루는 것이다. 초국가적 가족이나 유대에 대해서는 김혜선(2012) 참고.

단히 중요한 요인이 된다. 여기서 이야기하는 가족은 바로 이런 의미의 가족이며, 각기 시간을 달리하면서 이들이 스스로 살아갈 곳이라고 스스로 규정하는 곳에 존재하는 가족이다. 오랜 시간이 지나 한국에 남아 있는 가족들과 유대가 끊어지는 것은 아니지만 독일에 가족을 이루고 난 후에 한국에 남은 가족은 독일에서 가족을 만들기 이전의 가족과는 또 다른 의미로 이주자들에게 다가온다. 이 변화 과정이 이주의 장기적인 진행 과정을 보여 주는 것이다.

본고의 목적은 두 가지이다. 하나는 이주의 양상을 전적으로 '국민국가적인 경계의 넘어섬'이라고 파악하면서, 이주민의 이동을 통하여 국민국가 경계 내 발생하는 사회문제가 무엇인지를 찾아내고 그 해결 방식에 몰두하던 이제까지의 이주에 대한 연구 경향 대신에 이주를 국경을 사이에 둔 두 문화 간의 횡단 과정으로 설명하는 것이다. 이는 이주사를 이주자 자체의 경험을 간과하고 지나치게 국가주의적이고 집단 중심으로 서술해 왔던 것에 대한 변화의 필요성 제기이기도 하다. 왜냐하면 이주민 자신에게는 이주 자체가 일회적으로 국경을 넘어가는 것으로 인식되기 보다는 이주하기 전의 국가와 이주한 국가의 문화를 장기간에 걸쳐 이동해 가는, 두 문화를 횡단해 가는 장기적인 과정으로 인지하기 때문이다.

다른 하나는 한인 노동 이주자들의 역사를 일상적이고 경험적인 내용을 통하여 살펴보되, 가족이라는 키워드를 중심으로 살펴보려고 한다. 실상 1960–1970년대에 독일의 초청 노동자 정책의 범주 속에서 독일로 갔던 임시 계약직 한인 노동자들이 그 길을 선택하고 단기적인 체류자에서 장기적인 이주자로 삶을 전환시켜 나가는 과정에서 몇몇 행정적인 절차를 제외하고 국경은 그다지 의미가 없었다. 그보다 그들의 이주자로서의 삶의 변화에 영향을 주었던 것은 바로 가족이다. 그 가족에는 그들이 한국에 두고 와 독일에서 그리워한 가족이 해당되며, 독일에서 새롭게 이룬 가족도 포함된다. 그들이 이주를 선택한 이유, 이주로 인한 변화 체험은 모두 가족을 중심으로 이루어졌기에 이주자 개인의 삶에서 이주는 가족과의 관련 속에서 경험하는 개인의 역사다.

이를 위하여 본고에서는 일차 자료로 1950년대 말부터 독일로 노동 이주를 간 이들의 사적인 자료들을 살펴보았다. 주로 한인 이주 노동자들과 인터뷰한 기록과 자전적인 글들이 그것이다. 독일로 갔던 이주자들은 국가적으로 집단 동원되었던 것이 아니고 개인적인 선택에 의해 간데다 독일 내에서의 경험 역시 매우 다양했기 때문에 개인들의 경험을 바탕으로 역사적으로 객관성 있는 내용을 구성하는 것은 쉽지 않다. 하지만 개인들의 다양한 경험은 이주자들의 일상적 삶을 보여 준다는 의미에서 국가주의적인 관점의 이주사를 극복하기 위한 유용한 자료로서의 충분한 의미가 있다. 한편, 객관적 사실과 관련된 내용에 대해서는 개인 자료를 보완할 만한 공적인 자료를 보완하였으며 관련된 연구 성과를 통하여 객관성을 갖추려고 노력하였다.

Ⅱ. 이주를 보는 눈 전환하기

이주를 보는 눈 전환의 필요성

20세기 후반부 이후 급속하게 증가하기는 했지만 이주는 인간 삶 그 자체의 역사와 같이 해온 현상이다.[6] 개인이나 그룹별 또는 전체 종족들이 모여서 주거지를 떠나 많은 시간을 거쳐서 다른 곳으로 옮기는 일은 모든 시기에 있었다(Treibel 1999, 11). 민족국가 형성 시기와 맞물리는 산업화 과정에 사람들의 이동이라는 요건이 없었더라면 제대로 진행되지 못했을 것이라는 것이 근대 세계의 이주를 관찰한 결론이다(Treibel 1999, 13). 그럼에도 불구하고 국민국가적인 틀의 안정성을 전제로 하여 그것의 급격한 변화가 목격되기 시작한 20세기 후반부의 이주는 매우 급격하고 강렬한 인상을 남긴다. 그리고 이는 다양한 연구 분야에서 다루어지고 있다.

이런 이유에서 자연스럽게 이주는 국민국가적인 틀이 하나의 기본적인 전제이자 당연함으로 보고 그것을 변화시키거나 그 안에서의 문화적·국가적 정체성을 약화시키는 양상으로서 다루어져 왔다. 예를 들면 이주민의 유입으로 인해서 나타나는 문화적 자극과 두 요소들 사이의 차이, 갈등, 적응 등에 대한 것이 그 하나이다.[7] 이주자들이 주로 유입되는 국가들은 서구의 자본

---

6 페트릭 기어리 역시 인간의 대규모 이동은 예외적인 현상이 아니라 일종의 법칙이라고 보고 있다. 이와 관련하여 페트릭 기어리(2004, 25–26) 참고.

7 문화적 갈등의 내용들에 대해서는 박단 외(2009) 참조.

주의적 발전을 이룬 국가들이 대부분이고 또 그들이 대부분 정도는 달리하더라도 복지국가적인 체제를 유지하거나 발전시키고 있는 국가라는 점으로 인해서 이 국가에 이주 노동자들이 유입되면서 만들어 놓았던 복지 체제에 대하여 부정적 영향을 준다는 연구도 진행되고 있다. 비록 소수이지만 그들 사이에 긍정적인 관계가 있다고 보는 연구도 있으나, 중요한 것은 이주 현상과 복지 체제 유지 사이의 상관관계에 대한 연구가 적지 않고(Banting 2005; Brady et al. 2005) 이런 경향은 넓게 보아 위 경향 속에 포함된다. 또한 이주민의 증가가 국가 내 교육 수준의 높고 낮아짐에 영향을 미친다는 교육학적인 고민은 물론이고 이주민과 이주민을 수용하는 국가의 교육 세대들의 교육도 이주 현상의 증가로 인해서 교육 내용과 방식을 변화시켜야 한다고 시의적 필요성을 언급하는 연구 역시 이런 범주에 들어간다(강선주 2002). 물론 문화적인 이질성을 둘러싼 논의나 해결을 위한 노력에는 한 국가의 범주만으로 설명될 수 없는 부분이 있다. 예컨대 서유럽 기독교 국가에 이슬람권의 이주민이 유입됨으로 인해서 종교적·문화적 갈등이 발생하고, 이를 해결하기 위한 노력이 이루어지는 것은 하나의 국가가 아닌 지역적 또는 문명 경계적인 개념으로 이야기할 수 있는 것이기 때문이다. 이주민을 수용하는 국가에서 다문화주의에 대한 많은 논의가 이루어지고 있는데(윤인진 2008) 이 역시 국가 차원에서의 이주 이해와 대처의 한 부분이라고 볼 수 있다. 오늘날 한국 사회에서 역사학뿐만 아니라 정치학, 사회학, 여성학 등에서 언급되는 다문화주의에 대한 담론들 역시 다문화적 사회를 구성하는 것에 대한 긍정이거나 부정이거나 상관없이 적어도 국경의 넘어감을 염두에 둔, 일종의 국민국가적인 안정성 추구에 기본적인 의식이 있는 것은 부인할 수 없다. 예를 들면 다문화주의에 대한 정의가 "문화 다원주의를 표방하는 정치적 이데올로기적 입장"이거나 "정부가 시행하는 정책, 국민 통합의 이데올로기 혹은 운동의 목표"로 정의되는 경우도 이런 의식을 보여 준다(문경희 2006; 김현미 2008).

이와 같이 국가 단위 또는 사회에 대한 관심 차원에서 이주를 바라보는 것 말고 이주를 다루는 다른 관점은 이주민을 주로 받아들이는 나라들에서 연구가 주로 집중되는 경향에서 미루어 짐작할 수 있듯 주로 문제 발생의 근원으로서 이주를 이해한다는 것, 그리고 사회 내의 다양한 정치적·경제적 입장에 따라 다르기는 하지만 이런 문제를 해결할 수 있는 방법을 찾는 연구들이 주로 진행되어 왔다는 것이다.[8] 앞서의 연구 예에서 교육 문제의 발생, 문화적 갈등의 발생에 주목하는 것도 여기에 해당한다. 특히 1990년대 글로벌화 과정에서 진행되는 노동 이주에서 주로 이주민을 받는 국가들이 경제적 선진국이며 이주하는 이들은 심화된 빈부 격차로 신음하는 가난한 나라 출신들이 더 많다는 것으로 인해서 이런 인식을 더 커가고 있다. 최근 들어 아프리카 등에서 유럽으로 불법 이주가 늘고 이로 인해 몸살을 앓는 나라들이 늘어가면서 이런 경향은 더 커져가는 것으로 보인다.[9] 이주자들이 이주 본국에 주는 긍정적인 효과에 대한 것이라고는 이탈리아 이주 노동자의 독일 유입으로 독일 사회에 스파게티와 피자 등의 빠른 조리는 물론 인스턴트화의 가능성을 가져옴으로써 독일의 식단이 풍요로워졌음은 물론 간단한 음식 준비가 가능해졌기 때문에 독일 여성들이 부엌으로부터 해방되고 궁극적으로 자신의 자유를 향유하는 데에 기여했다는 정도의 문화적 영향이 논의되

8 비록 그런 문제들을 해결하고 이주국 사회에 잘 통합하는 것을 염두에 둔다고 하더라도 이주민의 유입으로 인해서 사회 부조의 지출액이 증가하거나 범죄 발생율이 증가하는 등 유입 사회에 부담이 되는 요소들이 있다는 연구의 전제 역시 이주를 문제 발생의 근간으로 본다는 것은 매 한가지이다. 예를 들면 Piederstoerfer(2008).

9 예를 들면 "Welt der Wandernden." *Der Spiegel* 26/2006 또는 "이탈리아로 아프리카 난민 몰려." KBS News(2013. 10. 8.) 등.

고 있는 정도이다.[10]

다른 한편 이주민을 보낸 국가에 대한 연구 경우 역시 이주민 개인보다는 그들의 행위가 주는 국가적 또는 사회적 영향에 대한 관심이 주를 이룬다. 특히 노동 이주자들의 경우에 그 영향은 흥미 있게도 주로 그들이 본국에 송금한 돈과 관련 있다. 즉 이주민 자체보다는 그들이 벌어들인 돈의 사회경제적 영향, 즉 자국에 대한 경제적 기여 문제에 관심이 집중되고 그것이 자국에 미친 영향들이 관심의 대상이 되고 있을 뿐이다. 송금을 받는 이주 노동자의 가족들이 정확한 송금 액수를 밝히지 않는다는 점을 전제로 하고도 송금이 자국의 노동시장에서 고용 방식이나 노동시간 등에 어떤 영향을 미치는가 하는 문제는 이미 경제학적으로 연구가 되고 있다(Amuedo-Dorantes and Pozo 2006; Rodriguez and Tiongson 2001). 이런 긍정적인 요소와 함께 부정적인 요소 역시 주목되고 있는데, 예를 들면, 이들의 송금이 본국에 남아 있는 가족들이 자국의 노동시장으로 진출하려는 의지를 약화시킨다거나 주로 생산성 있는 노동을 통해서 소득을 높이려 하기보다는 그 돈을 가지고 여유 있는 시간을 보내는 데 사용한다는 연구 등이 눈에 띈다(Rodriguez and Tiongson 2001).

1990년 이후 노동 이주자가 증가하고 이들이 발생시킨 문제를 해결하고 고민하는 데 대부분의 관심이 쏠려 있는 한국 역시 이런 경향에서 크게 벗어나 있지 않고, 오히려 그 중심에 있다고 판단될 정도이다. 한국이 보냈던 노동 이주자들, 즉 1950년대 말 이후 독일로 갔던 노동 이주자들에 대해서 이

---

10 비록 민족적·문화적 다양성을 다소의 두려움으로 받아들이는 경향이 있기는 하나 도시적 소비와 생활양태에 있어서 이국 취향의 추구, 예를 들면 월드뮤직, 아메리카 인디언들의 철학, 민족 고유 요리 등은 동시에 매력적인 요소로 여겨지며 이주민으로 인한 문화의 다양성을 긍정적 부분으로 보기도 한다(마르코 마르티니엘로 2002, 17).

는 더 극명하게 나타나는 현상이다. 물론 최근에서야 시작된 이들에 대한 학술적인 연구들은 그들이 독일로 가게 되었던 이유와 역사에 우선 관심이 향했지만 그 외 사회학적·정치적 관심사들은 그들의 독일 사회 적응 문제나 독일 사회에서 어떤 사회적 영향력을 확보해 가는가 등 이주자로서 독일 사회에 통합되어 가는 문제에 집중되어 있다(Yoo 1996; Kim 1986). 하지만 그들의 노력이 가족에 대한 지원을 통해 한국 경제에 긍정적인 영향을 끼친 것에 대한 관심만큼이나 그들이 실제 노동 이주를 감행하면서 어떤 삶을 살았는지에 대한 관심 역시 필요한 시점이다. 이에 본고에서는 이주자의 인간적인 삶은 사장되고 국민국가적인 틀 내의 사회적 영역에 영향을 미치는 집단으로만 추상되는 이주의 역사에서 벗어나 이주자를 중심에 둔 이주의 역사를 살펴보려고 한다.

이주자를 중심으로 본다는 것은 '이주자가 보는 이주 행위의 의미'에 주목해 본다는 것이다. 국가에 속한 국민인 동시에 하나의 사회·문화적 구성원인 개인이 실제로 이주라는 행위를 통하여 변화를 인지하는 범위는 자신의 일상적인 삶 속일 수밖에 없다. 국가적 차원에서 국경을 넘어서고 국민국가의 테두리를 벗어나는 것이며, 사회·문화적으로 소속된 집단적인 영역을 벗어나 새로운 집단 영역으로 들어서는 것이지만, 이런 변화들에 대한 인지보다 이들에게 더 절실하게 다가오는 이주로 인한 변화는 일상에 있다. 이런 의미에서 이주자의 눈에 비친 이주를 일상의 차원에서 살펴보는 것은 국경을 넘는 행위로만 파악하고 그들의 삶을 이주 전후로 단절적이게 살펴보았던 이제까지의 이주 이해 방식과는 차별적이다. 또한 이런 접근에서는 이주가 국경을 넘어서서 다른 사회로 들어가는 단절적인 행위로 이해되고 그런 의미에서 국경 넘기로 이해되는 것이 아니라 국경을 가로지르며 장기적으로 자신이 과거에 속해 있는 사회나 문화와 분리되기와 다른 대상과의 만남, 그리워함과 적응 등의 과정을 통하여 생애를 거쳐서 진행하는 이주의 횡단적인 삶의 궤적을 살펴보는 일이 된다. 그럼으로써 이주의 의미는 단기적인 행위가 아니라 장기적인 것으로 규정된다. 실제로 이주자를 중심으로 보는 경우에 이들의 삶에는 국경을 넘는 하나의 과정이 아니라 이주국과 출신국 사이를 횡단하여 움직이는 하나의 힘이 작용한다. 그것은 우선적으로 공간적인 횡단이며 또 시간적으로는 과거와 현재 사이의 횡단이기도 하다. 이 힘의 중심에 있는 것은 앞에서도 언급했듯이 바로 가족이다. 이 가족은 실제로 이주의 원인이기도 하며 결과로 인한 변화를 겪는 대상이기도 하지만 이주자 자신에게 이주라는 행위의 변화를 인지하게 하는 일차적인 대상이자 범주가 되는 것이다.

이주의 문제에 있어서 가족은 연구자들 사이에서 이미 오랜 동안 관심의 대상이 되어 왔다. 가족들이 이주한 국가에 어떻게 적응해 가는지, 그곳에서 2세대나 3세대에 대한 교육에는 어떤 문제가 발생하는지, 이주를 진행한 세대와 후 세대 사이에는 어떤 갈등이 있는지, 이주 가족들이 자신의 고유 문화를 유지해 가는 과정이 가족들 사이에 어떤 문제를 야기하는지 등에 대한 연구가 이미 진행되고 있다(박혜준 2008; 김혜선 2012; Herwartz-Emden ed. 2000; Hary 2012; Alamdar-Niemann 1991; Dirim and Mecheril eds. 2009). 일반적인 이주가 아닌 노동 이주의 경우에서는 위의 문제들이 간과되는 것은 아니지만 주로 단기 계약을 하는 해외 노동 이주자들의 가족과의 문제에서는 앞에서 언급했듯 이주로 그들의 송금이 갖는 경제적 효과와 관련한 연구들이 눈에 띈다. 남은 가족이 본국의 노동시장에서 일정한 역할을 하게 되는지, 송금이 본국 가족의 임금 수입의 크기에 얼마나 영향을 미치는지 등에 대한 것이다(Rodriguez and Tiongson 2001; Amuedo-Dorantes and Pozo 2006). 본국 가족에 대한 경제적 기여뿐만 아니라 가족에게 남겨지는 심리적인 사회적 영향에 대한 연구들도 눈에 띈다(Thomas and Adhikary 2012). 이들의 연구는 그만큼 가족 단위의 이주가 아닌, 핵가족 내에서도 혼자서 국경을 넘어 노동 이주를 감행하는 경우들이 그 동기에서부터 목적에 이르기까지 가족이 갖고 있는 의미를 중요하게 생각하기 때문에 이루어진 것이다. 하지만 노동 이주자 개인의 주관적인 역사 속에서 가족은 실은 더 큰 의미를 갖고 있으며, 이주 계기와 이주 경험 속에서의 문화적 적응이 표출되는 부분에서 그리고 단기적인 예정의 노동 이주에서 정주로 진행되기까지 이들의 이주사의 키워드는 가족에 있었다. 여기서 가족이란 확대가족의 의미보다는 핵가족의 의미가 더 크며, 오늘날의 노동 이주보다는 2차 대전 이후 독일 사회 경제적 부흥기에 독일로 가 정착한 노동 이주자들에게 더 의미가 있었다.

한인 노동 이주의 조건

일반적인 이주보다 더 구체적인 의미를 갖는 노동 이주, 그리고 특히 다른 이주 노동자들과는 달랐던 1960–1970년대의 한인이주자를 중심으로 이를 설명하기 위해서는 그 시기 독일 노동 이주의 역사에서 한국인 희망자들에게 요구되었던 요건들, 그리고 대부분의 한인 이주 노동자들이 감수해야 했던 몇 가지 전제 조건을 열거해야 할 것 같다. 먼저 그들은 노동 이주자로서 '혼자' 가야 했다는 점이다. 1955년 이후 외국인 노동 이주자를 받아들였던 독일인, 특히 정책 입안자들에게 이들은 인간으로서보다는 노동력 제공자로서의 의미만을 가지고 있었을 뿐이었다. 왜 이들이 주로 '혼자' 독일에 갔어야 했는가 하는 데에는 독일 사회가 유지하고 있던 사회복지 시스템의 혜택 문제는 물론 독일 정착의 가능성을 고려한 것과 관련이 있다. 외국인 노동력은 필요했으나 외국인의 국내 정착을 극도로 경계했던 스위스에서 이미 시작된 것으로 알려진 로테이션[Rotation] 정책은 현재에도 외국인 이주 노동력을 고용하는 많은 선진 자본주의 국가에서 여전히 시행하고 있다. 그 이유는 여전히 정착의 가능성을 줄이기 위한 것이다.

두 번째, 이들은 젊은 나이에 미혼이어야 했다. 독일이 당시에 필요했던 노동력은 단순하지만 육체적인 힘을 필요로 하는 분야에서 일을 할 수 있는 이들이었기에 젊을수록 더 선호되었다. 당시 독일은 경제적 기적 속에서 노동하려는 사람보다 노동자를 필요로 하는 직장이 넘쳐 났고 독일 젊은이들은 보다 나은 조건의 직업을 찾아갔기에 외국인에게 남는 일은 단순하고 육체적인 노동을 주로 하는 것들이었다. 따라서 원하는 대상자들은 고용이 가능한 선에서 젊은 나이여야 했기에 대부분 20대거나 적어도 30대였다. 게다가 간호 여성의 경우에는 미혼이 원칙이었는데, 이는 독일 간호업의 역사와 관련 있다. 전통적으로 간호는 여성, 특히 집안의 여성이 담당하는 것이었고 그 외 공적인 기관에서 병자를 수발하는 경우에는 집안에서 돌보기 힘든 이들에 대한 간호가 대부분이었기에 공적인 영역에서의 간호업은 원래 수녀들이 담당해 왔다(나혜심 2009, 279). 수녀는 결혼하지 않는 것이 원칙이었고, 이런 전통은 1960년대 독일에서도 그리 달라지지 않았다. 물론 19세기에 들어서면서 간호업의 세속화는 시작되었고 결혼한 여성들이 간호 일을 하고 있었지만, 그 직업적인 특수성은 적지 않은 곳에서 지켜지고 있었다. 또한 1960년대에 이르기까지 전후의 경제적 풍요 속에서 2차 대전 시기에 전쟁을 나간 남성을 대신하여 여성들이 여러 방면의 직업에서 활동했었지만 전후에 전장에서 돌아온 남성들에게 그 직업은 넘겨졌고, 가족 이데올로기가 확산되면서 여성의 직업은 결혼 이전이거나 적어도 첫 아이를 갖기 전까지만 갖는 것이라는 인식이 퍼져 있었다. 물론 미혼의 경우에 가족 수당이나 모성 보호를 위한 다양한 조치들로부터 제외될 수 있었기에 더 선호되었다. 광부의 경우 적지 않은 이들이 기혼이었는데[11] 가족은 동반할 수 없었다.

세 번째는 두 번째 요인의 영향으로 해서 이들은 대개 독일에서의 이주 노동자 시기를 소위 당시 한국이 갖고 있던 사회적 개념인 결혼 적령기에 살고 있었고 결혼은 이주 생활의 한 부분이 되기 쉬운 상황이었다는 것이다. 이들이 결혼 대상자를 찾는 문제는 당시 이들 문제에 관심을 갖고 있는 독일 관청에서도 관심을 갖는 사안일 정도였다. 그리고 개인적으로도 시간이 지나면서 처음에 한국을 떠날 때 헤어짐을 가슴 아파했던 한국에 남겨 둔 가족을 대신하여 독일 사회에 뿌리를 내리는 중요한 기반으로 가족을 갖게 되는 것이 일반적이었다. 당시에 갔던 이들 중 많은 이들이 귀국하고 한국에서 결혼하거나 가족과 재회했지만, 독일에 남아서 오늘날 독일의 한인으로 살아가는 이들에게 있어서 독일에서의 결혼은 그들의 이주 과정에서 일종의 전환점이 되었다.

11 광부의 경우 약 40%가 미혼이었다고 한다. 이에 대해서는 재독한인글뤽아우프회(2009, 81) 참조.

Ⅲ. 한인의 독일 노동 이주: 가족의 범주로 들여다보기

이주는 오랫동안 인간 삶의 한 부분이었다. 일자리, 정치적·경제적·종교적인 이유에 의한 장·단기적인 이주와 특히 학업, 직업 그리고 단기간의 계약과 귀국을 전제로 하는 단기 이주가 있는데, 후자에 속하는 것이 한인 이주자들의 노동 이주였다(Muñiz-Solari and Schleicher 2010). 주로 한반도의 주변 국가들이나 아메리카로 농업 이민을 떠났던 한국인들은 1950년대 말부터 한국에서 대단히 멀리 떨어져 있는 독일로도 노동 이주를 떠나게 되었다. 2013년도에 소위 '파독' 50주년 행사가 여러 곳에서 열렸던 것처럼 한국 사회에는 광부가 독일로 노동 이주를 떠났던 1963년 12월의 기억이 역사적 기억으로 확고하게 자리 잡았지만 실은 이들의 독일로의 노동 이주는 그보다 몇 년 더 앞서서 시작되었다.

1950년대 경제 부흥기와 더불어 노동력 부족을 경험하고 있던 독일과 한국전쟁 이후 외국의 지원을 바탕으로 복구를 진행하고 있던 한국 사회는 서로 아주 먼 거리지만 연결되어 있었다. 그리고 이러한 연결된 관계는 당시 국제적인 관계, 독일의 선진 자본주의 국가로서의 역할, 한국과 독일의 개발원조를 매개로 한 역할 등 더 다양한 요소들과 결합하여 독일 사회의 노동력 부족과 한국 사회의 실업자 해소 및 개인의 보다 나은 삶에 대한 기대, 그리고 국가적인 재정적 이해 추구의 목적을 해결하기 위한 방식으로 노동 이주가 시작되었던 것이다. 하지만 여기에는 비단 양국의 노동시장을 중심으로 하는 경제적·사회적 원인만 작용했던 것은 아니고 냉전을 축으로 하는 국제적인 동맹 관계가 또 일정한 역할을 하였다.

한국에서 노동 이주를 떠났던 이들은 1950년대 말, 처음 간호 학생들로부터 시작해서 기술 교육생 유형의 광부들이 있었다. 그리고 1966년에 이르면 한국에서 간호 교육을 받은 면허 간호사들이 독일로 가게 되었다. 광부의 경우 1950년대에 독일에 가서 일하던 일본 광부의 차후 계획을 이어서 개발 원조 차원에서 기술 교육생으로 가게 되었으며, 그렇기 때문에 이들의 경우 고용계약의 연장은 불가한 처지였다. 직업적인 이유에 의해서가 아니라 기술 교육생이었기에 교육을 마친 후에는 한국의 광산업에 기여하기 위한 목적을 수행하기 위하여 귀국하도록 되어 있었기 때문이다. 하지만 간호 인력의 경우에는 비록 계약이 3년으로 제한되어 있기는 했지만 독일의 병원이나 요양원, 양로원 등에서 지속적으로 간호 인력이 부족한 상황이었기 때문에 지역에 따른 편차는 있지만 이들의 재계약은 그리 어려운 일이 아니었다. 1966년경부터 시작된 교육된 면허 간호사들의 이주는 곧 이어서 간호조무사들의 고용 이주로 이어졌는데, 이는 면허 간호사들이 한국의 의료현장을 벗어나는 바람에 한국 의료계에 어려움이 나타났기 때문이다. 물론 당시 한국에서는 시기마다 차이는 있었지만 적지 않은 간호 인력 양성소가 있어 많은 인원이 배출되고 있었지만 한국인들이 특별하게 위중한 상황이 아니고서는 병원을 찾지 않는 관계로 실업 상태에 있는 이들이 많았기 때문에 전반적으로 의료 인력, 특히 간호 인력의 부족을 전면적으로 야기했다는 것은 수치상으로 맞지 않는지도 모른다.[12]

---

12 예를 들면 당시 언론에 보도되었던 노예 매매나 한국의 위기 상황을 독일의 이익을 위해 사용한다는 다양한 비판에 대하여 독일의 카리타스에서는 1972년 5월 18일의 한 보고서에서는 한국의 간호학교와 학생 수, 실제로 이들 중에서 취업하는 이들의 숫자를 들며 이 비판이 근거 없는 것임을 주장하기도 하였다. 이에 대해서는 "Falsche Gerueche ueber korenische Krankenschwestern." 18. Mai 1972. Archiv des Deutschen Varitasverabndes Sig. ADCV. 380.40. 047 Fasz 01.

그러나 간과해서는 안 될 것은 이미 병원에서 일하고 있거나 일했었던 이들, 보다 많은 경험을 가진 이들이 독일로 빠져나가는 상황 속에서 한국 의료기관에는 1년 미만의 경험을 가진 이들이 간호 행위를 함으로써 위중한 상황에 대응하는 것이나 전문적인 간호 인력이 감당해야 할 부분에 문제가 있었기 때문에 독일로의 간호 인력 유입으로 인한 한국 사회의 의료 상황 위기는 과장된 것이 아니었다. 한국에서 발간되는 영자 신문 *The Korea Times*를 인용하여 1971년 7월에 독일의 신문인 *Sueddeutschen Zeitung*에서는 당시 한국에 머무는 한 외국인 교수의 인용을 빌어서 이 문제를 보도하였다. 그의 판단에 의하면 한국인 간호 인력을 독일로 데려가는 문제로 인하여 한국이 얻는 경제적 이익은 연 100달러라고 볼 수 있는데, 그 대가로 한국에서는 약 10명의 사람이 간호를 제대로 받지 못하여 죽어간다는 것이었다.[13] 독일은 오랫동안 이와 같은 국내외적인 비난을 받았다.

어쨌든 이런 상황에서 독일의 의료 인력 보내기를 위한 간호조무사라고 하는 속성의 간호 인력 양성이 시작되었다. 면허 간호사가 독일로 가기 전부터 독일로 중재되었던 간호 학생의 경우나 다른 분야의 기술 교육생에 대한 정확한 정보나 기록이 없는 상태에서 간호사와 광부의 경우 모두 약 2만 명 정도가 독일로 간 것으로 알려져 있다. 또한 간호장교의 이주 역시 1972년경부터 시작되었지만 이들에 대한 연구 성과는 아직 없는 상황이어서 정확한 규모나 진행 과정에 대해서는 알 수 없다. 한 가지 유의해야 할 것은 이들이 모두 병원으로 간 것은 아니고 양로원이나 결핵 환자 요양원, 정신 병동 등에도 고용되었다는 점이다. 한국적인 의미에서의 간호업 이외에 양로나 요양

13 이 내용은 "Der einen Not–der anderen Nutzen"이라는 제목으로 독일의 *Die Zeit*지에 1973년 1월 12일에 보도되었다.

인력 분야에서의 한국인 노동 이주의 역사가 독일에서 이루어지고 있었다는 것이다.

알려진 대로 독일로의 이주는 독일이 고용 협약을 체결했던 다른 많은 남유럽과 지중해 유역의 국가에서 온 노동자들에게도 마찬가지로 계약 기간 동안에만 고용과 체류가 가능하고 다시 자신의 나라로 돌아가는 것을 원칙으로 하였다. 따라서 당시 이주 노동자들에 대한 많은 정책에는 이들의 독일 노동시장에서의 고용과 사회적 적응의 문제와 더불어 늘 귀국 시 재취업이나 적응 문제는 독일 사회의 관련 기구들의 관심거리가 되었다. 이런 상황 속에서 한국인 이주 노동자들이 모두 귀국하지는 않았다. 나중에 다시 언급하겠지만 당시의 적지 않은 노동 이주 희망자들은 한국을 떠나는 것을 이미 한국에서부터 희망하고 있었고 그 대상지는 대부분 미국이었지만 다른 잘사는 나라에서의 새로운 삶도 꿈꾸고 있었다. 따라서 고용계약을 마친 이들 중 일부가 처음에는 주로 미국으로 그리고 나중에는 주로 유럽의 다른 주변국들로 재이주를 떠났다. 이들 중 일부가 귀국하고 나머지가 독일에 남았고, 오늘날 독일 사회의 다른 많은 이주자들과 마찬가지로 소수 문화 집단으로서 살아가고 있다.

1990년대 이후와 같은 국경 넘기가 수월한 시대도 아니었던 시기에 언어적·문화적으로 매우 상이한 두 나라 사이에서 노동 이주가 이루어진 것은 매우 다양한 요인을 배경으로 한다(나혜심 2009). 광부와 일부 단순 기술직, 간호사, 간호조무사, 간호 학생, 그리고 기술 교육을 명분으로 하는 노동 이주는 약 30년 가까운 고용의 역사를 거치면서 진행되었고, 그들 중 일부가 독일에 정착하여 약 50여 년의 시간을 지나면서 현재 약 3만 5천여 명으로 추산되는 독일 한인 공동체의 인적인 기초가 되고 있다. 공적인 또는 사적인 중재에 의해서 이루어진 이 이주에서 노동 이주를 자처하였던 이들에게 이주 동기나 삶, 그리고 장기적인 정착 과정으로 이어지는 과정에는 가족이라는 연대가 근본적으로 중요한 의미를 차지하고 있었다. 그 시기 독일로 이주 노동을 갔던 한인들에게 가족은 이주 동기를 제공하고 이주라는 현실을 리얼하게 인식하게 하는 대상이었다. 또한 장기적인 정착을 위한 수단이 되기도 했고 노동 이주자의 삶에서 정주를 한 이주민으로 변화하는 과정을 그대로 발현하는 기제이기도 했다.

이주: 국가를 가로지르는 이동

1. 이주와 가족: 송금의 다른 의미

노동 이주는 일반적으로 그것을 선택한 이들에게 있어서 다른 무엇보다도 경제적인 이유가 주요하게 작용한다고 알려져 있다. 한국인의 독일 노동 이주뿐만 아니라 터키, 유고슬라비아, 이탈리아 등 출신으로 동일한 시기에 독일로 노동 이주를 갔던 이들 대부분이 그러하였다. 이들뿐 아니라 오늘날에도 여전히 노동 이주는 기본적으로는 경제적인 이유와 관련이 있다. 오늘날에도 대부분 노동 이주는 경제적으로 빈곤한 국가 출신들이 경제적 선진국으로 유입되는 방식으로 진행되는 것도 바로 이런 이유에 대한 명확한 증빙처럼 보이기조차 한다. 그래서인지 이들의 삶에 대한 평가가 본국 가족에게 송금Remittances하는 것을 중심으로 논의가 주로 진행된다. 이런 연관성 속에서 경제적인 이유로 인한 가족들 생계의 어려움이 이주 동기로서 당연시 되고 송금은 노동 이주자들이 필연적으로 행하는 것으로 간주되어 왔다. 따라서 오늘날 이주 노동자 유출국에 대한 연구 주제 중의 하나로 송금의 사회적·경제적 영향은 다른 어떤 주제보다 적극 연구되고 있다. 하지만 송금이 이주자 개인에게는 가족과의 관계를 설명하는 다른 의미를 갖는다는 사실은 대체로 간과

되곤 한다. 여기서는 그것에 대해 설명하고자 한다.

물론 경제적 의미에서 이주자가 본국의 가족에게 보내는 금액은 그 양적인 측면에서도 매우 의미 있는 것은 분명하다. 송금의 가치는 실제로 1960년대나 1970년대만이 아니라 오늘날의 경우에도 적지 않고 오히려 증가하고 있는 추세이며 경제 발전의 상황을 염두에 두면 송금액이 1990년대 대부분의 저개발 국가들이 외부에서 개발원조를 받는 금액을 앞지르는 정도라는 점은 주목할 만한 일이다(The World Health Organization 2004, 597). 정부에서 정책적으로 외국으로 노동 이주를 보내기 위해 간호 인력을 양성하는 것으로 알려진 필리핀의 경우, 외국에서 보낸 송금액의 규모는 상당하다. 예를 들면 1993년에 8억 달러의 송금이 이루어진 것으로 알려져 있다(Aiken et al. 2004, 75). 즉 이주 노동자가 자국에 보내는 송금의 가치는 나라에 따라서는 매우 중요한 비중으로 다룰 만큼 중요하기도 하다는 것이다.

물론 당시 한국의 경제·사회적 상황을 고려해 보면, 경제적 사유를 독일 노동 이주의 전적인 동기로 파악하는 것은 당연한 것으로 보이기도 하다. 독일로 갔던 이주 노동자들이 한국으로 귀국할 것인가 또는 독일에 남을 것인가 고민할 때 각기 어떤 이유에서 이런 고민을 하게 되는 것인가에 대하여 인터뷰를 통해 분석했던 최재현의 조사 속에도 대상이 되었던 한인들은 자신의 가족이 가난했기 때문에 독일로 갔다고 대답했다. 가족의 생계를 지원하는 즉각적인 지원뿐만 아니라 그들은 돈을 부지런히 벌고 모아서 귀국하고 난 뒤 한국에서의 미래생활에서 보다 나은 물질적인 조건이 되어 줄 소규모 자본, 대개는 집이거나 토지에 대해 꿈꾸면서 가족에게 돈을 보낸 이들이 많았다.[14] 광부로 갔던 남성이나 간호 인력으로 갔던 여성들 모두 이 범주 안에서

---

14 한국으로의 귀국과 독일 정착 이유에 대한 인터뷰 속에서 당시 한국인들은 대부분 한국에 토지를 사거

크게 벗어나지 않는다. 약 60%의 남성들이 가장으로서의 책무를 다하기 위하여 광부로의 일을 자청하면서 높은 경쟁률을 뚫고 독일로 갔다. 나머지 남성들과 약 90% 이상의 여성들이 미혼의 상태에서 독일로 갔고, 번 돈을 한국에 있는 가족들에게 보냈다. 즉 한인의 노동 이주 역시 그들의 경제적 동기, 그리고 송금이라는 요소가 분리될 수 없다는 것이다. 한인들의 이주 노동이 상당 정도 진행된 시기, 독일에서 바라보는 이들의 이주 원인에 대한 분석도 이러한 상황에서 크게 차이가 있지 않다. 독일의 마인츠 지역에서 한국인 간호 여성들의 독일 생활 적응과 직업적인 어려움, 그리고 한국에 있는 가족과의 관계를 관리하는 문제까지, 전반적으로 이주 여성들의 독일 사회와의 적응을 돕고 있던 한 사회복지사는 1972년 6월에 자신을 고용하던 기관인 카리타스에 보낸 보고서에서 자신이 파악한 한인 간호 여성들의 이주 동기에 대하여 다음과 같이 보고하였다.

우선, 자신은 물론 가족의 경제적 상황을 개선하는 데 도움이 되도록 보다 나은 수입을 기대해서였다. 당시 한국 사회의 간호 인력들이 받던 임금과 비교해서 월등이 많았던 독일의 봉급에 대한 기대였다. 그 다음으로 언급된 것은 한국에 남겨 두고 온 가족들에 대하여 경제적 지원을 하는 것이었다. 한국 사회에 남은 가족들이 다른 가족 구성원의 교육비로 사용하거나 농사지을 땅을 구매하거나 주택을 마련하는 데에 이들의 지원이 보태졌다. 그 다음에는 자신이 보다 나은 교육이나 훈련을 받을 수 있는 기회로 여기고 있었다는 것이다. 당시 매우 빈약했던 독일에 대한 정보 속에서도 독일은 기술이 발달하고 선진적인 국가라는 것이 한국 사회에 널리 알려져 있었기 때문에 보다 나

나 집을 사거나 아니면 돈을 모아서 자신의 가족과 자신의 앞날을 대비하려고 하였던 바를 알 수 있다 (Choe and Daheim 1987, 69ff).

은 기술과 지식에 대한 욕심은 당시 많은 이주 노동 희망자들에게 당연한 기대였다. 그런데 이와 함께 매우 흥미 있는 또 다른 한 가지가 이주의 원인으로 언급되고 있는데, 그것은 이주 노동을 희망하는 이들이 갖고 있던 당시의 한국 상황에 대한 회의적인 전망이다. 당시 한국이 당면한 사회·경제·정치적 상황에 대한 불안감과 회의적 전망 때문에 가능하면 한국 사회를 떠나고자 하는 염원이 당시에 아주 광범위하게 확산되어 있었던 것이다. 그래서 그들 중에는 독일로의 이주를 또 다른 제3의 국가, 특히 미국, 캐나다 등으로 이주하는 방편으로 삼고 있었던 이들이 많았다.[15] 국가 주도의 경제적 근대화가 시작되고 급속하게 사회적 분화가 진행되는 사회에서 젊은이들이 갖는 해외에서의 생활에 대한 기대는 이와 같이 다양했고, 그런 이유에 의해서 독일로의 매우 두렵고 낯선 길을 나섰던 것이다. 송금은 이런 이유에 의해서 독일에 도착한 이들의 목표 중의 하나였다. 결코 이주의 유일한 동기이거나 이주 노동 감행의 역사가 갖는 의미의 모든 것이 아니었다.

그럼에도 불구하고 한국 사회 역시 독일로 노동 이주를 보낸 이들의 삶에서 송금에 거의 전적으로 주목하며 실질적으로 다소 과도하게 의미 부여를 하는 편이다. 물론 당시 한국의 경제 사정은 누가 보더라도 어려웠다. 그리고 앞에서 보았듯이 경제적인 이유가 노동 이주의 기본적인 전제로 깔려 있었던 것도 사실이다. 특히 당시 한국의 많은 남성 노동자들이 독일로 취업한 원인으로 작용했던 실업은 그 자체가 경제적인 요인이라고 볼 수 있다. 게다가 남성 노동자의 경우 거의 60% 가량이 기혼이었기 때문에 가족의 생계에 대한

15 "Situation der koreaner in der Bundesrepublik und im Rhein–Main–Gebiet, Probleme und Moeglichkeiten der Hilfe" 30. Juni 1972. Archiv des Deutschen Caritasverbandes Sig. ADCV. 380. 40.047 Fasz.01.

책임을 지고자 하는 이들 가장들에게 이주 동기는 압도적으로 경제적 이유를 통하여 설명될 수 있다. 즉 어느 면으로 보나 노동 이주에서 송금은 매우 중요했다.

하지만 송금에 대한 높은 의미 부여에도 불구하고 일반적인 인식과는 달리 이는 의무이거나 강제 사항은 아니었다. 괴팅엔Goettingen에 살고 있는 한 간호 여성은 독일에 남아서 살고 있는 여성 간호 인력들이 회고적인 단문들과 몇 몇 자료를 통하여 자신들의 역사적 기록을 남기고자 하는 의도로 발간한 책, 『파독』에 자신의 독일 생활 시작에 대한 회고담을 쓰면서 김포공항에서 출국 전에 어느 큰 방에 간호사들을 모이게 하고 어떤 은행원이 적금에 대해 설명하면서 "어느 정도의 금액은 3년 동안 정기적으로 한국으로 보내는 것이 의무"라고 하여 사인을 했노라고 쓰고 있다(양희순 2008, 355). 이는 아주 예외적인 경험담이었으므로 이것이 은행 차원에서 진행된 것이었는지 정확하게 알 수는 없다. 하지만 더 많은 인터뷰 대상자들에 대한 조사 결과들에 의하면 이는 강제적인 조항에 의해서나 강요에 의해서가 아니라 자발적인 선택에 의한 행위였다. 앞서서 은행원이 했다는 이야기는 오히려 아마도 당시 정부나 또는 사회적인 차원에서 독일로 가는 이주자들에게 기대했던 희망이 표출된 방식이었을 수도 있다.

글로벌라이제이션 현상과 이주의 증가 속에서 핵가족 내의 한 구성원이 노동 이주를 가고 본국의 가족이 이를 받아서 생활하는 것이 오늘날 지구적 차원의 이주 현상 속에서 일반화되어 있기에 이는 어느 정도는 이해할 만한 일이기는 하다. 하지만 같은 유형의 노동 이주이기는 하지만 이는 1960-1970년대 한국의 독일 이주 노동자의 보습과 완전히 동일한 것으로 볼 수는 없다. 비록 광부 중 약 60% 정도의 기혼자들의 유형이 오늘날 인도의 캐랄라Kerala 지방의 이주 노동자 가장의 모습과 겹치기는 하지만 이들을 포함하여 많은 한인 노동 이주자들에게 송금은 그들이 노동 이주를 떠난 이유이자 목적으로 유일한 것은 전혀 아니었다. 그들의 목적에는 가족의 생계 지원뿐만 아니라, 자신의 미래를 위한 투자와 자금 모금, 더 넓은 세상 경험, 자유로운 삶에 대한 동경 등 더 많은 이유들이 작용하고 있었기 때문이다.

심윤종의 설문에서 전체 152명 중에서 39.4%의 인원이 경제적 이유에 의해서, 그리고 각기 공부의 가능성을 찾기 위해(25.3%), 견문을 넓히기 위해(23.6%) 독일로 갔다는 답변을 했다(심윤종 1975, 1826). 또한 약 57.2%의 여성들이 정기적으로, 그리고 17.8%의 여성들이 간헐적으로 가족에게 송금을 하였다고 했다. 25% 정도의 여성이 전혀 송금을 하지 않았다. 물론 이런 이야기를 하는 것은 단 몇 십 마르크 정도만을 남기고 한국으로 송금하여 가족들의 경제적 상황을 도왔던 적지 않은 이주 노동자들의 대단했던 행위의 의미를 절하하기 위한 것은 아니다. 당시 간호 일이 일종의 서비스업에 해당했기 때문에 일하던 한인들 중에는 환자들로부터 팁을 받는 이들이 많았고 어떤 이들의 경우, 월급으로 받은 돈은 모두 가족에게 보내고 자신은 팁만으로 살았던 경우까지 있었다. 그만큼 송금에 대한 이들의 열의는 대단했다.

그럼에도 불구하고 자신과 한국의 가족들이 처해 있던 상황에 따라서 송금은 모두 각기 다양하게 진행되었고 가족에 대한 지원에 대해 고려하지 않는 이들도 있었다. 결국 송금이라는 것으로 이들의 이주자로서의 경제적 소득에 대한 행동 방식을 일반화시킬 수는 없다는 것이다. 이는 송금의 의미를 평가절하하려는 의도거나 또는 송금을 다 했었어야 한다고 이야기하려는 것은 더구나 아니다. 그것의 상대화가 필요하다는 것이다. 송금이라는 행위로, 독일로 갔던 이주자들의 모든 이주를 원했던 동기를 일반화하고 이들이 꿈꾸었던 미래에 대한 투자와 노력을 희생으로 단정시키는 것은 자신들의 삶을 개선시키려던 모든 계획을 가난에 대한 수동적인 대응으로 일방적으로 단편화시킬 수 있다는 점을 이야기하고 싶은 것이다.

이들의 이주 동기와 관련해서 간과해서는 안 되는 점 중 하나는 이들의 노동 이주가 이루어지는 시기 동안 한국 사회는 급격하게 사회·경제적인 변화 속에 있었다는 점이다. 1950년대 말에서 1977년까지 거의 30여 년의 시간 동안 개발독재 속에서 급격한 경제적 근대화와 도농 간 차이, 사회적 양극화는 심각하였다. 이 변화는 이 시기 동안에 독일로 갔던 이주 노동자들이 처해 있었을 경제적 조건의 다양함, 그래서 이주 동기의 다양함을 의미한다. 또한 이런 다양성과 함께 그들이 경험한 것들 위에서 이주를 통하여 이루고자 했던 목적의 다양함 역시 간과해서는 안 된다. 간호조무사로 갔다 의사가 된 이영숙은 그의 자전적인 글에서 독일에 도착하여 알게 된 P라는 여성에 대하여 이야기했다. 이영숙은 가난한 집안의 맏이로서 한국에서부터 이미 가정에 경제적 도움을 주는 역할을 하고 있었지만 P라는 여성은 이와 매우 달랐다. P는 피아노를 배웠고 집도 잘 살았다. 그런 P가 독일로 노동 이주를 간 이유는 장래에 대해 부모님과 의견이 달랐기 때문이다. 그녀는 공부를 잘했고 그래서 부모님은 서울대학교로 진학하기를 원했지만 자신은 피아노를 계속하고 싶었기에 부모님의 바람을 따를 수 없어 음대에 진학하고자 독일로 떠나왔었다고 이야기하였다(이영숙 2009, 35). 반드시 경제적 어려움과 이주 시도가 연결되지 않는 경우는 이 여성에게서만 유일한 것은 아니었다.

역시 넉넉한 집안에서 자랐지만 특별히 대학 진학에 대해 뜻이 없이 머물던 한 여성도 경험의 폭을 넓히라는 오빠의 조언을 받고 독일로의 노동 이주를 결심하였다. 또한 한국 사회가 갖고 있는 다양한 선입견, 문화적 폐쇄성 등으로 인해서 여성에게 강요되고 있던 부자유함으로부터 벗어나서 자유를 찾아 떠나려는 자신에게 이를 막기보다는 시야를 넓힐 기회를 삼을 것을 이야기하며 보내 주었던 아버지를 가지고 있던 여성도 있다(Berner and Choi eds. 2011, 92). 반드시 경제적 이유만이 아니라 가부장적인 사고와 남존여비의 인습 속에 갇혀서 자신의 꿈을 펼칠 수 없었던 여성들이 그 틀을 깨고 싶었던 동기 역시 이와 관련해서 간과할 수는 없다. 이와 같이 남의 나라로 이주 노동을 선택해 떠나고자 했던 동기와 목적에는 송금 행위에 담긴 일률적인 이미지, 가난한 가정과 가족에 대한 희생으로만 획일화시킬 수 없는 것들이 있었다. 1960년대와 1970년대의 가난함, 사회적 변화의 급격성, 정치적으로 혼란스러운 상황, 그 과정에서 급격하게 변화해 가는 의식들, 앞을 짐작하기 어려운 사회적 혼란과 미래에 대한 불투명한 전망 등 당시 한국 젊은이들을 먼 타지로 몰았던 이유는 매우 다양했다. 더구나 외국으로 떠나는 일을 아무나 할 수 없었던 시기에 광산 일이든, 간호 일이든 업종을 세세하게 따지며 떠나기를 머뭇거릴 만한 이유가 없었다. 거칠고 힘든 노동에도 불구하고 다양한 상황에 처한 이들이 망설임 없이 떠날 수 있었던 이유는 이렇게 많았다. 이렇게 다양한 이주 이유와 목적을 송금이라는 행위로 일원화시킬 수 없는 이유는 다양한 미래에 대한 이들의 희망을 간과할 수 없기 때문이다.

그러면 송금이라는 행위를 통해서 이주 노동자들의 삶을 이해할 수 있는 다른 의미는 어떤 것이 있을까? 결론적으로 이야기하면, 국경을 가로지르며 이들이 여전히 가족 내 장성한 자녀로서, 장남으로서 장녀로서 일정한 의무를 하고자 하는 인습, 관행을 가지고 있었다는 것이다. 그것은 한국 내의 다른 공장 지대, 청계천에 있는 당시의 노동력들과 다름이 없는 것이었고 차이가 있다면 단지 국경을 사이에 두고 이 관계들이 유지되고 있었다는 것이다. 국가에 대한 의무로서가 아니라 가족에 대하여 당시 한국 사회 대부분의 장성한 이들이, 특히 장남이나 장녀들, 또는 가족으로부터 권리보다는 의무를 더 많이 부여받은 여성들이 갖고 있던 가족에 대한 도덕적·인습적인 의무들이 실행되는 방식이었다. 다시 이야기하면 국경을 가로지르는 가족의 유대,

의무, 도덕적 심성 등이 존재하고 있었던 것이다. 그것이 국경을 가로질러서 송금이라는 행위로 나타났던 것이다. 비록 몸은 독일에 있지만 한국에 있는 가족들에 대한 지원을 통하여 가족의 현재 상황과 미래, 그리고 그 일원으로서 장래 자신의 삶이 개선되기를 기대하는 일상적인 행위로서 송금이 행해졌다. 이들의 송금은 이미 한국에서 이들이 감당하고 있던 역할의 연장인 경우가 많았다. 이 유대 관계를 제외하고 노동 이주자의 삶을 이해하는 것은 어렵다.

> "내가 간호학교로 진학한 직접적인 동기는 직업을 배워서 직장을 얻게 되면 경제적으로 기울어진 집안을 속히 일으켜 세우는 데 애 쓰는 어머니를 도울 수 있다는 점이었다."[16]
>
> "부모님은 어려서부터 내게 아들 노릇을 해야 한다고 하면서 동생들을 보살피다가 시집은 늦게 가라고 하셨다."[17]

위 첫 번째에 인용된 여성의 경우는 독일로 노동 이주를 가기 전에도 당시 한국에서 학비가 면제되던 간호학교에 들어가서 가족의 경제적 지원을 하였던 이였다. 이런 행위는 일종의 의무감으로 여겨졌던 맏이의 책임감에서 연원하는 것이었는데 이것이 그대로 이주 노동의 선택으로 이어졌던 것이다. 이와 같이 부모에게 경제적 도움을 주려는 자녀로서의 역할은 독일로의 노동 이주 이전부터 진행되고 있었던 바이며 다만 국경을 넘게 되면서 국경을 가로질러 의무감은 계속 실행되고 있었다. 이런 지원은 반드시 가족의 경제적

---

16 조국남, "'아들노릇'하려고 독일 온 '딸'."(시민의 신문 02/08/06)

17 독일에 간호조무사로 가서 의사로 변신한 한 여성은 늘 이 말을 듣고 자랐고 결국 "우리 000는 독일에서 우리한테 꼭 돈을 보내줄 거야!"라며 자꾸 다짐하시는 아버지의 소리를 마음에 담고 있었다고 썼다(이영숙 2009, 27-28; 33).

사정이 어려웠던 경우에만 있었던 것은 아니었다. 문화적·경제적 이유에 의해서 여성들의 고등교육이 쉽게 허락되지 않고 있던 당시 한국 사회에서 간호대학을 진학할 정도로 경제적·의식적 측면에서 열려 있던 가족들의 경우에도 가족에 대한 송금은 진행되었다. 다음 여성은 바로 이와 같은 경우에 해당하였는데, 그의 아버지는 공무원이었고 어머니는 전업주부였다. 전반적인 경제적 상황의 어려움이 있기는 했지만 상대적으로 여유 있는 집안 출신이면서 간호대학을 졸업했던 이 여성이 독일로 노동 이주를 갔던 것은 따라서 경제적 이유에 의한 것은 아니었다. 그보다는 교육을 받고 난 후에도 적당하게 마음에 맞는 조건을 갖춘 직장을 구하기 어려웠던 상황에 원인이 있었다. 바로 취직의 어려움이 이 여성을 독일로 보냈다. 상대적으로 여유 있는 집안이었지만 독일에서의 봉급 대부분을 한국으로 보냈다.

> "요즘 젊은 사람들은 어떨지 몰라도 그 당시에는 제일 큰애가 돈을 벌어서 동생들에게 돈을 주고 돈을 벌어서 가르치는 게 정상이었어요. 내가 돈을 벌어야지, 돈을 벌어서 자기 가정을 도와주는 거지. 그게 지금 생각하면 한국적인 거예요."[18]

특히 위 여성은 적지 않은 돈을 환자들로부터 팁으로 받았고 이것만 가지고 생활이 가능했다고 이야기했다. 그래서 봉급의 대부분을 송금하였다. 그러니까 당시 송금이라는 것은 당시 한국 사회에서 장성한 자녀로서 부모에게 번 돈을 가져다 드리는 행위의 일환이었고 그것은 자연스럽게 가족의 경제적

---

18 한국에서 간호대학 졸업 후 1975년에 독일로 가서 간호사로 일하다 독일인 의사와 결혼한 여성의 증언(국사편찬위원회 2008).

도움으로 실현되었던 것이다. 그것은 작정하지 않은 이들에게도 자연스러운 행위로 나타났었다.

> "정말 내가 벌지 않으면 어떻게 살았나 싶게 집이 너무나 어려워서 독일로 가겠다고 마음먹고 나왔거든요. 누가 시켜서가 아니라 여기 와보니까 여기는 별천지고 한국에 있는 우리 식구들 어떻게 먹고 사는지 아니까 저절로 다 부치게 되더라고요."(김학선 외 2011, 188 재인용)

전반적으로 가난했던 나라에 남은 가족들을 생각하면 원래 어떤 마음을 가지고 떠났는지에 상관없이 다른 이들이 하는 것처럼 자연스럽게 가족에 대한 지원을 하게 되기도 했던 것이다. 이주 노동을 떠난 이로부터 도움을 받아야 할 만큼 가난했던 것은 아니지만 바로 매월 월급의 50%를 송금한 여성도 있었다.

> "비록 형편이 어려웠지만 유학자 집안에서 성장한 저로서는 가난해서 갔다고 말씀드리는 것은 적절하지 않다고 생각합니다. …… 간추리면 서방 선진국에의 동경, 그리고 경제적인 이유, 이 두 가지 사유로 선뜻 독일행을 결정할 수 있었습니다."[19]

결국 위 경우에서 보듯이 송금은 이들이 선택한 노동 이주 목적의 전부이고 그들 행위의 결과 전부이기보다는 다른 많은 꿈을 실현하는 과정에서 비

---

19 황보수자. 한국에서 간호학교를 마치고 1966년 10월에 독일로 가서 1969년 10월에 귀국한 여성(이애주 2011, 45).

록 몸은 독일에 있지만 국경을 가로질러 여전히 작동하는 가족적 유대의 한 표상이었다. 그리고 그 유대 내에서 장녀, 장남 또는 장성한 자녀로서 자신이 번 돈을 자연스럽게 가족에게 보냈다. 어쩌면 혼자서 타지에, 그것도 아주 많은 돈과 시간을 들여야만 도달할 정도의 거리에 떨어져 있던 이들 이주 노동자들은 출신국에 있는 가족과의 유대를 확인하고 단단한 결속을 확인하기 위하여 송금 대열에 참여했는지도 모른다.

송금이 갖고 있던 이러한 의미는 그렇기 때문에 한국에 남은 가족과의 유대가 좀 약화되고, 단기 체류자에서 장기 체류자로의 상황 전환의 분위기가 형성되는 시점이 오면 액수의 의미에서나 빈도에서 점차 줄어들게 되었던 것이 눈에 띈다. 이는 송금의 양이나 간격을 줄이면서 자신이 독일에서 정착하거나 자신의 꿈을 실현하는 것으로 삶의 방향을 전환하는 것으로 나타나기도 하였다. 간혹 이들 중에는 가족에게 송금하면서 자신이 돌아가서 사용할 수 있는 금액이 모아지고 있으리라는 기대를 가진 이들도 있었다. 하지만 한국의 개별 가정이 처한 상황 속에서 그런 자신의 의도와는 다르게 가족 내에서 모두 소진되는 경우에 이에 대한 실망으로 송금을 중단하고 자신에 대한 투자로 방향을 전환하는 경우도 있었다.

> "그 당시에 (봉급으로 받은) 그 돈을 다 보내고 팁 받은 거로 생활을 했어요. 그리고서는 내 생각에는 내가 한국에 가서 결혼을 하게 되면, 한국에서의 결혼자금은 다 모아 놓은 줄 알았지. 그런데 다 썼더라구요. 그러니까 나는 그런 마음이 들더라고요. 나 존재는 여기에 없다. 나는 허공에 있구나 그럴 적에 회의가 굉장히 심하더라고요 …… 다시 올 수밖에 없었어요. 속으로는 여기는 내 세계가 아니구나, 나는 여기 속하는 사람이 아니구나 하는 생각이 들더라구요."[20]

애초에 한국으로의 귀국을 당연시하고 자신의 장래를 위한 저축을 기대했던 이 여성은 결국 독일에 남았고 독일 사람과 결혼하여 살고 있다. 당시 한국 사회의 경제적 상황에서 이 여성의 기대와는 달리 송금된 돈은 당연한 가족의 수입으로 여겨지고 사용되었던 것 같다. 하지만 귀국을 완전히 결정하기 전에 다니러 왔던 한국에서 이런 상황을 알게 되었고 결국 자기 자신의 미래에 대한 투자와 저축을 기대하였던 것이 허물어지자 독일 체류의 연장을 결정하였다. 그러는 사이에 독일인을 만나서 결혼하게 되었다.

이 여성의 경우만이 아니더라도 독일로 갔던 한인 이주 노동자들의 체류기간이 길어지면서 점차 송금 대신 자신의 미래를 위한 방향으로 수입이 전환되어 갔다. 즉 전반적으로는 이주민으로서의 생활이 시간적으로 길어지면서 이들의 송금은 줄어들고 대신 자신에 대한 투자에 힘을 쏟는 이들이 증가하게 되었다는 것이다.[21] 물론 예정되었던 계획이 완수되었던 것도 이주 노동자들이 가족에 대한 지원이 아닌, 자신의 발전을 위한 생활로 눈을 돌리게 된 이유가 되기도 했다.

"'언니! 우리 이제 대학 교육 잘 마쳤어. 그리고 일자리도 얻었고. 이제 언니가 공부할 차례야. 우리가 이제 학비를 지원해 줄게.' 나의 어린 여동생의 그런 제안만으로도 나에게 힘이 되어 주었다. 나는 곧 한국으로 매달 보내던 것을 중단하고 내 노동계약을 시간제로 변경하였다. 그리고 나는 대학 입학을 위한 강좌에 진입하는 시험을 준비하기 시작했다."(Berner

20 한국에서 간호대학을 졸업하고 1975년 독일 남부 지방으로 병원에 취업했던 여성. 현재는 독일인 의사와 결혼하여 독일에 살고 있다(국사편찬위원회 2008).

21 "남동생이 학업을 마치고 나서 가족을 먹여 살리는 일은 이제 그(남동생)에게 넘겨주게 되었고 나는 결혼을 할 수 있었다."(Berner and Choi 2011, 58)

and Choi 2011, 34)

위 여성은 자신이 가족에게 갖고 있던 의무를 완수했다고 생각한 순간에 자신에 대한 투자로 삶의 방향을 바꾸었다. 자연스럽게 자신의 미래를 위한 투자에 시간이나 돈을 쓰게 되면서 송금액은 점차 줄어들게 되었는데 특히 이와 같이 송금이 중단되는 시기는 대개 약 3년의 체류 기간을 지나는 시간 전후에 나타났다. 일부 사람들의 경우 또는 간헐적으로 송금하는 경우를 제외하고는 약 3년의 기간을 지나는 동안 송금은 더 이상 이어지지 않았다는 심윤종의 설문과 그 분석 결과는 이를 일반화시킬 수 있는 근거로 사용되기에 적당하다(심윤종 1975, 1835).

"취업 기간이 3년으로 제한되어 있다는 사실은 간접적으로 송금의 필요성을 강요하게 되어 보다 효과적인 외화 획득의 방법이 될 것이다."

위 언급은 외화 획득 기회의 하나로 독일로의 이주 노동자 파견을 이해하고 있던 당시 한국 사회의, 특히 공적인 인식을 반영하는 것인데, 이는 3년이라는 시간이 송금을 줄이는 시간적 기준이 되기 때문에 체류 기간을 3년으로 제한해야 한다는 의견의 하나였다. 즉 3년을 넘어 장기적으로 체류 기한이 연장되면서부터는 송금이 거의 되지 않기 때문에 3년만으로 고용 기간을 제한하고 새로운 사람을 보내어 3년 동안 송금을 성실히 할 수 있도록 하자는 의견이었던 셈이다. 독일에서 실제로 3년이 넘어가면 대개 이주 노동자 자신이 가족에게 했던 경제적 지원이 어느 정도 결실을 맺었다고 생각하게 되고 이어서 송금 대신 자신의 미래를 위한 투자로 수입을 돌리는 경우가 대부분이었기 때문이다. 대학을 가기 위해서 근무하는 시간을 줄임으로써 수입은 물론 시간적인 여유조차 자신에게 투자하고, 또 자신의 미래를 위한 저축을 하는 경우가 증가했기 때문이다. 따라서 계약 기간 동안만을 근무하고 귀국하려는 이들에 비해서 좀 더 장기적인 정주를 기대하는 이들의 경우에 송금은 줄어들 수밖에 없었다. 이런 의미에서 심윤종의 조사에 나타난 결과는 당시 사회가 기대하고 있던 바와 같이 당시 이주 노동자들의 뜻이 서로 일치하고 있지는 않음을 보여 준다. 즉 그의 조사에 의하면 응답자 중 3분의 1도 안 되는 27%만이 계약 종료 후에 귀국할 뜻을 보이고 있었기 때문이다. 이에 앞에서도 한 번 언급했듯이 그는 순환Rotation 원칙을 적극적으로 추진시킬 필요가 있다고 강조하고 있다(심윤종 1975). 근본적으로 순환 원칙이라는 것은 이주 노동을 보내는 한국에서 시작된 것이 아니라 고용한 국가, 특히 스위스에서부터 시작된 외국인 고용 원칙 중 하나이다. 외국인의 자국 내 정주에 대해 매우 민감하게 대응하면서 그들의 노동력이 필요한 서유럽 국가들이 정해진 계약 기간 동안에만 노동자를 고용하고 다시 자신의 출신국으로 귀국시키는 것이다. 그리고 새로이 다른 노동자를 받아들여서 고용 기간 동안 일해 주기를 기대하는 정책이었다. 3년 정도의 기간 동안이면 이주 국가에 적응하여 아주 머물기에는 부족한 기간이라는 판단에 의한 것이며 이주 국가에 삶의 기반을 닦기 전에 다시 돌려보내려는 것이었다. 그런데 한국의 정책에 대한 제언의 차원에서 이는 역으로 다른 이유에서 필요로 하는 것이 되었던 것이다. 즉 이들이 송금하는 금액의 수준에서 판단하건대 귀국을 결심한 이들의 경우에만 최대한 자신의 모든 노력을 다하여 돈을 모으고 가족에게 보내는 경향이 있기 때문에, 그리고 조사 결과에 의해서도 3년의 계약 기간이 거의 종료될 즈음에는 송금액이 최저치를 이루고 있기 때문에 오히려 로테이션 정책이 열심히 일을 하고 돈을 벌어 가족에게 보내는 일을 강화시킬 수 있다고 판단한 것이다. 한인 이주 노동자들에 대한 조사와 분석을 통하여 한국 사회와 국가에 유리한 정책을 제언하는 입장에서 나온 주장이었던 것이며 당시 이주 노동자들을 대하는 사회적 인식과 이해를 들여다 볼 수 있는 부분이기도 하다.

물론 그 직후에 귀국한 이들의 경우는 말할 것도 없지만 적어도 독일에서 자신의 나머지 인생을 살게 되는 이들의 경우에 이는 일반적으로 볼 수 있는 현상이었다. 송금은 이주민의 개인적인 삶에서 국경을 가로지르면서 나타나는 가족적 유대 안에서의 자신의 의무감, 도덕적 감성의 실현이었고 그런 의미에서 그들 이주의 역사에서 이는 국경을 넘어 여전히 유지되고 있는 가족적인 유대의 표현이었다. 이런 의미에서 경제적인 지원을 매개로 하여 노동이주를 떠난 이들과 남아있는 가족과의 사이에 하나의 이주 단위가 구성된다는 주장은 상당한 의미가 있다(Rodriguez and Tiongson 2001, 711). 그리고 그 유대가 느슨해지고 자신의 개인적인 독일에서의 삶을 준비하는 시기가 되면서 송금은 급격히 줄어들거나 아니면 자신이 초기부터 기대하고 원했던 꿈을 이루거나 정착을 위한 투자로 전환하게 된다. 이런 경향은 최근에 독일에 있는 한인들을 대상으로 조사한 연구 결과에서도 잘 드러난다. 〈표 1〉은 한인 이주 노동자들이 장기적으로 머물게 된 경우에 장기 거주를 결정하기 전과 후의 소득액 사용 실태를 조사한 것이다.

위 조사에 따르면 송금액은 장기 거주의 계획 여부에 따라서 달랐다. 그리고 무엇보다 중요한 사실은 이 글에서도 강조되고 있듯이 이들이 장기 거주를 계획하기 이전에는 전체 소득의 대부분을 송금했다는 점이다. 특히 더 주목해야 할 것은 이와 같이 단기간의 체류만을 계획하는 경우에는 더 많은 돈을 벌기 위하여 휴식 시간에도 돈을 벌 수 있는 기회를 찾는 이들조차 있었다는 것이다.

독일에 노동 이주를 떠났다가 북아메리카로 재이주한 이들의 경우에도 이

〈표 1〉 **장기 거주 계획 전후의 소득 사용 실태**

(단위: %)

구분		사례수	최소값	최대값	평균	표준편차
계획 전	한국 송금	22	20	98	65.6	22.8
	현지 저축	22	0	70	23.5	17.6
	현지 생활비	21	0	80	15.2	22.4
계획 후	한국 송금	18	0	95	26.1	27.3
	현지 저축	22	5	100	45.0	26.0
	현지 생활비	21	0	80	34.8	22.7

출처: 이영석·박재홍(2006, 459) 재인용.

런 상황은 크게 다르지 않게 나타났다. 익히 알려져 있듯이 독일로 노동 이주를 갔던 이들 중에서 대략 30% 정도에 해당하는 이들이 한국으로 귀국하지도 않고 독일에 더 연장하여 체류하거나 정주하지도 않았다. 바로 제3국으로 이주한 것인데, 초기에는 주로 바로 북미로 가거나 남미 등을 거쳐 북미로 갔고 후기에는 주로 유럽의 다른 나라로 재이주하였다. 이런 경향 속에서 1964년 10월에 독일 에센에 있는 광산에 갔다가 1967년 미국 로스엔젤레스로 간 광부 출신의 한 한인은 이와 같이 정해진 일과 이외의 시간에 더 돈을 벌기 위해 노력했던 것을 이야기해 주었다. 즉 그는 계약기간 내에 더 많은 돈을 벌기 위해 쉬는 날과 여가 시간에도 일을 했고 돈을 모아 한국에 계신 홀어머니께 돈을 부쳤다고 한다. 그러나 홀어머니가 돌아가시자 더 이상 송금이나 귀국의 희망을 갖지 않게 되었고 미국으로 가게 되었다고 한다.

> "우리 홀어머니가 계셨기 때문에, 이분을 내가 성공을 해서 우리 박씨 가문에서 이제 금비녀, 금단장, 금테안경을 내가 …… 이왕이면 이제 고향에 가도 의지할 어머니도 없고 그러니까 나는 미국에 가겠다 해서 이제

지금 현재 와이프를 데리고 미국을 떠나게 되는 그런 과정이 있지요."[22]

또한 뉴저지에서 인터뷰한 한 한인의 경우 1965년에 독일로 갔다가 1969년 미국으로 갔는데 기존에 송금하던 것을 부인과의 결혼을 계기로 중단하게 되었다고 하였다.[23] 앞으로 언급하겠지만, 결혼은 송금의 중단 못지않게 독일에서 장기적인 정착자로서의 삶으로 전환하는 획기적인 계기가 되었고 이는 송금의 중단과 주로 연결되었다.

결국 종합하면 어떤 이유로 독일로 노동 이주를 갔던지 간에 한국에서 습득한 부모에 대한 장성한 자녀로서의 효도의 의무, 어린 동생들을 둔 장녀와 장남으로서의 의무 등은 가족에 대한 재정적인 지원으로 나타났다. 이는 국경을 넘지만 여전히 국경을 가로질러 존재하는 가족적 유대의 표현이었다.

하지만 이와 같이 국경을 가로지르는 유대의 존재는 한편으로는 혼자서 국경 너머에 살고 있던 이주자 개인에게 매우 고통스러운 일이 되기도 했다. 자신의 의무를 다하고 일정하게 가족에게 송금하여 자존감을 실현했지만 그 강한 유대를 일상에서 경험할 수 없다는 사실은 유대가 강한 만큼이나 고통으로 이들에게 다가갔다. 바로 혼자 있다는 사실, 가족의 결핍이 주는 외로움이었다. 실제로 독일 가톨릭 계통의 민간 사회복지 기관인 카리타스에 소속되어서 한국인 이주 여성들의 독일 적응을 도왔던 사회복지사 마리스텔라 남Maristella Nam은 한국의 간호 여성들이 자신들의 가족에 기여하는 것을 매우 가치 있다고 보고 있으며 동시에 자존감의 근원으로 여기고 있다고 판단하였다. 이런 이유 때문에 매우 낯선 나라로 떠나서 일할 수 있었다는 것이

22 이선옥, 재미 파독한인 녹취록, 미국 LA, 2013년 11월 2~3일.
23 이선옥, 재미 파독한인 녹취록, 미국 뉴저지, 2013년 10월 3일.

다.[24] 하지만 이들 자신은 독일에서 혼자 살아야 했기에 강한 유대로 묶인 가족적인 지지를 통하여 이주 생활의 스트레스를 풀 길 없는 '가족이 결핍된 삶'은 매우 고통스러운 것이었다. 노동 이주자로서 본국의 가족과 여전히 유대가 지속되는 상황에서 그들이 혼자서 독일에 남아 있다는 사실은 가족 모두를 동반하여 이주한 이민자들이 고향을 그리는 마음과는 비교하기 어려운 정도로, 그들에게는 이주라는 현실을 몸으로 체득하는 실존적 상황이었다.

2. 이주자의 현실: 가족의 결핍

앞에서 언급했듯이 한인 독일 노동 이주의 특징 중 하나는 혼자여야 했다는 것이다. 이는 주로 단기간의 이주 노동력을 필요로 하는 노동력 유입 국가들에서 이주한 이들이 정착하는 것을 막기 위한 조건의 하나로 시행했었고 독일 역시 예외는 아니었다. 글로벌한 의미에서 노동의 분업화가 진행되고 있는 오늘날에도 노동 이주는 거의 대부분 자신의 국가에 가족을 남겨 두고 혼자 떠난다. 한국에 있는 이주 노동자들의 대부분이 그러하고 캐나다나 미국으로 노동 이주를 떠나는 남미 출신 이주 노동자들이 그러하다. 그리고 이들은 대부분 자신의 가족에게 송금하여 생계를 유지하도록 하고 있다. 한인 간호사와 광부를 받아들였던 1960년대와 1970년대 독일은 물론 주변의 프랑스, 덴마크 등 서유럽 국가들에서도 마찬가지였다. 하지만 이주 정책과 국내 경제 상황의 변화 속에서 국가의 정책과 시장의 요구는 반드시 일치하지는 않았고 이에 1973–1974년 사이에 이주 노동자들의 고용조건은 변화하였다.

우선적으로 중동 지역에서의 전쟁으로 인하여 석유 값이 상승한 것이 독

24 Am 4.4.1974 an Frau Heiman gegeben fuer Zeitschrift "Begegnen und Helfen." Archiv des Deutschen Caritasverbandes Sig.: 380.40.026 Fasz.01.

일 경제에 불안감을 가져다주었던 것이 노동시장의 변화를 야기하였다. 실업이 늘고 자국민의 취업을 위하여 외국인 이주 노동자들을 더 이상 받지 않게 되었다. 게다가 유럽적인 차원에서 외국인 이주 노동자들을 자국 내에 머물게 하는 것이 갖고 있는 효용성에 대한 논의가 증가하면서 이 문제에 대한 부정적인 인식이 확산되었던 것이 외국인 고용을 중단하게 만들었다. 즉 이들이 경제적 효과 대신에 사회적 비용의 증가를 야기하고 사회문제를 발생시킨다는 전 유럽적 차원에서의 논의가 설득력을 얻었던 것이다(나혜심 2013, 159).

이런 상황에서 여전히 자국민이 기피하는 일자리에 대해서는 외국인의 일손이 필요하였기에 새로 이주 노동자를 받아들이는 대신 기존에 독일에 들어가 있던 이주 노동자들로 하여금 본국에 있는 가족을 불러들일 수 있도록 하는 가족재결합이주Family reunifications migration를 허용하게 되었다. 물론 이 가족 재결합이라는 것은 대단히 많은 제도적 요건을 갖추어야 가능한 것이었다. 또한 상당 기간 떨어져 있던 가족이 결합하고 가족, 특히 배우자의 정주가 이주 노동자의 취업과 체류의 법적인 권한에 매여 있는 경우가 많아서 가족의 재결합이 순수하게 이주 노동자들의 외로움을 덜어 줄 수 있는 가장 적절한 대안의 의미만을 갖지는 못했다.[25] 그럼에도 불구하고 남유럽에서의 이주 노동자들의 경우 가족과의 결합은 제도적으로 가능하게 되었다.

하지만 한국의 경우에는 가족의 초청이 일반적으로 진행되지는 않았다.

---

25 가족을 불러들이는 조건은 매우 까다로웠다. 이미 이주 이전에 결혼한 상태여야 했고 이주 노동자인 배우자는 취업 상태에다 체류를 법적으로 허용받은 상태여야 했다. 특히 1981년 이후에는 방법이 더 까다로워지면서 본국에서 초청하는 경우에는 8년 이상의 체류자여야 했고 무기한의 체류 허가를 받은 이여야 했을 뿐만 아니라 관청에서 규정하는 충분한 정도의 주거 공간이 확보되어 있어야 하는 등 많은 조건들이 부가적으로 충족되어야 했다. 이에 대해서는 Kang(1996, 10).

더구나 한국인 이주 노동자들의 경우에는 미혼으로 간 이들이 많았기 때문에 이 제도가 활발하게 활용되지 않았다. 일부 광부들이 가족을 불러들이기는 했지만 기본적으로 한국인에게 미혼이거나 혼자라는 조건은 처음부터 일관되게 유지되었다.[26] 더구나 사회국가로서의 독일의 복지 시스템 속에서 미혼과 혼자라는 조건은 복지 재정에 대한 긍정적인 효과는 컸지만 혜택에서는 상대적으로 멀리 있게 하는 것들이었다. 당연히 이런 상황에서 혼자서 이주 노동에 나서는 길은 한국 내에 남은 가족과의 이별로 추상되었다.

> "내가 앉은 이 비행기가 떠오른 하늘과 땅의 거리를 문뜩 깨닫기 시작했다. 그리고 이젠 비행기에서 내릴 수 없다는 생각이 들면서 드디어 이별의 아픔을 깨달았다. 그리고 후회가 온몸을 저려왔다."[27]
>
> "그러나 막상 독일로 가는 비행기에 앉자 나도 감당할 수 없게 눈물이 주르륵 흘러내렸다. 사랑하는 부모형제들, 정다운 친구들, 고향산천을 떠나 3개월이 아닌 3년이란 긴 세월을 미지의 세계에서 살아야 된다고 생각하니 앞이 깜깜하다. 꿈속에서 현실로 돌아온 나, 이미 때는 늦었고 나의 운명은 결정되었다"[28]

그리고 독일에서는 삶은 혼자인 채였다. 이제는 익히 알려져 있듯이 독일의 간호 영역이 의료적인 처치보다는 환자의 회복을 위해 돌보는 일이었고 이를 하는 과정에서 환자와 지속적으로 접촉할 수 있었던 한국인 간호 여성

---

26 "가족과 아이들이 있는 내 동료들은 배제되어 있었어요. 왜냐하면 젊고 미혼인 여성들만이 (독일로 보낼 간호사들로) 찾았기 때문이에요."(Berner and Choi 2011, 115)

27 김정숙, "내가 왜 식사준비나 하느냐."(시민의 신문 02/11/11)

28 "꿈에 그리던 곳에 가는데 눈물만 …….."(시민의 신문 02/03/04)

의 경우에 독일 사회에 적응이 상대적으로 수월했을 것으로 보일 수 있다. 환자의 일상을 접하는 일이고 끊임없이 의사소통을 했을 것이기 때문에 다른 제조업 공장이나 또는 광산에서 일하던 이주 노동자들에 비하여 언어나 문화, 그리고 무엇보다 독일인을 이해하는 속도가 더 빨랐을 것이기 때문이다. 하지만 이는 어디까지나 상대적이었을 뿐이었던 것 같다. 그러니까 한인 간호 인력들의 독일 적응, 특히 독일 사회와의 접촉과 관계 형성은 우리가 예상하는 정도까지 이르지 못한다는 것이다. 실제로 한인 이주 노동자의 독일 사회와의 적응 정도를 알 수 있는 몇몇 연구 결과들은 예상보다 이들의 상황에 대해 더 부정적인 결과를 보여 준다. 이미 앞에서도 언급한 바 있는 심윤종의 연구에 의하면 조사를 위한 설문 대상자들 중 48%만이 독일인과 접촉하고 있었다. 그 이유로는 이들이 비교적 고등교육을 받은 이들이어서 덜 개방적인 편인데다가 주로 병원이나 양로원 내의 기숙사에서 생활하는 것이 이들의 초기 고용조건이어서 압도적으로 사생활을 영위할 기회가 적었기 때문이라고 이 분석에서는 이야기하고 있다(심윤종 1975, 1831). 실제로 이 조사에 의하면, 조금이라도 여가가 생기는 경우에는 절반이 넘는 64%의 사람이 자신의 주거 공간 내에서 시간을 보내고 있었던 것이다.

하지만 이런 분석의 결과는 비단 심윤종의 연구에만 나오는 것이 아니다. 간호 인력에 대한 설문지를 바탕으로 하여 학위논문을 썼던 유도진 역시 대부분의 한인 간호 여성들이 업무 시간 이외 시간에 거의 외출하지 않는다고 하면서 특히 약 40%의 여성들이 대부분의 시간을 집안에만 머무른다는 결론을 제시하였다(Yoo 1975, 270). 직장 밖에서의 시간을 누구와 보내는가에 대한 질문에는 혼자서 29%, 한국인 친구 51%라는 결과가 나와 있어 독일 문화와의 접촉은 생각보다 적었고 혼자서 시간을 보내는 사람들이 상당히 많았던 것을 알 수 있다(Yoo 1975, 285). 실제로 독일인과 만나는 기회가 전혀 없다는 질문에 약 56%가 응답했다. 이런 상황은 광부의 경우에도 별반 다르지 않았다. 광부로 일했던 미국에 있는 한인은 아래와 같이 이야기했다.

> "제가 만난 사람들은 주로 이제 광산에서 일하는 사람들을 만났고 밖에 나가서는 뭐 일반 사람들을 만나기도 했지만 주로 이제 같이 일하는 동료들을 만난 게 대부분이니까 …….”[29]

특히 광산에서 일하던 한인 이주 노동자들은 작업장의 환경상 사람과 마주하는 일이 아니었기 때문에 사람들과 만나는 기회가 적었다. 특히 독일인과의 접촉은 더욱 그러하였다. 간호 인력들이 일부 대도시의 대학병원을 제외하고는 지방의 소규모 병원에 소수로 근무하던 것에 비해서 대단위의 사람들이 기숙사나 광부 전용 숙소에서 생활하였기에 독일 사람과 사귀는 폭이 훨씬 좁을 수밖에 없었다. 독일에 광부로 갔다가 미국으로 재이주하여 뉴저지에 살고 있던 한 한인 이주 노동자는 앞의 상황에 이어서 당시 겪었던 육체적 고통보다 마음의 고통으로 인한 어려움을 털어놓았다.

물론 앞서 유도진의 연구 대상들은 대개 체류 기간이 1-3년 정도인 한인 간호 여성들이라는 점을 염두에 두면 이들이 고용과 체류 권리의 확보를 통해서 좀 더 장시간을 독일에 머물게 되고 결혼과 자녀 양육 등을 거쳐서 독일 사회의 한 부분으로 자리 잡은 뒤에는 좀 달라졌을 것이라는 점을 짐작할 수 있다. 실제로 결혼은 한인 이주 노동자들의 독일 생활에서 매우 중요한 전기가 되고는 했다. 이는 광부의 경우에도 마찬가지였다. 광부의 경우에는 그들

---

29 군 제대 후 1965년에 독일로 갔다가 1969년에 미국으로 갔던 광부 출신 남성(이선옥. 재미파독한인녹취록. 미국LA. 2013년 11월 2~3일).

의 광부로서 체류가 가능한 기간이 3년이었다. 기본적으로 그들은 광부 노동자로서가 아니라 기술 교육생으로 갔고 교육 기간이 3년이었기에 노동자로 연장하는 것은 실제로 거의 불가능하였다. 그래서 그 기간이 지나고 나서 일부는 귀국하였고 일부는 공부나 다른 업종으로 이주 기한을 연장하였지만 대부분 더 오래 머무를 수 있는 간호 여성과 결혼하여 체류 기회를 늘렸던 것이다.

이와 같이 결혼이라는 계기가 있기 전에는 이들에게 외로움은 불가결한 일상이었을 수밖에 없었다. 일부 대도시 대학병원을 제외하고 전역으로 2–3명 단위로 흩어졌던 간호 여성에 비하여 광부들은 200명 이상의 집단 거주 시설에서 생활했기에 한국인들과의 공동 생활 기회가 많아 어쩌면 외로움을 덜 느꼈을지도 모른다. 당시 여성들을 지켜본 광부 출신 한인의 이야기는 간호 여성들의 외로움을 잘 표현해 준다.

> "여자들이요. 큰 도시에 큰 병원에 있으면 이렇게 여럿이 한 이삼십 명씩 몰려 있어요. 근데 시골에 떨어진 애들이요. …… 한 명 아니면 두 명. …… 한 1년 정도 지나면 전부 정신 이상이 생겨요. 그래 우리가 여행을 가다가 병원을 가서 한국 간호사 있냐고 그러면 있다고 그래요. 그 좀 볼 수 있냐 그러면은 뛰쳐 내려오는데, 거짓말이 아니에요. 막 안겨요. …….”[30]

3년의 계약 기간을 자신이 도착한 낯선 곳에서 같은 국적 사람들이 전혀

---

30 1969년 9월에 독일의 아헨에 갔다가 다시 프랑크푸르트로 옮긴 후 1975년에 미국으로 이주한 광부 출신 남성(이선옥, 재미파독한인녹취록, 미국 LA, 2013년 2~3일).

없는 곳에서 생활했던 여성들이 그곳을 잠깐 들린, 단지 같은 나라 출신일 뿐인 낯선 사람의 방문에 정신없이 뛰어 내려가 맞아 주었다는 위 일화는 일부 대학병원을 제외하고 지방의 조그마한 도시에 분산되어 있던 한인 여성들의 외로움을 잘 대변해 준다. 특히 정신병원이나 요양원은 독일의 경우 도시에서 떨어진 전망 좋고 조용한 숲속에 자리 잡고 있는 것을 생각하면 이러한 묘사가 과장은 아니라는 것을 이해할 수 있다. 하지만 이들 이주 노동자들의 외로움이나 가족에 대한 그리움은 비단 소수의 인원들이 살아가고 있던 곳에서만 있었던 것은 아니다. 여러 명의 한국인이 배정된 곳에서 살았던 이들에게도 이는 예외적인 것이 아니었다.

> "내 경우에는 나 전에 한국 사람들이 꽤 많이 와 있더라구요. 한 10명 정도 와 있더라구요. …… 그 사람들이 일을 잘했기 때문에 또 우리를 초청한 거지, …… 그 사람들이 통역해 주라고 그랬기 때문에 언어에 대해서는 어려움이 없이 지냈어요. …… 그리고 가장 문제가 되는 게 향수병, 그게 큰 문제였죠. …… 향수병이 많아 가지고 매일 울었어요. 그리고 사실은 처음 집을 떨어졌기 때문에 올 때는 겁 없이 왔지만 참 향수병이 컸었어요. …… 전화도 안 되고 편지도. 편지를 해 가지고 답장이 돌아오면 3주가 걸렸어요. …….”[31]

이런 외로움은 주로 같이 갔던 한국 사람들과의 만남을 통하여 해소하는 것이 일반적이었다. 같은 나라 사람들과의 만남이 이들에게 주는 위안감의

---

31 한국에서 간호대학을 졸업하고 1975년 독일 남부 지방으로 병원에 취업했던 여성. 현재는 독일인 의사와 결혼하여 독일에 살고 있다(국사편찬위원회 2008).

차원에서 보자면 간호 인력들과 비교했을 때 주로 광산이 있는 지역에 집중 배치되고 수십 명에서 수백 명 이상의 사람들이 모여서 생활하던 광부들의 경우에는 견디는 시간들이 훨씬 수월했을 것으로 생각하기 쉽다. 주로 기숙사나 공동주택에서 살면서 주말이나 휴일에 광부들은 운동경기를 하거나 여행을 가는 경우들이 많았기 때문이다. 그러나 그들이 여가를 같이 보내는 이유에 의해서 덜 외로웠다고 하더라도 한국에 두고 온 가족과의 이별에 의한 고통이 이들에게서 다르지는 않았을 것이다.

독일에 남아 있는 전 한인 광부들의 모임인 글뤽아우프회에서 2009년에 발간한 『파독광부 45년사(1963~2008)』에 의하면 약 40%의 광부가 미혼이었다고 쓰고 있다(재독한인글뤽아우프회 2009, 81). 그렇다면 기혼이 거의 60%에 이른다는 것이다. 반면 1972년에 행한 설문조사를 바탕으로 해서 간호 인력들의 이주 노동 상황을 분석한 연구에서는 90%의 광부들이 기혼이라고 하였다. 이 자료들은 어느 경우나 마찬가지로, 한국이 아니라 독일에서 결혼한 이들에 대한 정보가 포함되었을 것으로 보이며 그것을 고려하더라도 45년사의 내용이 더 현실성 있는 것으로 판단되는데, 어느 자료의 내용을 받아들이더라도 중요한 것은 기혼이면서 혼자서 독일로 간 이들이 대단히 많았다는 것이다. 물론 여기에는 독일에서 주는 가족 수당을 받을 목적으로 독일 관청에 거짓으로 기혼임을 밝힌 이들도 있겠지만 적지 않은 이들이 한국에 가족을 두고 갔던 것은 분명해 보인다. 어느 경우나 한국의 가족, 특히 결혼하고 아내와 자녀를 두고 간 이들의 가족에 대한 그리움은 매우 컸을 것이 분명하다.

문제는 비단 외로움에만 있는 것은 아니었는데, 그것은 이주자 가정에 닥친 불행한 경우들이 적지 않았기 때문이다. 이런 일들은 남편의 독일 생활 도중, 아내가 가정을 버리거나 송금한 돈을 잘못 관리하여 발생하기도 했고 이런 일로 가정이 해체되는 경우도 있었다(한국파독광부총연합회 2009, 143–144). 현재 이주 연구 중에는 이와 같이 가족을 두고 홀로 다른 나라로 노동 이주를 간 가족 구성원이 있는 가족 내에서 이주자 본인뿐만 아니라 남겨진 자녀와 배우자 역시 다양한 어려움 속에 있고 가족들 사이에 심리적인 갈등이 보이고 있다는 결과들이 나타나고 있다(Thomas and Adhikary 2012, 109–130). 이들이 그 대가로 경제적·재정적인 어려움에 도움이 되었던 부분 이면에 있었던 것이며 실제로 이주, 특히 노동 이주의 역사에서 주목해야만 하는 부분이다. 그동안 한국 사회에서 거의 전적으로 송금의 의미 속에서 간과되어져 왔을 뿐이다. 한국의 경우보다 더 오랜 기간 동안 노동 이주가 이루어졌고 나중에 가족을 받아들이는 것이 허락되었던 터키 이주민들에 대한 연구에는 가장이 독일로 일하러 간 사이에 홀로, 그리고 터키에 남아 그들만의 시간을 보낸 가족들이 한곳에 모였을 때 겪게 되었던 갈등, 이혼 등의 현상에 대한 연구들이 진행되고 있다.

이주 노동자들이 혼자서 살고 있고 이것이 문제 상황이라는 것에 대해서는 당시 독일 관련 기관들도 중요하게 주목했던 것 같다. 독일 카리타스에서 활동하던 사회복지사 역시 이 문제를 한인 여성들이 독일 생활에서 겪는 어려움 중에서 매우 중요한 부분이라고 보고하였다. 사회복지사로서 이들과 함께 한 여러 경험 중에서 여성들이 "가족과 분리되었다는 사실"이 가장 인상적이라고 썼다. 한국이 전통적으로 가족과 매우 긴밀하게 연결되어 있는 생활문화를 가지고 있기 때문에 이는 더 강렬한 인상을 남겼다고 보고하였다. 특히 그는 한인 이주 노동자들 내에서 자국민끼리만 접촉이 이루어지고 독일인과의 사회적 관계가 거의 이루어지지 않고 있다는 점을 강조한다.[32] 한

32 이는 외국인 이주자들의 삶을 지원하기 위하여 독일 카리타스에 고용되었던 사회복지사로 독일 남부

국 사회에 널리 알려진 간호조무사 출신 화가인 노은님 역시 종일 치매 환자와 씨름하다 숙소로 들어가 달리 할 일이 없어서 매일 그림을 그렸다고 이야기한다. 그리고 그 그림을 간호부장이 보고 처음 전시하는 기회를 얻어 그 뒤 화가로서의 인생이 시작되었노라고 회고하였다(헤럴드경제 09/05/05). 그들의 일상을 구체적으로 들여다볼 수 있는 이런 기회 속에서 한인 이주 노동자의 혼자로서의 외로운 삶은 매우 심각하게 드러나고 있다.

노동 이주자들의 가족 분리는 의학 분야의 연구자들에 의해서 신체적·심리적 현상 발생과 연관성을 갖는 것으로 파악되고 있다. '지중해 신드럼 Mediterranean syndrome', 또는 '외국인 노동자의 병 Foreign worker's disease' 등과 같이 1970년대에 외국인 이주 노동자들을 받아들였던 덴마크 내에서 자주 사용되던 용어들도 이런 연관 관계를 잘 표현하고 있다(Mirdal 2006, 375). 이는 과도하게 긴장된 (외국) 생활에서 오는 신체적인 조화 파괴 현상으로 이해되었던 것 같다. 대상 지역은 좀 다르지만 미국 이주자들을 대상으로 하는 심리 연구에서도 다른 문화에 유입됨과 동시에 가족과 분리되었다는 점 때문에 심리적인 어려움을 겪는 문제는 중요하게 다루어지고 있다(The American Psychological Association 2012). 특히 육체적으로 겪는 긴장과 어려움은 어느 정도 시간이 지나면 적응이 되면서 줄어들게 마련이지만 심리적인 어려움은 그리 쉽게 해결되지 않는 것 같다.

"그러니까 그 문화적 쇼크 때문에 오는 그 간호원들, 자살한 사람들, 자기

지역을 중심으로 활동하던 마리스탤라 남(Maristella Nam)이 1974년 당시 한 잡지에 기고하기 위하여 쓴 글이다. 이 문서는 Am 4.4.1974 an Frau Heiman gegeben fuer Zeitschrift " Begegnen und Helfen", Archiv des Deutschen Caritasverbandes Sig.: 380.40.026 Fasz.01.

를 비관해서. 또 돌은(미친) 사람들, 또 외로움을 달래기 위해서 남자들 같은 경우는 노름을 해 가지고 그나마 벌은 돈 다 잃고 빚지고. 결국은 한국에서 올 때나 지금이나 또 같은 상황에서 좌절하는 사람들, 마지막 남은 게 뭐겠어요."[33]

"그러니까 우선 집을 떠나면 저기가 있겠지 설마, 이런 조건으로, 돈도 내가 쓸 돈을 주고 밥 먹을 수 있고 잠 잘 자리가 있으니까 된다고 그러고 왔는데, 그것도 이제 말이 안 통하고 그러니까 상당히 처음에는 향수병이 있었어요. 집 생각이 날 때에는 어떻게 할 수도 없고 그 때는 나 혼자만이 아니고 이불을 뒤집어쓰고들 소리쳐 우는 사람들이 많았어요."[34]

실제로 혼자의 외로움을 견디지 못하고, 독일 직장에서의 일이 주는 중압감 때문에 자살하거나 정신 이상이 되었던 이들은 적지 않았다. 물론 이 모든 시간들을 이겨 내고 살아남은 이들이 오늘날 우리에게 자신들의 '성공적이거나 적어도 견딜만 했던' 시간들을 전해 주고 있지만 이것이 가능한 젊고 미혼의 노동력을 원했던 독일의 손님 노동자 정책의 결과이며 이 조건에 맞게 젊은이들을 보낸 한국 이주 노동 역사의 한 부분임은 부인할 수 없다. 경제적 지원을 통하여 한국에 남아 있는 가족들과 연결되어 있지만 그들과 만날 수 없었던 노동 이주자들은 그들이 홀로 도착한 낯선 곳에서 온전히 혼자의 생

---

33 이 여성은 1963년에 독일 간호학교 학생으로 갔다가 학교를 마친 후 간호사로 일했다. 그리고 대학에 진학하여 사회복지학을 전공하고 카리타스(Caritas) 소속으로 한인 이주자들을 지원하는 사회복지사로 일했다. 그 일을 한 기간이 35년에 달하기 때문에 노동 이주자들의 이주 과정은 물론 한인 노동 이주자들이 독일에 정착하는 삶의 과정들을 같이 경험했다. 모두 자신의 이야기 범주를 넘지 못하는 다른 면담자들과는 달리 당시에 많은 일들을 경험했던 관계로 당시의 이주 노동에 대하여 좀 더 구체적이고 실질적인 이야기를 전해 주었다.

34 1951년생으로 1970년에 간호 학생으로 독일에 갔고 그곳에 정착한 여성. 광부로 갔던 남편과 이혼 후 남편은 귀국하고 현재 독일에서 2명의 자녀와 살고 있다(국사편찬위원회 2008).

활을 겪어 내야 했다. 독일의 이주 노동자 정책의 원칙에 의해 이주 노동자는 젊고 혼자인 사람이었어야 했고 물론 시간이 지나며 이런 정책적인 요인들이 변화되기는 했지만 결국 독일로 떠나는 순간과 특히 독일에서 지내는 초기에 이들에게는 가족과 분리되어 있다는 불안함과 외로움이 강하게 같이 할 수밖에 없었다.

물론 이런 현상은 노동 이주의 역사 전체로 보았을 때, 주로 전반기에 나타나는 것이었다. 처음에 주로 독일과 본국의 여행사 등을 통하여 이주 노동을 갔던 필리핀 여성들의 경우에도 그들이 비록 미국과 에스파냐의 문화적인 영향을 일찍부터 받았고 따라서 서양 문화에 익숙해 있었음에도 불구하고 독일 사회와의 접촉에는 어려움이 많았다. 주로 혼자 살아가면서 '여성들의 게토'에서 살아가고 있고 사람들과의 접촉 부족으로 결혼은 물론 이성을 사귀는 문제에 있어서도 어려움을 경험하고 있다는 기관들의 관찰도 있다.[35] 특히 약 30%의 간호 여성들이 간호 일 이외에 일하지 않는 시간을 혼자서 보낸다는 사실이 매우 주목할 만하다. 이주자들이 이주 생활에서 발생하는 긴장과 스트레스를 풀 수 있기 위해서 통상 자신과 문화적 뿌리가 같은 이들과의 네트워크 속에서 해결하려고 한다는 점을(The American Psychological Association 2012, 7) 참고한다면 이들의 정신적인 고통의 강도를 미루어 짐작할 수 있다. 즉 그들은 자신의 문화적 차이에서 오는 스트레스를 털어 낼 구조로부터 전적으로 소외되어 있었던 것이다. 특히 당시 한국 사회에서 가족은 매우 단단한 유대로 결합되어 있었던 점을 이와 연관해서 강조할 필요

---

35 Vorschlaege zur Vorbereitung philippinischer Krankenpflegekraeft in der Heimat, DCV-Referat MSA, Archiv des Deutschen Caritasverbandes e.V., Sig.: 380.40.026 Fasz01. 인용은 위 문건에서 재인용함.

가 있다.

그리고 이들이 독일 사회에 보다 적극적으로 접촉하여 사회 일원이 되는 것을 잘 하지 못하고 여가 시간에도 혼자 주로 있었던 이유에는 이들이 단기간만 머물고 가는 계약 노동자였다는 것과 반드시 귀국해야 한다는 조건 속에서 독일로 갔던 점과 또 다른 이유에서 밀접하게 연결되어 있었다. 즉 어차피 머무르는 기간이 짧기 때문에, 그리고 돌아가야 하는 것이 전제되어 있었기 때문에 이들은 굳이 독일 사회에 적극적으로 섞이거나 알아 가려는 의식을 갖고 있지 않았던 것이다. 게다가 이는 송금 또는 저축할 수 있는 돈을 더 늘리려는 목적과도 연결되어 있었다. 정해진 근무시간 이외 시간에 주로 자신의 숙소에 머물곤 했던 행위는 물론 3교대로 돌아가는 노동시간의 구조로 인해서 신체적으로 너무나 피곤했던 까닭에 피곤함을 해소하는 행위이기도 했지만 돈을 아끼는 방법이기도 했다. 가능한 돈을 적게 쓰고 이것을 모아서 미래에 대비하거나 가족에게 보내고 싶다는 열망의 반영이었던 것이다. 단기간의 일할 수 있는 기간 동안 더 많은 돈을 모아야 한다는 것이 그것이다. 게다가 이러한 이유는 당시 한인 이주 노동자들이 다양한 사회적 관계를 형성하거나 여가를 즐기려는 노력보다는 방에서 조용하게 시간을 보내는 것을 선호하게 했을 뿐만 아니라 근무 이외의 시간 동안 추가의 돈벌이를 찾고 일하도록 하는 것으로 연결되기도 했다. 물론 돈을 벌어서 여행을 다니거나 심지어 외로움을 털어 내기 위해서 도박을 해서 탕진하는 경우도 없지 않았지만 정해진 시간 동안 더 많은 돈을 벌기 위해서 연장 근무나 다른 일자리를 찾았던 이들은 흔히 볼 수 있었다.

> "3년 동안 나는 거의 뭐 이중 잡을 했어요. 두 군데를 일했는데 한 군데는 이제 8시간 그 광산 끝나고 바로 이제 목장, 돼지, 닭, 소 기르는 데를 가

가지고 또 8시간을 했어요. 근데 이제 주일날 하루 노는데 뭐 4–5시간 잤다고 그렇게 열심히 벌어서. 그 당시에 내가 27살에 내가 서독을 갔는데 그 때만 해도 연애나 뭐 이성 관계는 생각을 안 하고 …….”[36]

“한국의 부모님을 떠올리며 악착같이 돈은 모으기 위해 내가 할 수 있었던 일은 연장근무 외에는 없었다. …… 굴을 걸어 나올 때마다 점점 밝아지는 길을 보며 고마움을 깨닫는다. 돈을 더 벌겠다는 욕심 때문에 누구보다 더 많이 석탄가루를 마시고 내뱉고 또 들이켰던 나, 오전반일 경우에는 오후에, 오후반일 경우에는 오전에 지상의 다른 과일 농장에 가서 4–6시간씩 일을 더 했다.”(한국파독광부총연합회 2009, 109–111)

결국 이와 같이 다른 사회적 관계들에 대한 노력보다는 많은 저축을 위한 생활 태도를 유지한 결과는 많은 스트레스와 피곤으로 연결될 수밖에 없었다. 이주자들의 사회적 네트워크 부족과 이것이 건강상의 어려움과 직결된다는 연구들(Iglesias et al. 2003, 112) 특히 스트레스나 이로 인한 이주민들의 정신적인 어려움을 표현하는 율리시스신드롬Ulysses Syndrom 등에 대한 연구들(Achotegui 2004, 39–53) 속에서 심리 치료사인 아쵸테귀Achotegui는 외로움과 사랑하는 가족과의 강제적인 분리를 스트레스 발생의 주요 요인으로 강조하고 있다(Achotegui 2004, 1). 특히 광부 노동자들의 경우, 험한 광산 환경에서 발생하는 사고로 동료들이 다치거나 죽거나 하는 일을 경험하는 이들이 적지 않았기에 이런 충격적인 사고와 자신에게 닥칠지도 모르는 동일한 상황에 대한 두려움은 이들의 가족 부재 상황을 더 극적으로 깨닫게 하는 일이 되

36 1964년에 독일의 에센으로 가서 3년을 일하고 1967년에 미국으로 재이주한 광부 출신 한인 이주 남성의 증언(이선옥. LA 구술).

곤 했다.

"…… 낙마(석-저자의 수정)사고로 현장에서 즉사한다던지 이런 것을 봤을 때 그것은 육체적인 고통이 아니라 정말 마음적인 고통, 말할 수 없는 고통이 컸죠. 또 어떤 사람은 집이 그립고 부모님이 그립고 고향이 그리워서 정신병, 정신이상 되는 사람도 많이 있었어요. ……."[37]

물론 이런 상황은 독일에 머문 시간이 길어지고 독일 사회와 사람들, 그리고 문화에 대한 이해도가 늘어나고 적응의 정도가 높아지면서 변화되기는 한다. 하지만 기본적으로 그 정도가 극적으로 변화되지는 않았던 것 같다. 이와 관련하여 재미있는 조사 결과 하나가 있다. 1980-1981년 사이에 덴마크에 사는 터키 여성들에 대한 설문조사가 실시되었다. 그리고 동일한 사람들을 대상으로 하여 2000년과 2001년에 다시 설문조사를 실시하여 20년 동안의 삶의 경험을 듣고자 했다. 그 조사 결과에서 눈에 띄는 것은 덴마크어 해독에 대한 부분이다. 1980년대에 했던 1차 인터뷰에서 43%의 터키 여성들이 덴마크어를 전혀 하지 못한다고 대답했다. 그런데 20년이 지난 후 실시한 조사에서도 여전히 28%의 여성들은 덴마크어를 알지 못한다(Mirdal 2006, 378). 터키 이주민 출신으로 독일에 살고 있는 이들 중에도 자신들의 게토를 형성하고 그 안에서만 생활하는 이들이 있는데, 이 연구 결과는 시간이 지난다고 해서 반드시 이주한 사회와 더 많이 가까워진다고 이야기할 수 없다는 점을 경험적으로 보여 준다. 또한 이와 유사한 이유로 해서 이주민의 유입과 이로 인

---

37 1965년에 독일에 광부로 갔다가 1969년에 미국으로 재이주한 광부 출신 이주 노동자. 현재 미국의 뉴저지에 살고 있다(이선옥. 재미파독광부구술, 미국 뉴저지, 2013년 10월 3일).

한 소수와 다수문화의 조화를 위한 노력에도 불구하고 주류 사회와 잘 통합되지 않는 사회가 되었음을 표현하는 평행사회Parallelgesellschaft[38]라는 단어가 1990년대 초 이후 사회적 용어가 되고 있는 점(Die Welt 12/09/30), 앙겔라 메르켈의 다문화사회 포기 발언 등은 이주자들과 주류 사회와의 조화나 적응이 실제적으로 그리 잘 되고 있지 못한 분위기를 반영하는 것으로 이해할 수 있다. 한인들끼리의 모임이나 교회 모임 등을 제외하고는 독일인들과 공동으로 하는 조직 활동에 한인 이주자들이 매우 소극적이라는 점을 더하면 이주자들이 자신의 문화로부터 주류 문화로 섞여 들어가는 것이 시간의 길이나 정책의 노력 속에서도 그리 용이한 일이 아님을 알 수 있다. 이는 거꾸로 이야기하면 이주 노동자들의 '혼자 있음으로 인한 외로움'의 해소 정도는 명백하게 한계가 있는 사항이라는 것이다. 한인들의 독일 사회와의 교류 역시 여기서 크게 다르지 않다. 심지어 결혼하고 오랫동안 살아왔던 경우에도 이는 쉽지 않은데, 예를 들면 1972년에 독일에 간호조무사로 갔던 한 여성은 1993년과 1995년 사이에 진행된 인터뷰에 대한 대답에서 자신의 이웃들과 전혀 오고감이 없다고 밝히고 있다(Yoo 1996, 9). 약 20여 년의 세월이 지났지만 이들의 독일 언어와 문화에 대한 이해도의 진전과 상관없이 사회 속에 스며들어 가는 것은 한계가 있다.

앞서 보았던 덴마크에서의 연구 결과도 이것의 어려움을 보여 주고 있는데, 그 결과에 의하면 이주자들이 겪는 정신적인 스트레스는 그들이 장기간을 살아가면서 경제적으로 상황이 좋아지고 자립적인 생활이 가능해진 뒤,

---

38 처음에는 별 반향을 얻지 못하였지만 2003–2004년 사이에 이슬람 인들이 유럽 내에서 테러의 대상이 되면서 본격적으로 논의의 중심으로 들어와 언론이나 학술적인 수준에서 자주 사용되고 있다. 이 용어가 이주민의 주류문화와의 융화노력이 부족함을 지적하는 용어이기는 하지만 거꾸로 본다면 이주자의 적응에 그만큼 어려움이 있다는 뜻이기도 하다.

그리고 사회적으로 어느 정도의 안정성을 확보하게 된 뒤에도 여전히 줄어들지 않는다고 한다(Mirdal 2006, 383). 이 연구는 20여 년 동안의 이주 생활의 경험을 조사한 것이고 따라서 그 연구 대상이 이주 이후 20여 년의 세월을 독일에서 살고 있었을 뿐만 아니라 이들의 경우 가족이 동반되는 경우이기 때문에 이런 결과가 나온 것은 상당히 의외일 수 있다. 하지만 다양한 분야에서의 개선된 상황에도 불구하고 문화적으로 소외되어 있다거나 외롭다거나 하는 느낌은 거의 나아지지 않는다는 것이다. 이런 점을 감안하면, 더구나 혼자서 이주하고 살아가야 했던 한인들의 심리적인 어려움이 어떠했을지 충분히 짐작할 수 있다.

여기서 잠시 살펴보아야 할 것은 이런 당시 한인 이주 노동자들의 어려움을 해소할 수 있는 어떤 제도적인 방법이 있었는가 하는 것이다. 1950년대 말에 가톨릭 사제들에 의해서 개발원조의 명분 속에서 간호학교나 기술 교육을 명분으로 하여 개별적인 차원에서 여성들이 가기 시작했고 1969년에 이르기까지 사적인 중재에 의해서 여성들의 독일 이주 노동은 지속되었다. 그 뒤 1969년 8월에 독일의 병원협회와 한국의 노동부, 보사부의 협조하에 해외개발공사와의 사이에 협약이 맺어졌기에 공적인 중재에 의한 것으로 전환되었다. 광부들의 경우에는 처음부터 공적인 이주였다. 하지만 이들의 이주 과정에는 언어적·문화적·사회적 차이로 이들이 겪게 될 어려움에 도움이 될 만한 제도가 없었다. 광부들의 경우에 노무관이 파견되기는 했지만 그는 단지 광부들의 작업장을 배치하고 그들에게 독일에서 해야 할 일들에 대해서 조언하는 역할을 했을 뿐이다. 광부들이 노동조건 등에 대하여 불만이 있어서 쟁의를 하려고 할 때 그것을 진정시키는 역할을 했을 뿐이지 이들이 광부들의 문제를 해결해 주기 위한 역할을 한 것은 아니다.

간호사들의 경우에 비록 그들이 사적인 중재에 의해서 독일로 가게 되었지만 그 과정을 정부나 공적인 기관에서 모르는 바가 아니었다. 지금도 마찬가지지만 외국으로 나가는 것이 극히 일부 사람들에게 제한된 권리였던 상황에서 이들의 독일로의 고용 이주를 국가기관이 모르고 있을 수 없었다. 하지만 이들을 관리하고 독일에서의 적응을 돕고 문제가 발생했을 때 국민의 권리를 옹호하는 차원에서 도움이 되어줄 만한 관리는 파견되지 않았다. 그런 이유에서 초기에 이들을 중재했던 개인들은 모두 개인적인 시간을 할애하여 간호 여성들의 어려움을 돕고 조언할 수밖에 없었다. 이런 상황을 지켜보던 독일의 종교 기관들에서 사회사업을 전공한 이들을 고용하여 이들을 돕는 일에 나서게 되었다. 그들은 주로 독일 가톨릭의 카리타스Caritas과 신교의 디아코니세스베르크Diakonisches Werk 제도적인 차원에서 추진되었다.

독일 프라이부르그에 있는 카리타스의 중앙사료보존소에는 이미 1950년대 말부터 가톨릭 사제들의 개인적인 중재에 의해서 아시아 여성들이 간호교육을 명분으로 독일 병원과 양로원 등에 유입되어 왔던 사실들에 대한 기록, 그리고 1960년대 중반부터 활발하게 진행되었던 이에 대한 기관 간의 논의와 대책 세우기를 위한 회의 자료들이 다수 있다.[39] 비록 종교 기관 차원에서 이들의 중재가 진행된 것이 아니었지만 이들이 중재한 여성들에 대한 국제적인 비난이 높았고 그것이 종교 기관에 대한 비난으로 이어졌기 때문에 이 문제는 종교 기관의 입장에서도 간과할 수 있는 사안이 아니었다. 사실 종교인들이 간호 여성들을 독일로 중개했던 역사는 독일의 복지제도 속에서 독일

---

39 예를 들면, 독일에 온 기술교육 명분의 한국 젊은이들에 대한 대책을 논의하기 위한 자리에 대한 보고서로 "Besprechung betreffend Arbeiskraefte und Auszubildende aus Uebersee in Deutschland" am 4. Februar 1965. Archiv des Deutschen Caritasverbandes Sig. ADCV. 380.40.030 Fasz.01 또는 풀다에서 열린 주교회의에서 관련 보고자료. "Der Vorsitzende der Fuldaer Bischofskongerenz" am 7. Juli 1966. Archiv des Deutschen Caritasverbandes Sig. ADCV. 380.40.030 Fasz.01.

종교 기관이 갖고 있던 역할을 수행하는 과정에서 발생한 것이었다. 독일은 복지체계가 매우 일찍부터 국가적으로 차원에서 시작되고 사업이 시행되었지만 실제로 복지 대책의 실천은 민간에서 진행하는 전통을 갖고 있다. 그것은 복지 시스템을 시장에서 실현할 역량이 아직 갖추어져 있지 않던 19세기 말에 기독교 진영에서 민간 복지 단체를 구성하고 이를 실천할 의사를 보였을 때 이들 기관이 서비스 분야에서 투입하게 되면서 시작된 것이다(차성덕 · 김덕환 2007, 5). 그런 이유에서 이 종교적인 기관들은 독일 내의 복지 체제를 실천에 옮기는 민간단체의 대표적인 거대 기관이 되었다. 많은 의료 기관과 요양 기관을 운영하고 있었고, 이런 이유로 이들에게는 1950년대 중반 이후에 독일 사회 전역에 확산된 의료나 요양 분야 인력 부족 문제는 매우 긴급하고 현실적인 위험 신호가 되고 있었다. 이런 배경들은 비록 제도 차원에서 공식적으로 외국인 간호 인력을 모집하지 않았더라도 개인적인 중재를 통하여 인력을 구해야만 하는 현실적인 요건이 되었다. 바로 이런 이유에 의해서 한국은 물론 인도, 타이완, 홍콩 등지에서 간호 인력들이 독일로 가게 되었던 것이다.

그리고 앞에서 이미 언급했듯이 이렇게 시작된 사적인 노동력 중재의 문제가 기관의 관심 사항이 되면서 기왕에 독일에 유입된 외국 인력들에 대한 국내 지원 방법을 찾게 되었다. 더구나 독일 국내의 복지를 담당하는 기관인 가톨릭의 카리타스 업무 영역에는 독일 내 있는 외국인 노동자의 복지 문제까지 포함되어 있었기 때문에 이런 일련의 역할 분담 속에서 한국인 간호 여성을 위한 사회복지사가 운영되었던 것이다. 이들은 한국 정부 차원에서 도움을 줄 만한 사회복지사가 파견되어 있지 않은 상황에서 한국 간호 여성들을 도왔던 것이다.

독일 가톨릭의 경우, 대학에서 사회사업학을 전공한 이들을 중심으로 한국인들의 독일 생활을 도울 수 있는 인력을 고용하였다. 기본적으로 이들의 임무는 한국 이주 노동자들이 독일 생활에서 겪게 되는 어려움을 도와주고 원칙적으로 계약된 기간의 일을 마친 후에 한국으로 돌아가서 재적응을 할 수 있도록 돕는 것이었다. 1972년 6월 30일에 마인츠 지역에서 한국 여성들을 대상으로 하는 사회복지사를 하고 있던 김영자의 보고서에는 당시 이 지역 한국인 여성들의 어려움에 대한 내용이 자세히 들어 있다. 거기에는 우리가 통상적으로 짐작할 수 있는 것들 예를 들면 언어, 생활습관, 특히 음식 문화의 차이에 의한 어려움이 들어 있다. 하지만 이 이외에 다른 사람들과의 만남 단절, 외로움과 함께 독일의 사회·경제적 구조에 대한 지식의 부족, 자신이 외국인이기 때문에 낮게 평가되고 있다는 느낌, 계약이 끝난 이후의 일에 대한 불안감 등이 포함되어 있다.[40]

이들 한국인 여성들을 위한 사회복지사들이 독일 전역에 걸쳐서 충분히 개별적인 도움을 줄 만큼 많은 숫자였던 것이 아니었다. 그래서 이들을 돕기 위한 인력에는 성직자나 이들을 중재했던 사람들이 대체로 포함되어 있었던 것 같다. 1972년 1월 10일에 한국인 이주 노동자들에게 도움을 주기 위하여 범종교적인 차원에서 모인 모임에는 독일의 가톨릭과 개신교 기관에서 고용한 사회복지사는 물론, 성직자(당시 독일 마인츠에 살고 있었던 것으로 보이는 사제 피터 김), 한국인 개신교 모임 대표, 프랑크푸르트에 소재를 둔 한국인 성직자(이화순으로 기록되어 있음) 등도 포함되어 있다.[41] 또한 당시에 만들어

---

40 "Situation der Koreaner in der Bundesrepublik und im Rhein–Main Gebiet: Probleme und Moeglichkeit der Hilfe" 30. Juni 1972 Archiv des Deutschen Caritasverbandes Sig. ADCV. 380. 40.047 Fasz.01.

41 Anwesenheitsliste von Niederschrift ueber die Sitzung des Oekumenischen Arbeitskreises fuer koreanische Arbeitnehmer am 10. 0. 1972 in Frankfurt a. M. Archiv des Deutschen Caritasverbandes Sig. ADCV.380.40.047 Fasz.01.

지기 시작한 각종 단체들, 예를 들면 독한협회Deutsch-Koreanischer Verein, 한국개신교공동체Koreanisch evangelische Gemeinde, 한독협회Koreanisch-Deutsche Gesellschaft 등 단체들이 당시 이주 노동자들의 이주 문제를 협의하는 데에 협조하였다.

하지만 기본적으로 이들이 독일 전역에 확산되어 있는 모든 한인 이주 노동자들의 삶에 간여하기에는 숫자적인 어려움이 적지 않았고 더구나 이들의 도움에도 불구하고 이들 한인 이주 노동자들이 가족을 두고 혼자서 생활하는 외로움과 고독 등의 문제를 모두 해결해 주기는 쉽지 않았다.[42] 실제로 당시 독일에서 일하던 이주 노동자들 중에는 이런 기관의 존재나 활동에 대하여 들어본 바가 없는 이들도 적지 않았다. 비록 이들을 돕기 위한 제도적인 장치가 없는 것이 아니어서 그 나름의 의미가 적지 않다고 할 수는 있지만 젊은 이주 노동자들의 일상의 어려움을 해소하는 데는 역부족인 상황이었다.

결국 가족이 부재한 이들의 상황을 극적으로 호전시킬 방법은 독일에 이들이 다시 그들 자신의 가족을 만드는 일밖에 없었다. 당시 간호 여성의 경우 90% 가량이 미혼이었다.[43] 그리고 독일 글뤽아우프회에서 발간한 자료집에 의하면, 약 40%의 광부가 미혼이었다(재독한인글뤽아우프회 2009, 81). 나이로 봐서 특히 결혼 적령기였던 그들의 결혼은 이주자로서의 삶에서 자연스럽게 발생할 수밖에 없는 것이었고 무엇보다 이는 혼자의 삶을 마감하는 것

42 2011년도 독일 통계청의 자료와 독일에 있는 한인의 생활에 대한 연구 결과에 의하면 한국인들은 독일 전역에 걸쳐서 고루 분포되어 살고 있다. 노르트라인-베스트팔렌이나 베를린, 그리고 프랑크푸르트 등의 일부 대도시를 제외하고는 분산의 정도가 고르다. 또한 한 도시 내에서도 이들은 어떤 지역에 집중되어 살아가지 않고 독일 사회에 분산적으로 살고 있는 경향이 있다(Yoo 1996, 40–41; Statistisches Bundesamt 2011).

43 심윤종 교수의 1972년 분석에서는 152명의 표본 추출 간호 인력들의 경우 미혼이 약 66.5%, 기혼이 30.9%, 기타가 2.6%라고 하고 있다(심윤종 1975, 2). 하지만 이들 중 상당수는 독일에서 결혼한 경우로 보인다. 실제로 당시 간호 인력들의 취업 지원 조건은 미혼이었고 심지어 임신 여부를 판단하기 위한 검사까지 있었다고 한다.

이었을 뿐만 아니라 일시적인 체류자의 신분에서 장기적으로, 그리고 독일에 정착하는 전환점의 의미를 가진다. 또한 새롭게 가족을 이룸으로써 이주자로서의 심성은 크게 변화하게 된다.

정주: 새로운 가족 만들기

이 절은 이주자들이 국경을 넘어가는 이주 과정 자체와 동일시하게 되는 가족과의 이별이라는 현실, 그리고 그로 인한 실존적인 외로움의 문제가 해결되는 하나의 분수령에 대한 것이다. 바로 결혼이다. 물론 결혼 자체가 이주의 완결을 의미하지는 않았고 결혼을 통하여 만든 가족 안에는 다시 국경을 가로질러 진행되는 이주라는 과정이 진행형으로 들어 있다. 이주가 이주자들에게는 국경을 가로지르며 과거 자신의 출신국 문화와 이주국 문화 사이에 횡단적인 움직임을 의미한다는 점에서 가족은 또 다른 의미에서 국경을 가로지르는 횡단의 장소가 된다. 그리고 그 횡단은 중첩되어 진행되는데, 그중 하나는 한인 이주 노동자 개인들의 독일 사회에 대한 적응 속도와 방식의 차이에 의하여 나타나는 부부 사이의 문화적 횡단 과정이다. 독일인과 결혼한 한인 부부 사이에서 경험하는 문화적 횡단은 말할 나위도 없다. 다른 하나의 횡단의 과정은 세대 사이에 나타나게 된다. 이주 노동자들이 결혼과 더불어 독일에 가족을 구성하는 과정에서 단기간의 체류가 아닌 정주로 마음을 결정하는 데 중요한 이유가 되었던 후세대들과 이주 세대들 사이의 문화적 횡단 과정 역시 간과할 수 없기 때문이다. 바로 이 절은 이와 같이 가족 구성원 내에서 여전한 양 문화 간의 횡단적 접촉과 만남, 갈등, 소통 등의 요소들을 설명함으로써 노동 이주자들이 정주를 결심해 가는 실제적인 이주사를 보여 주고자 한다.

앞에서 언급했듯이 독일로 갔던 한인들의 노동 이주사가 갖는 특징 중 하나는 처음부터 다시 한국으로 돌아갈 것이 전제되어 있었다는 점이다. 독일의 고용정책, 그리고 고용을 위하여 체결한 계약서상에서 이들은 처음부터 귀국이 전제되어 있었다. 하지만 독일 측의 이와 같은 제도나 정책적 방향과 관계없이 당시 독일로 갔던 이주 노동자들에 대한 개인사적인 관찰에 의하면 이런 의도를 순수하게 받아들이고 그에 맞게 체류 계획을 세웠던 이들도 적지 않지만 "한국으로부터 벗어나는 것"을 원했던 이들이 적지 않았다는 것이 목격된다.[44] 실제로 독일에 정주한 이들의 경우에도 그러하지만 미국이나 다른 나라로 재이주를 한 노동 이주자들에 대한 인터뷰에는 처음부터 미국으로의 이주를 꿈꾸었던 이들이나 적어도 한국을 떠나고 싶었다는 이들이 상당히 많다. 독일에서 미국으로 재이주한 이들의 뉴욕에서의 한 모임에서 인터뷰에서 응해 주었던 5인의 독일 노동 이주자들은 모두 미국이든, 스웨덴이든 가고자 하는 마음을 처음부터 갖고 있었다고 한다. 하지만 당시 외국으로 떠나는 것이 대단히 어려웠던 현실이었기 때문에 마침 공고를 통하여 제공되는 기회를 자신의 꿈을 위한 방편으로 삼기 위해 우선적으로 독일로 갔었다고 이야기하고 있다.

> "…… 어 …… 내가 원하는 것은 한국을 떠난다는 것, 그 당시에 한국을 떠난다는 게 보통 어려운 일이 아니었기 때문에 미국을 가려면 우선 한국을 떠나야 미국으로 갈 수 있었어요. 그래서 그 독일에 대해서 전연 관심도 없었고, 어 …… 거기에 대해서 전혀 몰랐어요."[45]

---

44 예를 들면 1차 2진으로 독일 광산에 갔던 최병진은 애초부터 미국으로 가려고 하다가 독일로 갔고 이에 그의 계약이 끝나기 전에 외항 선원을 거쳐서 미국으로 재이주하였다(김용출 2006, 183-184).

"예, 저는 어 간호사로서 미국으로 가고자 하는 것이 저의 본래의 의도였습니다. 그 때에 미국 수속 도중에 에 …… 시간이 굉장히 오래 걸리고 그래서 중도에 하차해 가지고 독일로 갔습니다."[46]

가난함과 정치적 혼란 속에 있었던 당시의 한국은 젊은이들에게 미래를 기대하기 어려운 나라였던 것 같다. 또한 미래에 대한 기대는 접어두고라도 현실적으로 직업을 구하기 어려웠던 한국에서 잘사는 나라, 자신들의 노동력을 필요로 하는 나라라는 점에 의해서 미국은 최선의 도피처였던 것으로 보인다. 하지만 미국은 이민을 허용치 않았고 비록 간호 인력 등의 노동력 유입을 요구하고는 있었지만 평범한 한국인들이 이주하기에는 매우 어려운 조건의 나라였다. 그 이유 중에는 비자를 받기 어려운 것도 있지만 특히 거기에 소요되는 비용의 문제도 컸던 것 같다.

"그 당시에 미국으로 가는 게 가장 우리한테 어떤 희망, 꿈이었어요. 미국으로 간다는 것 자체가 희망이었어요. …… 미국으로 간다면 돈을 많이 번다는 그 조건 때문이었지. …… 그 당시에 미국으로 가는 수수료가, 비행기 값이니, 가는 서류 값이니 한국에서 비자 내는 값이 그 당시에 100만 원이 들었어요. 근데 그 당시에 월급이 우리 아버지 같은 경우에, 공무원인데 2만 원, 3만 원 월급이었고 그게 보통 사람들의 월급이었다고. 근

---

45 뉴욕의 파독뉴욕동우회 정기모임에서 인터뷰에 응한 광부 출신 남성. 그는 한국에서 건축회사에 근무하다 광부로 독일로 갔다가 다시 미국으로 이주하였다(이선옥. 재미파독한인구술, 미국 뉴욕 동우회정기총회에서, 2013년 10월 3~4일).

46 미국 뉴욕파독동우회 총회에서 만난 파독 간호 이주 여성. 그는 이미 한국에서 간호 일을 하다가 1966년에 독일의 프랑크푸르트 대학병원에 갔고 3년의 근무 후에 미국으로 재이주하였다(이선옥. 재미파독한인구술, 미국 뉴욕 동우회정기총회에서, 2013년 10월 3~4일).

데 100만 원이 가는 수수료로 들었다고. 그러니까 잘사는 사람이거나 정 말 집을 팔아야 미국으로 가는 서류를 준비를 했다고. 공부를 잘하고 못 하고의 문제가 아니라 …… 우리 집안에서는 불가능했어요."[47]

이런 상황이었기에 이들은 이에 대한 대안이거나 적어도 우회적인 방식이 생기는 경우를 환영할 수밖에 없었는데 그 대안이 독일이었던 것이다. 하지만 이런 꿈을 가지고 다시 독일을 거쳐서 캐나다 또는 남미의 어느 나라를 거쳐서 미국으로 재이주를 했던 이들을 제외하고 더 많은 이들은 독일에 남게 되었는데 중요한 것은 독일로의 이주는 처음부터 분명한 한계가 있는 것이었다는 점이다. 즉 독일이 취하고 있는 손님 노동자Gastarbeiter 정책, 즉 손님처럼 잠시 머물다가 귀국하는 정책에 의해서 이들의 이주 시기는 일정 기간 동안만으로 제한되어 있었다. 하지만 이들의 단기간으로 예정되어 있던 상황은 일부 귀국한 경우를 제외하고는 어느 정도 시간이 지나면서 정주의 상황으로 넘어가게 되었다. 그리고 정주는 단기 고용을 전제로 한 노동 이주의 상황에서부터 시간을 두고 서서히 진행되었으며 이 과정에서 가족은 매우 중요한 역할을 하였다.

1. 귀국 또는 정착에 대한 고민

가족은 독일에 머무는 이유가 되기도 했지만 다른 한편 독일을 떠나는 이유가 되기도 했다. 독일 노동 이주자들이 독일에 머물거나 귀국하는 이유에 대하여 설문을 통해 분석한 최재현의 연구에 의하면 한국으로 귀국한 이들 중

---

47 한국에서 간호대학을 졸업하고 1975년 독일 남부 지방으로 병원에 취업했던 여성. 현재는 독일인 의사와 결혼하여 독일에 살고 있다(국사편찬위원회 2008).

에는 자녀의 교육과 장래에 대한 전망이 독일에서는 불안하다는 판단에 의해 귀국을 결심한 이들이 적지 않았다. 특히 1980년대 독일의 경제적인 어려움 그리고 1982년 독일 정권의 변동 속에서 정치적인 상황이 변화하고 외국인 혐오가 사회적으로 확산되면서 외국인으로서의 삶은 그리 녹녹치 않았다. 독일 뿐만 아니라 유럽 전역에 걸쳐서 외국인 이주 노동자들에게 부정적인 사회 인식이 확대되면서 그 상황에서 아이들이 원하는 방식으로 삶을 영위하는 것이 어렵다고 판단한 이들이 많았던 것이다(Choe and Daheim 1987, 6; 41–47). 당시 독일의 외국인에 대한 정책은 이중적이어서 부분적으로는 기왕에 들어가 있는 외국인을 독일적인 상황으로 잘 적응시키는 방법에 골몰하는 반면에 또 귀국을 종용함으로써 외국인의 국내 정착을 제한하는 상황이었다. 따라서 이주자에 대한 학술적인 연구의 주제들은 '통합'과 '귀국'이라는 두 주제어에 집중되어 있었을 정도이다(Westphal 1996, 20).

이주민이 자신의 나라에서와는 달리 이주국에서 매우 이질적이고 불편한 감정을 느끼는 것은 일상적인 일일지도 모른다. 하지만 중요하고 놓치지 말아야 할 점 중 하나는 이런 차이에 대한 느낌이 실제로, 적어도 독일에 이주한 한국 이주 노동자들의 일상에서는 거의 보이지 않았다는 점이다. 많은 인터뷰 대상자들은 스스로가 전혀 차별을 받지 않았다고 강력하게 이야기하는 편이며 이런 언급에는 그 나름의 연구해 보아야 할 중요한 이유가 있다고 판단된다. 하지만 적어도 일정한 상황들은 이들의 불편함을 더 두드러지게 하는데, 이를 테면 경제적으로 위기가 와서 독일인들의 실업율이 높아졌을 때이며 이때 외국인에 대한 대우는 달라진다. 그런 경우에 이주 노동자들은 귀국에 대한 생각을 해 보게 되었던 것으로 보인다. 1973년 오일 파동 이후의 경우나 1982년경 정권 변화와 경제 상황의 변화 속에서 종종 이런 경우가 나타났던 것도 그런 이유다. 하지만 이와 같은 상황에서도 각 개인은 또 다른 개인적인 이유에 의해서 자신의 행동을 결정하는데, 바로 이와 같은 상황에 대하여 최재현이 1987년에 설문조사를 바탕으로 하여 귀국할 것인지 아니면 머물 것인지에 대한 의사를 알아보고 연구 성과를 낸 바 있다. 이 연구 성과를 통하여 우리는 독일에 머물기보다는 한국으로 돌아가려고 했던 대부분의 한인 이주 노동자들은 생각보다 많은 고민거리를 가지고 있었다는 사실을 알 수 있다.

우선 귀국을 고려함에 있어서 이주 노동자들은 자신이 독일에서 어느 정도 성공했는지를 주변과 가족에 보여야 한다는 의식이 매우 강했던 것으로 보인다. 그리고 그것은 대개 당시로는 매우 절실했던 내 집 마련이라는 희망으로 구체적으로 제시되어지고는 했다. 하지만 이런 귀국에 대한 전망보다는 머물어야 한다는 이유가 더 강한 이들이 많았는데 그 이유로는 역시 한국에서의 살아갈 방법에 대한 것이 대부분이었다. 특히 한국으로 돌아가 종사할 직업적인 전망을 매우 어두웠음은 물론, 귀국하여 이루고 싶었던 중산층의 삶이나 사회에의 성공적인 적응, 그리고 자식들의 미래까지 보장받을 수 없다는 판단이 있었다. 독일에서 이미 상당 기간 살아온 이들이었기에 한국에서 취직할 수 있는 나이를 넘어서 있는 이들이 대부분이었다. 또한 그사이 변화가 급격하였던 한국 사회에서 교육받은 젊은이들과 경쟁해서 원하는 직장을 잡을 수 있는 가능성은 거의 없었다(Choe and Daheim 1987, 71). 게다가 독일에서 매우 단순한 일을 했던 관계로 독일의 경험을 직업적인 경력으로 인정받을 수 있었던 것도 아니었다. 그런 이유에서 독일에서 귀국한 이들 중 42% 정도는 개인 사업을 했던 것으로 파악되었다. 대부분 귀국한 이들이 재취업에 성공하지 못하거나 또는 개인 사업에서도 성공적이지 못한 많은 일화들은 독일에 남은 이들에게 전해져 한국으로의 귀국을 포기하도록 한 것도 이 조사 결과는 파악하고 있다. 물론 이런 한국 재적응의 어려움 이외에 한국에서 받을 수 있는 임금과 독일에서의 수입이 차이가 많이 났던 것도 귀국을 꺼리게 했던 요인이었다. 또한 독일의 일상과 상당히 다른 소비문화, 생활 태도 등 이미 변화한 많은 것들도 그들의 귀국을 포기하게 만든 요인이었다. 하지만 이러한 상황적인 판단에 의하여 정착이 결정되는 방식 이외에 한인 이주 노동자들이 독일에 더 장기적으로 체류하고 결국 그곳에 뿌리를 내리도록 결단을 내리게 하는 또 다른 요인은 바로 가족 만들기였다.

2. 독일에서의 새로운 가족 만들기

돌아갈 것을 전제로 하여 독일 노동시장에 투입되었던 한인 노동 이주자들은 국경을 가로지르며 한국에 있는 가족과 유대 관계를 이루고 자신이 한국에 있었더라면 했었을 자녀로서의 의무, 형제자매에 대한 유대감을 송금이라는 형태로 유지하고 실행하였다. 하지만 혼자라는 조건은 국경을 넘어 존재하는 이 가족적인 유대를 더 외로움으로 다가오게 했고 단기 계약직 노동자라는 조건 속에서 이 외로운 상황은 더 강화되었다. 하지만 애초에 이들은 자신들의 삶을 개선시키려는 긍정적이고 적극적인 의식으로 이주 노동을 선택했기에 일정한 시기가 지나고 나면 이들의 의무 수행 과정은 자신에 대한 투자로 흔히 전환하게 된다. 이는 자신을 위한 교육 기회의 확대나 또는 결혼을 통하여 진행되었다. 물론 개인적인 사유에 의해서 귀국을 포기하는 경우도 있었지만 더 적극적으로 이주자로서의 삶을 선택하는 경우에는 결혼이 그 계기의 중심에 있었다.

> "그(동생)는 공부를 마친 다음에 가족의 생계를 유지시키는 임무를 넘겨받았고 그래서 나는 결혼할 수 있었다. 3년의 시간이 지난 다음부터 나의 삶이 본격적으로 시작되었던 것이다."(Park-Reinig 2011, 58)

대부분 결혼 적령기였던 한인 노동 이주자들은, 일정한 시간이 지나면서 한국인 또는 독일인과 결혼하였다. 처음 예정과 달리 독일에 계약 기간 이후에 더 머물 수 있다는 것을 알게 된, 그것이 업종의 특수함에 의해서든지 아니면 결혼을 통해서든지, 한인 이주 노동자들은 좀 더 독일에 머무는 것을 예정하게 되었다. 실상 당시 독일로의 노동 이주를 택했던 많은 한국의 젊은이들 중에는 최종적으로는 미국으로 가는 것을 염두에 두었지만, 우선적으로는 독일을 통하여 외국으로 이주하는 것을 궁극적으로 원하는 이들이 적지 않았다. 하지만 이 외에도 다른 이유에 의해서 더 연장된 삶을 결정하는 이들은 많았다.[48] 그 모든 개인적인 이유들 중에서 공통적으로 이들의 정주에 결정적인 이유로 작용한 것은 아무래도 결혼이었다. 특히 앞에서 언급했듯이 광부로 갔던 남성들이 다른 안정된 업종으로 변경하거나 학업을 계속할 기회를 얻게 되거나 하는 경우가 아니고 귀국이나 다른 나라로 재이주를 하는 경우 이외에 독일에 머무를 수 있는 방법은 간호 여성과의 결혼이었기에 광부와 결혼한 여성들도 역시 자연스럽게 장기적으로 머무는 길을 결혼을 계기로 선택하게 되었다. 상대적으로 취업과 이에 따른 체류의 안정성을 취할 수 있었던 간호 여성들의 경우에도 결혼을 통하여 보다 장기적인 체류의 길로 들어서게 되었다. 정확한 숫자는 알 수 없지만 약 만여 명의 간호 인력들이 독일로 갔고 그 중 약 90%가 미혼이었고, 광부의 경우 약 7,000여 명이 이주 노동을 선택했고 그 중 약 40% 가량이 미혼이었던 까닭에 여성들이 한국인 배우자를 찾을 가능성은 적었다. 이런 관계로 그 대상이 독일인이 되는 경우가 많았다.

---

48 예를 들면 생각했던 바와는 달리 돈이 충분히 모아지지 않았고 그래서 더 돈을 모은 다음에 귀국을 고려한 경우 등이 있었다.

특히 업무 이외의 시간을 주로 기숙사에서 보내거나 개인 숙소에서 보내면서 사회와 그다지 접촉하지 않던 한인 여성들은 당시 일종의 군역 대신에 병원에서 봉사 시간을 보내던 남학생들과 만나게 되는 일이 드물지 않았고 또는 같은 병원에 근무하는 의사와의 인연을 결혼으로 이어가는 일들이 많았다.

독일로 이주 노동을 갔던 이들이 결혼을 한다는 것은 일시적인 초청 노동자에서 이민자로, 이주 목적과 체류 자격상의 변화가 시작되었음을 의미하는 것이다. 물론 결혼하고 한국으로 귀국한 이들도 있지만 정착을 하거나 또는 다른 나라로 재이주하는 경우에 결혼은 훨씬 더 추진력을 갖는 조건이 되어주었다. 독일인과 결혼한 경우에는 독일 국민의 배우자로서의 법적인 자격을 얻게 되는 것이 자연스러웠다. 물론 한국 사람과 결혼하는 경우에는 여성들의 취업이 더 용이하다는 것 때문에 더 장기적인 체류로 이어질 수 있었지만 궁극적으로 독일에 장기 체류하며 시민권의 획득을 하기까지는 1977년과 1979년에 각기 있었던 간호 인력과 광부로서의 장기 체류와 고용의 안정성을 얻게 된 행동의 계기가 작용했다는 것은 말할 필요도 없다. 물론 이런 방식을 전체 독일의 노동 이주자들에게 일괄적으로 적용하기는 어렵다. 그들의 노동 이주 기간이 거의 20년에 가깝고 그 사이에 노동 이주를 간 이들의 계약과 체류 기간이 모두 다양했고 결혼이 이루어지는 경우의 예들도 매우 다양했기 때문이다. 예를 들면 재계약이 불투명한 여성이 아직 기간이 남은 남성과 결혼하여 일시적으로 체류의 안정성을 취한 후에 직업을 다시 찾아서 간호 인력으로서 안정성을 갖추고 장기적인 고용과 정주의 길을 간 경우도 있기 때문이다. 한국인이, 그들이 간호 여성이건 아니면 광부이건 간에 상관없이 독일인과 결혼한 경우에는 당연히 장기적 체류자의 법적 자격을 갖게 되었다(나혜심 2012, 220ff). 하지만 한국인 광부로서 독일인 여성과 결혼한 경우보다 한인 간호 여성으로서 독일인 남성과 결혼한 경우가 더 흔하다. 어쨌든 현실적으로는 결혼이 이런 장기적인 이민자 또는 이주자로서 전환하게 한 문화적 또는 개인적 계기가 되었다.

3. 새로 만든 가족 내의 횡단적 이주의 경험

결혼을 통해서 체류의 가능성이 더 증가하기는 했지만 그것으로 인해서 이주자들의 국경 넘기가 완결된 것은 아니었다. 결혼을 통해 구성한 가족 내부에는 국경을 사이에 둔 두 나라, 두 문화 사이의 갈등이 여전히 존재하며 그것은 한편으로는 부부 사이에 다른 한편으로는 부모와 자녀 사이의 갈등으로 나타나게 된다. 이 갈등은 다른 면으로 보면 문화적 차이에 의한 만남과 충돌이 가족 안에 존재하는 것이지만 다른 한편 가족이라는 공간 안에서 문화적 차이를 사이에 둔 횡단적인 이주가 진행되는 과정이라고 볼 수 있고 또 그런 의미로 이해하려고 한다. 그것은 가족으로 모인 구성원들, 즉 이주자들의 문화적 이동의 정도와 속도가 각기 상이하여 나타나는 것이며 그 갈등의 정도는 시간적인 경과를 통하여 서서히 줄어들게 될 것이다. 하지만 갈등의 양상과 정도가 이들의 이주 생활에서 결코 간과할 만한 것은 아니다.

독일인과 결혼한 경우에 그 안에서의 문화적 갈등은 너무나 자명한 일로 보인다. 독일인과 결혼한 이주 노동자의 결혼 경험 듣기는 그리 용이하지 않다. 사적인 것에 매우 민감한 독일 문화 때문이기도 하지만 어쩌면 독일 문화에 대한 긍정적 편견이 여기에 작용한지도 모르겠다. 독일인과의 생활에 문제가 있을 것이라는 점에 대한 의식 자체가 좀체 나타나고 있지 않으며 그래서인지 이에 대한 본격 연구도 거의 진행되지 않고 있다. 일부 언어적·문화적 어려움이 종종 표현되고 있을 뿐이다(김학선 2011, 185-194). 예를 들면 다음 인용들과 같다.

“〈질문자〉: 한국 사회도 두 남녀가 오랫동안 각자 살다가 만나서 사는 게 어렵겠지만, 이렇게 문화적인 차이로 어려움들이 많이 있으셨을 것 같은데.
〈이주자〉: 있죠. 하지마는 나 같은 경우엔 그렇게 많이 없었어. 무난했던 것 같아. 왜냐면 서로가 좀 양보하면서, 음, 좀 살아야 되니까.”[49]

“남편 식구들 그러니까 그 사람들과 이야기하다 보면 무슨 말인지 모르는 말들 지금도 여전히 있어요. 처음 결혼해서는 이 사람들 문화를 정말 몰라서 당황하고 힘들었어요. 그러니까 …… 한국서 살면 우리가 자라면서 자연스럽게 배우는 것들 있잖아요? 언어와 문화를 익힌다는 게 결국 끝이 없구나 생각해요.”(김학선 2011, 188 재인용)

한국인과 독일인과의 결혼에서 간과해서는 안 될 것 중 하나는 이 결혼은 단지 배우자를 독일인으로 선택했다는 것만이 아니라 이미 그 선택을 당연한 것으로 여기는, 그들의 변화된 인식이다. 즉 한인 여성들의 결혼관이나 배우자관, 그리고 넓게는 사람을 보는 눈이 과거와는 달라졌다는 것이다. 물론 숫자상으로 많지는 않지만 독일 여성과 결혼한 남성의 경우도 여기에 해당한다.

“(첫 고용계약이 끝나고 한국에서 가서 결혼할 상대를 보고 난 이후의 상황에 대해 이야기하며) 가난한 거 싫고, 뭔가 좀 특별한 것이 돼야지. 그거 뭐 한국에서 살림하고요, 그런 거 어렸을 때부터 싫어했어요. 살림하고 집안에서 이렇게 하는 거 싫어서 아유, 난 도로 간다고 하고 왔다고.”[50]

---

49 한국에서 간호학교를 졸업하고 회사 의무실에서 일하다 독일로 간 간호 여성, 의사인 독일인 남편을 만나서 살고 있다(국사편찬위원회 2008).

간혹 한인 여성들이 귀국을 결심하기 전에 한국을 일시적으로 방문하는 과정에 이 변화를 감지하게 되었다는 사실이 또한 매우 흥미롭다.[51] 계약 기간 만료를 앞두고 귀국과 계약 연장을 저울질하면서 재정착 가능성을 보기 위하여 한국을 일시적으로 방문하는 과정에서 이들은 소위 역문화충격Reverse culture shock을[52] 경험하고 자신의 배우자관이자 결혼관, 심지어 인생관의 변화를 인지하는 경우가 눈에 띈다.

> "(계약이 끝나고 한국으로 돌아가서의 상황에 대한 설명에서) 한국 가서 두 달 있으면서 선을 몇 번 봤는데 …… 대화가 안 통하더라구요. …… 그 남자들은 콤플렉스가 굉장히 강하더라고. 자기가 희망하는 유럽에 대해 어떤 그거를 못 봤다는 그것이 정말 심하더라고. 나를 대상으로 해서 그러니까 처음부터 아래로부터 완전히 콤플렉스로 가득차서 이 대화가 너무 힘들더라고 …… 한국 사람들은 너무 게으르고 생각하는 게 너무 환상적이고 사치적이고 …… 그게 눈에 거슬리더라고 …… 여기가 나의 세계가 아니구나 ……."[53]

적어도 3년 정도의 계약 기간을 보내는 동안에 이주 여성들은 자신도 모르

---

50 1967년에 간호 학생으로 갔다 간호학교를 마치고 간호사로 일을 한 여성(국사편찬위원회 2008).

51 이 일시적 여행이란 최재현이 독일 이주자들이 귀국을 염두에 두고 한 일시적 귀국이 오히려 귀국을 포기하는 동기라고 언급했던 중간여행(Zwischenreise)과 같은 개념이다.

52 역문화충격은 일정한 외국 경험을 갖고 있는 사람이 자신의 나라로 귀국하였을 때 겪게 되는 문화적 충돌 경험이다. 이는 자신이 잘 알고 있는 곳이라는 생각에 문화적 적응을 위한 준비를 전혀 하지 않은 상태에서 경험하여 더 당황스러울 수 있다. 이는 자신이 다른 문화와의 접촉을 통하여 변화하였고 그 사이에 자신의 모국도 변화하였다는 점을 인지하지 못하여 발생한다(Gaw 2000, 85ff).

53 한국에서 간호대학을 나오고 1972년에 독일로 가서 간호사를 하였던 여성. 독일인 의사와 결혼하여 독일에서 살고 있다(국사편찬위원회 2008).

는 사이에 다른 시야를 갖게 되었고, 그것을 일시적인 한국 방문에서 확인하였으며 그 계기가 독일 체류를 결정하는 것으로 이어졌던 셈이다. 그 중에 적지 않은 사람은 독일인과의 결혼을 통하여 독일 사회에 정착하였다. 그럼에도 불구하고 실제 생활에서 문화적 차이 극복은 물론 쉽지 않았다. 그런데 흥미로운 점은 한인끼리의 결혼도 한국과 독일의 문화 간 차이에 의한 갈등에서 자유롭지 않았다는 점이다. 직업적 환경상 광부 출신의 남성 배우자와 독일 언어와 문화 익히기에 더 수월했던 간호 여성 사이에 각기 다른 속도로 독일 문화로의 횡적인 이동이 진행되고 있었기에 이런 현상이 발생하게 된 것이다. 그리고 이 이동의 속도 차이는 드물지 않게 갈등으로 이어졌다.

> "그래 가지고, 근데 남자들이 고쳐야 할 게 많아요. 여자들은 적응이 잘 된다고. 근데 남자들은 고립된 생활에서 못 나와요. 그리고 자기네가 그 여기에는 얼마든지 가능성이 많잖아요. 근데 그 고립된 생각에서 벗어나질 못해요. 제가 생각하기에는 그게 독일에서 제일 큰 문제점인 거 같아요. …… 저 놈들은 어떻게 여자들한테 병신같이 저렇게 하느냐구 그렇게 받아들이니 어떻게 그걸 좋게 받아들여서 여자를 위할 줄 알아야 하고, 그게 한국에서는 부엌에도 들어갈 수 있어야 하고 ……."[54]
>
> "그런데다 부부가 그때 굉장히 갈등이 많았어요. …… 나는 독일 교회에 가서 자주 있어야 하잖아. 어머니회에, 공동체에 자주 있어야 하는 거야. 그걸 못 가게 하는 거야. 막 …… 어떤 복잡성이 있었어요. 심적인 복잡성이었던 것 같아."[55]

---

54 1967년 독일에 간호 학생으로 가서 간호학교를 마친 후 간호사로 일하다 최근에 정년퇴직한 여성(국사편찬위원회 2008).

독일인과 결혼하든 한국인끼리 결혼하든, 이들이 경험하고 있는 것은 어디까지나 국경을 사이에 둔 두 문화 사이 횡단적 이동 과정에서 나타나는 갈등이다. 특히 부부보다 더 독일 문화에 가까이 있던 자녀들의 태도를 이해하는 문제에 있어서 이런 갈등은 더 극명하게 드러날 수밖에 없었다. 그리고 그 세대 간의 차이를 이해하는 정도에 있어서 부부 사이의 차이 역시 또 존재한다. 그것은 앞에서 보았듯이 여성 이주자와 남성 이주자의 이주 경험과 횡단 과정에서의 속도 차이에서 비롯한 것이다.

> "내가 다 보냈어요. 얘네 아버지가 반대한 것도. 파티라면 다 보냈어요. 그러니까 좀 전통적으로 한국적으로 키워야 되는데. 나는 애들을 그렇게 키운다고. 날마다 싸움도 많이 하고. 왜냐하면 여기서 살면서 그러면 안 되잖아. 그거는 지가 알아서 판단을 해야지."
>
> "우리 딸이 외국 애를 사귀었어요. 우리 아빠는 절대적으로 반대를 하는 거야 막. 그런데 나는 그렇게 안 봐요. …… 내 생각에 얘네 아빠가 너무 강요를 해. 자기가 아직까지, 독일에 살아도 우리 한국 사람들은 어떤 우선권에서 남편을 우선권해서 살았기 때문에." [56]

주로 여성들의 경우에 실상 독일인에 가까운 자녀들의 사회 생활에 대하여 더 포용적인 경향을 보이고 있었던 것이다.

---

55 1965년 간호조무사로 독일로 갔다가 간호학교를 거쳐서 간호사로 일한 여성. 독일 디아코니의 역사와 관련된 공부를 하였고, 공동체 간호사로도 근무한 경력이 있음. 1967년 독일에 간호 학생으로 가서 간호학교를 마친 후 간호사로 일하다 최근에 정년퇴직한 여성(국사편찬위원회 2008).

56 1967년에 간호조무사로 가서 간호학교를 통하여 간호사가 되었다 독일에 정착한 여성. 한국 남성과 결혼(국사편찬위원회 2008).

어쨌든 이와 관계해서 주목해야 할 또 하나의 중요한 것 중 하나는 부모 세대와 자녀 세대 사이에서 독일과 한국 문화 간의 갈등이 더 많이 드러나는 것은 어쩔 수 없었다는 점이다. 한인 이주 노동자 자녀의 경우, 거의 대부분 독일 출생으로 그 자신은 이주의 경험을 실제로 한 적이 없음에도 불구하고 부모로부터 한국적인 정서와 문화들을 익힌다. 그리고 자라면서 사회적 관계 속에서 익힌 독일 문화와 부모로부터 받은 문화 사이에서 문화적 갈등 경험을 가질 수밖에 없다. 독일에 이주하여 가족을 이룬 이주자들의 가족을 대상으로 하여 1987년에 설문조사를 하고 그들의 일상에 대해 연구했던 이장섭은 이주자 2세대의 문화적 수용에 대한 부분에서, 이주자들은 자녀를 양육하는 과정에서부터 독일 문화의 수용은 물론 한국 전통문화를 유지하고 전수하려는 태도를 보였다고 한다(Lee 1991, 131). 자연히 일상에서 이 과정을 통하여 자녀들은 자신들이 직접 태어나고 접한 바는 없지만 한국 문화를 습득하게 된다. 그리고 부모 세대와 정도 차이는 있을지언정 이주라는 횡적인 이동에 강제적으로 동참하게 된다. 부모 세대와 자녀 세대는 다른 문화의 수용 방식과 정도에 있어서 차이가 있기 때문에 실제로 이들은 서로 다른 문화적 세계에 살고 있는 셈이다(The American Psychological Association 2012, 4).

> "검은 머리를 자꾸만 밤색이라고 우겨 대며 자신의 정체성을 확인하려 반항하며, 한국적인 것은 아무것이라도 비판하던 아이들이 이제 너무나도 ……."(양희순 2008, 327)
>
> "아 그 전에 막 하라고 종용을 해도, 엄마 지금 내가 당장 필요 없고 공부하기도 힘든데, 내가 한국말까지 어떻게 배우냐 …… 제가 조금 부끄러워요."[57]

위 인용들은 외모적으로 외국인으로 비춰지는 것을 싫어하는 2세들의 방황에 대해 부모 세대는 당황하였던 경험을 보여 주는 한편, 한글을 가르치고 싶지만 독일에서의 성공적인 정착을 위하여 한국어를 교육 대상에서 제2선으로 물려 두었던 경험을 보여 준다.

이주민들의 자녀가 일정 연령에 도달하면 학교에 진학하고 그들 나름의 사회 경험을 시작하게 되면서 자신의 정체성에 대해 고민하는 것은 이미 널리 알려진 사실이다. 집안에서 부모를 통하여 입수했던 문화 정체성이 사회에서 획득한 문화와 부딪히기 때문이다. 대개의 경우 독일에서 태어나고 청소년기를 보내는 2세들은 자신과 동일한 연령대에 있는 독일 아이들과의 사이에서 동질성을 찾으려 한다. 또한 독일의 환경과 문화에 대단히 익숙한 이후세대들은 가족 안에서 경험하는 한국적인 정서와 인습 등과 갈등 상황에 놓일 수밖에 없다. 이미 스스로 독일인으로 인식하고 있는 이들은 독일 사회가 이들에게 은연중에 강요할 수 있는 이주자로서의 사회적 소외 상황에 대하여 부모 세대에 비하여 더 견디기 어려워하는 동시에 독일 사회로부터 인정받는 일에 더 열의를 보이는 경향을 가질 수 있다(Kang 1996, 13). 자연히 이런 경향의 아이들에게 가족 내에서 전달되는 한국적인 정서는 반감을 야기할 수 있고, 이런 의미에서도 이주자의 가족 내에는 세대 간의 갈등 속에서 문화적 이동의 횡단적인 과정이 여전히 진행되고 있다는 것을 알 수 있다.

독일에 있는 한인 가정의 세대 간 의사소통 문제를 다룬 연구 중에는 유치원 진입 이후에 주로 독일어를 익힌 2세대의 독일어 실력이 부모 세대의 그것을 능가하고 이로 인해서 부모와 자녀 세대 사이에 공동의 의사소통 언어

57 1972년에 독일에 간호조무사로 갔고 현재는 한의사로 전업한 남편과 일하고 있다(국사편찬위원회 2008).

가 존재하지 않는다는 분석이 있다(Lee 1991, 53–154). 그러나 서툴지만 부모 세대가 독일어 소통이 어느 정도 가능하고 2세대의 한국어에 대한 이해 역시 서툴지만 일정한 수준이기 때문에 의견을 나눌 정도가 되므로 이 문제를 너무 과장되게 이해해서는 안 될 것이다. 오히려 언어적 소통의 문제가 아니라 문화의 익숙함 정도에 있어서 세대 간의 차이는 분명히 존재하고 있으며 이런 의미에서 횡단적인 왕래가 세대 사이에 있다고 보는 것이 더 적절할 것으로 보인다. 독일에서 이루어진 한인 가정 자녀들에 대한 연구에서도 언어적인 소통 문제로 인한 어려움보다는 문화적 차이나 서로에 대하여 기대하고 있는 바의 차이에 의한 세대 간의 갈등 문제가 더 크게 부각되고 있다(Hary 2012, 73).

독일 사회에서 이주민 2세들이 문제를 유발시키는 존재들이라는 담론이 적지 않다. 주로 터키 이주 노동자 2세들의 학업 성취 부진이나 이로 인한 직업적 진로의 불투명함, 그리고 그런 전반적인 이유가 작용했을 범죄 발생 가능성의 증가 등으로 이런 논의들은 진척되고 있다.[58] 이와 비교하여 한국인 2세들의 교육적 성공과 사회적 통합의 성과는 매우 긍정적인 경우로 비추어지고 있다. 여기에는 한국인 2세들의 교육적 성공을 위한 스스로의 노력은 물론 앞의 한 부모의 언급에서 보듯이 독일어를 완벽하게 구사하기 위한 가정 내의 노력과 열의 등이 주요하게 작용한 것으로 보인다. 실제로 상당 기간 동안 한인 가정 내에서는 한국어 가르치는 일은 독일어의 완결성을 위하여 답보되는 정도로까지 나타났다. 따라서 독일 사회에 성공적으로 통합된 것으로 보이는 한국인 2세들의, 부모 세대와의 문화적 토대에서의 차이는 적지 않았으

58 잡지 *Der Stern*지의 2008년 한 헤드라인은 "5명 중의 한 명의 외국인(학생)이 학업을 중단한다."는 것이었다고 한다(Hary 2012, 72).

리라는 것은 당연하다. 이런 측면에서 가정 내에서 한국 문화와 독일 문화 사이의 문화적 국경을 가로지르는 횡단 과정은 그것이 순조롭든, 아니면 갈등적인 구도였든지 간에 상당한 시간을 두고 진행되었고 또 진행되고 있다는 점을 짐작할 수 있다.

이주자의 2세에게 가족이라는 것은 "세대를 통하여 문화적인 정체성을 넘겨받는 공간"이다(Parker 1995, 86; Hary 2012, 118 재인용). 자신의 국가에서 성인이 될 때까지 성장하여 이미 문화적 정체성을 형성한 이주 노동자가 타국으로 이주하고 그곳에서 가족을 구성하여 자식들에게 자신의 문화를 전수하는 오랜 기간 동안, 독일에서 태어난 2세는 가족을 통하여 부모가 속한 문화적 정체성을 익히게 된다. 그리고 그 자신의 사회적 활동 속에서 이주한 다수 문화권에도 속하게 되며 결국 가족이라는 공간은 그것이 비록 이주국 안에 자리하고 있더라고 그 국민국가 안의 문화적 정체성을 고유하게 유지하는 공간으로서가 아니라 국경을 사이에 둔 문화적 이동의 공간이 되고 있는 것이다. 그런 의미에서 이주자의 생애사 속에서 여전히 이주는 '진행 중'인 셈이다.

그런데 여기서 중요한 것은 이런 갈등의 문제를 드러내는 것에만 있지 않다.[59] 이 글에서 갈등은 이주자들 삶에서 나타나는 어려움을 이야기하고자 한 것이 아니었고, 오히려 그 안에서 서서히 진행되는 이주 과정, 국경 사이에 마주하는 문화의 횡단적인 이동의 역동성을 강조하기 위한 것이었다. 이런 의미에서 가족이 갖는 또 하나의 의미는 이 역동성을 넘어서 이들의 구성과

59 독일인 아버지와 한국인 어머니 사이에서 성장했던 한 연구자는 자신과 유사한 상황에 있는 2세대에 대한 인터뷰를 통해서 비록 한국적인 사고 속에서 이해할 수 없는 부분이 있었지만 자녀 세대는 부모 세대가 요구하는 바를 잘 이해하고 있었다고 드러낸 바 있다(Hary 2012, 117ff).

존재 자체가 한인 노동 이주자들의 독일 사회 정주에 매우 중요한 지표가 된다는 것이다.

우선 가족의 형성 자체는 독일로 갔던 노동 이주자들이 한국에 있는 가족과의 유대에서 다소 느슨해지고 독일 내에 자신의 또 다른 가족을 형성함으로써 실질적인 국경 넘기가 본격화되었음을 의미한다. 또한 그 안에서 부부 또는 부모와 자녀 사이의 갈등은 국경을 넘어서 만든 가족 내에 여전히 구성원들 각기 진전해 온 문화 적응 정도에 따른 차이를 보여 준다. 그것은 당연히 개인이 갖는 정도 차이라는 전반적인 상황은 차치하고라도 독일인과 한국인, 각기 독일 문화로의 접촉과 익숙한 정도에서 차이를 보이는 한국인 부부 사이에 일반화되어 나타난다. 이는 부모와 자녀 사이는 말할 것도 없다. 하지만 더 중요한 것은 이런 과정 속에서 이주자들은 시간적인 경과의 길이와 비례하여 점차 독일 쪽으로 이동해 갔다는 점이다. 그리고 이렇게 만들어진 독일 내의 가족은 이들이 더 이상 독일을 떠날 수 없는 본질적인 이유가 된다. 이들이 한국으로 돌아온다면 다시 과거처럼 공항에서 또 이별해야 할 상황에 놓이게 되는 것이다.

> "하지만 이제 우리는 독일이 고향이 되어 버린 자식들을 두고 있다. 부모형제의 가슴에 이별의 슬픔을 남겨 놓고 떠나왔듯이 우리는 또 한 번 자식들을 홀로 남겨 놓고 내 고향으로 훌쩍 되돌아가지도 못하는 신세가 되어있다."[60]

그들 중 적지 않은 이들이 독일 국적을 취득한 이유 역시 이런 상황의 연

---

60 최월아. "야 아! 40년 세월."(양희순 2008, 330)

장선상에 있다. 독일인으로서의 국민적인 권리와 의무, 공적인 영역에서의 활동 용이성이 아니라 바로 그곳에 자신의 가족이 있기 때문이다. 혹시 있을 수 있는 귀국도 자녀들의 동의가 관건이다(Yoo 1996, Interview 13).

> "나는 이혼을 했고 아이들이 둘 있어요. …… 1992년부터 나는 독일 시민권을 취득했는데 내가 그것을 한 이유는 아이들 때문이에요. …… 한국은 더 이상 나의 뿌리는 아니지만 내 고향이고 나의 사고방식은 한국식이죠. 예전에 나의 삶의 중점이 부모님이었다면 지금은 아이들이에요."(Yoo 1996, Interview 13)
>
> "한국은 나의 내부적인 삶의 중심이에요. 독일은 나의 조국은 아닌 거죠. …… 나는 여기서 살 것 같아요. 아이들이 여기 있기 때문에."(Yoo 1996, Interview 18)
>
> "저는 남편이 죽거나 또는 아이들이 모두 외국으로 나가는 경우에는 한국으로 돌아가고 싶다는 생각을 갖고 있어요."(Yoo 1996, Interview 24)

어떤 경우라도 살아갈 국가 선택의 기준은 바로 어느 곳에 자신의 가족이 있느냐는 것이다. 그리고 그것은 일시적인 체류 노동자에서 독일 사회의 소수문화 구성원으로서의 정주로 전환하는 결정적인 근간이다. 즉 이주 노동자에게 그들이 살아갈 국민국가는 바로 자신의 가족이 어디에 있느냐는 것이다.

4. 한국 가족과의 사이에서

귀국한 이들을 제외하고는 한인 이주 노동자들은 대부분 혼자만의 생활에서 결혼 등의 경로를 거쳐 약 30년에서 50년에 이르는 시간 동안 서서히 국경을 횡단하는 과정을 경험하고 있다. 그 과정을 독일에서 진행한 이들도 있지만 다시 제3국으로 이주하여 또 다른 나라에서 문화와 사회를 접하면서 횡단 과정을 경험한 이들도 적지 않다. 상당 기간 국경을 가로지르며 가족의 유대와 또 그만큼의 그리움으로 고통스러워하던 이들은 한국에 남은 가족에 대한 의무감을 수행하고 난 후 자신이 원했던 삶을 위하여 적극적으로 공부하여 다른 길을 모색하고 결혼을 하게 되었다. 그리고 과거에 한국과 독일 사이에 오고가던 유대는 독일 내에 자신의 고유한 가족을 만듦과 함께 독일 내의 가족에 대한 유대로 전환하게 된다. 장성한 자녀들이 독일 사회에 자리 잡으면서 그들의 살아갈 터전은 독일이 되고 진정한 정주를 이루는 것으로 보인다. 이제 60살을 넘은 이들은 시간과 금전적인 상황에서 다소 여유가 있으므로, 비록 그들 자신의 부모 세대는 거의 대부분 생존해 있지 않지만 형제, 자매들과의 만남을 위해 자주 한국을 찾는다. 이들에게 한국에 있는 가족은 이제 어떤 의미일까? 그 가족을 통하여 추상되는 한국은 그들에게 어떤 의미일까?

과거에 정기적으로든 간헐적으로든 보냈던 송금은 가족 구성원들의 교육 기회와 주거적·경제적 안정을 만드는 데 사용되었다. 송금한 내용에 대해 구체적으로 기억하는 이들은 많지 않았다. 그저 동생들의 교육비로 쓰였다거나 또는 가족이 어딘가에 필요한 곳에 썼을 것이라고 짐작하고 있을 뿐이다. 심지어 송금한 돈의 사용처에 대해 알지 못하는 이들도 있었다. 이는 앞에서도 언급했듯이 이들에게 송금은 어떤 특정한 목적을 이루기 위한 수단이었다기보다, 한국에서보다 더 잘 벌고 잘 먹는 곳에 있는 자녀 혹은 형제자매로서 한국에 있는 가족에게 경제적 지원을 하고자 하는, 일종의 가족 간의 유대와 의무 관계 등에 의해 진행한 인습적인 행위였기 때문인지도 모른다. 그 도움에 대한 자부심과 그만큼 자신이 가족 내에서 갖는 비중이 이들의 인터뷰에 묻어 있었고 이것이 한국을 방문하는 과정에 이들의 가족에 대한 자세에 드러나기도 하는 것은 분명하다.

> "우리 엄마가 우리 애들 공부하는 데 좀 썼고, 그 돈을 모아 샀고 …… 그 돈만 가지고 안 했겠지만, 조그만 집을 샀어요. …… 지금 다들 잘 돼서 먹고살 만큼 사니까 ……."
>
> "〈질문자〉: 그 동생분들이 많이 지금도 고마워하시나요? 〈이주자〉: 그럼요. 더구나 우리 큰 동생은 (내가 지원을) 2년 했고, 그 다음에 우리 막내. 우리 막내가 그때가 내가 독일 올 때가 얘가 중학교 다녔고 고등학교 다녔나 봐. …… 그리고 나서 미국도 갔다 오고 미국 가서도 오래 있었고 막 하니까, 지금 누나 언제든지 오셔서 ……."[61]

그러나 이런 자부심만이 한국에 있는 가족에 대한 감정의 전부를 채우는 것 같지는 않다. 비록 이들의 경제적 기여가 있었고 그 기여에 의해서 가족의 삶이 일부 개선되었다고 하더라도 긴 시간이 흐른 뒤에 그 기여를 망각하는 가족들의 태도가 느껴지면 이들의 마음은 오히려 서운함과 회한으로 채워지는 경우도 적지 않다.

> "옛날에 정말 …… 간호원들이 와 가지고 그 돈 벌은 거, 거의 다 한국 갖다 줘 버렸잖아요. 빚지고 왔기 때문에, 또 형제들 공부시키고 다 해서 보냈잖아요. 그 보낸 돈 가지고 공부를 열심히 해서 잘 됐어. 내가 한국을 내가 가서 보니 3일만 있으면 벌써 냄새난다고 그 식이다. 내가 누구 때문

---

61 한국에서 간호학교를 나와 기업의 보건소에서 근무하다 독일에 간호사로 간 여성, 현재는 독일인 의사와 결혼하여 병원에서 일을 돕고 있다(국사편찬위원회 2008).

에 공부를 했고 어떻게 됐다 하는 거는 잠시야, 그걸로 고마워. 그걸로 끝나지만 이 사람들의 마음은 그게 아니잖아. 나는 희생을 했고. 우리 한국 사람들이 그렇잖아 …….”[62]

심지어 오랜 시간 국경을 가로질러 독일적인 문화로 이동해 나간 이들이 한참의 적응 과정이 경과한 이후이기 때문에 다시 한국을 방문했을 때 가족들과 문화적 갈등을 겪거나 사고와 판단에서 차이를 느끼는 경우도 적지 않았다.

“한국 휴가를 가면 형제들 보면 반가워요. 너무 반갑고 좋은데 한 이틀 살면 대화가 전혀 통하지 않아요. 그니까 맨날 우리 남편도 가면 동서들하고 형님은 독일식, 한국은 이렇지 않다. 그러고 밀고 나가는 거예요.”[63]

이런 현상은 무엇보다도 이들 이주자들 대부분이 이주한 국가에 대한 적응으로 인해서 자기 자신은 많이 변화했음에도 불구하고 과거의 한국이 갖고 있던 문화나 가족 그리고 사회에 대한 기억은 과거 모습 그대로 유지되고 있기를 바라기 때문이다.

“이제 말씀하셨듯이 워낙 짧은 기간에 너무 발전을 해버렸기 때문에 우리는 30년 동안 살면서 딱 35년 전에 온 사람 그대로 머물러 있는 상태거든

62 1963년도에 간호 학생으로 갔다가 간호학교를 거쳐서 사회복지 대학을 나왔고 이후 카리타스 소속의 사회복지사로서 이주 노동자 여성들의 삶에 대한 지원을 했던 여성(국사편찬위원회 2008).

63 1952년생으로 독일에 간호조무사로 갔던 여성(국사편찬위원회 2008).

> 요."
>
> "그런데 여기에 온 사람들은 한국을 떠남과 동시에, 그러니까 그때에 한국에 대한 생각은 거기서 끝난 거거든요. 그때 사고방식을 가지고 지금까지 살아오는 사람들이 있어요."[64]

어쩌면 그들이 쉽지 않은 이주자의 생활을 견뎠던 것은 이 과거의 모습에 정신적으로 의지했기 때문인지도 모른다. 하지만 아이러니하게도 이들이 한국에서 독일로의 횡단적인 이주 과정을 수십 년에 걸쳐서 진행해 가는 동안 급속하게 발전해 버린 한국 사회 속에서 가족의 모습 역시 변화해 왔다. 변화된 가족의 모습은 더 이상 그들이 정신적으로 의지하던 과거와 동일하지 않다. 따라서 이런 발견에 대해 당혹감을 느끼는 것으로 여겨진다.

> "한국에 있는 내 가족도 이제는 다 자리 잡고 잘살고 있고 어떤 면에서는 우리 독일에 있는 사람들보다 더 여유 있고 더 잘살고 있는 것 같아요. …… 예전에는 한국에 가면 독일이 훨씬 잘살고 있으니까 내가 독일에서 일을 하고 고생을 한다 해도 그게 억울하다는 생각이 안 들었는데 한국에 가도 내가 힘들게 독일서 산 세월이 보상이 안 된다고 말하면 좀 이상하게 들릴지 ……."(김학선 외 2011, 189)

그것은 특히 변화가 급격하게 진행되는 한국 사회가, 매우 안정적인 사회이고 사회적·경제적으로 급격한 변화가 가능하지 않은 독일 사회와 확연히 비교되기 때문에 더욱 그러하다.

---

64 위의 여성.

"중간에 몇 번 흔들린 적은 있어요. 한국에 휴가를 한 번 나갔다 오면, 다들 잘사는 것 같아요. 그러면서 우리가 저 고생하고 겨우 집 한 채 사고 집 한 채 값 갚을라고 이 고생하고 사는데 한국에 다들 잘사는 것 같아요. 내가 독일에서 몇 십 년 고생한 게 헛것이었지 하는 생각을 가끔가다 하는데, (울먹임) 지금은 좀 다른 것 같아요."[65]

이른바 매우 강력한 역문화충격을 받는 셈이다. 실제로 이주자의 삶에서 변화가 이루어지는 중요한 계기 중 하나가 바로 역문화충격이다. 주로 단기적인 삶을 작정했던 이들이 일정한 외국 체류 기간 후에 자신의 나라로 돌아갔을 때 이국적인 삶 속에서 늘 그리워하고 익숙하다고 여기고 있던 환경이 변화한 것에 대해 이질감을 느끼고 이를 계기로 더 이상 원래 자신의 환경으로 다시 돌아가기 어려워지는 경향들이 있는데 바로 자신의 나라를 방문하여 느끼는 문화적 충격이 역문화충격이다. 이는 한인들이 독일에서 장기적인 정주의 길로 들어서는 중요 계기가 되었다.

"내가 지난번 마지막으로 고향을 방문했을 때 나는 이미 느꼈어요. 어쨌든 나는 여기에 머물러야 한다는 것을, 이 외국에요! …… 그 이유를 이야기하자면 내가 음식과 음료수를 먹은 것을 계산할 때 조용히 지켜봤어요. 금액이 700DM이 나온 거예요. 한국에 있던 그 사람은 단지 음식과 음료에 그렇게 많은 돈을 지불하는 거예요. (웃음) 나는 절대 그렇게 할 수 없어요."(Choe and Daheim 1987, 7)

"한국에서는 모든 것이 돈으로 계산되죠. …… 긴장되고, 무엇인가 얻으

65 1970년에 독일에 간호 학생으로 갔고 정년을 한 후에 연금 생활을 하고 있다(국사편찬위원회 2008).

려고 애를 쓰고 …… 너무 모든 것이 빨리 진행되고 …… 한국에서는 그렇지 않죠. 사람이 열심히 일을 하는데 거기서는 일자리에 대한 인정을 잘 받지 못하죠. 그런 환경이 우리를 피곤하게 해요. 여기도 외국인에게 무언가 불편하게 하는 점이 있지만 우리가 열심히 일만 한다면 그것에 대한 대가를 여기서는 받거든요."(Choe and Daheim 1987, 79)

자신에게 매우 익숙하다고 생각했던 조국은 더 이상 편안하지 않고 고향 사람들은 자신과 다른 판단을 한다고 느끼는 것이 이런 경우이다. 역문화충격은 상당 기간 동안 다른 문화권에서 생활한 사람이 고국으로 돌아와서 언어나 문화 면에서 적응하거나 동화하는 데 어려움을 겪는 현상을 의미한다. 이 개념은 문화충격이라는 개념이 등장한 지 약 3년 후에 등장할 정도로 이미 이주의 시작 시기에 의식되었던 현상이다. 다른 문화권으로 이주하는 경우에 그것이 학업이든 이민이든지, 그 문화에 대한 정보를 수집하고 적응하기 위한 마음가짐을 가지는 것에 비해 본국으로 다시 돌아올 때에는 아무런 준비가 필요하지 않다고 생각하고 돌아와서 겪는 일이기 때문에 이에 대한 관심이 크지는 않지만 실상 충격의 정도가 적지 않고 극복하는 것이 쉽지 않다. 이 문제가 발생하는 이유는 자신이 잘 알고 있고 자신이 이미 경험했던 고국은 변화하지 않았을 것이며 자신의 가족이나 친구들이 자신에게 익숙한 상태로 존재할 것이라고 예상하며 귀국하기 때문이다. 이를 경험하는 이들은 이 문제를 심각하게 받아들인다. 또 실은 자신도 이미 변화했다는 사실을 인식하지 못한 채 모든 것이 그대로 일 것이라고 생각하고 귀국하는 경우가 일반적이기 때문에 나타나기도 한다. 일시적으로 조기 유학을 갔다 돌아오는 경우나 이주 노동을 갔던 이들이 다시 한국으로 돌아오는 경우에 이런 경험을 하게 되는데, 예를 들면 남해의 독일마을에 역이주하여 사는 이들이 겪는 것들이다.

독일로 갔던 한인 이주자들에게 있어서 이러한 일종의 역문화충격은 이들이 비록 처음에는 3년의 계약 기간과 귀국을 전제로 하고 떠났지만 결국 그들의 더 나은 삶을 준비하기 위하여 선택한 독일로의 단기적인 고용 기간들을 접고 애초에 가졌던 계획을 이룰 장소로 독일을 선택했고 그 일에 성공하기 위하여 오랜 동안 노력과 시간들을 그곳에서 보냈기 때문인지도 모른다. 한국의 가족과 송금을 통하여, 그리고 혼자이기에 정서적으로 기대기 위하여 두 국가 사이를 가로지르며 갖고 있던 유대의 정도는 독일에서의 꿈 실천을 위한 노력과 가족 이루기 과정을 통하여 점차 약화되고 독일 문화와 세계관과 정서를 향하여 진전하였다. 그리고 성장한 자녀들과의 생활을 위하여 독일 시민권을 획득하게 되고 이 과정에서 한국은 더 이상 이들이 전적으로 의지하는 나라가 되지 않는다. 현재보다는 기억에 더 의존하며 이해하는 조국이 된 것이다. 한국이 발전해 온 과정에 대한 공동의 경험이 부재한 속에서 기억과 입맛으로 기대고 있던 조국의 발전은 상당 정도 자부심이기도 하지만 그 기억 속의 모습을 상실한 상태가 되었던 것이다. 장시간 동안 진전된 한국에서 독일로의 횡단적인 이동의 시간이 너무 길었고 그 길을 걷는 동안 그들은 노년에 이르게 되었다.

Ⅳ. 맺는말

횡단적인 정주의 과정은 두 나라 사이를 오고가는 것이었기에 단순하지 않고 복잡하며 갈등적이다. 파독 광부·간호사의 이러한 모습을 드러내어 이주 시기 개인의 고통을 강조함으로써 오랫동안 한국 사회에 희생자로 그려진 그들의 이미지를 더 심화시키고 신화적 이미지를 강화하려는 의도는 없다. 오히려 반대로 그들의 경제적 가치에만 관심을 보이는 한국과 독일 양국의 시선이 비판적으로 조정되기를 바랄 뿐이다. 그들의 '역사적 기여'로 표상되는 송금의 이면에는 젊은 시절 외로움이 있고 정신적·육체적 고통이 함께 있다. 하지만 그것은 그들이 한국의 장성한 자녀 또는 누이로서 당연시 하던 가족의 의무를 감당하는 것이었기에 그것이 어느 정도 성취되고 난 후 그들은 자신의 삶을 개척하기 시작했고 더 힘을 다해 정착의 시간을 지나왔다.

송금의 이면, 그리고 송금 이후의 그들의 삶에 대한 관심과 이해를 총체적으로 한 연후에 이주자로서 그들의 진취적인 역사를 제대로 이야기할 수 있을 것이라고 생각한다. 그 진취적인 역사는 국가를 가로지르며 진행되었으며, 그들이 한국에 있는 가족이든 아니면 독일에 새로 만든 가족이든 가족에 대한 유대를 중심으로 서서히 한국에서 독일로 진전되었다. 그들에게 이주는 바로 매우 장기적이고 완만한 속도로 진행하는, 국경을 가로지르는 과정이었으며 이 과정의 진전은 바로 가족을 통해 표출되었다.

독일에서 제작된 "독일–독일로 온 것을 환영합니다Almanya-Welcome to Germay" 라는 제목의 이주 노동자의 삶에 대한 영화가 있다. 영화에서 가장은 1961년 독일과 터키 사이에 이주 노동자 고용 협약을 맺었던 때에 먼저 독일로 갔다.

그는 가족 재결합 정책이 시행되면서 독일로 가족을 불러들인다. 그들은 독일에 적응하며 가족을 확장해 가는데, 그 과정에서 이주 노동자 가정으로서의 어려움과 에피소드를 그리는 작품이다. 그 이주 노동자가 주인공인 이 영화는 독일에서 이룬 가족을 동반하여 터키의 고향으로 여행을 가는 여정에 대한 것이며 그들이 방문할 곳은 주인공이 사 두었다는 고향에 있는 집이다.

영화 속 가족 구성원에는 독일인과 결혼한 이도 있고 터키인들끼리 가족을 이룬 경우도 있고 또 결혼을 하지 않은 이들도 있다. 독일인과 결혼한 가정의 아들은 할아버지, 그러니까 주인공의 독일어를 교정해 줄 정도로 완벽하게 구사하며 스스로는 비록 할 줄 알지만 터키어의 사용에 대해 저어하는 태도를 보인다. 그리고 자신이 독일인인지 터키인인지 고민한다. 처음에 기독교의 성체성사를 사람이 사람을 먹는 문화로 이해하고 두려움을 갖던 이 가족의 아이들은 처음 이주 시기의 그 상황에서 변화하여 점차 독일 생활에 익숙해지고 크리스마스 문화 등 독일 생활에 완전히 젖어 들어간다. 처음에 독일 음식 문화와 주거 문화에 투덜대던 부인은 급기야 독일 시민권을 심사하는 과정에서 자신들에게는 종교적으로 금기시되어 있는 돼지고기 먹기마저도 수용하는 상황에 이르게 되었다. 하지만 독일에 적응하지 못한 둘째 아들은 사회에 잘 적응하지 못하고 결국 터키로의 여행 중에 그곳에 남기로 결정한다.

이주 노동자로부터 시작하여 3대에 걸친 이주의 삶은 그 안에 터키인과 독일인의 문화적 갈등과 적응은 물론 남성과 여성의 적응 정도에 대한 차이 등이 매우 잘 표현되어 있고 3대에 걸친 이주 기간 동안의 점진적이고 때로는 급격한 이주자의 타 문화 적응과 자문화로부터의 이탈을 그리고 있다. 여기서 더 중요한 것은 주인공인 이주 노동자 할아버지가 터키에 사 두었다고 하는 집이다. 그 집은 막상 도착해 보니 담과 문만 있을 뿐 나머지 삼면은 전혀 없는 모양새의 건축물이었다. 당연히 문을 열고 들어선 곳에는 다시 터키의 고향이자 자연이 펼쳐져 있다. 이 영화는 할아버지가 터키에 집을 마련했다고 하지만 이미 3대에 걸쳐 터키로부터 독일로 문화적 이동을 해 온 가정이기에 자신의 조국 터키에 완결된 형태의 집을 갖는다는 것은 사실 실현 불가능하다는 사실을 보여 주고 싶어한 것 같다. 더구나 중요한 것은 집을 사두었던 할아버지가 가는 도중에 죽음을 맞이하는 것이다. 처음에 손님 노동자로 계약 기간 동안만 일하고 돌아가야 했던 이주 노동자는 독일에 발을 들여놓는 순간부터 터키에서 독일로의 문화적 이동을 시작하였고 가족은 터키와 독일적인 것으로 복잡하게 얽혀 있었으며 끝없이 그리워하던 고향에 사 둔 집은 겨우 벽 하나 서 있는 불완전한 건축물이었을 뿐이다. 독일인들의 처음 의도 속에 있었던, 노동력만을 제공하고 돌아가는 손님 노동자는 전혀 실현 가능하지 않은 것이었음을 그의 길 위에서 죽음은 보여 주고 있다.

이주에서 중요한 것은 국경을 바꾸는 것이 아니며 국가에 대한 의식은 이들이 행정적인 절차를 진행할 때에만 추상되는 것이다. 비슷한 시기에 독일로 갔던 한국의 이주 노동자들 역시 처음 들어서는 순간부터 이주의 국경을 횡단하는 과정을 진행하였으며, 그 과정은 국경을 넘는 일회적이고 명쾌한 이동이 가능하지 않은 과정이었다. 두 국가의 문화, 의식, 도덕, 세계관의 차이는 이주의 횡적인 과정이 진행되는 동안에 강도를 달리하며 매우 오랫동안, 아마도 수세대가 지나는 동안 족적을 발휘한다. 그 과정을 겪는 것이 바로 이주자들 개인이 겪는 이주이며 이런 의미에서 이주는, 비록 그것이 단기간의 계약과 노동력 제공만을 전제로 하더라도 서서히 그리고 장기적으로 진행되는 과정이다. 그 과정의 많은 갈등과 혼돈의 역사를 독일로 간 한인 이주자들 역시 겪어 왔고 또 여전히 겪고 있다. 늘 변화하고 있는 불완전한 삶의 여정에 대해 과연 국가나 개인 등 그들을 보내는 데 간여했던 이들 모두는 온전히 이해하고 있는지 궁금하다. 그것은 결코 자랑스러워할 만한 일이 아니기 때문이다. 이주 당사자였던 한 이주 노동자의 다음 말은 독일로 노동 이주를 보낸 우리의 역사와 관련지어 깊이 새겨둘 만하다.

> "노동 수출이라는 미명 아래 무계획하고 무절제한 방법으로 한창 피어나는 젊은이들을 이 가시밭길에 넘기고도 장한 듯이 착각하고 있다면 한 번쯤 반성해 보라고 호소해 두고 싶다."(김용출 2006, 328)

국사편찬위원회. 2008.『파독한인여성간호노동자들의 증언자료』. 구술자료수집 사업 보고서.

강선주. 2002. "세계화 시대의 세계사 교육: 상호관련성을 중심원리로 한 내용구성." 『역사교육』 82권, 1-68.

김용출. 2006.『독일아리랑』. 고양: 에세이.

김학선 외. 2011. "해외 취업 간호사의 나이듦: 파독 간호사를 중심으로."『한국직업건강간호학회지』 제20권 제2호, 185-194.

김현미. 2008. "한국 사회 다문화담론과 정책."『세계인권선언 60주년 기념 2008 제주인권회의 발표문』.

김혜선. 2012. "초국가적 가족의 형성과 가족유대." 이화여자대학교 박사학위청구 논문.

나혜심. 2009. "파독 한인 여성이주노동자의 역사."『서양사론』 제100호, 255-285.

______. 2012.『독일로 간 한인 간호여성』. 고양: 산과글.

마르코 마르티니엘로 저 · 윤진 역. 2002.『현대사회와 다문화주의』. 파주: 한울.

문경희. 2006. "국제결혼 이주여성을 계기로 살펴보는 다문화주의와 한국의 다문화현상."『21세기정치학회보』 Vol.16 No.3, 67-93.

박단 외. 2009.『현대 서양사회와 이주민』. 서울: 한성대학교출판부.

박혜정. 2010. "민족적인 것의 경계를 넘어서: 트랜스내셔널 히스토리를 통한 민족사 패러다임의 극복 가능성."『독일연구』 Vol.20, 177-207.

박혜준. 2008. "가족의 분리와 재결합의 과정에서 나타난 이주노동자 자녀들의 적응." 『가족과 문화』 Vol. 20, No.1, 99-129.

페트릭 기어리 저 · 이종경 역. 2004.『민족의 신화, 그 위험한 유산』. 서울: 지식의 풍경.

심윤종. 1975. "해외 취업인의 실태."『인문과학논문집』 제2권 7호.

양희순. 2008.『파독, 파독간호 40년사, 여기에 40년! 독일 땅으로 그렇게 왔었지』. Filderstadt: GmbH.

윤인진. 2008. "한국적 다문화주의 전개와 특성."『한국 사회학』 제42집 2호, 72-

103.
이애주. 2011.『파독간호평가사업 최종보고서』(3월).
이영석 · 박재홍. 2006. “재독일 교민의 역이주와 귀향의식에 대한 연구.”『독어교육』 제36집, 443-480.
이영숙. 2009.『누구나 가슴 속엔 꿈이 있다: 독일에서 의사가 된 파독 간호사 이야기』. 북스코프.
재독한인글뤽아우프회. 2009.『파독광부45년사』. 서울: 재독한인글뤽아우프회.
차성덕 · 김덕환. 2007.『독일 국가복지에서 민간복지단체의 역할과 의미』. 파주: 집문당.
한국파독광부총연합회. 2009.『파독광부백서』. 서울: 한국파독광부총연합회.
노은님 관련 기사,『헤럴드경제』(2009년 5월 5일).
“이탈리아로 아프리카 난민 몰려.” KBS News (2013년 10월 8일).
“파독 간호사의 눈물 시리즈.”『시민의 신문』(2002년).
이선옥. 재미파독 노동이주자에 대한 인터뷰 자료. 미국 LA(2013년 11월 2~3일), 뉴저지(2013년 10월 3일), 뉴욕(2013년 10월 3~4일) 등.
Achotegui, Joseba. 2004. “Immigrants Living in Extrem Situation: Immigrant Syndrome with Chronix and Multiples Stress(The Ulusses Syndrome).” Norte, Vol.7, No.21.
Aiken, Linda H., James Buchan, Julie Sochalski, Barbara Nichols, and Mary Powell. 2004. “Trends in International Nurse Migration”, *Health Affairs*, Vol.23, No.3.
Alamdar-Niemann, M. 1991. “Einflussfaktoren auf die Erziehungsstile in tuerkischen Familien.” in P. Bott, H. Merkens, F. Schmidt, eds. *Tuerkische Jugendliche und Aussiedlerkinder in Familie und Schule*, Baltmannsweiler.
Alavi, Bettina. 2002. “Interkulturells Geschichtslernen.” *Zeitschrift fuer Geschichtsdidaktik*, 123-137.
Amuedo-Dorantes, Catalina and Susan Pozo. 2006. “Remittances, and Male and Female Employment Patterns.” *Migration, Human Capital, Employment, and Earnings*, Vol.96, No.2(May).
Banting, Keith G. 2005. “The Multicultural Welfare State: International Experience and North American Narratives.” *Social Policy & Administration*, Vol.39, No.2 April, 98-115.

Berner, Heike and Sun-Ju Choi eds. 2011. Zuhause. Assoziation A.

Brady, David, Jason Beckfield and Martin Seeleib-Kaiser. 2005. "Economic Globalization and the Welfare State in Affluent Democracies, 1975-2001." *American Sociological Review*, Vol.70(December), 921-948.

Choe, Jae-Hyeon and Hansjuergen Daheim. 1978. *Rueckkehr- und Bleibeperspektiven koreanischer Arbeitsmigranten in der Bundesrepublik Deutschland*. Frankfurt a. M.: Peter Lang.

Dirim, Inci and Paul Mecheril eds. 2009. *Migration und Bildung*. Muenster: Waxmann.

Gaw, Kevin F. 2000. "Reverse culture shock in students returning from overseas." *International Journal of Intercultural Relations* 24, 83-104.

Hary, Simone. 2012. *'Kyopo' Daughters in Germany: The Construction of Identity among Second-Generation German-Korean Women in Germany*, Dissertation University of Sussex.

Herwartz-Emden, Leonie ed. 2000. *Einwandererfamilien; Geschlechterverhaeltnisse, Erziehung und Akkulturation*. Osnabrueck: Universitaetsverlag Rasch.

Iglesias, Edgar, Eva Rovertson, Sven-Erik Johansson, Peter Endfeldt, and Jan Sundquist. 2003. "Women, international migration and self-reported health." *Social Science & Medicine*, 56.

Kang, Chong-Sook. 1996. "40 Jahre Migrantinnen in Deutschland," Sozialwissenschaftliche Forschung & Praxis fuer Frauen e.V. Hg., *beitraege zur feministischen theorie und praxis* 19 Jg. Heft 42.

Kim, Y.H. 1986. *Empirische Untersuchung zum Sozialisationsprozess koreanischer Kinder in der Bundesrepublik*. Springer.

Lee, J. S. 1991. *Koreanischer Alltag in der Bundesrepublik Deutschland*. Muenster: Waxmann Verlag.

Mirdal, Gretty M. 2006. "Stress and Distress in Migration: Twenty Years After." *International Migration Review*, Vol. 40 No. 2(Summer), 375-389.

Muñiz-Solari, O., Li, W., and Schleicher, Y. 2010. "Migration conceptual framework: Why do people move to work in another place or country?" Solem, M., P. Klein, O. Muñiz-Solari, and W. Ray, eds. *AAG Center for Global Geography Education*. http://globalgeography.aag.

org.

Park-Reinig, Jung Sook. 1995. "Mein grosser bequemer Stuhl." in Heine Berner & Sun-Ju Choi eds. *Zuhause*.

Parker, D. 1995. *Through Different Eyes: The Cultural Identities of Young Chinese People in Britain*. Aldershot, England: Athanaeum Press Ltd.

Piederstoerfer, Andreas . 2008. "Integrationsprobleme der Migranten in der Bundesrepublik." 『독일학연구』, 제24호(12월).

Rodriguez, Edgard R. and Erwin R. Tiongson. 2001. "Temporary Migration Overseas and Household Labor Supply: Evidence from Urban Philippines." *International Migration Review*, Vol. 35, No. 3(Fall), 709-725.

Statistisches Bundesamt 2011. "Bevoelkerung und Erwerbstaetigte." Statistisches Bundesamt.

The American Psychological Association. 2012. *Crossroads: the psychology of immigration in the new century*, Report of the APA Presidential Task Force in Immigration, Washington.

The World Health Organization. 2004. "Migration of Health-care workers from developing countries: strategic approaches to its manegement." *Bulletin of the World Health Organization*, Vol.82, No.8, August.

Thomas, Bigi and Sadhana Adhikary. 2012. "Male Migration: Dynamics, Issues and Difficulties of Left behind Families." *Asia-Pacific Journal of Social Sciences*, Vol. 4(1), 109- 130.

Treibel, Annette. 1999. *Migration in modernen Gesellschaft*. Weinheim und Muenchen.

Westphal, Manuela. 1996. "Arbeitsmigrantinnen im Spiegel westdeutscher Frauenbilder." Sozialwissenschaftlicher Forschung & Praxis e.V. Hg., *beitraege zur feministischen theorie und praxis* 19 Jg.(1996) Heft 42.

Yoo, Do Jin 1975. *Die Situation koreanischer Krankenpflegekraefte in der Bundesrepublik Deutschland und Ihre sozialpaedagogischen Probleme*. Kiel.

Yoo, Jung-Sook. 1996. *Koreanische Immigranten in Deutschland*, Dr. Kovac.

Frau Heiman gegeben fuer Zeitschrift "Begegnen und Helfen." 1974. 4. 4. Archiv des Deutschen Caritasverbandes Sig.: 380.40.026 Fasz.01.

"Polygamie in der Migranten–Parallelgesellschaft." Die Welt, 2012. 9. 30.

"Situation der koreaner in der Bundesrepublik und im Rhein–Main–Gebiet, Probleme und Moeglichkeiten der Hilfe." 30. Juni 1972. Archiv des Deutschen Caritasverbandes Sig. ADCV. 380.40.047 Fasz.01.

Vorschlaege zur Vorbereitung philippinischer Krankenpflegekraeft in der Heimat. DCV–Referat MSA, Archiv des Deutschen Caritasverbandes e.V., Sig.: 380.40.026 Fasz01.

"Welt der Wandernden." *Der Spiegel* 26/2006.

5장

독일로 간 광부·간호 인력의 異문화 체험과 세계화를 위한 기여도

| **노명환**(한국외국어대학교)

한국 간호사, 광부 인력의 독일로 이주는 한국 문화와 독일 문화의 만남을 의미했다. 다시 미국으로의 이주 및 국내 귀환은 새로운 문화 충격, 문화 충돌, 문화 적응, 문화 변이, 문화 융합을 겪으면서 새로운 중층의 문화 차원을 축적해 갔다. 이러한 역사적 경험은 한국의 세계화에 지대한 기여를 하였다.

I. 서론

연구의 목적과 의의

본고에서 필자는 한국 간호사와 광부 인력의 독일 이주[1]와 정착, 제3국 특히 미국으로의 재이주, 국내로 귀환과 정착을 서로 다른 문화 이해에 관한 이론들의 시각에서 조명한다. 이를 통해 한국 간호사, 광부 인력의 독일 이주 역사의 의미를 한국의 국제화, 세계화를 위한 기여도라는 관점에서 검토하고자 한다. 본고에서 국제화는 국가 간의 관계가 깊어지는 차원을, 세계화는 각 국가문화의 융합을 통해 세계의 각 개인들이 세계시민의 정체성을 획득해 가는 과정을 의미한다.

이영석은 파독 노동자의 기여에 대해 경제 발전에 대한 기여, 사회 문화적인 기여, 국내의 정치 문화 개선에 대한 기여의 3가지로 정리한다. 필자의 본 연구는 두 번째 항목인 '사회 문화적인 기여' 문제와 일정 부문 그 문제의식을 공유한다. 이영석은 사회 문화적 기여에 대해 다음과 같은 전제와 함께 평가한다. "사회 문화적인 기여는 우선 당시로서는 흔치 않았던 해외 진출의 기회를 통해 새로운 문화를 경험하고 이를 소개하여 한국의 사회 문화 발전에

1 본고에서는 파독과 이주의 개념을 혼합하여 사용한다. 지금까지의 연구를 통해 볼 때 한국 광부·간호사들의 독일행은 국가에 의한 파견이 아니라 자발적인 이주였다. 그러나 이주의 여건이 정책적으로 만들어졌어야 했다는 측면에서 파독의 성격도 가진다고 하겠다. 따라서 본고에서 파독이라는 개념을 사용하는 경우에도 그것이 반드시 국가가 보냈다는 것만을 의미하지는 않는다. 자발적인 이주의 개념이 들어 있다.

기여하였을 뿐 아니라 이후 독일 현지는 물론이고 유럽이나 북미 등의 교민 사회 형성의 주체가 되어 우리 문화를 현지에 소개함으로써 우리 문화의 세계화에도 기여하였다는 데에 근거를 둔다."(이영석 2010, 14) 필자는 구체적인 내용과 그 의미들을 한국 문화, 독일 문화, 미국 문화라는 각각의 차원에서 그리고 상호 만남이라는 관점에서 해석하고 조명하고자 한다.

한국 간호사, 광부 인력의 독일 이주는 당시 남한 사회·문화와 서독 사회·문화의 만남을 의미했다. 이들의 제3국으로의 재이주는 서로 다른 문화 만남의 층위를 더욱 중층으로 만들었다. 국내로 귀환도 또 다른 종류의 서로 다른 문화 만남의 한 형태였다.

그들의 삶은 서독 사회 내부 깊숙한 곳에서 전문적 업무를 통해 그리고 일상을 통해 한국 문화와 독일 문화의 만남을 보여 주었다는 점에서 여느 개별적인 이주와는 크게 구별된다.[2] 따라서 이들이 직면했던 문화 충격cultural shock, 문화 충돌cultural clash, 그리고 이들이 이루어냈던 서로 다른 문화 간 소통, 문화 적응, 새로운 문화 층위의 구성, 문화 융합 등은 보다 특별한 의미를 가진다. 이는 한국의 국제화, 세계화 역사에서 매우 중대한 위상을 차지한다고 할 수 있다. 즉, 한국의 국제화, 세계화 역사의 한 중요한 분수령이라는 관점에서 그 의의를 이해할 필요가 있다.

이 이주의 삶을 통해 그들은 독일의 문화를 알게 되고, 독일의 문화를 통해 한국의 문화를 새롭게 인식하는 계기를 갖게 되었다. 본문에서 소개하는 바 독일의 공동묘지를 보고 한국의 공동묘지를 떠올리고, 그 무덤들이 차지하는 토지의 면적과 관련하여 문제의식을 갖는 측면들이 그 대표적인 예다.

---

2 독일 이주는 하와이 이주 이후 가장 큰 규모였다. 그러나 전문직의 이주라는 측면에서 큰 차이를 보여 주었다.

무엇보다도 언어적인 소통만으로는 충분한 상호 소통이 이루어질 수 없고 문화 간 소통이 이루어져야 함을 인식하는 것 또한 국제화, 세계화를 향한 중요한 경험이었다. 제3국으로 이주하여 그들은 독일에서의 경험을 활용하기도 하고, 새로운 문화 충격, 문화 충돌, 문화 적응, 문화 변이, 문화 융합을 겪으면서 새로운 중층의 문화 차원을 축적해 갔다. 예를 들어, 독일 이주 광부·간호사들이 미국의 시카고Chicago와 로스앤젤레스Los Angeles에서 한인 타운 형성에 크게 기여한 역사는 이러한 측면을 잘 부각시켜 준다. 이러한 그들의 삶과 경험이 2세를 위한 교육의 기반으로 작용하면서 문화 변이, 문화 융합의 새로운 차원을 이어가게 했다. 독일 체류를 마치고 한국으로 귀환한 경우도 일면 문화 충격, 문화 충돌, 문화 변이 현상을 보여 주었다. 이러한 상황 또한 본 연구의 대상이다.

그런데 독일로 이주한 광부·간호사들의 경험과 생활은 언론 그리고 개인적 접촉 등 여러 매체를 통해 어느 정도 한국인 공동의 경험으로 공유되었다. 이러한 과정과 방법으로 유럽과의 접촉이 많지 않았던 한국인들은 파독 광부, 간호사들의 생활과 경험을 전해 들으면서 국제화와 세계화에 기여할 수 있는 또 다른 문화의 경험들을 축적해 갔다. 이러한 서로 다른 문화 체험들은 독일 이주 광부·간호 인력들의 구술 증언[3], 수기[4], 언론 보도[5], 그리고 다양한 연구 결과들에 나타나 있다. 이러한 측면에서 파독 광부, 간호사들의 삶과 경험들은 한국의 국제화와 세계화의 역사에서 하나의 중요한 분수

---

3 기존의 구술 자료집으로 나혜심(2008), 김상임(2004)의 보고서가 있고, 본 프로젝트 팀의 새로운 구술 채록으로 남해군 독일마을의 자료가 있다.

4 예를 들어, 시민의 신문(02/01/23), 시민의 신문(02/11/11), 권이종(2004), 이영숙(2009).

5 예를 들어, 동아일보(66/12/22), 조선일보(70/05/02), 조선일보(74/09/07), 조선일보(76/02/07), 조선일보(76/02/18).

령이 되었다고 할 수 있다. 이러한 중대한 의미를 갖는 독일 이주 광부, 간호 인력의 국제화, 세계화 경험과 기여를 본고에서 서로 다른 문화 이해의 이론들을 가지고 분석한다. 서로 다른 문화 간 소통intercultural communication, cross-cultural communication 혹은 서로 다른 문화 이해의 이론들은 서로 다른 문화들을 규명하고 그 문화들이 어떻게 충돌과 갈등을 극복하고 상호 이해에 도달할 수 있는지를 설명해 준다. 이들은 이러한 과정을 새로운 차원의 문화 창출이라는 관점에서 접근한다(노명환 2004; 2011). 이에 대한 구체적인 내용은 다음 절에서 상술한다.

본 연구를 위한 이론적 틀과 방법

1. 국가문화의 개념과 국가문화 코드

우리가 한국 문화와 독일 문화를 말할 때 그것은 한국의 국가문화와 독일의 국가문화가 존재함을 전제하고 있다고 할 수 있다. 따라서 우리는 국가문화의 개념과 내용을 체계적으로 파악할 필요가 있다. 우리가 문화를 생활 방식의 총체로 이해하고(Williams 1963) 문화 코드를 이야기할 때 그것은 우리의 생활 방식을 관통하는 가치 체계 혹은 가치관을 일컫는다고 할 수 있다. 그 가치 체계에 따라 우리는 생활하고자 하며 그래서 그 생활 방식에는 일정한 틀이 내재하게 되는데 그 틀을 문화 코드라고 한다. 그런데 이 문화 코드는 문화권에 따라 다르게 나타난다.

이러한 측면에서 역으로 문화권이란 특정의 독자적인 가치 체계, 즉 특정의 문화 코드가 작동하는 지역 단위를 말한다고 할 수 있다. 그런데 특정 지역의 가치 체계는 교육, 종교 교리 등 많은 요소들이 역사를 통해 중층적으로 쌓이면서 구성된다. 이 가치 체계, 문화 코드를 부르디외Pierre Bourdieu의 개념을

빌려 문화 아비투스cultural habitus로 칭할 수도 있겠다.[6]

여기에서 우리는 국가 차원의 문화권을 관통하는 코드code를 국가문화 코드라 할 수 있으며, 이것은 마치 음악에서의 악보와 같이 국가문화를 관통하는 숨겨진 차원의 맥을 구성한다. 악보를 파악함으로써 그 음악을 분석하고 다시 통합할 수 있듯이 우리는 국가문화 코드를 파악함으로써 그 국가문화의 맥을 잡아 그 문화의 성격을 체계적으로 이해할 수 있다(홀 2000, 11; 노명환 2011, 117). 이 문화 코드Cultural Code는 문화 양식Cultural Pattern으로도 표현되는데, 그것은 문화에 내재하는 규칙을 의미한다. 특정 국가의 문화를 구성하는 요소들은 문화 양식에 의해 전체적으로 조합됨으로써 그 문화 내의 체계적인 의미를 갖게 된다(노명환 2011, 117–118).

그러면 우리는 국가문화 혹은 민족문화를 어떻게 규명할 수 있는가? 호프스테데는 "문화는 한 집단 또는 범주의 사람들을 다른 집단이나 범주의 사람들과 구별되게 만드는 정신의 집합적 프로그램"(Hofstede 1995, 368)이고, 이 연장선상에서 국가문화를 "한 국가 안에서 성장함으로써 획득하게 되는 정신의 집합적 프로그램"(Hofstede 1995, 367)으로 정의한다. 국가문화를 국민성이란 개념으로 접근할 수 있는데, 인켈레스Inkeles와 레빈슨Levinson은 국민성을 다음과 같이 정의했다. "'국민성'이란 대표적 성격 구조와 동일시해야 한다. 즉, 그 말은 한 사회 내에 존재하는 각종 성격 유형들의 분포 중 최빈형最頻型을 가리키는 말로 받아들여야 한다."(Inkeles and Levinson 1969, 425; 차재호 1994, 119에서 재인용; 조긍호 2003, 526) 이에 의거하여 차재호는 "국민성이란 한 사회 속에서 가장 흔히 발견되는 대표적 성격"(차재호 1994, 119), 달리 말해 그 사회에서 "실제로 발견되는 성격이고, 한 사회에서 가장

6 아비투스의 개념에 대해서는 하상복(2006, 94–114)의 글 참고.

〈그림 1〉 **국가문화의 성격**

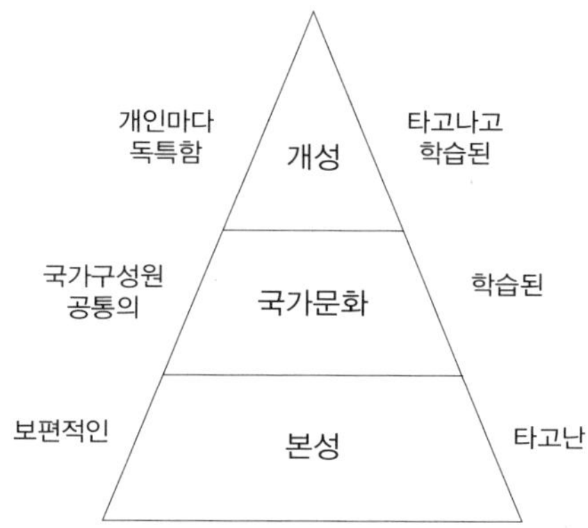

흔하게 드러나는 성격"(차재호 1994, 120)이라고 규정한다. 이는 매우 설득력 있는 개념 규정이며 본 연구를 위해 채용할 수 있고, 본 연구를 통해 확인해 볼 수 있는 관점이라 하겠다. 그러면 사람들이 저마다 가지고 있는 개성 및 본성과 국가문화는 어떻게 구별되는가? 필자는 〈그림 1〉과 같이 개성, 국가문화, 본성을 구별하여 국가문화를 그와 같은 방식으로 이해해 보고자 한다. 〈그림 1〉은 호프스테데의 이론에 기초하여 개성, 본성, 국가문화의 관계를 표시한 것이다(Hofstede 1995, 27). 개성은 타고나기도 하고 학습된 것이어서 각 개인마다 다른 성격을 소유한다. 본성은 타고난 것이어서 사람에게 있는 보편의 성격이다. 국가문화는 국가구성원이 문화 아비투스를 통하여 학습하여 취득한 것이다(노명환 2011, 15).

2. 한국 문화와 독일 문화 그리고 그 만남의 의미와 의의

본 연구는 앞에서 말한 대로 독일 이주 광부, 간호사의 삶과 경험을 통해 한국과 독일의 문화 코드를 이해하고, '이 둘이 만났을 때 어떠한 문화 충격과 갈등이 발생할 수 있을까?' 그리고 '그 과정에서 어떠한 문화 변이 및 융합 등이 일어날 수 있을까?' 하는 의문에 대한 답을 찾는 학문적 작업이기도 하다.

이러한 목적을 이루기 위해서 첫째, 한국인의 생활 방식, 가치 체계, 즉 문화 코드를 이해해야 한다. 이를 위해 우리는 무엇보다도 한국의 역사와 전통, 특히 유교적 윤리 체계와 전통 가치 그리고 그에 따른 교육제도 등을 이해할 필요가 있다.

둘째, 독일인의 문화 코드, 독일의 국가문화를 이해하기 위해서 게르만족의 역사와 전통, 프로테스탄트 교리, 그에 따른 교육제도 등을 이해할 필요가 있다. 종교 교리와 교육제도 등은 부르디외가 문화 아비투스를 구성하는 요소들로서 제시한 주요 사항들이기도 하다.

두 문화권이 만나 일어나게 되는 현상들을 여러 측면에서 분석할 수 있는데, 본 연구에서는 구체적으로 유교적인 가치 기준과 생활 방식이 프로테스탄트적인 가치 기준과 생활 방식과 만났을 때 일어날 수 있는 현상에 대해 초점을 맞춘다. 이러한 전제에서 출발하여 한국 문화와 독일 문화의 만남을 〈그림 2〉와 같이 표시할 수 있다.

이들이 제3국으로 이주하였을 때 다시 중층의 문화 충격을 겪었다. 그 내용을 여러 기록들을 통해 추적하고 이러한 문화 충격을 극복하는 과정과 그 지혜, 혹은 좌절의 이야기들을 담아내며 이들을 이론적으로 해석해 본다. 고국으로 귀국한 경우에도 다른 종류의 문화 충격을 겪었을 것으로 보고 여러 이론적 연구 방법들을 적용한다. 특히, 미국으로 재이주한 경우는 본 연구팀이 새롭게 구술 채록[7]을 수행하여 밝혀 보고자 했다. 독일 체류 동안과 한국으로의 귀환 후에 대해서는 기존의 구술 자료들과 수기들을 활용하면서 추가

7 본 프로젝트 팀의 해외 연구 보조원이 이 구술 채록 작업을 수행했다. 앞으로 이와 관련한 수기들을 수집할 필요가 있는데, 아쉽게도 본 연구에서는 이 작업을 수행하지 못했다.

〈그림 2〉 **한국 국가문화와 독일 국가문화의 만남**

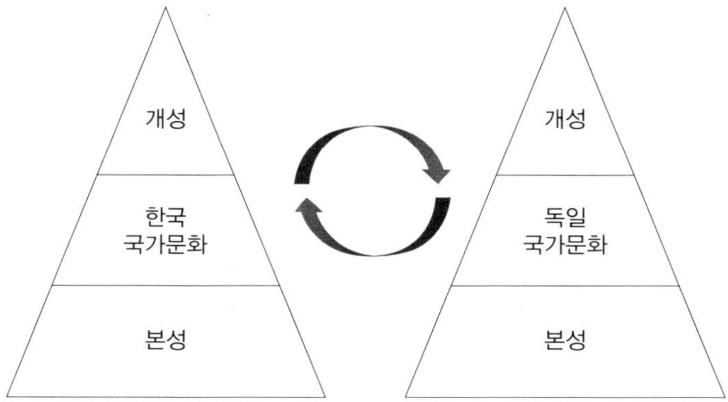

적인 구술 채록을 수행했다. 앞에서 행한 한국과 독일 문화의 만남에 대한 설명의 연장선상에서 한국인 광부, 간호사들의 독일 체류 후 미국으로의 재이주 그리고 그 후 한국으로 귀환하여 겪는 문화 충격, 충돌, 갈등 등의 의미를 또한 서로 다른 문화 이해 이론의 틀로 설명해 본다. 이를 위해서는 미국 문화의 특징과 한국의 변화상에 대해 이해해야 한다.

3. 국가문화의 연구 방법에 따른 한국과 독일의 문화 특징의 차이

1) 차원적 방법과 한국과 독일 문화의 비교

각 국가별 문화를 서로 비교하여 각국의 문화적 성격을 규명하고자 하는 일련의 학자들이 여러 종류의 가치관의 차원들을 설정하였다. 이들이 '차원적 접근dimensional approach' 방법을 개척한 전문가들이다. 이들은 가치관의 차원들에 대한 국민들의 태도에 따라 또한 여러 종류의 집단 가치관 유형들을 정립했다. 즉, 이들은 가치관의 차원들을 대변해 주는 수많은 종류의 설문들을 작성하여 표본조사를 수행하고 그 결과를 통계적으로 처리하여 해당 국가의 가치관 유형을 규명했다.

이러한 차원적 방법 중에서 특히 홀Edward Hall과 호프스테데의 방법이 주목을 받아왔다. 본 연구에서는 독일 이주 광부, 간호 인력의 문화 충격과 충돌 경험을 설명하기 위해 이 두 사람의 이론 틀을 부분적으로 적용한다.

(1) 홀의 차원적 방법으로 본 한국과 독일의 문화

세계의 문화를 분류하는 연구를 40년 이상 수행해 온 문화인류학자 홀은 기본적으로 커뮤니케이션 패턴에 초점을 맞추어 다음과 같이 4가지 차원을 설정했다(Hall 1990). 이에 따르면 한국과 독일은 각각 아래와 같은 성격의 차이를 나타낸다.

① 첫 번째 차원: 의사 소통을 위해 얼마나 명백한 표현으로 정보가 전달되어야 하는가? 이는 사회 구성원 사이에 이미 의사소통을 위한 맥락적 기반이 깊이 존재하는가의 여부를 측정하는 설문이다. 이에 따라 사회는 고맥락high context과 저맥락low context 사회로 구분된다. 고맥락적 기반이란 의사소통에서 이심전심의 상황이 실현될 수 있는 인간관계가 중요한 역할을 수행하는 의사소통 환경과 구조를 말한다. 고맥락의 의사소통 사회에서는 깊은 맥락적 기반이 이미 존재하기 때문에 명백한 표현으로 정보가 전달되지 않아도 된다. 그러나 그렇지 않은 저맥락의 의사소통 사회에서는 명백한 표현의 정보 전달이 필요하다. 고맥락의 사회에서는 굳이 말을 안 해도 눈치로, 상황 판단으로 커뮤니케이션을 할 수 있다. 그러나 저맥락 사회에서는 말로 그리고 글로 명확하게 표현되지 않으면 의사소통이 쉽게 이루어지지 않는다. 앞으로 설명되듯이 파독 광부, 간호사들의 경험에서 한국과 독일의 문화 차이로서 이 관점의 대조가 두드러지게 나타난다.

홀에 따르면 한국은 고맥락 문화권에 속하고 독일은 저맥락 문화권에 속한다.

② 두 번째 차원: 대화할 때에 사람 사이의 공간이 비교적 넓은가 혹은 좁은가? 이는 집단주의와 개인주의의 척도를 측정하는 차원의 설문으로서 중요한 의미를 가진다. 공간이 좁으면 상대적으로 집단주의 문화권에 속하고 넓으면 개인주의 문화권에 속한다.

> 한국은 대화할 때 사람 사이의 공간이 좁은 사회에 속하며, 독일은 넓은 사회에 속한다. 즉, 한국은 집단주의 문화권에 속하고 독일은 개인주의 문화권에 속한다.

③ 세 번째 차원: 일을 순서대로 하는가 아니면 같은 시간대에 여러 일을 하는가? 이는 합리성, 체계성, 질서, 계획 등과 관련한 생활 방식을 보려 한 것인데, 같은 시간대에 여러 일을 하는 것은 근면성, 열심 등의 반영일 수 있다.

> 한국은 한 번에 여러 개를 하는 문화권에 속하고 독일은 한 번에 하나씩 하는 문화권에 속한다.

④ 네 번째 차원: 정보가 어떠한 경로를 통해 어떠한 속도로 전달되는가? 정보 소통의 속도와 구조를 분석하여 수직적 의사소통의 사회인가 아니면 수평적 사회인가를 보고자 하는 차원의 질문이다. 개인과 조직 사이에 내재하는 관계에 대해서도 탐구한다.

> 한국은 수직적(위계적)인 의사소통의 특징을 갖는 문화권에 속하고 독일은 수평적(평등적)인 문화권에 속한다.

(2) 호프스테데의 차원적 방법으로 본 한국과 독일의 문화

저명한 조직심리학자 호프스테데는 각각의 문화를 비교할 수 있는 기준으로 다음과 같은 4개의 차원을 개발하였다.

① 첫 번째 차원: 권력 거리가 큰가 혹은 작은가? 즉, 사회 구성원들이 위계적 혹은 평등한 권력 분배를 얼마나 자연스럽게 받아들이는가? 이는 홀이

제기한 정보 소통의 속도와 구조(수직적 혹은 수평적)와 매우 유사한 차원이다. 이는 불평등 혹은 평등한 사회 정도를 측정하는 척도라고 하겠다.

> 한국은 비교적 권력 거리가 큰 문화권에 속하고 독일은 권력 거리가 비교적 작은 문화권에 속한다.
> *세계 50개국과 3개 지역에 대한 권력 거리 지수치: 최고 지수 100, 최하 지수가 0일 때, 한국 60, 독일 35(Hofstede 1995, 52).

② 두 번째 차원: 개인주의 혹은 집단주의[8] 성향이 강한가? 이 차원에서는 스스로를 다른 사람들로부터 구별하고자 하는 정도, 그룹의 압력으로부터 자유롭게 느끼는 정도에 따라 개인주의 정도를 측정한다. 또는 자신을 그룹에 일치시켜야 된다고 느끼는 정도에 따라 집단주의 정도를 측정한다.

> 한국은 집단주의 지수가 높고 독일은 개인주의 지수가 높다.
> *세계 50개국과 3개 지역에 대한 개인주의 지수치: 한국 18, 독일 67(Hofstede 1995, 87).

③ 세 번째 차원: 남성성 혹은 여성성을 나타내는가? 이 차원에 대한 호프스테데의 설명을 인용하면 다음과 같다. "남성성은 사회적 남녀 역할이 명확하게 구분되는 사회, 즉 남자는 자기 주장적이며 거칠고 물질적인 성공을 추구하는 반면, 여자는 보다 겸손하고 부드러우며 삶의 질에 관심을 두는 사회에 해당한다. 여성성은 사회적 남녀 역할이 중첩되는 사회, 즉 남성과 여성이 모두 겸손하고 부드러우며 삶의 질에 관심을 두는 사회에 해당한다."(Hofstede 1995, 126)

> 한국은 여성성 문화권에 속하고 독일은 남성성 문화권에 속한다.[9]
> *세계 50개국과 3개 지역에 대한 남성성 지수치: 한국 39, 독일 66(Hofstede 1995, 128).

---

8 차재호·나은영은 호프스테데의 collectivism을 '집합주의'로 번역하나 필자는 집단주의로 번역한다. 문화 차이에서 논의되는 collectivism은 추상의 집합에 관한 것이 아니라 정체성이 관건인 집단 귀속감에 관한 것으로 보기 때문이다.

④ 네 번째 차원: 불확실성 회피 지수가 높은가 아니면 낮은가? 즉, 사회 구성원들이 일상생활에서 불확실성을 회피하고자 하는 의지의 정도를 측정하는 차원이다. 오래된 지기나 친구와 일하고자 하는 정도 혹은 이방인과 일할 수 있는 정도를 나타낸다. 이는 보수적 또는 진보적 가치관 유형을 측정하는 기준과 일맥상통한다.

> 일정 측면에서 한국은 불확실성 회피 지수가 높고 독일은 낮다. 그런데 다른 맥락에서 독일은 불확실성 회피 지수가 높은 측면을 보여준다. 한국은 가족 등 인적 네트워크를 통해서 불확실성을 회피하고 독일은 제도와 계획을 통해서 불확실성을 회피한다.
> *세계 50개국과 3개 지역에 대한 불확실성 회피 지수치: 한국 85, 독일 65(Hofstede 1995, 169).

2) 묘사적 방법과 한국과 독일 문화의 비교

개논Martin J. Gannon과 그의 공동 필진들은 '차원적인 방법'의 공헌도와 장점을 인정하지만 실제의 문화 상황과 괴리되어 있는 추상적이고 도식적인 연구 방법이라는 문제점을 제기했다. 즉, 그들은 계량적인 방법에 대한 문제 제기를 하면서 질적인 방법을 제시하고자 하였다. 이것은 문화 은유cultural metaphor를 중심으로 특정 국가문화를 묘사하는 방법이었다(개논 2004). 국가문화를 묘사하는 데 있어서 문화 은유를 통해 질적인 방법을 추구한다는 것은 그 국가문화에서 국민 정체성을 대표적으로 반영할 수 있는, 그리고 그 국가에 실재하는 문화 대상을 선정하여 이를 중심으로 국민들의 생활 방식을 서술하는 것을 의미했다.

개논과 그의 공동 필진들은 한국의 국가문화를 설명하기 위하여 '김치'를

9 필자는 호프스테데의 남성성과 여성성에 관한 차원이 이해하기 매우 힘들다고 판단한다. 일관성이 결여되어 있다고 생각한다. 한국을 여성성의 문화권에 포함시키고 독일을 남성성의 문화권에 포함하는 결과는 그의 차원적 방법의 한계라고 본다. 이에 대해서는 파독 광부, 간호사들의 경험에 대한 설명과 더불어 차후에 보다 자세히 논의하겠다.

문화 은유로 선정하였고, 독일의 국가문화를 설명하기 위하여 '심포니 오케스트라Symphony Orchestra'를 문화 은유로 설정하였다.

그들은 '김치'의 문화 은유를 통해 무엇보다도 한국의 유교주의 문화에 기초한 전통적인 대가족 제도와 한국인의 가치 체계를 설명하고자 하였다. 그들은 유교적 전통 속에서 삼강오륜三綱五倫, 특히 오륜이 보여주는 인간관계 가치에 주목하고, 유교적 전통이 강한 한국인들은 이 윤리관을 지켜 사회에서 조화를 이루며 살고자 한다는 점을 강조한다. 그들의 설명에 따르면 김치는 가족들 식사의 중요한 음식이며 김치가 놓인 식탁에서 가족 구성원들은 유교적 질서의 가족 서열에 따라 자신의 자리를 잡는다. 호프스테데가 말하는 "권력거리가 크다."(Gannon 2001, 145-156)는 점을 확인한다. 개논과 그의 동료들은 이를 통해 한국이 집단주의 문화를 설명하고, 한국인들이 말과 논리보다는 상황에서 상황으로, 즉 눈치에 의한 의사소통을 한다는 점을 지적한다. 앞 절에서 홀이 제기한 고맥락적 의사소통을 한국인들이 행한다는 점을 확인한다. '김치'로 대표되는 한국 문화에 따르면 한국인들은 감정을 억제하나, 한번 폭발하면 격렬하게 표출한다.

개논과 그의 동료들은 '심포니 오케스트라'의 문화 은유를 통해 독일의 국가문화를 설명하는데, 심포니 오케스트라에서 단원들이 각자 독립체로서 자신의 연주에 전념하며 동시에 지휘자의 지휘에 철저히 따르는 현상에 주목한다. 그들은 이 문화 은유를 통해 독일인들이 각자 개인주의 원리에 의해 생활하지만 준법정신이 강하여 법질서를 통해 국가 공동체의 조화를 이루는 국가문화를 가지고 있음을 보여준다. 그들은 예의를 통해 사회의 질서를 지키는 앞의 한국에 비해 독일 사회는 강한 준법정신을 통해 사회질서를 유지하고, 정확한 말과 논리를 통한 저맥락의 의사소통을 수행함을 강조한다. 그들의 연구에 따르면 독일인들은 개인적으로 근면, 검소 직업 소명관을 실천하고 준법정신을 통해 공동체의 조화를 이루어 내며 소통에 있어서는 정확하고 명료함을 중시한다. 그들은 독일 문화에서 홀이 말하는 '저맥락의 의사소통' 그리고 호프스테데가 말하는 "권력 거리가 작다."(Gannon 2001, 157–176)는 문화의 특징을 확인한다. 또, 독일이 서로 다른 것을 인정하는 다원주의 사회임을 강조한다. '심포니 오케스트라'로 은유되는 독일 문화에 따르면, 독일인들은 감정 표현을 억제하는데, 감정 표현을 약함의 표시로 보기 때문이다.

4. 문화사 연구 및 구술사 수행을 통한 서로 다른 문화 이해 방법

그런데 이러한 차원적인 방법이나 묘사적인 방법은 국가문화를 설명하는 데 일면 대단히 효율적인 측면이 있으나 추상적인 고정관념stereotype을 만들어 낼 수 있다는 약점을 안고 있다. 이에 대한 대안으로서 역사 속에서 문화 코드가 어떻게 형성되어 왔는가를 추적하는 문화사 이해의 방법이 적용될 수 있다. 예를 들어, 한국인 이해의 개념 틀로 흔히 분석 대상이 되는 성리학적 가치관이 한국인의 문화 코드로 자리 잡아 현재까지 지속되는 과정과 현상을 문화사적으로 추적해 볼 수 있다. 이는 서로 다른 문화를 이해하는 데 있어서 통시적인 측면diachronic aspect의 필요성을 충족시켜 주는 방법이기도 하다. 독일의 경우 프로테스탄티즘에 대해서 유사한 연구를 수행할 수 있다. 이에 대해서는 다음 장 1절에서 자세히 설명한다.

서로 다른 문화의 경험에 대한 생애사적 구술사 방법론은 또한 서로 다른 문화 이해를 심화시킬 수 있는 매우 효과적인 방법이다. 이희영은 생애사적 '체험'에 대한 연구는 "과거 사실에 대한 단순한 기록의 차원을 넘어서 그것에 대한 일상생활 속의 의미를 궁구하는 작업이다."(이희영 2010, 35)라고 말한다. 그는 또한 알프 뤼트케에 기초하여 "시간이자 공간으로서의 일상생활에 대한 체험에 주목하는 작업은 행위자의 지속적인 활동에 기초해 현실적인 삶의 생산과 재생산이 이루어지는 과정이자 일상적으로 역사를 만들고 변화시키는 역동성과 모순성을 이해하는 작업이다."(이희영 2010, 35)라고 말한다. 이에 따르면 서로 다른 문화 간 충격 및 충돌의 경험과 기억은 오늘의 서로 다른 문화에 대한 이해 방식에 결정적인 영향을 미칠 수 있다. 이는 역으로 과거의 문화 충격과 충돌을 재해석하는 역동성의 출발점이 된다. 예를 들어, 독일 사람들이 자신들이 먹지 않는 것을 한국인들이 먹을 때, 마치 '가난뱅이', '야만족'을 보는듯 하던 시선에 대한 한국 광부, 간호사들의 체험과 기억을 생각해 볼 수 있다. 한국에서는 귀해서 제대로 먹을 수 없던 밤과 고사리가 독일에는 풍부하게 널려 있어 그들은 행복감 속에서 채취해서 먹었다. 그런데 이를 독일인들이 의아한 시선으로 야만인 보듯 바라보던 때의 당혹스럽던 기억은 한국 문화와 독일 문화 사이의 차이점을 역동적으로 밝혀 볼 수 있는 좋은 하나의 방법이 될 수 있을 것이다.

독일 이주 광부·간호 인력의 문화 충격, 문화 충돌, 그리고 이들이 이루어냈던 서로 다른 문화 간 소통, 문화 적응, 새로운 문화 층위의 구성, 문화 융합 등에 관한 연구는 상호문화주의Interculturalism 혹은 간문화성(허영식 2009; 안지호·현주 2013), 트랜스내셔널 역사와 문화(허영식 2009; 안지호·현주 2013), 문화혼성성(이수자 2006; 김영란 2007; 이수길 1997; 나혜심 2009; 최재현 1992)의 관점에서 이미 수행되었다. 필자는 본 연구가 이러한 선행 연구에 접목되어 위의 문화 현상들을 보다 더 조직적으로 설명하는 데 기여할 수 있기를 기대한다.

Ⅱ. 1960–1970년대 한국인과 독일인의 문화 코드와 사회 · 문화적 상황

본 장에서는 한국과 독일의 문화 코드를 설명하기 위해 주로 한국의 성리학적 세계관과 독일의 프로테스탄티즘 세계관의 기본 특징을 비교하면서 설명한다. 또한 동시에 1960–1970년 당시 한국과 독일, 특히 남한과 서독의 역사적 상황을 개설하고 당시의 가치 체계를 비교해 볼 수 있는 단초를 제공한다.

한국인의 문화 코드와 대한민국(남한)의 사회 · 문화적 상황

1. 성리학적 세계관을 중심으로 본 한국의 국가문화와 한국인의 문화 코드

여기에서 성리학에 대한 근본 이해에 관한 것을 다룰 수는 없지만 다음 장에서 다루게 되는 독일 이주 광부, 간호 인력의 행동 방식의 준거 틀로 논의되는 성리학적 세계관(유교 윤리)의 특징에 대해 살펴본다.[10] 이 작업은 다음 절

---

10 필자가 행동 양식의 한 근거로서 유학 전통보다는 성리학적 전통으로 표현하는 것은 성리학이 중국 송대에 신유교로 재구성되었고, 공자와 더불어 시작된 전통의 유학과 도교, 불교의 변증법적 종합으로서 성리학이 조선 시대에는 국가의 사상적 기반과 사회질서의 원리로 채용되었기 때문이다. 그러나 본 논문에서는 성리학 세계관과 유교 윤리, 유교주의 전통 등의 개념을 유사한 맥락에서 사용한다. 여기에서 기본적으로 공유되는 개념은 삼강오륜이라 하겠다.

삼강(三綱)

부위자강(父爲子綱): 아들은 아버지를 섬기는 것이 근본이다.

군위신강(君爲臣綱): 신하는 임금을 섬기는 것이 근본이다.

부위부강(夫爲婦綱): 아내는 남편을 섬기는 것이 근본이다.

오륜(五倫)

군신유의(君臣有義): 임금과 신하는 의리가 있어야 한다.

에서 설명할 독일의 프로테스탄티즘 윤리에 대해 보다 효율적인 비교 차원의 연구를 가능하게 해 줄 것이다. 그리하여 이러한 측면에서 독일로 이주한 광부, 간호 인력의 문화 충격, 충돌, 융합 등의 의미를 보다 체계적으로 조명할 수 있을 것이다. 파독 광부, 간호사들이 유교적 전통의 문화권에 속하는 한국인으로서 독일에서 생활하고 있다는 뚜렷한 의식을 가지고 있었음을 다음과 같은 증언에서 우리는 엿볼 수 있다. "우리는 비록 가난하였을지라도 유교적 교육을 받았고 인간됨을 최고의 덕목으로 알았기에 거대한 부국 독일에서도 자존감을 상실한 적은 없었습니다. 애국심은 더욱 투철하여졌고, 내 나라에서 배운 도덕이나 예절은 독일 사람들에게 자랑이고 자존감이었습니다. 우리는 그들의 부유함을 경이롭게 쳐다보았지만, 그러므로 더욱 한국인으로서 최선의 노력을 할 수 있었습니다."[11]

조선의 개국과 함께 국가 이념으로 자리 잡은 성리학은 오랜 세월을 거치면서 한국인의 문화 코드 형성에 크게 영향을 미쳤다. 그중에 '욕심을 버리고 하늘의 이치를 보존해야 한다.'는 의미를 담은 개념인 경敬을 준수하는 윤리관이 중요하다. 이는 독일 이주 광부, 간호사들이 보여 준 심성 그리고 독일의 프로테스탄티즘 윤리와 유사한 가치 지향점을 보여 준다. 예를 들어, 이색은 조선왕조가 개창되고 4일째 되던 날에 사헌부에서 성리학의 주요 개념인 경에 대해 언급하면서 경을 국가 통치의 원동력으로 설정하였다. "대체 경이란 것은 마음의 주재主宰이고 모든 일의 근저根柢이니, 그러므로, 큰 일로는 하

부자유친(父子有親): 아버지와 아들은 친함이 있어야 한다.
부부유별(夫婦有別): 남편과 아내는 분별이 있어야 한다.
장유유서(長幼有序): 어른과 어린이는 차례가 있어야 한다.
붕우유신(朋友有信): 벗과 벗은 믿음이 있어야 한다.

11 황보수자. "증언."(이애주 2010, 50)

늘을 섬기고 상제上帝를 제향祭享하는 것과, 작은 일로는 일어나고 자고 밥 먹고 휴식하는 것까지 이를 떠날 수는 없습니다. 천도天道를 공경하고 높여서 이른 아침부터 밤늦게까지 조심하고 두려워하는 일은 탕왕湯王과 무왕武王이 흥기興起한 이유이며, 덕德을 없애고 위력威力을 사용하여 경을 행할 것이 못 된다고 한 것은 걸왕傑王과 주왕紂王이 망한 이유입니다. 역대歷代의 치란治亂과 흥망興亡을 상고해 보아도 모두 이로 말미암아 나오게 되니, 이것은 경이란 한 글자가 진실로 임금의 정치를 하는 근원입니다. 하물며, 지금 전하께서는 왕위에 오른 초기에 창업創業을 하여 후세에 전하여 자손에게 계책을 끼치게 됨이 바로 오늘날에 있으며, 하늘이 길흉吉凶을 명하고 역년歷年을 명함도 또한 오늘날에 있으니, 바라옵건대, 전하께서는 마음에 두고 거처하면서 상제를 대한 듯이 하여 비록 일이 없을 때를 당하더라도 항상 상제가 굽어보신 듯이 하며, 그 일에 응應할 즈음에는 더욱 그 생각의 싹을 삼가신다면, 이 마음의 경이 천심天心에 감동하여 지치를 일으킬 수가 있을 것입니다."[12] 이렇게 볼 때 경에 의한 삶은 수양하는 삶의 방식을 의미한다 하겠다. 전통 유교가 도교와 불교의 요소를 받아들여 성리학을 성립시킬 때, 도교와 불교의 원리 중 가장 핵심인 사람의 마음을 다스리는 수양의 덕목을 또한 강하게 받아들였다고 볼 수 있다. 이색은 성리학의 핵심인 경을 "이른 아침부터 밤늦게까지 조심하고 두려워하는 일"이라고 표현하고 있는데, 우리가 흔히 유교적 생활 방식이라고 말할 때 이 경이 그 핵심에 속한다고 하겠다. 다음 장에서 설명하듯 독일 이주 광부, 간호 인력의 행동 방식의 준거 틀로 논의되는 유교 윤리(성리학)의 특징에 해당하는 사항이라고 할 수 있겠다. 또한 위의 인용문은 조선의 개국과 함께 아비투스로 자리 잡는 성리학적 세계관의 정황을 대변해 준다고

---

12 『태조실록』(태조 1년 7월 20일)을 권오영(2011, 21)에서 재인용.

도 하겠다.[13] 성리학은 공자와 더불어 시작된 전통 유학에 도교, 불교의 요소를 수용하여 12세기 주자에 의해 집대성된 철학 체계요, 이념 체계이다. 이에 따르면 인간의 본성本性은 바로 하늘의 이치, 즉 천리天理이며 인간의 삶은 이 하늘의 이치를 따라야 함을 강조한다. 이를 위해 스스로를 수양하는 것이 가장 중요하며 이를 기초로 인간관계를 맺어간다. 이것이 바로 경에 의한 삶이며, 자신을 수양하면서 다른 사람을 다스리는 수기치인修己治人의 법도이다. 인간관계를 맺어가는 데 있어서 인의예지仁義禮智로서 사람을 대해야 한다. 이러한 생활 철학과 실행이 사회질서의 바탕이 되어야 한다. 이는 곧 경을 실천하는 절제와 수양의 삶이다. 이리하여 "성리학에서는 단정하고 엄숙한, 즉 정제엄숙整齊嚴肅의 거경居敬을 중시함으로써, 사적인 감정[七情]과 욕구[人心]의 통제를 수양의 핵심으로 삼았다."(조긍호 2003, 504) 이율곡은 이러한 측면을 다음과 같이 쉽게 설명하였다. "의복은 화려하거나 사치해서는 안 되고, 추위를 막을 수 있을 정도면 족하다. 음식은 아름답고 좋은 맛을 탐내면 안 되고, 굶주림을 막을 수 있을 정도면 족하다. 그리고 거처하는 집은 크거나 편안해서는 안 되고 병을 막을 수 있을 정도면 족하다."[14]

이러한 가치 체계에 의한 행동 양식은 무엇보다도 질서와 조화를 중시하는 타인 지향성의 문화 코드를 만들어 갈 수 있다. 화목한 가족애와 질서 있는 사회 유지를 중시하며, 이를 실천하기 위해 자신에 대한 내적 통제, 수양, 인내, 그리고 자기 고양을 위한 노력이 중요한 삶의 가치로 자리 잡을 수 있겠다. 한국인 행동 양식의 이 측면을 조긍호는 다음과 같은 3개의 개념 틀로

---

13 이러한 연구 방식은 필자가 앞 장에서 설명한 문화사적 이해의 한 방법에 해당한다고 할 수 있겠다.

14 『율곡전서』,「격몽요결 지신장」, 609를 조긍호(2003, 504)에서 재인용; 이러한 '검소한 생활'의 가치관은 앞으로 설명할 프로테스탄티즘 윤리와 일맥상통하는데 금욕주의를 바탕으로 하고 있다.

정리해 준다(조긍호 2003, 493-516).

① 제1의 개념 틀: 질서와 조화 중시, 타인 지향성, 공손성.
② 제2의 개념 틀: 내적 통제, 수양, 인내.
③ 제3의 개념 틀: 인간은 가변적인 존재라는 신념 속에서 자기의 부족한 측면을 찾아 이를 개선하는 노력을 강하게 부단히 수행.

조긍호는 제1의 개념 틀과 관련하여 상대의 체면 손상을 피하기 위해 극대의 존칭어를 사용하는 경우를 들고 있는데 이는 매우 흥미로운 설명이다. 제2의 개념 틀은 경을 실천하는 삶 속에서 경을 통해 공부하고 수양해야 함을 강조하는 경명행수經明行修의 윤리와 상통한다고 하겠다. 제3의 개념 틀은 한국 문화가 근면, 검소, 실력 연마를 위한 높은 교육열 등의 특징을 보일 수 있음을 나타내 준다 하겠다(조긍호 2003, 535).

그런가 하면 현실 사회에서 삼강오륜의 윤리가 기득권의 관점에서 강요되는 측면은 가부장제, 남존여비의 성차별, 사농공상의 직업 차별 의식 등으로 나타났다. 이러한 관점이 독일 문화와의 만남 속에서 부각되는 독일 이주 광부, 간호 인력의 행동 방식의 한 준거 틀로 거론된다.[15]

이러한 설명 방식은 앞에서 소개한 바와 같은 홀, 호프스테데, 개논 등이 제시한 한국 문화에 대한 설명 틀을 질적으로 검토하게 해 줄 수 있다고 본

15 이러한 차별을 의미하는 부정적인 특징들은 성리학적 원리에 근본적으로 내재하는 것으로 볼 수 없으며 그 시대의 역사에서 기득권의 체제적 이익을 위해 왜곡되어 시행된 것으로 보아야 할 것이다. 역사적으로 현실 사회에서 기득권의 이익을 위해 차별을 제도화하였다. 이러한 왜곡된 역사적 현실이 한국인의 문화 코드로 거론되는 것으로 볼 수 있겠다. 성리학적 원리는 본래 공동체의 조화와 질서가 목적이었고, 우주 질서에 따른 역할 분담과 상호 존중이 그 내용이었다.

다. 예를 들어, 고맥락 사회, 집단주의, 큰 권력 거리, 김치의 문화 은유 등은 경에 대한 태도와 연관 지어 설명해 볼 수 있겠다.

2. 1960–1970년대 대한민국(남한)의 사회·문화적 상황

1945년 8월 제2차 세계대전이 끝나면서 한국을 식민지로 지배하고 있던 일본이 패망하였다. 자본주의 미국과 공산주의 소련이 주도하는 세계사의 냉전 시대가 시작되었다. 한국은 북한에 소련이, 남한에 미국이 각각 진주하여 점령 정책을 실시하면서 분단되었다. 한국에 오랫동안 커다란 영향력을 행사해 오던 중국은 가난의 끝자락에서 허덕이면서 내전에 휩싸였다. 이러한 상황에서 분단된 한국의 남한(대한민국)은 이제 전통적인 동아시아 문화권의 질서를 벗어나 미국과 소련 그리고 동시에 그들 문화의 뿌리인 유럽으로 관계를 확대하고 있었다. 이러한 냉전 시대 속에서 1950–1953년의 한국전쟁은 너무나 큰 비극적 경험이었다. 가난한 국가, 가난한 일상, 강한 반공주의가 이념적 틀로 자리했다. 1960–1970년대의 한국은 군사 쿠데타로 출발한 산업 근대화와 정치·사회적 독재라는 이중의 특징을 보였다. 다음 장에서 설명할 1967년의 동백림사건은 이러한 전쟁의 경험과 한국의 정치 상황과 연계되어 그 고통이 더욱 컸다.

일제의 식민주의를 겪으면서 한국은 민족주의가 강하게 자리 잡았다. 제도적으로는 근대화가 이루어졌으나, 사회·문화적으로는 유교 가치 체계(성리학적 세계관)의 전통이 강하게 이어지고 있었다. 이는 경에 대한 의식과 삼강오륜의 덕목이 사회·문화적으로 크게 작용하고 있었음을 의미한다. 민주주의는 취약한 상황에 있었다. 한국의 광부·간호사가 독일로 이주한 역사는 이러한 세계사와 한국사의 맥락 속에 있었다.

독일인의 문화 코드와 독일연방공화국(서독)의 사회 · 문화적 상황

1. 프로테스탄티즘을 중심으로 본 독일인의 문화 코드

베버Max Weber에 따르면 프로테스탄티즘을 정립한 루터, 칼뱅 그리고 그 후의 많은 지도자들, 예를 들어 박스터Richard Baxter 등은 무엇보다도 노동과 금욕 생활을 가장 중요한 생활윤리로 설정했다. 그들은 지속적이고 체계적인 직업 노동을 금욕 생활의 가장 중요한 수단으로 보았으며(베버 1988, 125), 이 결과로서 이루어진 부를 신의 축복으로 상정했다. 노동을 또한 신의 영광을 위해 봉사할 수 있는 가장 실질적인 수단이라고 생각했다(베버 1988, 251). 예를 들어, 프로테스탄트 지도자들은 시간 낭비를 가장 무서운 죄악으로 규정하였다. 왜냐하면 시간 낭비는 신의 영광을 위해 행해야 할 노동의 시간을 줄이기 때문이었다.

지금까지의 설명에 의거해 볼 때 우리는 한국의 성리학적 윤리에 의한 금욕주의와 독일의 프로테스탄티즘 윤리의 금욕주의에 대해서 큰 차이를 읽을 수 있어야 하겠다. 독일 프로테스탄티즘의 금욕주의는 노동을 중시하는, 즉 노동을 통해 금욕을 실천하는 윤리로 귀결되었다. 이 노동 윤리는 직업 소명관 의식과 연결되어 천직Beruf이라는 개념을 가능하게 하였다. 따라서 독일의 프로테스탄티즘 윤리에서는 직업 노동의 가치가 핵심의 위치를 차지한다. 성리학적 윤리관에서는 책을 통해, 즉 경經을 통해 금욕과 정신의 수양을 달성하고자 한다. 두 문화권에서 직업 노동에 대한 가치가 서로 다르게 부여된다.

프로테스탄티즘 지도자들은 사치스러운 가정생활과 화려한 허식과 외관을 신랄하게 비판하였다. 이러한 측면은 앞에서 소개한 이율곡의 성리학적 생활 태도인 청빈과 매우 유사하다 하겠다. 이들은 부르주아적 가정의 조촐하고 견실한 휴식과 위안을 가정생활의 이상으로 삼았다. 즉, 이들은 가정을 견실한 휴식과 위안, 사적인 생활공간이 보장되는 휴식의 보금자리로 여겼다(베버 1988, 137). 프리드리히 대왕(재위 1740–1786)이 프로테스탄티즘 윤리를 바탕으로 독일 국가문화의 초석을 놓았을 때, 독일의 국가문화가 사상적으로, 제도적으로 체계를 갖출 수 있는 토대가 마련되었다. 이와 함께 독일인들의 근면·검소, 직업 소명관, 준법정신, 실용주의가 국가문화 코드로 자리 잡았다. 좀 더 구체적으로 말해 국민들은 노동, 금욕주의, 정확한 시간 관리, 즉 합리적인 생활 방식, 근면·검소 그리고 국가와 사회 차원의 규율과 질서를 지키고 헌신하는 것을 핵심 가치로 여기도록 교육받았다.[16] 이것이 곧 다음 장에서 설명할 파독 광부, 간호사들이 체험했다고 증언하는 독일인의 가치 체계라고 말할 수 있다.

프리드리히 대왕은 국민들의 일상생활, 국가와 개인의 관계, 개인과 개인의 관계를 법률로 명확하게 규정하고자 했다. 국민들은 이 법을 엄숙하게 준수해야 했다. 또, 이러한 준법정신과 직업의 전문성 함양을 위해 철저한 교육 및 훈련을 받아야 했다. 법전의 체계화와 전문 직업교육제도의 개발은 프리드리히 대왕이 국가 이념으로서 정착시킨 프로테스탄티즘의 실현을 위한 제도적 핵심 토대였다. 예를 들어, 프리드리히 대왕은 1750년 1월 22일 베를린 과학 아카데미에서 다음과 같이 연설했다. "통치술의 영역에서 인간 정신의 걸작은 완전한 법전일 것이다. 우리는 그 법전에서 계획의 통일성과 정밀하고 질서 있는 규정들을 발견하게 될 것이다. 그런데 그와 같은 규정들을 가

16 앞에서 설명한 바대로 한국에서는 조선 시대부터 성리학이 국가 이념으로 자리 잡았다고 한다면 근대적 의미에서 프로테스탄티즘이 독일에서 국가 이념으로 자리 잡은 것은 프리드리히 대왕 시기로 볼 수 있다. 루터 이후 여러 독일 영방들이 프로테스탄티즘을 국교로 받아들였으나 프리드리히 대왕이 행한 것처럼 법과 교육 등 근대적 제도의 근간으로 만들지는 못했다. 프리드리히 대왕이 강력하게 만든 프러시아 영방은 추후 독일을 통일하여 프로테스탄티즘에 기초한 국가문화를 독일적인 차원으로 확대했다.

진 법전에 의해 통치되는 국가는 모든 용수철이 하나의 목적만을 갖는 시계 장치와 흡사하게 될 것이다."[17] 이러한 프리드리히 대왕의 통치 철학을 뒷받침하면서 당시의 법학자 유스티Justi는 국가를 하나의 기계에 비유하고 정치는 각각의 제도와 정부의 결정을 포괄하는 이성적인 전체 질서를 실현해야 한다고 주장했다. 특히 그는 "잘 정비된 국가는 모든 바퀴와 원동기가 조화를 이루는 하나의 기계와 같아야 하고 군주는 모든 일을 움직이는 직공장이어야 한다."(Sellin 1976, 96)는 점을 강조했다. 심포니 오케스트라의 국가문화가 자리 잡을 수 있는 기초였다고 볼 수 있다.

프리드리히 대왕 시기에 제도화된 가치들은 독일 역사를 통해 이어졌다. 물론 권위주의의 신분제 사회를 의미하는 당시의 제도와 관행들은 민주화라는 방향으로 변화되어 갔다. 프로테스탄티즘 윤리는 산업화와 민족주의, 제국주의 그리고 파시즘의 시대상을 넘어 민주화라는 가치와 결합되어 발전하면서 독일 국가문화를 변형해 갔다. 제1차 세계대전 패배 후의 잿더미 속에서 독일인들이 비교적 빠른 시간 안에 재건을 성공적으로 성취할 수 있던 것도 프로테스탄티즘 윤리의 국가문화에 바탕한 경제적 국민 정체성이 작용한 것이라고 볼 수 있다(Spaulding 1997, 291). 제2차 세계대전 후 라인강의 기적으로 불리는 경제성장도 이러한 가치관의 전통에서 설명된다. 제1차 세계대전 후 민주화 운동이 좌절되었지만 제2차 세계대전 후 서독에서는 민주주의가 프로테스탄티즘의 윤리와 함께 견고히 발전되었다(노명환 2011, 143-152). 이러한 설명들은 홀, 호프스테데, 개논 등의 독일 문화에 대한 설명 틀을 검토하게 해 주며 새로운 해석들을 가능하게 해 준다. 예를 들어, 저맥락의 의사소통 사회, 개인주의, 작은 권력 거리, 심포니 오케스트라의 문화 은

---

17 Die Werke Friedrichs des Grossen, Bd. 8. 32를 김언(1991), 이민호 편(1991, 69)에서 재인용.

유 등의 실제와 개념을 역사적 시각에서 조명해 볼 수 있다.

2. 1960–1970년대 독일연방공화국(서독)의 사회 · 문화적 상황

1945년 5월 독일이 무조건 항복함으로써 나치의 독일이 패망하고 제2차 세계대전의 결정적인 대세가 드러났다. 독일은 제2차 세계대전의 전범으로 4분할 점령되었다. 냉전의 전개와 더불어 자본주의 진영의 미국, 영국, 프랑스의 점령 지역이 통합되어 독일연방공화국(서독)으로 건국되고 공산주의 소련 점령 지역은 독일민주주의공화국(동독)으로 건국되어 양분되었다. 이리하여 독일은 양분할 점령되었다. 동독 안에 놓인 베를린도 처음에 4분할되었다가 양분할 되었는데, 서베를린 사람들은 베를린 봉쇄의 역사가 말해 주듯이 극도의 불안한 고립감을 겪어야 했다.[18] 분단된 독일에서 이 연구의 대상 지역인 서독에서는 나치에 대한 반성과 민주화가 중요한 화두요 역사적 과제였다. 서독은 사회복지를 경제 운용의 핵으로 하는 사회 시장경제Soziale Marktwirtschaft를 추구하였다. '라인강의 기적'이라 불리는 경제성장을 이루어 냈다. 나치에 대한 반성은 민족주의에 대한 반성으로 이어졌고 탈민족주의와 초국가주의의 가치를 추구했으며 서유럽 통합을 추진하였다. 나치에 대한 반성에서 다원주의를 추구하고 인종주의를 금기시하는 사회 풍토를 지향하였다. 독일의 전통적인 권위주의에 대한 저항운동이 퍼져 나갔으며 이는 세대 간의 평등, 남녀평등, 개인의 해방 같은 사회 변화를 추구했다. 프로테스탄티즘 윤리도 전통적인 권위주의 요소를 청산하고 새롭게 정립될 것을 요구받았다. 이는

18 이러한 측면 때문에 사람들은 서베를린에 거주하기를 두려워했다. 서독 당국은 외국인이 이곳에서 살고자 하는 경우 체류 연장을 해 주었다. 다음 장에서 언급되듯이 서베를린 체류는 한국인 광부, 간호사들이 체류 연장을 얻을 수 있는 한 방법이기도 했다.

일면 전통적인 사회 예절을 거부하는 현상으로 보이기도 했다. 기성세대에게는 몹시 불안한 현상이기도 했다. 이러한 전통과 기존의 체제에 대한 저항은 1968년의 사회운동으로 귀결되었다. 이는 사회민주당이 1969년 정권을 잡을 수 있는 계기가 되었다. 그리하여 동독과 서독의 화해를 바탕으로 하는 빌리 브란트 수상의 동방정책이 추진되었다. 서독은 같은 분단국이면서 남한과는 다른 성격의 반공주의를 보여 주었다. 이러한 1960-1970년대의 서독으로 한국의 광부·간호 인력이 이주하였다.

Ⅲ. 독일로의 이주와 한국과 독일의 국가문화 코드의 만남

직장과 일상에서의 문화 차이와 충돌

독일의 프로테스탄티즘 세계관에서 볼 때 한국의 성리학적 가치관과 생활방식은 일정한 측면에서 대단히 큰 호감을 불러일으킬 수 있었다. 이 측면에서 광부보다 간호사들이 더욱 어필할 수 있었다. 앞 장에서 설명한 성리학적 가치들인 헌신, 타인 지향성, 가족 중심주의, 조화를 위한 노력, 인내, 수양, 자기 개선 노력 등의 행동 양식은 간호를 맡은 사람들이 보여 줄 수 있는 좋은 덕목이었다. 특히, 타인 지향성, 정의 공간, 인내 수양, 예의범절 등은 독일에서 간호사로서 깊은 인상을 줄 수 있는 행동 양식이었다. 그런가 하면 독일의 프로테스탄티즘 세계관과 한국의 성리학적 가치관은 문화 충돌의 서로 다른 기초가 될 수 있었다. 예를 들어 노동에 대한 가치, 직업의 귀천, 남녀의 사회적 지위와 관계 등에 있어서 다른 개념이 작용할 수 있었다. 당시 서독과 남한이 맞이하고 있는 시대 상황이 또한 문화 충돌의 원인을 제공하기도 하였다.

1. 간호 개념과 제도의 차이와 문화 충돌, 상호 문화적인 적응과 융합

한국과 독일 사이에는 간호의 개념에 있어서 큰 차이가 있었다. 독일의 간호 개념은 간병에 초점이 맞추어져 있었다. 한국에서 간호사들이 수행하는 의료 행위는 의사의 업무였다. 독일에서의 간호 업무는 종교적 봉사 차원의 빈민 구제, 사회적 약자를 위한 활동과 연관되어 발전되어 왔다. 그래서 초기에 주로 수녀들이 간호 업무를 담당하였다. 독일어로 간호사를 크랑켄슈베스터[Krankenschwester]라고 하는데 이는 '병자 간호를 하는 수녀'라는 뜻이다. 근대 이후, 특히 비스마르크의 사회보장제도 도입 이후, 병간호는 수도원이나 시립 병원에서 주로 이루어졌다. 점점 이 직업 분야가 전문화되면서 직업교육을 받은 전문 인력이 투입되었다. 한국과는 달리 간호사로서 대학 교육을 받은 것이 아니라 직업훈련 교육을 받은 인력이었다. 이는 독일에서 간호 행위가 의료 행위가 아니라 병자를 돕는 행위임을 의미하였다. 직업의 전문성 개념이 여기에 집중되었다. 즉, 이러한 측면에 초점이 맞추어져 직업 소명관 의식이 작용하였다. 의사와 간호사의 역할 분담이 이러한 차원으로 분업을 이루었다.

당시 독일의 병원 시설은 한국에 비해 최첨단의 상황에 있었다. "그 당시에 벌써 한국에서 보지 못하던 최첨단의 수술이 이루어지고 있었고, 선진의 마취약과 기술, 중환자실의 운영, 철저한 감염 관리가 시행되고 있었습니다. …… 일회용disposable 용품을 보며, 감염 관리 측면에서 또 인건비 절약측면에서 획기적인 물품으로 생각되었습니다."[19] 이러한 독일 병원에서의 간호의 개념은 앞으로 설명할 사회보장제도의 발전과도 깊은 관계가 있었다. "독일의 병원 간호는 기본 간호를 철저히 시행하는 데 있습니다. 예를 들어, 병동의 입원 환자 전원은 매일 아침 샤워나 목욕을 해야 합니다. 혼자서 하든지 간호사의 조력을 받아서 하든지 간에 반드시 필해야 다음 간호가 이어집니다. 대충 지나가지 않습니다. 간호 처치별 매뉴얼이 병동에 준비되어 있지는 않았지만, 철저한 도제식 훈련으로 전수되고 있었습니다."[20] 이러한 독일의 병원에 한국에서 의료 행위를 수행하는 간호사로 교육을 받고 자격증을 소지한 간호사들이 투입되었을 때 적응하기가 매우 힘들었을 것으로 보인다. 실제로 한국에서 정식 간호사로서 임상을 했던 사람, 수간호사, 간호보조원들의 독일에서의 경험에 대한 평가에서 그 입장이 다르게 나타난다. 독일 병원에서는 독일어를 잘하고, 일을 실제 잘하는 것에 따라 인정과 대우를 달리하였다. 대학을 졸업한 자격 등은 주요 기준이 아니었다.[21] '간호의 개념이 다른' 이러한 문화 차이에 대한 교육이 충분히 이루어지지 않고 투입이 되었을 때 주어지는 상황을 받아들이기가 매우 힘들었을 것으로 생각된다. 일정 측면 심한 차별을 받고 있다고 생각할 수도 있었을 것이다. "우리 정식 간호원들은 한국에서 대학 나온 취급을 받아가 주삿바늘만 들고 다니던 간호원들이 여기 와 가지고 밑바닥 일부터 시작을 하다 보니까."[22] "그때 상황에 독일 간호원의 저기는 세계적으로도 알려져 있지만 간호원으로서 거의 간병에 관계

---

19 황보수자. "증언."(이애주 2010, 46)

20 황보수자. "증언."(이애주 2010, 49)

21 박한맘 인터뷰(김원 2011, 149)

22 K씨와의 인터뷰(나혜심 2008, 9)

된 것만 했지 이 의료적인 것과 관계된 건 안 했다구요. 정말 해봐야 주사 하나 정도 주는 거나 경우에 따라 링거 꼽는 것은 할 수 있지만은 나머지 일은 간병인이 하는 일들을 주로 했단 말이에요."[23] 그래서 실제로 큰 충돌이 야기되기도 하였다. 이에 관해서 많은 경험들이 진술되었다. 예를 들어 "독일에서 내가 처음 해야 했던 일은 환자들의 공동 화장실을 청소하는 것이었다. 한 일주일 꾹 참고 화장실 청소를 하고 나니, 다음 임무는 환자 침대를 닦고 바꾸는 일로 바뀌었다. 그 다음은 휴게실에서 간호사들의 아침상을 차리는 일이었다. 어느 날 조용히 간호사들의 아침상을 차리느라 군데군데 쟁반을 식탁 위에 놓던 나는 그만 분노를 폭발시키고 말았다. 식탁 위에 놓아야 할 아침 식사 쟁반 대여섯 개를 병실 중간에 있는 복도로 하나씩 차례로 던져버렸다."(이수자 2006, 208)

이에 대해 이수자는 "한국에서의 세분화된 노동의 귀천이 독일 사회의 직업관과 충돌하면서 갈등이 일어났던 것"(이수자 2006, 208)으로 이해한다. 이러한 이해에 대해 필자는 전반적으로 동의하면서 간호에 대한 개념이 달랐고 그 간호의 개념이 다르다는 측면이 한국과 독일의 서로 다른 문화와 제도를 반영한다는 점을 강조하고 싶다.

이수자는 "직업의 귀천, 노동의 귀천은 한국 사회에 뿌리내린 유교적 직업관에서 비롯된 것이고 따라서 정신·육체노동을 유교 문화에서처럼 엄격하게 구분하지 않는 서구, 특히 근면함을 자본주의 정신의 기초로 삼으면서 기능인 정신, 장인 정신을 중요한 직업관으로 가지고 있는 독일 문화에서, 같은 육체노동에서조차 귀천과 상하 구분을 세밀하게 하는 한국의 직업관과는 충돌이 있을 수밖에 없다."(이수자 2006, 209)라고 분석하고 있다. 이를 본 논

23 K씨와의 인터뷰(나혜심 2008, 9)

문의 앞 장에서 필자가 설명한 한국의 성리학적 세계관과 독일의 프로테스탄티즘 윤리와 연계하여 문화 충돌 현상으로 보다 본질적으로 이해하는 노력을 기울여 보고 싶다. 성리학적 세계관에서는 사농공상의 직업 서열을 설정하고 있고 물질적 부에 대한 부정적 개념을 가지고 있다. 그리하여 물질적 부를 위해 노동을 하는 것을 권장하지 않는다. 이윤과 물질적 부를 추구하기 위해 활동하는 직업으로 상업을 이해해 최하위에 두고 있다. 프로테스탄티즘 윤리에서는 종교개혁과 더불어 가톨릭과는 달리 부의 축적에 대해 긍정적인 의미를 부여했다. 부를 축적하기 위해 활동하는 상업과 공업의 직업적 활동에 중대한 의미를 부여했다. 부의 축적을 신의 축복으로 해석하는 긍정성을 보였다. 여기에 직업 소명관 의식이 작용하여 직업의 귀천을 가리지 않고 부를 축적하기 위한 노동의 가치가 인정되었다.[24] 노동은 금욕의 수단일 뿐 아니라, 직업 소명이라는 신의 명령을 이행하는 것이었다.

독일은 직업 소명관 전통에 따라 직업상의 지위 고하보다는 일의 정도에 따라, 예를 들어 정신노동에 비해 힘든 육체노동에 대해서 더욱 높은 봉급의 기준이 맞추어졌다. 그래서 간호보조원 자격으로 간 사람이나 수간호사로 간 사람이나 봉급에 큰 차이가 없었다. 이 또한 수간호사, 정식 간호사 자격을 가진 간호사들의 불만의 원인이 되기도 했다. 이는 앞 장에서 설명한 68운동의 여파에 의해 더욱 강화되었다. 한국의 소양 교육에서 이러한 차이점을 교육할 필요성이 있었다. 이러한 서로 다른 문화 이해 소양 교육이 이루어졌다면 많은 부분 문화 충돌 문제를 완화하거나 피할 수 있었을 것이다.

근면, 검소, 자기 개선 노력 및 공부를 중시한다는 차원에서 성리학적 세계관과 프로테스탄티즘 윤리의 공통점을 볼 수 있다. 그러나 위에서와 같은

---

24 이에 대해서는 베버(1988) 참조.

차이점 또한 존재했다. 이러한 차원에서 서로 다른 문화에 대한 상호 이해가 필요했다. 위의 예에서 쟁반을 집어던지면서 항의했던 간호사는 뒤에 다음과 같이 성찰적 입장을 개진했다. "지금 생각하면 부끄러운 일이었다. 일의 귀천을 별로 따지지 않고, 영역별 경험을 중요하게 생각하는 독일 사람들에게 나의 태도는 이해하기 어려운 것이었으리라."(이수자 2006, 208) 이를 국내 언론들이 차별 대우라는 관점에서 보도했다. 허드렛일하는 한인 간호사로 보도했다(김원 2011, 150). 이러한 언론의 보도로 인해 국내의 사람들도 재독 한인 광부, 간호사들이 차별받는다는 인식을 갖게 되었다. 실제에 있어서 이것은 문화와 제도의 차이에 기인한 것이었다. 당시 언론들은 이러한 문화 차이에 대한 이해를 가졌어야 했다. 이것은 오늘날에도 마찬가지다.

여러 구술 자료들에 의하면 간호사들이 차별 대우를 받지 않았다는 점을 강조하고 있다. 위와 같은 경험들은 실제적인 차별이라기보다는 서로 다른 문화 차이에 대한 이해가 충분하지 않은 상황에서 일어난 것으로 보인다. "일부 책이나 매스컴에서 파독 간호사들이 사체를 닦는 설움을 겪었다고 하는데, 간호 행위에 엄연히 사후 처치가 항목으로 들어 있고, 또 나의 환자가 사망하였는데 사후 처치하는 것을 못할 일 하듯 말한다는 것은 도저히 납득할 수 없습니다."[25] 이것에 대해 오늘날 우리가 유념해야 하는 것은 서로 다른 문화 이해를 위한 노력을 많이 기울여야 한다는 사실이다.

필자가 남해시 독일 마을에서 수행한 구술 채록에서 당시의 간호사들은 차별 대우를 받지 않았다는 점을 강조했다. 예를 들어 다음과 같다. "아 그거는 (차별받는다는 생각은) 안 했어요. 그거는 왜냐 왜 안 했냐 하면은 딴 간호사들 다 하고 했기 때문에. 그 인제 간호 수간호사 수간호원은 안 했지만은

25 황보수자. "증언."(이애주 2010, 50)

다들 했어요. 했으니까 뭐 그런 거는 설움은 없는데, 그런데 뭐 이제 사람들이 이렇게 수술하고 누워 있는데 뭐 소변 받는 거 대변 받는 거 우리가 처리를 다 해야 하거든요. 근데 그게 굉장히 힘들었고. 우리가 처음에 갔을 때 비행기에 내려가지고 갔었는데 그때만 해도 그 병원 측에서 시간 차이 나는 것도 몰랐고 그래가지고는 이래 바쁘니까 우리를 이틀 만에 병원에 파견을 했어요. 일하는 걸 배치를 해가지고 하라 하는데, 어떻게 조금이라도 조금 병원 측에서 우리를 도움을 주고 좀 이렇게 어떻게 일을 어떻게 어떻게 하고 이렇게 순서를 좀 가르쳐 줬으면 됐는데, 우리가 전부 다 이렇게 눈치로 찾아서 해야 되는, 그런데 이제 한국 사람이 그래도 눈치가 빠르니까. 그래도 한국 간호사들이 여기 간 사람들이 그래도 조금이라도 영리한 사람들이 갔었어요. 뭐 바보들은 못 갔거든. 시험을 치고 갔으니까."[26]

한국 간호 인력의 유교적 전통에 의거한 근면, 검소, 전문성, 정확성, 전체 조직과 사회에 적응하려고 하는 노력 등은 독일인들에게 깊은 인상을 심어 주었다. 독일 환자들로부터 크게 호응을 얻었다. 앞에서 설명한 성리학적 세계관과 프로테스탄티즘 세계관의 상호 호응하는 만남이었다고 볼 수 있다.

개인주의의 심화로 고독을 느끼는 독일인들에게 병이 났을 때 고독감의 고통은 크다. 이러한 독일인들에게 앞에서 설명한 유교 문화권(집단주의 문화권)의 한국 간호사들이 간호·간병을 해 주는 것은 그들에게 큰 혜택이었다. 독일인들이 이들을 천사로 보게 하는 원동력이기도 하였다. 이러한 측면에서 인의예지 윤리에 의거한 조화, 타인 지향성 등의 유교적인 덕목이 가장 잘 드러날 수 있는 분야가 간호·간병이라고 할 수 있겠다. 서부임이 설명하는 다

26 노명환 외. 남해 독일마을 서부임과 그의 독일인 남편 Ulmer 인터뷰(2013년 8월 14일), 2013 대한민국 역사박물관 프로젝트 자료 수집 중.

음의 내용이 바로 이러한 측면을 대변해 준다고 하겠다. "아 …… 한국. 독일 사람이 그 당시만 해도 우리를 볼 때 예쁘고 잘생기고 그런걸 따지진 않고 이국적exotisch 그러니까 다르게 생겼잖아요. 머리가 새카맣고, 눈이 새카맣고, 이렇게 키가 작고 체구가 작으니까 귀엽죠. 전부 다. 또 웃으니까. 많이 웃거든요 한국 사람들이. 그 독일 간호사들이 많이 안 웃어요. 웃음 없어요 없고. 뭐 좀 딱딱하죠. 그런데 한국 사람들은 좀 안 그렇거든요. 그렇게 되니 저 환자들한테도 귀염도 많이 받고. 그랬어요."[27]

이러한 타인 지향성의 태도 외에도 엉덩이를 찰싹하면서 근육주사를 아프지 않게 놓는, 혈관을 잘 찾아 효율적으로 주사를 놓는 한국 간호사들의 의료행위로서의 전문성과 숙련도는 고등 전문교육에 의거한 것으로 독일인들에게 인식되었다(나혜심 2013, 210–211). 한국 간호사들의 전문성은 다음과 같은 사례에서도 잘 드러났다. "한국 간호사들이, 제 집사람이 간호원이기 때문에 아는데, 독일에서는 이 간호사가 주사를 못 놓게 되어 있어요 법으로. 의사만 놓게 되어 있어요. 근데 예를 들어서 교통사고가 나서 들어왔다. 이러면 사람이 부어요. 퉁퉁 부어요. 그러면은 이 혈관 찾기가 너무 힘들어, 의사들이 벌벌벌벌 매요, 그에 한국 간호원들이 그걸 찾아내는 거예요. 찾아가지고 그걸 주사를 놓고 그러면 전부 깜짝 놀라요. 그래서 한국 간호사들이 인기가 좋고 대우를 많이 받았어요."[28] 이와 관련 독일 간호의 학문적 차원에 대한 한국 간호사들의 날카로운 평가도 보인다. "독일의 빛나는 최첨단 의료 기술의 발전에 비하여 간호 지식은 체계적으로 연구되지 못한 것 같다는 생각

---

27 노명환 외. 남해 독일마을 서부임과 그의 독일인 남편 Ulmer 인터뷰(2013년 8월 14일), 2013 대한민국역사박물관 프로젝트 자료 수집 중.

28 이선옥. 파독 LA 동우회 한영달 인터뷰, 2013 대한민국역사박물관 프로젝트 자료 수집 중.

이 듭니다. 처음에는 선진국으로 간호 유학을 간 것으로 생각하였으나, 당시 독일에는 간호 학술 모임이 있었던 것 같지 않고, 귀국하여 보니, 한국의 간호가 훨씬 근거 중심의 과학적인 접근 방식을 택하고 있었습니다."[29] 한국 간호 인력은 독일 사람들이 간호사 양성 고등교육 제도를 도입하게 하는 데 일정 부분 영향을 미쳤다. 이는 간호 분야의 전문성에 관한 한국과 독일의 문화 융합 현상으로 볼 수 있을 것이다(나혜심 2013, 210–211). "그 시절 간호사들의 노고가 오늘날 한국 간호를 세계적인 간호로 확산시키는 데 한 역할을 담당하였다고 생각하며, 우리나라 간호 역사의 찬란한 한 부분이 됨을 자랑스럽게 생각합니다."[30]

2. 광산 작업 현장에서의 죽음의 공포와 문화 차이

독일의 광산 작업 환경은 한국보다 좋았다. "한국에서의 작업이 지극히 단순하고 원시적이던 그 시절, 독일에서는 이미 초현대적인 기계 설비와 도구로 작업 전 과정의 상당 부분이 기계화되었다."(한국파독광부총연합회 편 2009, 115; 권이종 2012, 84)[31] 그러나 그 최첨단으로 기계화된 시설의 작업환경에 적응을 못하면 부상 또는 죽음이 기다렸다. "모든 작업 도구가 독일인의 체질 기준에 맞게 구조되어 있었으니, 상대적으로 체력이 약한 한국인들은 시도 때도 없이 다쳤다."(한국파독광부총연합회 편 2009, 117) 죽음의 공포를 항

---

29 황보수자. "증언."(이애주 2010, 49)

30 황보수자. "증언."(이애주 2010, 51)

31 "독일 광산과 비교하면 한국에서의 채탄 방법은 원시적이다. 특히 쇠기둥이 아닌 목재 기둥을 사용하여 낙반을 막았고 광부들이 사용하는 도구라야 곡괭이, 삽, 그리고 톱이 전부였으니까. 단순한 방법으로 인간의 힘에만 의존해서 채굴하고, 석탄을 골라냈으며, 심지어 광부들의 부인들이 커다란 대야에 석탄을 이고 나르기까지 했다. 기간산업의 에너지원 조달을, 채굴과 선탄, 운반까지 일부 기계 설비 외에 대부분 수공업 방식으로 처리하였다."

상 가까이하고 살았다. "오리엔테이션 때 교육을 받았어도 막장 안에서는 예기치 못한 사고가 빈발한다. 기계에 몸이 끼어 죽기도 하고, 천장을 받치는 쇠기둥이 넘어지거나 지압에 못 버티고 튕겨 나오고, 바윗돌이 무너져 압살 당하기도 한다. 실명이 되고 손가락, 발가락 같은 신체의 일부가 잘려나가는 것은 한순간의 일이었다. 광산에서 일한 사람치고 몸에 상처 자국 없는 사람이 없다. 돌이켜 보면 관(광산) 근무 3년 동안 나에게도 사고가 일어나기는 했지만 머리에서 발끝까지 사지가 멀쩡한 것은 기적적인 일이다."(한국파독광부총연합회 편 2009, 134) 이러한 공포는 머나먼 이국에서 새로운 문화 환경에 적응해야 하는 생활 조건 때문에 더욱 힘들었다. 권이종은 이렇게 표현한다. "어린이가 유치원을 옮기고 학생이 학년이 올라가면 새 친구 새 선생님들과의 만남이 서먹하다. 강아지도 주인이 바뀌면 며칠간 굶고 앓기도 한다. 성인들도 고향을 떠나 낯선 곳에서 겪는 이질감을 견뎌내는 데 상당한 시간이 필요하다. 새로운 직장으로 옮겨 적응하는 것도 역시 마찬가지다. 그렇게 하물며 머나먼 이국으로 떠나온 광부들에게랴. 초창기에 갔던 광부들 대부분이 광산에서 일해 본 경험이 없고 더러 광산에서 일한 적이 있다 하더라도 광산 구조가 한국과 완전 딴판인 곳에서 아무 문제없이 일한다는 것은 거의 불가능했다."(한국파독광부총연합회 편 2009, 135)

광산 일터에서의 일상은 부상과 죽음의 공포와 단순노동의 지루함과 사투를 벌이는 것이었다. "먼 이국땅 수천 미터의 지하에서 공포와 불안, 기대와 흥분이 교차하는 가운데 막장 인생의 첫 삽질을 시작했다. 우리들이 제일 두려워했던 것은 지하 수천 미터 깜깜한 막장 안에서 죽을지도 모른다는 것이었다. 석탄과 함께 숨을 쉬고 하루하루를 보내며 죽음에 대한 공포를 이기기 위해 고향 생각도 하고 노래도 흥얼거렸지만, 반복되는 단순노동에 곧 이력이 났다." 이렇게 살벌한 공포와 지루함 속에서 동료 모두 신경이 극도로 예민한 상태에 놓이게 되었다. 이 상황에서 독일인과 한국인 사이에 의사소통의 문제와 작업환경에 대한 적응의 문제로 신경전이 벌어지기가 일쑤였다. 그때는 주로 욕이 해소책이었다. 한국인 광부들은 그래서 일과 더불어 욕을 배우게 되었다. 그 욕들을 보면, 다음과 같다(한국파독광부총연합회 편 2009, 112; 권이종 2012, 92-93).

"두 슈바인Du Schwein(너는 돼지다)."

"두 아슐로흐Du Arschloch(너는 똥구멍이다)."

"두 훈트Du Hund(너는 개다)."

"두 베클롭트Du Beckloppt(너는 돌았다)."

"멘슈 마이어Mensch Meier(너는 인간성이 나쁜 놈이다)."

업무를 익히는 것이 자신에게 친숙하지 않은 욕을 익히는 것과 비례적인 상관관계에 있으니 그 작업환경이 얼마나 힘든 것이었을지 쉽게 상상할 수 있겠다. 석탄가루와 돌가루가 폐 속으로 들어감으로써 발생하는 진폐증, 규폐증 등에 대한 공포는 타국에서 대면하는 또 하나의 큰 공포였다. 가족과 친지가 없는 곳에서 병을 얻는다는 것은 매우 두려운 일이었다. 옆에서 동료들이 죽거나 심한 부상을 당하는 모습을 보는 것은 가장 큰 고통이었다. 아마 이 고통은 그러한 일이 자신에게도 곧 일어날 수 있다는 공포감에서뿐만 아니라, 한국의 집단주의 문화에서 볼 수 있는 강한 집단의식 때문에 더욱 컸다고 볼 수도 있겠다.[32]

이러한 측면이 한국의 광산에서 일할 때보다 훨씬 힘든 상황을 만들어 내는 주원인이었을 것이다. 실제에 있어서는 열악한 작업환경을 가진 한국 광

32 앞 장에서 호프스테데와 개논이 그들의 연구 결과에 의해서 한국을 집단주의 지수가 높은 문화권으로 설정하고 있는데, 1960-1970년대에는 이러한 특징이 더욱 강했을 것이다.

산에서의 노동이 훨씬 힘들었을 것이다. 이렇듯 독일에서의 광부 생활이 더 어렵게 느껴진 것은 가족과 떨어져 외롭고, 언어와 문화가 다른 독일에서 일했기 때문이었을 것이다. 그러한 가운데 작업환경이 다르고 순간의 실수에 의해서 무서운 사고가 날 수 있다는 공포감은 정신적 고통을 더 크게 했다.

각 기계 및 도구들의 이름도 낯설었다. 때로는 그 이름들이 제대로 들리지 않고 입으로 나오지 않았다. 칼날처럼 날카롭게 제작되어 석탄을 자동적으로 파 나가는 도구인 '호벨Hobel', 철로 만든 기둥인 '슈템펠Stempel', 망치인 '함머Hammer', 쇠로 제작된 쐐기인 '카일Keil', 나무 기둥인 '홀츠슈템펠Holzstempel', 물 공기수합 기둥인 '바서슈템펠Wasserstempel', 공기수압기로 제작된 자동굴착기인 '픽크함머Piekhammer' 석탄을 실어가는 컨베이어 벨트인 '판처Panzer'(권이종 2012, 84) 등은 한국과는 전혀 다른 그래서 매우 낯선 작업환경을 이루는 최신 기계 설비들이었다. 독일인의 정밀성, 정확성 문화에 적응하지 않고는 쉽게 무서운 사고를 낼 수 있었다. 독일인의 국민성으로 자리 잡은 프로테스탄티즘 문화가 뒷받침해 주는 근면, 정확성, 완벽한 조직 체계, 직업 소명관 등이 제대로 작동하지 않으면 순간 사고가 날 수 있는 것이었다. 따라서 광산의 작업장은 프로테스탄티즘에 기초한 독일인의 문화 코드를 실감나게 체험할 수 있는 곳이기도 했다. 광산 내의 직업적 분화와 조직은 엄청난 전문성에 기초하고 있었다. 전문 광부가 되기 위해서는 독일의 철저한 전문 직업교육과정을 이수해야 했다. 한국의 광부들은 포괄적인 의미에서 광부라고 말할 수 있으나, 독일의 제도에서 엄격히 본다면 정식 전문 광부들의 보조자였다.[33] 이러한 측면은 한국의 광부들에게 독일의 직업 소명관에 의한 직업의 전문성

33 한국인 중에 정식 전문 광부가 된 사람들이 있었는데, 예를 들어, 염수용은 광부 계약을 마친 뒤 광산 전문학교에 입학하여 정식 전문 광부가 되었다.

과 정확성 및 철저성에 대한 서로 다른 문화 이해의 관점에서 좋은 체험의 장이 되었다.

한국 광부들은 긴박한 작업 과정에서 독일 사람을 상사(마이스터Meister: 작업반장, 슈타이거Steiger: 감독관)로 두고 있어서 의사소통에 어려움을 가졌고 이는 작업환경에서 불안감을 더욱 크게 했다. 이러한 어려움을 한국의 성리학적 윤리관에서 기른 인내와 극기의 정신과 수양하는 자세로 감내했다. 앞 장에서 설명하였듯이 성리학적 윤리관에서 나타나는 끊임없는 자기 개선 노력을 통해 새로운 환경에 빠르게 적응하는 모습을 보여 주었다. 그렇게 고생해서 번 돈을 거의 모두 고국으로 송금했다. 이는 성리학적 세계관의 가족공동체를 위한 헌신성, 타인 지향성 등의 가치를 실천하고 있는 모습이라고 볼 수 있다. 이러한 측면에서 탄광 내에서의 생활과 파독 광부들의 삶은 한국의 성리학적 윤리관과 독일의 프로테스탄티즘이 만난 문화의 장이었다고 말할 수 있다. 그곳에서 한국 광부들은 글뤽 아우프Glück Auf라는 인사말이 얼마나 의미심장한 것인지 실감하게 되고 이 인사말에 익숙해지는 만큼 독일의 탄광 생활에 적응해 가는 것이었다. "광산촌에서는 지하 갱도에서 각종 사고로 언제 어디서 누가 부상을 당하거나 사망할지 모르기 때문에 '행운을 가지고 위로 올라오라.'는 인사말을 한다. 오로지 '위험한 지하 수천 미터 막장에서 죽지도, 다치지도 말고 무사히 지상으로 올라오라.'는 기원이 담긴 광부와 광부 가족들 전용의 소중한 인사이다."[34]

34 비행사들의 인사인 글뤽압(Glückab), '행운을 가지고 아래로 내려오라.'와 같은 맥락이다(권이종 2012, 92). 이 책은 권이종이 2004년에 출간한 『교수가 된 광부』에 대한 증보 개정판이다.

3. 음식 문화의 차이와 문화 충격과 충돌, 문화 적응과 융합

우리가 일상의 문화 차이에 대해서 이야기할 때 음식, 의복, 주거 문화가 가장 중요한 분야일 것이다(Lee 1990; Yoo 1981). 그런데 문화 차이가 문화 충돌로 나타나는 가장 예민한 분야가 음식 문화다. 밥과 김치, 된장, 마늘 등을 주식으로 하는 한국인들이 빵, 우유, 소시지 등이 주식인 독일 음식에 적응해야 했을 때 그 어려움은 대단히 컸으며 적응하는 데 많은 시간을 필요로 했다(김원 2011, 153). 거꾸로 독일 사람들은 한국인들의 음식인 김치, 된장, 마늘 등의 냄새 때문에 몹시 고통스러워했다. "독일 사람들은 생마늘 냄새를 매우 싫어한다. 마늘을 즐겨 먹는 우리나라 사람들과 독일 사람들 간에 마늘과 관련된 일화가 대단히 많다. 냄새가 안 나게 익힌 마늘은 상관이 없다. 독일 사람들도 삶은 마늘은 즐겨 먹으니까. 생마늘을 먹고 난 뒤 광산에 일하러 들어가면, 옷을 갈아입는 순간부터 10여 명이 함께 타는 비좁은 승강기 안에서, 또 갱차를 타거나 막장 어디서든지 독일 사람들이 한국 사람 옆에 절대 오지 않는다. 생마늘을 먹고 차를 몰다 교통신호를 위반해도 경찰이 스티커를 못 끊을 정도이다."(한국파독광부총연합회 편 2009, 131) 초기에 많은 독일인들이 그 냄새를 미개함의 상징으로 인식하기도 했다.[35] "생마늘을 먹고 온 냄새 나는 한국인들을 피해 다니고, 또 욕도 많이 한다. 유학생 사회에서도 이것은 예외가 아니다. 수백 명이 함께 강의를 듣는 넓은 강의실에서도 독일인들

---

35 그러나 다양성으로 이해해 갔다. 독일 지역은 대부분 메마른 땅이기 때문에 전통적으로 채소 및 곡물 재배에 어려움을 가졌는데, 활엽수인 떡갈나무(Eichenbaum)가 많은 지역은 그 잎이 떨어져 소맥 재배에 좋은 부식토를 형성했다. 육류를 위해 돼지를 사육하는 데 있어서 충분한 풀을 얻지 못하여 방목을 하였는데, 돼지들은 떡갈나무의 열매인 도토리를 좋아했다. 겨울이 되면 사육자들은 씨받이만 남기고 모두 도살했다. 겨울을 날 수 있는 충분한 사료를 준비할 수 없었기 때문이다. 이 고기를 소금에 절여 저장하거나 햄이나 베이컨을 만들었다. 이에 반해 비옥한 토양을 가진 한국은 충분히 야채를 재배할 수 있었고 겨울이면 소금에 절여 여러 가지 채소 염장 식품, 즉 김치를 만들었다(임영상 외 1997, 381).

은 마늘 냄새를 진돗개 코 이상으로 기가 막히게도 잘 알아차린다. 동양인 중 누군가 생마늘을 먹고 강의실에 들어오면 수십 미터 떨어져서 강의하는 교수님과 학생들은 당장 얼굴이 찌푸려진다. 몇 학생은 강의실을 나간다."(한국파독광부총연합회 편 2009, 131-132) 그런가 하면 보다 심각한 상황이 강의실에서 벌어지기도 하였다. 교수가 다음과 같은 불평의 말과 행동을 했을 때다. "누군가 마늘을 먹고 온 학생이 있군요. 오늘은 도저히 강의를 못 하겠어요. 제군들 다음에 봅시다."(권이종 2012, 137-139) 혹은 "'자네가 마늘 먹고 들어왔나? 밖으로 나가 줘야겠네.' 그러면 마늘을 먹고 온 그 학생은 많은 친구들 앞에서 교수에게 지적을 당하고 강의실 밖으로 나가야 한다. 한번 이런 일을 당하면 주의하게 되지만, 문화가 다른 외국인으로서 수모를 겪었다고 억울해 하기도 한다."(권이종 2012, 137-139) 한국인들은 이러한 독일 사람들을 이해할 수 없었고, 이러한 상황은 엄청난 스트레스의 원인이었다. 내심 분노의 불만을 표출하기도 했다. "우리도 썩은 치즈 냄새 싫어한다구. 뭐가 다른데 그렇게 티를 내냐?"(한국파독광부총연합회 편 2009, 132) 한국인에게 마늘은 건국신화에서 곰을 여인으로 만든 신비의 건강식품 아닌가? 무엇이 문제인가? 참으로 고통스러운 일상이었고, 심각한 문화 충돌이었다. 그러나 한국인들은 현실을 인정하고 적응하고자 노력했다. 권이종은 다음과 같이 말한다. "나는 동병상련의 심정으로 독일 문화를 긍정적으로 받아들이려고 노력했다. 그들의 문화를 이해하려고 노력하면서 많은 문화적 차이를 납득할 수 있었고, 또 있는 그대로 인정할 수 있게 되었다. 그렇게 되자 나는 더 많은 독일인들을 만날 기회가 생겼다."(권이종 2012, 139) 앞 장에서 설명한 성리학적 윤리관인 공동체를 위한 헌신성, 타인 지향성, 수양의 자세, 자기 개선을 위한 노력 등이 강하게 작용했다고 볼 수 있다.

음식 문화의 충돌 현장에서 김치가 또한 중심에 있었다. 앞 장에서 설명한 바, 개논이 상정한 한국의 문화 은유인 김치가 특히 큰 수난을 겪었다. 독일 이주 초기 어느 간호사가 겪었던 다음과 같은 일화는 이를 상징적으로 보여 준다. "공동으로 사용하는 냉장고에 김치를 넣어 뒀어요. 어느 날 일이 끝나고 부엌에 와서 김치통이 없어졌다는 것을 알았죠. 여기저기 찾아보다가 쓰레기통에서 그것을 찾았어요. 몇 시간 뒤에 독일 간호사가 찾아와서 그런 끔찍한 악취를 풍기는 것을 냉장고에 넣지 말라고 이야기를 하더라고요."(Yoo 1975, 261-263; 나혜심 2012, 182에서 재인용) 다른 일화도 이러한 측면을 확인해 준다. "다른 한국 사람들은, 경상도, 호남 쪽에서 온 사람들은 막 젓갈까지 부쳐 와요. 청국장까지. …… 겨울에 문도 안 열고. 그리고 막 고사리 뜯어다가 막 라디에이터에다 말리고 그러니 냄새가 얼마나 나요. 그러니까 여기 사람들이 병원에다 컴플레인을 한 거예요. 한국 간호사들하고 못 살겠다고. 그랬더니 일은 잘하지, 내쫓을 수는 없지, 그러니까 병원 뒤 숲 속에다 커다란 집 한 채를 마련을 해 주더라고요. 한국 사람들은 거기 들어가서 하고 싶은 거 다 하며 살으래요."[36]

이러한 음식 문화의 차이는 향수병을 깊게 하기도 하였다. 한국인들의 입장에서 볼 때, 빵으로 식사를 한다는 것이 힘들었고, 특히 '밀히 라이스Milchreis' 같은 음식은 그 맛이 '닝닝'하고 심한 경우 구역질까지 느끼게 하는 정도였다. 그것을 맛있다고 먹는 독일인들을 이해하기 힘들었다. 한국인들이 독일에 처음 도착하였을 때 쌀로 만든 음식을 좋아하는 한국 사람들에게 대접하겠다고 그들이 '밀히 라이스'를 제공했을 때 그것을 어떻게 먹어야 할지 그 어려움은 참으로 컸다(김원 2011 154; 이수자 2006, 206). 성리학적 가치 체계인 예禮로서 사람을 대해야 하는 한국인들은 다른 사람의 호의를 받고 그것을

---

36 신길순 인터뷰(김원 2011, 153-154)

면전에서 거절할 수 없지 않은가? “한국에서는 좀처럼 보기 힘든 종류의 치즈를 아이스크림이라고 생각하고 덥석 입에 넣고 당혹스러워했던 경우나 발효 우유를 받아 마시고 외국인에게 썩은 우유를 주었노라고 목 놓아 통곡하던”(나혜심 2012, 217) 경우도 있었다. 독일 사람의 경우는 싫으면 싫은 것을 솔직하게 말하는 것이 예의라고 생각한다고 할 때, 한국인과 독일인의 문화 충돌은 피하기 힘들었다.

음식 문화의 충돌 현상으로 극단적인 경우로는 개고기에 대한 것이 있었다. 당시 서독 사회는 개인주의화 경향이 강해졌고, 그 결과 소위 핵가족 중심으로 급격히 변해갔다. 그러한 상황에서 애완견은 핵가족, 독신 생활을 하는 사람들, 노인들에게 중요한 존재가 되었다. 그러한 독일 사회에서 한국인들이 개고기를 먹는다는 사실은 당시 한국 간호사, 광부들에게 황당한 상황을 겪게 만들고, 문화 충돌의 상황을 연출했다. 독일에서 간호사로 근무하다 의사가 된 이영숙은 그의 전기에서 “어느 시골 병원의 한국 간호사 기숙사에 경찰이 온 적이 있었다고 한다. 그 동네에서 개 한 마리가 없어졌는데 한국 사람들이 개고기를 먹는다는 소문이 퍼져서 경찰이 쓰레기통에서 개 뼈를 찾으려고 온 것이었다.”(이영숙 2009, 38)라는 일화를 전한다. 그런가 하면 개고기를 보신탕의 음식으로 여기는 어느 한국 간호사가 독일어에 대한 이해가 충분하지 못한 가운데 개를 위한 밥을 개고기 음식인 줄 알고 구입한 일화를 다음과 같이 전한다. “또 어느 한국 간호사는 슈퍼마켓에서 애견 간식으로 파는 통조림 캔에 개가 그려져 있는 걸 보고, 먹는 개고기가 들어 있는 줄 알고 샀다고 한다.”(이영숙 2009, 38) 이 일화에서 우리는 개고기에 대한 서로 다른 두 문화권의 만남을 볼 수 있다. 당시 독일 문화권은 사람과 더불어 개가 가족의 일원이 되는 경우가 많은 사회였고, 그래서 애완견을 위한 음식을 만들어 슈퍼에서 팔았다. 한국인들의 입장에서는 개의 밥을 만들어서 슈퍼마켓에서 팔리라고는 생각할 수 없었으며 개고기는 몸보신이 되는 음식이 될 수 있다는 생각을 자연스럽게 가지고 있었다. 전통적으로 음양의 원리에서 개고기는 사람의 몸을 따뜻하게 해 주고 기氣와 혈血의 순환을 촉진하여 몸에 보신이 되는 음식으로 여겨졌다. 이렇게 볼 때 위의 개고기에 관한 일화는 문화의 차이를 반영하는 동시에 서로 다른 문화의 충돌을 의미했다.[37]

권이종은 소위 '고사리 사건'을 이야기해 준다. 동료들과 산에 가서 고사리를 캐다가 '자연을 훼손하는 경범죄'로 독일 경찰서에 연행되었고 다시는 반복하지 않겠다는 각서와 함께 풀려났다는 것이다. 한국인들 입장에서는 자연을 훼손한 것이 아니고 좋은 산채 음식인 고사리만 캔 것이었다. 산채 음식은 친환경 음식이고 고사리만 채취했다면 그것은 환경을 훼손한 행위라고 볼 수 없었다. 더군다나 한국에서는 귀한 음식인 이 고사리를 한국의 가족들을 위해 선물로 보내려 한 것이었다. 그러나 독일 경찰의 입장에서는 산에서 풀을 뜯는 것 자체가 법에 의거하여 금지된 사항이었다. 고사리 채취가 친환경 음식을 마련하는 행위라는 것을 이해할 수 없었다. 당시 한국인들은 그러한 사안을 가지고 법적인 절차로 해결하려는 독일 경찰을 도저히 이해할 수 없었

---

37 필자가 이렇게 말하는 것은 개고기 음식을 정당화하려는 취지가 아니고 문화의 차이를 이루는 가치 체계, 즉 문화 코드의 차이에 대해 강조하려는 데 뜻이 있다. 독일 이주 광부·간호사들은 독일 생활을 통해 사람과 함께 생활할 수 있는 개의 식육을 크게 문제점으로 인식하고 개고기를 먹지 않는 식생활 문화를 위한 '계몽적' 활동을 전개하기도 하였다. 한편, 허준의 『동의보감』에서 개고기는 "성질이 따뜻하며 독이 없고 오장을 편하게 하며 혈맥을 조절하고 장과 위를 튼튼하게 하며 골수를 충족시켜 허리, 무릎을 따뜻하게 하며 양도를 일으켜 기력을 증진시킨다."고 했다. 다산 정약용도 개고기의 영양성을 높이 평가하기도 했다. 또 한방의 고전이라고 일컬어지는 『본초강목』에는 개고기는 "오장을 평안하게 하고 칠장을 다스리며 혈액순환을 돕고 위를 보하고 양기를 일으킨다."고 쓰여 있다. "현대 의학에서 개고기는 소화력이 뛰어난 아미노산 성분과 비타민 A, B, 지방질이 풍부하고 특수 아미노산 성분이 많아 체력 보강에 도움이 된다고 한다."(http://blog.daum.net/ys9785/1042) 우리는 독일인이나 한국인이 공히 즐기는 음식인 돼지고기를 이슬람 세계에서는 금기시하고, 힌두교 문화권에서는 소고기를 먹을 수 없는 문화적 현실을 직시해 볼 필요가 있다.

다(한국파독광부총연합회 편 2009, 129-130). 우리는 자연 훼손에 대한 개념 차이를 통해 엄격한 법치주의이나 융통성이 부족한 독일 문화와 온정주의이며 융통성을 가진 한국 문화의 충돌을 볼 수 있다. 자신들이 먹지 않는 것을 다른 사람들이 먹으면 그 사람들을 이상하게 여기는 문화적 편견이 독일인들에게서 나타나고 있다. 한국인들이 그러한 독일인들 앞에서 문화 차이에 의한 것임을 인지하고 당당할 수 있었으면 좋았을 것이다. 이를 위해 서로 다른 문화에 대한 교육이 필요했을 것이다. 그러나 그것은 현실적으로 어려웠고, 타 문화권에서 그렇게 당당해지기가 쉽지 않았을 것이다(권이종 2012, 133-134). "그 당시 독일인들은 밤을 먹을 줄 몰랐었습니다. 밤은 소나 말들의 먹이였기 때문에 짐승들이 먹는 것을 우리가 맛있게 먹으니 가난한 나라에서 와서 저런 것도 먹는구나 하고 업신여김을 당하는 일도 있었습니다. 고사리 또한 독일인에게는 식용이 아니고 산에 나는 풀일 뿐이었습니다. 하지만 그 시절 밤이나 고사리가 우리나라에서는 얼마나 귀한 음식이었습니까? 이런 연유로 파독 간호사들은 너나 할 것 없이 산에서 고사리를 열심히 뜯어 왔습니다. 얼마나 많이들 잘라 왔으면 어느 날 산림조합원이 도대체 그 풀을 무엇을 하려고 그렇게 많이 뜯어 가느냐고 묻더군요. 갑자기 부끄럽고 창피한 생각이 들어서 토끼를 준다고 말했던 기억이 납니다."[38] 미역과 김을 먹는 것이 또한 그랬다. 독일인들은 미역과 김을 먹지 않았는데, 이를 먹는 한국인들이 자연스럽게 보이지 않았다.

그런데 김치, 된장, 마늘 등의 냄새 때문에 몹시 고통스러워하던 독일 사람들은 점차 이러한 한국 음식이 건강에 얼마나 좋은지를 인식하기 시작했다. 특히 마늘 섭취가 혈액순환에 매우 좋다는 사실도 인지하게 되었다. 이러

38 석숙자. "파독간호사업 재평가에 바라는 마음."(이애주 2010, 54)

한 측면에서 마늘 냄새를 수용할 줄 아는 독일인이 늘어났다.[39] 육식을 많이 하는 독일인들은 야채를 비롯한 많은 종류의 반찬들과 함께 밥을 주식으로 하는 한국인들의 음식 문화를 건강이라는 관점에서 보게 되었다. 특히, 김치에 대한 이해와 선호가 늘었다. 한국의 불고기 요리 등은 이들이 매료되는 음식이었다. 여러 양념과 함께 숯불에 구워 먹는 불고기는 독일인들의 그 어느 그릴 요리보다 맛있었다. 돼지고기 삼겹살 구이 등도 큰 인기를 끌었다. 독일인들은 소꼬리 곰탕의 맛을 알게 되었고 그전에는 버리던 소꼬리를 슈퍼마켓에서 팔기 시작했다. "가장 많이 먹는 음식은 아마 돼지비계일 것이다." "이걸 먹어야 몸에 박힌 석탄가루와 돌가루가 쫘악 빠져나가는 거야."(한국파독광부총연합회 편 2009, 133) "광부들은 전통적으로 그렇게 믿고 살았다고 한다. 그것이 유일한 수단이라 믿고 열심히들 만들어 먹는다. 그뿐 아니다. 돼지 족발이나 소 내장, 소머리 같은 것도 사다 한국식으로 요리해 먹었다. 독일 사람들은 이런 것들을 절대 먹지 않는다. 짐승의 사료로 쓰는 것을 사다 먹는 한국인들이 처음엔 이상하게 생각되기도 했겠지만, 싼값에 사다 먹으니 우리들에겐 더할 나위 없이 고마웠다. 그런데 한국인들의 수요가 점차 늘면서 족발과 소내장의 가격도 오르기 시작했다. 수요와 공급의 법칙이 예외 없이 적용되었던 것이다."(한국파독광부총연합회 편 2009, 133) 다른 구술 증언들에 의해 이러한 상황이 재미있게 확인된다. "우리가 가니까 돼지 족 있잖아요, 돼지 다리. 독일 사람들은 안 먹었다고. 그래가지고 우리가 인제 가서 돼지 족을 사가지고 잘 씻어서, 왜냐하면 광산 들어가면 먼지를 많이 먹잖아. 그니까 기름기를 돼지고기를 먹어야 되는 거니까. 돼지 족 아주 그 버리다시피 싹 그쪽에는 그걸 갈아가지고 또 고양이밥 그렇게 만들었는데, 우리가 그

39 이수자. 파독 간호사로서 현재 독일에 거주하고 있는 D씨와의 인터뷰.

걸 사가지고서 김치찌개에다 넣어서 봐서 맛이 기가 막히더라고. 그러니까 초창기에는 말이지 이 사람들이 우리 사가는 거 별로 안 이랬는데, 계속 돼지고기 그 족을 많이 사가니까 이 사람들이 본거야. 근데 가서 해서 먹거든? 근데 이게, 그니까 이게 저 원시인이다 처음엔 그렇게 생각했는데, 나중에는 이것이 값이 막 올라가더라고. 이제 그런 에피소드가 있고. 나는 특히 빵에다 빠다 칠하고 소시지 넣으면 그게 점심 이제 빵이 되잖아요. 근데 돈이 아까워서 설탕하고 빠다만 칠해서 먹었다고. 그걸 뭐 한 1년 동안 그래서 왜냐면 소시지가 그래도 고기니까 비싸요 그냥. 이제 그런 생활을 하면서 …….”[40]

독일인들은 이러한 구이 음식과 김치, 그리고 밥을 함께 먹으면 그 맛이 더욱 좋다는 것도 알게 되었다. 젓가락을 사용하여 음식을 먹어 보고자 시도하기도 하였다. 개인주의 문화와는 다르게 한국 사람들이 함께 모여서 음식을 나누며 즐거움을 갖는 집단주의 문화의 즐거움에 대해서도 인식하기 시작했다.

그리하여 일부 독일인들은 한국인들과 어울리기 좋아했고 한국인과 결혼하기를 원했다. 독일인 남편이 한국 음식에 적극적으로 적응한 사례들이 크게 늘어났다(이수자 2006, 211-212). 예를 들어, 이수자의 연구에 따르면 파독 간호사로서 독일인과 결혼하여 현재 독일에 살고 있는 U씨의 경우, 남편이 “텃밭에 한국 채소를 심어서 김장을 담가 먹고 청국장, 심지어 홍어회까지도 만들어 먹을 정도로 한국 음식을 좋아한다.”(이수자 2006, 206)고 했다.

한국 음식점, 한국 식료품점들이 들어서고 한국인은 물론 독일인들도 이용하였다. 한국 음식점들은 독일인의 입맛에 맞게 한국 요리들을 변용하면서 발전시키기도 하였다. “독일에 한국 배추를 들여온 사람은 바로 우리 광부들

---

40 이선옥. 파독 LA 동우회 박현만 인터뷰. 2013 대한민국역사박물관 프로젝트 자료 수집 중.

이다. 누군가 보내온 배추 씨앗을 심고 다양한 실험을 거쳐 고유한 우리 배추를 재배하는 데 성공한 것이다. 문익점의 목화씨 생각이 난다. 그 뒤 한국 광부들과 간호사들에 의해 유럽 전역에 한국형 배추가 전파되었고 대량으로 생산하는 배추밭이 경작되기에 이르렀다. 한국 배추는 독일 배추에 비해 잎사귀가 크고 물이 많아 김치를 담그기에 적합하고 오래오래 그 맛과 싱싱함을 간직할 수 있다. 지금은 독일 백화점 어디를 가나 한국 배추를 찾아볼 수 있고, 고추장, 미역, 멸치 같은 각종 양념과 밑반찬도 독일 전역에서 구입할 수 있게 되었다. 한국 식품만 파는 동양 가게나 한국 음식점들도 계속 번창했는데, 이런 가게들은 초창기 광부들이 독일에 정착하면서 형성된 것이다. 이때 파독 광부와 간호사들 덕분에 유럽 사회에서 가장 먼저, 그리고 가장 넓게 독일에 한인 사회가 뿌리내리게 되었다. 수십 년이 지난 지금도 독일의 여러 음식점과 식품점은 몇몇 광부와 간호사 출신들이 운영하고 있다."(한국파독광부총연합회 편 2009, 133) 그런가 하면 한국인들은 빵, 케이크, 우유는 물론 소시지, 나이프와 포크로 먹는 독일식 육류 요리에도 친숙해져 갔다. 한국 여성들은 독일식 케이크를 만들어 먹는 것을 즐겼다.[41] 이는 음식 문화의 융합이 이루어져 가고 있음을 의미했다(이수자 2006, 214–215). 한국인들은 국제적으로 음식 문화의 차이가 무엇인지 알게 되고 어떻게 적응하게 되는지도 깨닫게 되었다. 이는 문화의 국제화, 세계화를 위해 귀중한 경험이었다. 이러한 과정에서 음식 문화의 융합 현상은 더욱 심화되어 갔다.

---

41 그러나 독일에서 산 지 30년이 지난 시점에도 김치와 마늘, 그리고 고추장을 선호하는 것은 문화 정체성의 매개로서 음식의 의미를 강조해 준다고 하겠다.

4. 언어 장벽과 문화 장벽, 그 극복과 자기 개선 노력

독일에 도착하여 생활하는 순간부터 가장 큰 어려움이 의사소통에서 느끼는 언어 장벽이었다. 이는 한국에서 충분히 독일어 소양을 닦지 못하고 독일로 이주했던 결과였다. 언어 장벽은 일상생활, 특히 직장에서 직면하는 가장 큰 스트레스의 원인이었다. "자, 말이 전혀 안 통하니, 컵 갖고 오라면 엉뚱한 거 모두 예예, 예예 그러구 간다고. 그런데 뭘 갖고 오라고 해야 될지, 뭘 갖고 와야 될지 모르는 거야."(나혜심 2008, 9) 그러나 대부분의 광부, 간호 인력들은 현지에서 독일어 공부를 열심히 했다. 독일어를 열심히 공부한 사례들은 여러 구술 증언, 수기 등에서 나타나는데 다음과 같은 신길순의 구술 증언은 독일어 공부에 대한 강한 의지를 인상적으로 보여 준다. "저는 그나마 독일어를 열심히 했던 것 같아요. 밖에서, 문을 두드리고 별 소리를 다 해도 안 나가고 공부만 했어요. 아침에는 그 어린애가, 지금 생각해도 신통한 게, 졸음이 많이 오는데, 시계를 알람을 세 시에 해 놔요."[42] 이러한 노력들 덕분에 오래 가지 않아 언어 장벽을 극복해 냈다. 그러면 이러한 현상은 당시 우연적이고 개별적인 상황이었을까? 아니면 한국인 문화 코드와 연계해서 설명할 수 있을까? 여기에서 필자는 앞 장에서 설명한 성리학적 세계관 전통의 자기 개선 노력의 특징과 연계하여 설명하고 싶다. 조긍호가 제시한 한국인 이해를 위한 제3의 개념 틀이 적용될 수 있다.

이들 중 많은 사람들은 독일어를 열심히 하는 것으로 끝나지 않았다. 계약 기간을 끝낸 후 학문을 시작하여 박사 학위를 취득하고, 여러 분야에서 전문가로서 자격증을 취득하기도 하였다. 예를 들어, 권이종 교육학 박사, 권광수

42 신길순 인터뷰(김원 2011, 148)

공학박사, 박한뫔[43] 사회학 박사가 탄생하고, 이영숙은 독일에서 의과대학을 졸업하고 의사가 되었다. 염수용은 광산 전문대학을 졸업하고 전문 광부가 되었으며, 위에서 인용한 신길순은 후에 통역 전문가로서 활동하게 되었다(김원 2011, 148). 이것은 한국적 문화 코드가 독일에서 실현되어 국제화, 세계화에 큰 기여를 하였음을 의미한다. 이는 뒤에서 설명할 독일의 문화 코드 그리고 사회보장제도 시스템과 만난 결과이기도 하다.

언어 장벽의 극복은 문화 장벽의 극복과도 연계되어 있었다. 예를 들어, 재독 한인들은 언어라는 것이 사전적 의미로만 소통할 수 있는 것이 아니고 그 문화 속에서 이해되어야 한다는 사실을 깨닫는 많은 경험들을 했다. 이것은 국제적인 언어와 문화 소통의 중요한 경험이었다. 이영숙은 그의 전기에서 다음과 같은 일화를 전한다. "어떤 병원 원장은 한국 간호사들을 대상으로 대변 검사를 했는데—아마도 전염성이 있는 기생충이나 박테리아를 검사하려고 했을 것이다—한 간호사가 대변을 가지고 가서 공손하게 '이것은 제 사이세scheisse(대변을 뜻하는 독일어인데, 주로 '제기랄'과 같은 의미로 쓰인다.)입니다.'라고 하며 병원 원장에게 주었다고 한다." 여기에서 이영숙은 "'scheisse' 라는 말은 욕할 때 쓰는 표현이다."(이영숙 2009, 38–39)라고 부연하고 있다.[44] 독일어와 연결된 문화 충돌의 예는 권이종이 설명해 주는 소위 '소시지 사건'을 들 수 있다. 권이종과 동료들은 독일 식당에 가서 '무엇을 먹겠느냐'는 여종업원의 질문에 "당신의 소시지를 주십시오(Geben Sie mir Ihre

---

43 박한뫔은 가명으로 김원의 구술사 연구를 위해 구술자가 되어 준 파독 간호사였다. 독일인과 결혼하여 독일에서 오래 살았으며 대학에 진학하여 사회학을 전공하여 박사 학위를 취득하였다.

44 '사이세' 욕은 독일에 체류하는 사람들이 가장 흔히 경험하는 욕일 것이다. 이정의는 "'쏴이쎄'라는 의미는 광부들이 화가 날 때나 좋지 않은 일이 발생할 때 가장 흔하게 쓰는 욕인데 이는 한국말로 '똥'이라는 뜻이다."라고 했다. 이정의, 『막장에서의 검정밥』(자전적 장편소설)을 한국파독광부총연합회(2009, 244)에서 재인용했다.

Wurst)."라고 했다. "우리는 문법에 맞는 정통 독일어를 구사한답시고 열심히 혀를 놀려 대답했다. 그랬더니 주문받는 독일 여인의 얼굴이 갑자기 울그락불그락한다. 테이블 앞에 서서 꿈쩍도 않고 뭔가 기분 나쁜 표정을 짓는다. 이 독일 여자는 입을 꼭 다물고 음식점 주인에게 가서 우리 테이블을 손가락질하며 뭐라고 중얼거린다. 결국 주문을 하고 음식이 오긴 했지만 우리는 편한 기분으로 식사를 하지 못하였다."(한국파독광부총연합회 편 2009, 130; 권이종 2012, 136-137) 이들은 당시의 문제점을 뒤늦게 깨달았다. "나중에 사정을 듣고 보니 발음이 제대로 구별이 안 돼, 소시지를 의미하는 불스트Wurst가 브루스트Brust(유방)로 들렸던 것이다. 서투른 독일어로 종업원에게 '네 젖을 주시오.' 한 꼴이 됐으니 어찌 기가 막히지 않았으랴. 그것도 대낮에 남자 손님 몇 명이 자기를 성희롱한다고 오해했을 것이다. 한국인은 W와 B, F와 P, R과 L발음의 구별이 대단히 어려워 독일 말로 의사소통을 한다는 것이 쉬운 일이 아니다. 우리는 우리대로 그 독일 여자가 괘씸해서 다시는 여기 안 온다고 난리가 났고, 식당 문을 나서는 순간까지 그 여자도 화가 나서 쳐다보지도 않았다."(한국파독광부총연합회 편 2009, 130-131) 참으로 심각한 그러나 흥미로운 문화 충돌의 현장이었다. "기숙사에 돌아와 쉬는데 누가 전화 연락이 왔었다고 해서 사무실로 가 보니, 아까 그 고깃집에서 항의 전화가 왔단다. 발음 하나 때문에 우리 일행이 '무례한 한국인'이 된 날이다."(한국파독광부총연합회 편 2009, 131)

이는 문화 속에서 언어를 익혀야 한다는 교훈을 주는 전형적인 일화라고 할 수 있다. 이러한 측면에서 언어의 소통은 문화 간 소통이기도 했다. 즉, 언어 장벽을 극복해 가는 과정은 문화에 대한 국제적인 이해의 폭을 넓히는 것이었다. 이러한 과정을 통해 독일 이주 광부, 간호 인력은 한국의 국제화와 세계화에 크게 기여하였다. 이영숙의 수기에서 보듯 한국 사람들이 공부를 좋아하고 잘하는 것을 독일 사람들이 대단히 좋게 받아들이고 이를 적극 지원하고자 하였다. 이는 한국과 독일 두 문화권 코드의 공통점이 만난 것이라고 볼 수 있겠다.

그런가 하면 언어 소통의 장벽을 극복해 가는 데 있어서 다른 측면이 또한 크게 작용하였다. 앞 장에서 설명한 고맥락적 의사소통 문화에 익숙한 생활 방식이 언어적 의사소통의 부족함을 메꾸는 데 큰 역할을 하였다. 개논이 언급한 '눈치'의 문화가 크게 유용하게 작용했다. 눈치로 상황을 파악하고 이해하는 데 익숙하기에 말로 설명하지 않더라도 상황을 파악하고 업무를 수행해 갔다. "네, 우리 한국 간호사들이 워낙 눈치도 빠르고 부지런했기 때문에 언어적인 차이에서 오는 어떤 문제는 전혀 없었던 것은 아닙니다마는 저는 그렇게 차별받은 생각이 별로 나지 않는 것을 보면 어 차별을 받지 않았나? 저도 잘 모르겠습니다."[45] 모든 것을 말로 설명해야 하는 저맥락적 사회인 독일에서 볼 때, 이는 매우 뛰어나고 놀라운 능력이었다. 이는 한국의 고맥락적 의사소통 방식이 한국 간호사들에게 도움을 주었음을 의미한다. 언어적 장벽을 고맥락 문화로 극복했던 것이다. 그런가 하면 한국에서 간호학을 전공한 간호사들은 고맥락적 의사소통과 함께 라틴어와 영어로도 소통했다. 이는 부지런함, 성실성, 인내심, 자기 개선 노력 등과 어우러져 한국인 간호·광부 인력에 대해 독일인들이 특별한 인상을 갖게 만들었다. 그리하여 개미, 꼬마 꿀벌kleine Biene과 같은 별명을 얻었다. 개미는 까만 머리가 부지런히 야무지게 왔다 갔다 하면서 일한다는 것을 뜻했다.

이렇게 고맥락 문화가 보완의 관계를 만들어 갔는가 하면 커다란 충돌도 일으켰다. 한국 간호사들의 입장에서는 자신들의 입장이나 뜻하는 바가 모

45 이선옥. 파독 뉴욕 동우회 정기총회에서 인터뷰, 2013 대한민국역사박물관 프로젝트 자료 수집 중.

두 설명되어야 이해된다는 측면이 고통이었다. 자신들은 눈치로 상대방의 상황을 파악하고 이해하여 의사소통을 실현해 가는데 독일인들은 자신들의 입장과 처지를 말로 일일이 표현하기 전에는 알지 못했다. 몹시 서운함을 느끼게 만드는 상황이었다. 직장에서뿐만 아니라 독일인과 결혼한 한국 간호사들의 경우 이러한 측면의 고통이 컸다. 이들은 독일인들이 모든 것을 자세하게 설명해야 이해가 되는 문화권 사람들임을 인지했다. 이는 고맥락적 의사소통 문화권과 저맥락적 의사소통 문화권의 충돌이었다. 이에 관해 서부임은 다음과 같이 증언한다. "한국 사람들은 그냥 이렇게 …… 얼굴이 표현하면 나타나고 또 한 가지 얘기를 하면 단축을 해도 이렇게 서로서로 이해를 할 수 있는데, 독일 사람들은 꼭 하나부터 끝까지 얘기를 이름도 다 대야 하고 이름도 다 들메야 되고, 또 뭐 지투아찌온을 전부 다 얘기를 해야만 이해를 합니다. 그래서 그게 좀 조금 불편하다 캅니다."[46] 우춘자의 경우는 보다 강하게 그 충돌의 경험을 피력했다. "예, 싸움 많이 했습니다. 너무나, 그래서 나는 여기 한국의 학생들이 외국으로 공부하러 가면 나는 반대입니다. 오늘 지금 학생들하고 이야기했지만, 이게 한국 사람하고 살아야지 외국 사람하고 살면 그게 깊은 정을 얻고, 아무래도 그게 틀립니다(다릅니다). 어느 정도의 거리가 떠 가 있는 거라. 우리 한국 사람은 얼굴만 봐도 '이 사람이 아 뭐가 어떻구나, 잠을 잘 못 잤구나, 아니면 누가 어제 뭐 기분 나쁜 소식이 왔나? 그래서 얼굴이 아침에 저렇나?' 이렇게 생각하지만, 이 독일 분들은 꼭 말을 해야 돼. 내가 아프면 아프다. 우리는 아파도 아프다 안캅니다. 예, 우리는 그렇게 컸잖아요. 예, 안카고, 그냥 될 수 있으면 힘이 들어도 내가 더 하고 말지 이

---

46 노명환 외. 남해 독일마을 서부임과 그의 독일인 남편 Ulmer 인터뷰(2013년 8월 14일). 2013 대한민국 역사박물관 프로젝트 자료 수집 중.

렇게 해 달라 소리 못 하잖아예. 예, 그런 게 다 너무 처음엔 너무 …… 예. 우리는 그런 것 싫어하잖아요. 근데 이 사람들은 안 하면 절대로 안 해줘. 우린 저런 말 안 하고 살죠. 그러니까 골병이 드는 거지."[47]

5. 집단주의 문화와 개인주의 문화

독일 이주 광부, 간호사들은 야간 근무, 휴가 때 블랙아르바이트 등을 마다하지 않고 수행했다. 자신을 위한 옷도 사 입지 않고, 먹는 것도 최소한의 비용으로 해결했다. 대부분 월급을 받으면 최소한의 생활비만 남기고 검소하게 생활하며 저축했다(김원 2011, 136-137). 이렇게 모든 돈을 그들은 한국의 가족에게 보냈다. 예를 들어, 이영숙은 "한 달이 지나자 첫 월급으로 500마르크를 받았다. …… 그 시절 500마르크는 한국에서 고등학교 선생님의 월급 정도 되는 금액으로 내게는 큰돈이었다. 한 달 생활비로 80마르크를 빼고, 나머지는 모두 한국으로 송금했다."(이영숙 2009, 40) 자신이 일해서 번 돈을 이렇게 가족을 위해 거의 다 보내는 현상을 어떻게 설명할 수 있을까? 이에 대한 이론적인 설명을 위해 필자는 앞 장에서 살펴본 유교주의(성리학적) 전통의 가족 중심주의, 타인 지향성, 공동체 집단을 위한 헌신, 집단의 조화를 위한 개인의 희생에 대한 의지 등으로 설명하고자 한다. 이는 조긍호가 제시한 '한국 문화의 이해를 위한 개념 틀 1'에 해당한다고 하겠다. 이영숙의 경우는 맏딸이라는 책임 의식이 더욱 강하게 작용하였다. 유교적 가족주의를 반영하는 것이었다. 이는 또한 앞에서 소개한 김치라는 문화 은유를 통해 유교적 전통에 의한 가족 중심의 생활양식을 반영해 준다고 하겠다. 호프스테데가 한

---

47 노명환 외. 남해 독일마을 우춘자와 그의 독일인 남편 Engelfried 인터뷰(2013년 8월 15일), 2013 대한민국역사박물관 프로젝트 자료 수집 중.

국을 강한 집단주의 문화권에 귀속하는 예시에 해당한다고 볼 수 있다. 호프스테데가 한국을 가족제도 등 인적 관계를 통한 불확실성의 회피 지수가 높은 나라로 꼽는데 이러한 측면이 그 예에 해당한다고 볼 수 있다. 이러한 가치 체계와 생활 방식은 당시에 개인주의 문화가 심화되어 가는 서독인들의 입장에서 볼 때 이해하기 힘든 측면이 되기도 했다. 예를 들어, 이영숙이 유르겐과 결혼하여 시부모와 겪은 문화 충돌이 그에 해당한다고 볼 수 있다. "어느 날 유르겐은 어머니한테 한국에 송금한다는 이야기를 했더니 어머니가 펄쩍 뛰면서 야단을 치셨다고 했다. 시어머니는 왜 유르겐의 돈을 한국으로 보내느냐고 하시면서 우리 돈은 우리를 위해서 써야 한다고 하셨을 것이다. 독일 사람들은 한국 사람들보다 내 것, 네 것을 철저히 따지는 편이어서 시어머니가 그런 반응을 보이는 것도 당연했다."(이영숙 2009, 110)

한국의 가족 관계에서도 일반적으로 있을 수 있는 일이다. 아들의 돈이 며느리의 친정으로 들어가는데 그것을 용인할 부모가 흔치 않을 것이다. 그런데 이영숙은 '독일인은 한국인과 달리 내 것, 네 것을 철저히 따진다'고 말하고 있다. 한국의 집단주의와 독일의 개인주의 문화에 대한 인식을 분명히 하고 있는 것이다. 그것은 독일인의 개인주의라고 표현할 수도 있고 '냉정한 합리주의kalter Rationalismus'라고도 표현할 수 있는, 한국 문화와 다른 독일 문화의 특징이었다.

한국인의 이러한 집단주의 및 온정주의 문화는 가족만을 향하는 것이 아니었다. 대부분의 간호 인력들은 자신이 알게 되고 속한 인적 집단 내지 공동체를 위해 헌신하는 것에 큰 의미를 부여했다. 이러한 맥락에서 자신이 속한 병원과 환자들을 위해 헌신적으로 일하는 모습이 독일인들에게 강한 인상을 주었다. 개인주의의 심화와 더불어 고독감을 느끼는 독일인들에게 병이 났을 때 그 고독감의 고통은 더욱 커졌다. 그러한 독일인들에게 유교적 전통의 집단주의 문화권에 속한 한국 간호사들의 간호·간병은 특별히 따뜻하게 다가왔다. 이러한 문화적 만남은 당시 독일 환자들이 한국 간호사들을 '노란 천사'로 받아들이는 데 큰 역할을 했다고 할 수 있다. 이러한 문화적 만남의 효과가 가장 크게 드러날 수 있는 분야가 간호·간병이라고 할 수도 있겠다.

한국인들에게는 집단적으로 온정을 나누면서 사는 것이 중요했다. 그래서 한국인들은 모여서 밤에 한국식의 파티를 하고 향수를 달래면서 회포를 풀곤 하였다. 그러면 소음이 발생하기도 하는데 한국에서는 이러한 경우 이웃의 사람들이 보통 양해를 해 주지 않는가? 그러나 독일은 그렇지 않았다. 이러한 상황으로 피해를 본다 싶으면 직접 조용히 해 줄 것을 요청하거나 심한 경우 경찰에 신고했다. 서부임의 경험을 들어 보자. "근데 인제 우리가 너무 떠드니까, 그 한 삼층 사층 되는 집이었었거든요. 근데 인제 복도에서, 아니 복도가 아니고 방 안에서 다들 Musik(음악)을 크게 틀어 놓고 하면은, 나이가 많은 사람들은 싫어하니까. 와서 인제 이거 막 조용히 하라고 이렇게 하니까. 아이고 아 좀 조용히 좀 해야 되겠다는 생각을 했지. '아, 저 사람 밉다.' 그런 건 생각은 안 했습니다. 우리가 좀 떠들었는갑다. 이렇게 생각을 했지. 그래서 나중에는 이제 조금 조용하게 하고 그렇게 했습니다. 문을 닫고 하고."[48] 그러나 독일 사람들이 냉정한 것은 사실이라고 강조한다. "좀 Kalt(냉정함)는 Kalt입니다."[49] 이는 한국인의 온정주의적 집단주의 문화와 독일인의 개인주의 문화 간의 충돌을 잘 나타내 주는 사례라고 하겠다. 그런데 파독 광부, 간호사들은 이러한 독일의 개인주의가 공과 사의 구별이 분명하고 공공

48 노명환 외. 남해 독일마을 서부임과 그의 독일인 남편 Ulmer 인터뷰(2013년 8월 14일), 2013 대한민국 역사박물관 프로젝트 자료 수집 중.

49 노명환 외. 남해 독일마을 서부임과 그의 독일인 남편 Ulmer 인터뷰(2013년 8월 14일), 2013 대한민국 역사박물관 프로젝트 자료 수집 중.

성을 중시하는 윤리관 및 엄격한 준법정신과 연계되어 있음을 인지하게 되었다. "친절하게 지내던 이웃 간에도 부부 싸움이나 자녀 폭력 같은 불법을 목격하면 단호하게 경찰에 신고한다. 개인적인 친분과 약속된 법률을 지키는 것을 철저하게 구분할 줄 아는 국민성을 지녔기 때문이다. 어떻게 보면 인정사정없이 살벌한 풍경처럼 느껴질지 모른다. 하지만 지킬 것을 지키고, 사생활과 공적인 생활을 혼돈하지 않는 민족성이 지금의 독일을 만들었다고 생각한다."(권이종 2012, 251) 이러한 측면이 앞 장에서 보았듯이 독일의 국민성을 개논이 제기한 '심포니 오케스트라'로 표현할 수 있게 해 준다고 하겠다.

한국인의 온정주의적 집단주의 문화는 독일의 개인주의 문화 속에서 음식문화를 통해 잘 나타나기도 했다. "모여서 음식을 만들어 나눠 먹을 때가 가장 좋다. 평소 먹을 기회가 적은 한국 음식을 만들다 보면 행복에 빠진다."(한국파독광부총연합회 편 2009, 133) 그래서 김장을 함께 해서 나누어 먹을 때 독일의 한국인들은 참으로 행복했다. "이거 독일에서도 한국 배추 맛을 볼 줄 누가 알았어? 진짜 얼큰하고 좋구먼. …… 자네도 이거 죽 찢어 한번 먹어 보게. 고향에 계신 어머니 손맛이야. 익으면 김치찌개 맛 일품이겠어. …… 그것보다 막걸리 한 사발 들이켰으면 좋겠네, 캬아. …… 이번 김장은 정말 맛있게 되었네. 김 형도 두 포기 가져가고, 장 형도 여기 어서 받아, 팔 떨어지겠네."(한국파독광부총연합회 편 2009, 133) 이처럼 공동 김장을 하는 날은 온 동네가 축제 분위기로 변했다. 며칠 먹을 든든한 김치를 받아들고 고향의 부모님, 가족, 친지 생각에 빠졌다(한국파독광부총연합회 편 2009, 133). "'헤일 수 없이 수많은 밤을 ……' 누군가 이미자의 '동백아가씨'를 흥얼거린다."(한국파독광부총연합회 편 2009, 133) 김장이 끝나면 젓가락 장단과 함께 집단 가무의 파티가 이어지기도 했다. 이때 이웃집이 불평을 하거나, 경찰에 신고하여 경찰이 올 수도 있었다. 때로는 이러한 개인주의 문화를 피해 고속도로에서 승합차를 달리면서 함께 음식을 나눠 먹고 젓가락 장단과 함께 고향에서 하던 방식으로 회포를 풀기도 하였다. 앞 장에서 본 바와 같이 김치를 한국 문화의 은유로 설정한 개논의 시도는 의미 있다고 하겠다. 호프스테데의 구분에 따르면, 한국은 집단주의 문화권에 속하고 독일은 개인주의 문화권에 속하는데 이는 일리가 있다.

집단주의 문화는 민족주의 문화와도 연계되어 한국 사람 한 개인의 행위나 성공을 한국 전체의 것으로 이해하는 측면이 있었다. 이는 개인주의를 추구하고 민족주의를 벗어나고자 하는 서독인들의 입장에서 볼 때 이해하기 힘든 측면이기도 했다. 특히, 한국 젊은이들이 국제결혼에 대하여 어떤 죄의식을 갖는 경우에 대해 앞 장에서 설명한 것처럼 탈민족주의를 추구하면서 68운동을 경험했던 독일 젊은이들은 의아해했다. 서로 다른 시대상에서 비롯된 문화 충돌이었다.

국민성, 제도와 체제, 이념의 차이에 대한 인식 지평의 확대

1. 질서, 청결, 근면, 정직, 검소, 직업 소명관의 국민성

독일 이주 광부, 간호 인력은 독일 사람들의 행동 방식과 사회 및 제도를 직접 체험하고 이해하면서 서로 다른 국민성과 문화와 제도에 대한 인식의 지평을 넓힐 수 있었다. 독일인의 문화 코드를 직접 접하고 체험할 수 있었다. 국민성 차원에서 본다면 독일인들은 질서, 청결, 정리, 정돈, 근면, 검소, 직업 소명관 등의 가치 의식을 강하게 가진 사람들이었다. 앞 장에서 설명한 프로테스탄티즘 윤리가 견고히 자리 잡고 있었다. 한국 광부·간호사들에게 독일인들의 질서 의식, 정리, 정돈의 생활 방식은 인상적이었다. "병원의 시설이나 환경은 아주 청결하게 관리되었고, 물품은 풍족하였고, 낭비는 없었습니다. 병동 건물 청소는 미화부에서 하였는데 아예 바닥에 무릎을 꿇고 닦는 등 한국에서 보던 모습과는 많이 달랐습니다. 근무 태도가 무척 성실하다고 느꼈습니다."[50] 황보수자는 철저한 절약 정신에 대해 다음과 같은 일화도 들려준다. "물품이 풍족함에도 아껴서 쓰고, 포장지나 끈도 버리지 않는 점, 일주일 동안 조리하고 남은 자투리 음식 재료는 토요일 점심에 전부 한 솥에 넣어 끓여 먹는 것도 좋은 본보기였습니다. 한번은 간호부장에게 서류를 제출하려고 편지 봉투를 가져갔는데, 서류를 꺼내고 봉투를 도로 주며 가져다 사용하라 하였습니다."[51] 황보수자는 독일인의 검소한 생활에 대해서 다음과 같은 체험도 들려준다. "필요 이상으로 화려한 물건을 가지고자 하는 법이 없고, 자기에게 적합한 수준의 물건을 소유하는 합리적인 사람들이었습니다. 사진기든, 자동차든 큰 것보다는 알맞은 것으로 선택하는 등 물건 선택의 기준을 합리적으로 하는 것을 보았습니다."[52] 현재 미국에 거주하는 당시 파독 근로자들은 근면한 독일 국민성을 국가 발전의 원동력으로 보고 다음과 같이 회고한다. "그 사람들은 그렇게 여유가 있는 것 같지는 않아요. 그러나 근면했어요. 참 근면하고 우리 한국 사람들에 비해서는 굉장히 근면히 일하고 독일을 부흥시키는 그 …… 초점이 국민들한테 있었어요."[53] 황보수자는 독일인들의 근면성, 철저한 책임 의식과 업무 처리 방식에 대해 다음과 같이 증언한다. "독일 사람들은 동트기 전 첫 새벽부터 일터에 나가며 아주 근면하게 일하였습니다. 주중에는 저녁나절 거리에 사람을 볼 수 없을 정도입니다. 청소부든 간호사든 누구든 자신에게 주어진 업무는 철저하게 수행하고, 대충

50 황보수자. "증언."(이애주 2010, 46)

51 황보수자. "증언."(이애주 2010, 48)

52 황보수자. "증언."(이애주 2010, 48)

53 이선옥. 파독뉴욕동우회 정기총회에서 인터뷰, 2013 대한민국역사박물관 프로젝트 자료 수집 중.

하는 법이 없었습니다."[54] 독일인들의 질서 의식과 준법정신에 대해 권이종은 다음과 같이 언급한다. "독일인은 또한 질서 지향적이다. 모든 것이 정해진 질서대로 움직인다. 횡단보도에서 사람이 건너면 차가 멈추고, 신호등이 바뀌면 차가 출발한다. 길 전체가 어둠 속에 텅 비어 있어도, 새벽 사거리에는 빨간 신호등에 따라 차들은 멈춰 선다."(권이종 2012, 251) 독일인들의 질서 의식에 대해 서부임은 다음과 같이 진술했다. "독일 사람들은 질서를 사랑하는 사람들이다(Ordnung liebende... Deutsche sind Ordnungsliebe)."[55] "인상적인 것은 그 깨끗하고, 또 정리를 잘 해 놓고, 그 이렇게 어디를 가나, 어느 집이나 작은 집이나 큰 집이나, 밖으로는 뭔가 이 이렇게 어질러 놓은 그런 게 하나도 없었고, 정원이 그렇게 깨끗하고, 꽃이 많고, 가꾸는 그런 거 참 좋았고요."[56] 서부임은 특히 독일의 공동묘지에 대해 깊은 인상을 받았다. "그리고 인상적인 게 또 뭐냐 하면은, 그 Friedhof, 공동묘지가 참 인상적이었어요. 우리와 비교해서 우리나라에는 온 좋은 데면 무덤이 있어요. 근데 거기는 공동묘지지만은 한국 사람이 공동묘지는 별로 안 좋아하지마는, 저 생각에는 그 꾸며 놓은 거 …… Friedhof가 얼마나 좋아요. 처음에 저는 그 빌레펠트Bielefeld 가서 그 가까운 데 실드셸이라는 데가 Friedhof가 하나 있어요. 그 난 뭣인지 모르고 처음 가서, 뭣인지 모르고 가가꼬 사진을 얼마나 찍었는지 몰라요. 꽃이 많으니까. 아름답고 좋아서, 비석인지도 모르고. 그 앉아 막 친구들하고 같이 막 이게 폼을 잡고 사진도 찍고 하고 막 그랬는데, 나중에

---

54 황보수자. "증언."(이애주 2010, 47)

55 노명환 외. 남해 독일마을 서부임과 그의 독일인 남편 Ulmer 인터뷰(2013년 8월 14일). 2013 대한민국 역사박물관 프로젝트 자료 수집 중.

56 노명환 외. 남해 독일마을 서부임과 그의 독일인 남편 Ulmer 인터뷰(2013년 8월 14일). 2013 대한민국 역사박물관 프로젝트 자료 수집 중.

알고 보니까 그게 무덤이더라고요."[57]

이렇게 독일 문화를 체험하면서 한국 문화를 새롭게 반추해 보았다. 서부임은 다음과 같은 당시의 생각을 전해 준다. "근데 이제 그 그러고 나서 무덤을 막 그런 거를 알고 한국에 와서 얘기를 하니까, 그렇게 눈에 띄더라고요, 그거 무덤이. 기차를 타고 서울에서 이렇게 내려오면은, 그 좋은 데 양지, 좋은 데 보이는 데는 무덤이더라고요, 그래서 이 한국인이 나중에는 이렇게 놔두면 무덤밖에 없겠다 생각이 되더라고요."[58]

이렇게 독일 문화와 한국 문화를 비교하는 사유 과정은 독일을 통해 한국을 이해하는 과정이기도 했다. 이는 독일 체류가 비교를 통해 시각을 새롭게 넓히는 과정이었음을 의미한다. 이러한 측면에서 한국인의 독일 체류는 국제화, 세계화의 중요한 계기였다.

독일인들은 공중도덕과 공공성을 중시했다. 이병종은 길을 물었을 때 독일인들의 태도에 대해 다음과 같은 기억을 떠올린다. "네, 왜냐하면은 가다가 길을 물으면 길을 물어보면 누군가 시원찮게 따박 따박 적은 거 해서 뭐 어디냐고 물어보잖아요. 그러면 그렇게 자상하게 가르쳐 줘요. 나중에는 뭐 말도 못 알아듣는데 한참 붙잡고 얘기를 하니까 귀찮아진 거예요. 말 알아들을 적에는 아 이렇게 똑똑하게 아르켜 준다 그렇게 인식을 하는데, 한국서, 서울서 내가 가기 전에 서울서 길 물어보면 저기 가요, 저기 저 오른쪽으로 가요, 이러고 말아버려요. 그러고 또 물어보면 아이고 바빠 죽겠구만 이러더라고. 그런데 그 사람들은 내가 바쁜데 붙잡고 아르켜 주는 것이, 그 사람들은 모르

57 노명환 외. 남해 독일마을 서부임과 그의 독일인 남편 Ulmer 인터뷰(2013년 8월 14일). 2013 대한민국 역사박물관 프로젝트 자료 수집 중.

58 노명환 외. 남해 독일마을 서부임과 그의 독일인 남편 Ulmer 인터뷰(2013년 8월 14일). 2013 대한민국 역사박물관 프로젝트 자료 수집 중.

는 사람들한테 아르켜 주는 것을 미덕이라고 생각해요."[59] 독일인들이 또한 중요하게 여긴 공정성에 관해서 이영숙은 다음과 같은 학교생활 경험을 전한다. "독일 학생들은 자신의 독일어 점수가 부당하다고 느끼면 선생님에게 항의했다. 그럴 경우 독일어 선생님은 학교 내의 다른 독일어 선생님에게 그 학생의 작문을 보여 주고 토론하여 점수의 공정성을 기린다. 유교 사상의 영향을 받은 나로서는 선생님이 준 점수에 항의한다는 생각은 감히 할 수 없었다."(이영숙 2009, 60) 이와 관련하여 이영숙의 점수를 위한 교사들의 논쟁도 흥미롭다(이영숙 2009, 58).

한편, 독일 이주 광부, 간호 인력은 독일의 교육과정이 전문가를 길러내기 위한 것임을 알게 되었다. 앞 장에서 설명한 프리드리히 대왕 시기 이후부터 독일에 뿌리내린 직업 전문가를 위한 교육제도의 특징이 눈에 들어왔다. 이것은 직업 소명관 의식과 연계되어 있었고 전문성과 정확성을 중시하는 문화코드와 연계되어 있었다. 각각의 전문성은 전체 시스템의 기초였다. 전체 기계와 각 부분의 나사의 관계와 같았다. 전체 공동체가 잘 작동하도록 각자는 규칙을 잘 지켜야 했다. 강한 준법정신이 필요했다. 약속 시간은 정확히 지켜져야 했다. 약속 시간을 제대로 안 지키는 경우 신뢰를 잃었다. 또, 공공의 규칙을, 예를 들어 신호등 규칙을 제대로 안 지키는 경우 신뢰를 잃었다. 전문성과 그를 위한 지식을 갖추었을 때 인정을 받기 때문에 배움을 중시했다. 배우는 노력을 열심히 하는 사람을 대우해 주었다. 체면을 중시하는 사회가 아니었다. 실용주의 사회였다. 이는 유교적(성리학적) 전통의 사회와 많은 대조점을 보여 주었다.

---

59 노명환 외. 남해 독일마을 이병종과 그의 부인 문원자 인터뷰(2013년 8월 15일), 2013 대한민국역사박물관 프로젝트 자료 수집 중.

독일 체류는 한국의 국제화, 세계화를 위한 시각을 넓혀 주는 과정이었다. 독일 광산에서는 병원의 일정표와 같이 일상생활과 직장에서의 일과가 계획되어 있었다. 광부들은 이러한 규칙을 제대로 숙지하고 정확히 준수하지 않을 때 자신은 물론 동료들을 위험에 빠뜨릴 수 있는 철저히 조직화된 작업환경을 접하게 되었다. 탄광 현장에서의 각 직업적 역할은 전문성에 의해 철저히 분업화되어 있었다. 정확성을 위해 기계화된 작업 과정이 추진되었다. "독일 광산의 작업 조건은 누구든 항상 긴장된 상태에서 정신을 똑바로 차리지 않으면 좌우, 앞뒤, 위아래 360도 어느 방향에서도 죽음의 사신이 달려들 준비를 하고 있었다. 심각한 위험 앞에 한인 광부들은 조바심치며 적응하는 데 꽤 오랜 시간을 보냈다."(한국파독광부총연합회 편 2009, 135) 정확성을 지키지 못하면 죽음의 대가가 기다리고 있었다. "기계 뒤편에 받쳐져 있는 기둥을 빼내는 동안에도 채탄 기계는 광부들과 상관없이 전진한다. 기계의 속도를 인간이 맞춰 육중한 쇠기둥을 죽을힘을 다해 손으로 얼른 끌어와 3~4미터 전방의 채탄기 바로 뒷부분에 1~2미터 간격으로 세워 놓는다. 이것이 살 수 있는 원칙이다. 탄광에서 원칙이란 어길 수 없다. 원칙을 지키지 못한다는 것은 자신의 목숨을 지키지 못한다는 것과 일맥상통한다. 광부의 하루하루는 목숨을 담보로 연명되는 것이다."(한국파독광부총연합회 편 2009, 116) 권이종은 독일인의 실용주의 정신과 철저성 그리고 이를 조직적으로 재생산하는 교육 시스템에 대해 다음과 같이 설명해 준다. "삶 자체가 이론과 실제의 병행인 셈이다. 독일에서는 모든 교육과정이 실천을 전제로 프로그램화된다. 듀얼 시스템의 삶이다."(한국파독광부총연합회 편 2009, 248) 이러한 독일인의 문화 코드는 완벽한 작업 공정을 거쳐 완벽한 제품을 만들어 내는 현실을 가능하게 한다는 것이다. "'독일제'라는 말에는 '완벽'이란 뜻이 담겨 있다. 제품 생산과정이 철저한데, 눈에 띄지도 않을 아주 사소한 하자라도 발견되면 아예 출고를 하지 않는다. 그래서 마이스터Meister라는 독일 장인匠人의 지위는 독보적이다. …… 시간이 걸리더라도 마이스터의 손으로 최종 확인하지 않으면 '제품'이라고 할 수 없다."(한국파독광부총연합회 편 2009, 250) 독일 이주 광부들은 이러한 독일의 직업교육 및 훈련 제도를 탄광 근무를 위한 교육·훈련 과정에서 체험했다. "작업 종류와 연장 종류에 따라 소그룹별 실습이 이뤄지기도 했지만, 뿔뿔이 흩어져 현장에서 보조 작업을 하며 실질적인 일을 배우기도 했다. 지하 실습은 주로 석탄 캐는 막장에서 보조를 하면서 작업의 기본을 배웠다고 한다. 파독 광산 노동자들에 따르면, 독일 현지 교육은 대단히 실용적이고 실증적이었다. 언어 교육은 지하 현장과 밀접하도록 꾸몄고, 연장 용어와 기능 교육도 실물을 배치하는 등의 조치가 바로 그것이다. 이곳의 교육 방법은 몹시도 실제적이라는 것을 느꼈다."(재독한인글뤽아우프회 편 2009, 89; 조선일보 64/02/21, 6; 김한용 1964, 203) 정확성과 철저성의 반영이고 또한 이의 결과물인 독일의 기록 관리 제도에 대해 황보수자는 다음과 같은 체험을 들려준다. "재직 기간 동안 어디서 어떻게 활동하며 어떤 인상을 남겼는지 개인 생활까지 상세히 기록하여 재직 증명서를 써 주는 제도가 아주 인상적이었습니다. 여행을 많이 하여 독일을 익히려고 노력하였고, 친구들을 많이 사귀어 인적교류를 넓혔다는 것까지 다 기록하여 그 사람에 대한 전반적인 평가를 한눈에 알 수 있게 하였습니다."[60]

2. 냉전과 이념의 문제, 민족주의와 탈민족주의, 가부장 제도와 평등주의

독일 이주 광부, 간호사들은 출국하기 전 소양 교육을 받았다. 그 소양 교육의 핵심은 반공 교육이었다. 그런데 그 반공의 개념과 반공을 실현하는 방식

60 황보수자. "증언."(이애주 2010, 47)

이 다를 수 있음을 독일 생활을 통해서 인식했다. 이와 관련하여 이영숙은 간호 인력으로 근무하면서 다녔던 고등학교 시절 초기의 경험을 다음과 같이 기술하고 있다. "입학 초기에 우리 반 학생 한 명이 학교 입구에서 플래카드를 들고 유인물을 나누어 주고 있었다. 그런데 그 유인물을 받아 보니 독일 공산당을 소개하는 내용이었다. 나는 놀라움을 금치 못했다. 공산당원인 학생들이 학교 앞에서 당을 선전하고 있는 모습은 한국에서 철저한 반공 교육을 받았던 내게 깊은 인상을 남겼다. 한국에서는 이런 행동을 하면 거의 사형감이 아닌가? 그런데 이런 자유를 누릴 수 있는 것이 진정한 민주주의가 아닌가? 이 일을 계기로 나는 우물 안 개구리 같은 사고에서 깨어나 좀 더 넓은 시야를 갖게 되었다."(이영숙 2009, 59-60) 여기에서 이영숙은 독일과 한국의 상황을 비교하면서 자신의 시야가 넓어지고 있음을 명료하게 피력하고 있다.

공산주의, 반공주의 등 이념의 문제가 남한과 서독 사이에 일정 측면 다르게 다루어지고 있음을 인지했다. 이념에 의한 전쟁, 즉 한국전쟁을 겪은 한국인과 그렇지 않은 독일인의 차이에 대해서도 인식을 하기 시작하였다. 이는 이념과 문화에 대한 인식의 지평이 확대되는 것을 의미했다. 이영숙은 일방적인 세뇌 교육에 의해서보다는 진정한 민주주의를 통해서 능동적인 반공 의식을 갖게 될 수 있음을 인식하고 이 점을 강조하고 있다.

분단 시대 이념의 문제와 관련하여 1967년의 동백림사건은 매우 중대한 사건이었다. 기자로서 그리고 전기 작가로서 이 사건을 사후적으로 취재했던 김용출은 파독 광부, 간호사가 관련되었던 동백림사건을 다음과 같이 평가한다. "많은 광부, 간호사 출신 교민들이 고국의 억압적인 정치 상황에 대해 비판적인 태도를 갖게 되었고, 이를 바탕으로 한 활발한 민주화 운동을 전개하였다. 이러한 반 한국 정부적 태도 형성의 첫 계기는 1967년의 동베를린 사건에서 주어졌다. 한국과 독일의 관계에도 큰 타격을 주었던 이 사건은 사건 발생 3년여 만에 사건에 연루된 모든 사람이 석방된 황당한 사건이었지만 재독 교민들의 삶과 고국관에 결정적인 영향을 끼쳤다. 납치와 고문 등의 고통을 당한 당사자들의 조국에 대한 배신감, 그리고 이들에 대한 냉대와 반목으로 인한 내부 분열에 이르기까지 교민 사회에 큰 충격을 주었던 것이다."(이영석 2011, 19; 김용출 2006, 134-166) '이 사건에 연루된 광부들이 간첩이었는가' 하는 문제의식을 가지고 취재를 했던 김용출은 다음과 같은 결론에 이르렀다. "파독 광부 3명이 중앙정보부 또는 검찰에 의해 '간첩' 혐의를 받은 것이다. …… 박성옥 등 파독 광부들은 정말 간첩이었을까. 결론부터 말한다면, 그들은 북한대사관을 방문하고, 북한을 방문하기도 했으며 이 과정에서 금품을 수수하는 등 실정법을 위반한 것은 분명하지만, 그렇다고 간첩 행위를 한 간첩은 아니었다는 판단이다."(김용출 2006, 139-140) 초창기 간호사들을 독일로 이주시키는 데 큰 역할을 했던 이수길(1997)의 수기는 당시 이 사건의 진행 과정과 수사 과정에서의 고문 등에 대해서 특별한 의미의 많은 설명을 해 준다. 한국의 수사기관에 의해 그는 북한을 위한 간첩 만들기 활동을 한 것으로 오해를 받아 극심한 고초를 겪었다. 독일 이주 광부, 간호 인력들에게 이 사건은 매우 직접적인 영향을 미쳤다. "공항으로 갔다가 되돌려서 쫓겨 갔었어요. 처음에 베를린으로 배치가 됐었거든. 근데, 베를린에서 동백림사건이 나서, 공항까지 갔다가 되돌아왔어요."[61] 이 사건으로 인해 독일 이주 광부, 간호사에게 소양 교육으로서 반공 교육이 더욱 강화되었다. "소양 교육에서 '한국 사람들은 다 간첩이다. 친절하면 더 조심하라.' 했어요."[62]

이 사건 후 파독 광부·간호사에 대한 부정적인 인식이 높아졌다. 국내에

61 신길순 인터뷰(김원 2011, 168)
62 신길순 인터뷰(김원 2011, 168)

서는 서베를린을 위험 지대로 인식하기 시작했다. 앞 장에서 언급했지만 서베를린의 특수한 상황으로 인해 이곳에 거주하게 되면 체류 연장을 받을 수 있었다. 그래서 계약이 끝난 광부, 간호사들이 이곳으로 이주하는 경우가 많았다. 그러한 서베를린이 국내에서는 오해를 받기 시작한 것이다. "나는 프랑크푸르트에서 4년을 근무한 후 서베를린으로 가기로 결정하고 고국의 부모님께 연락을 드렸다. 소식을 접한 부모로부터 세 번이나 서베를린으로 가지 말고 귀국하라는 전보를 받았다. 국제전화를 쉽게 할 수 있는 처지도 아니어서 참으로 난감했다. 왜 그렇게 부모님이 강경하게 나오시는지 이해할 수 없었다. 나중에 알고 보니 동백림사건 이후 한국에는 서베를린이 간첩 활동 무대로 알려져 있었던 것이다."[63]

어릴 때부터 받기 시작한 반공 교육이 한국인들의 일상을 강하게 지배했고, 일상생활이 냉전과 분단의 영향으로부터 자유롭지 못하다는 점을 서독 사회에서 살면서 점차 인지해 갔다. 그것은 같은 분단국인 서독 사회 그리고 서독 사람들과 크게 다른 점이었다. 간호 인력으로 파독했다가 사회학 박사가 된 박한뫔(가명)은 다음과 같이 표현했다. "저는 한인 사회에서는 사회운동 못 했어요. 한인 사회에 가면 그냥 북의 편을 들거나 남의 편을 들어야 돼요."[64] 이처럼 일상 속에서 항상 이념에 대한 공포감 때문에 민족의 정체성에 충실한 삶을 살 수가 없었다. 서독에서의 생활은 민족의 정체성과 이념의 정체성 사이의 고뇌를 더욱 깊게 만들었고 냉전과 분단의 시대에 한국은 어떤 나라이고 한국 사람은 누구인지를 현실적으로 생각하게 했다.[65] 박한뫔은 서

63 2003년 4월 7일. 김순임 인터뷰(김용출 2006, 155)

64 박한뫔 인터뷰(김원 2011, 170)

65 박한뫔 인터뷰(김원 2011, 167)

독에서 살면서 독일인과 결혼하고 사회학 박사가 되었기 때문에 한국에서 취득한 '아비투스'로서의 반공 의식을 이미 극복한 것으로 생각했다. 그러나 그것은 그의 깊은 잠재의식 속에 남아 있었음을 고백한다. "나는 내가 사회학을 공부하고, 나는 이념을 뛰어넘고, 모든 것을 초월하고 산다고 생각했는데, 아니에요. 나도 너무 놀랐어요."[66]

서독의 반공주의가 남한에서와 같이 극단적이지 않은 것은 독일인들이 한국에서와 같은 동족상잔의 전쟁 경험을 가지고 있지 않다는 것뿐만 아니라 나치 시대에 히틀러 독재의 명분으로 반공주의가 민족주의, 인종주의, 반유대주의와 함께 작용했다는 반성에 기초하고 있었다. 그래서 독일인들은 서독에서 나치 시대에 대한 반성을 위해 민주주의를 발전시키는 데 역점을 두었으며 반공주의를 민주주의에 기초한 합리적 방향으로 추구하고자 하였다. 이러한 역사적 맥락들이 일상 속에서는 인식되기 어려웠겠지만, 박한뫔과 같이 대학에서 학업을 하는 사람들은 남한과 다른 서독의 많은 현상들이 나치 시대에 대한 반성과 연결되어 있음을 터득하기 시작했을 것으로 보인다. 특히, 68운동 이후 대학에서는 이러한 과거 청산 문제가 크게 논쟁거리가 되었다. 나치 시대에 대한 반성은 독일 사람들로 하여금 무엇보다도 민족주의와 인종주의에 대해 근본적으로 반성하도록 했다. 특히, 유대인에게 행한 반인륜적인 범죄에 대해 그들 스스로 엄청난 충격을 안고 살아야 했다. 이러한 상황에서 서독 사람들은 민족과 국가의 차원을 넘어선 유럽 통합의 의의에도 크게 공감하였다. 민족주의, 애국심 등은 나치 시대를 떠올리게 하는 불편한 어휘들이었으며, 부정적인 개념으로 자리 잡아 갔다. 그리하여 68운동과 같이 민족주의에 기반한 애국심을 넘어선 세계 보편의 인류애를 강조하는 운동이 강

66 박한뫔 인터뷰(김원 2011, 169)

하게 전개되었다. 1968년 학생운동을 하던 사람들은 자녀를 비권위주의적이고 다문화의 자유로운 환경에서 교육하고자 세운 보육원에 계약 기간이 끝난 한국인 간호사를 교사로 채용했다(김용출 2006, 169). "내가 외국인이기 때문에 아이들에게 다른 문화를 의식적으로 교육시킬 필요가 없고 자연히 외국인에 대한 선입견도 없앨 수 있을 것이라고 생각했기 때문이었다고 한다."[67]

이러한 운동은 독일인의 일상에서 국제결혼을 긍정적인 현상으로 이해하게 했다. 나치 시대에는 '피와 땅'의 사상에 의해 독일 민족의 피와 땅을 나누는 사람들끼리만 결혼하게 했다. 이에 대한 반성으로 국제결혼, 다문화 가정의 형성을 미래의 방향으로 설정하는 젊은이들이 많아졌다. 이에 반해 한국에서는 국제결혼을 민족에 대한 배반으로 이해하는 경향이 컸다. 그래서 국제결혼 및 다문화 가정 형성에 대해 극히 부정적이었다. 마치 집안에 큰 오점이 만들어지는 것처럼 문제시하였다. 당시에 독일 남성과 결혼하는 한국 여성의 경우 대부분 이러한 문제점을 안고 있었다. 독일 남성의 입장에서 볼 때 이해하기 힘든 한국의 문화 현상이라고 할 수 있다. 이는 당시 시대 상황에서 나타나는 문화 충돌 현상이었다. 다른 측면에서 보면 한국의 국제화와 세계화를 위한 중대한 계기였다. "독일 사람들이 좋은 점이 그런 것 같아요. …… 외국인이 책임자가 되어도 이렇게 뭐 하면 전혀 그런 내색을 안 비치고 다 따라서 해주고 ……."[68]

민족주의 의식이 강한 한국에서는 개인의 행동을 국가의 체면 및 이해관계와 쉽게 연결했다. 민족과 국가의 명예에 누를 끼쳐서는 안 된다는 집단주의적 윤리 의식이 당연한 것으로 받아들여졌다. 독일 이주에 대한 개인 동기

67 송금희 인터뷰(김용출 2006, 170).
68 J씨와의 인터뷰(나혜심 2008, 8).

역시 국가의 비전 및 국가 지도자의 지도력과 쉽게 연결하였다. 김원은 이를 '민족사적 의미 체계를 둘러싸고 만들어진 해석'으로 본다(김원 2011, 172). 나치 시대에 대한 반성에서 국가주의를 넘어서려는 노력이 강해지고 있던 독일에서는 이러한 현상이, 즉 한국인의 국가적 집단주의가 구시대의 유산으로 인식될 수 있었다. 이들은 서유럽 통합의 과정을 일상생활에서 체험했다. "독일보다 과일과 생선 값이 저렴해서 주로 네덜란드에 가서 시장을 보고 돌아왔다. 독일과 네덜란드, 벨기에 삼국의 국경 지역으로 산책을 많이 다녔다. 유럽은 주민등록증만 있으면 자유롭게 다른 나라를 오갈 수 있었다. 유럽 여러 나라를 여행할 때마다 우리나라 삼팔선의 철조망과 군사분계선이 항상 떠올랐다."(권이종 2012, 247)

전후 나치 시대에 대한 반성에서 개인주의가 강화되었는데, 68운동의 결과 더욱 심화되었다. 대가족제도는 자취를 찾아보기 힘들어져 갔고 핵가족 시대가 전개되었다. 이는 가부장적 권위와 권한이 또한 매우 취약해짐을 의미했다. 이에 반해 한국은 유교적 전통과 함께 아직 대가족제도가 강하게 자리 잡고 있었다. 이와 함께 가부장적 권위와 권한 역시 강했다. 가족의 구성원으로서 가족에 대한 헌신이 당연한 것으로 받아들여졌다. 이 제도에서는 맏아들, 맏딸의 가족에 대한 책임과 상속의 권한 또한 컸다. 예를 들어, 부모는 아들을 선호하였으며, 독일 이주 간호사인 딸이 번 돈을 한국에 있는 아들에게 주고 싶어 했다. 재독 간호사 딸과 함께하는 여행 중에도 그 비용을 아껴서 한국에 있는 아들에게 주고 싶어 했다는 구술 증언도 보인다(김원 2011, 166). 개논이 말한 김치를 문화 은유로 하는 한국 사회의 대가족제도의 가부장적 문화 특징이 뚜렷한 시기였다. 그리하여 당시 일반적으로 독일 이주 광부, 간호사와 독일인들이 갖는 가치관에 큰 차이가 있었고 이러한 이유로 문화 충돌이 일어났다. 한국은 호프스테데가 말하는 권력 거리가 긴 사회였고 독일은 짧은 사회였다. 한국은 홀이 말하는 고맥락 의사소통의 문화권에 속했고 독일은 저맥락 의사소통의 문화권에 속했다. 독일 이주 한국인들은 개인주의 문화를 직면하면서 한국적인 집단주의 문화의 특징을 생각해 볼 수 있었다. 그 이후 많은 시간이 흐른 뒤에도 가부장적 특징은 독일인 남성보다 한국인 남성에게서 크게 나타난다고 현재까지 독일에서 살고 있는 간호사들은 전한다. 박한뫎은 사회운동권 내에서의 가부장적 특징의 경험을 전해 준다(김원 2011, 170-171). 연극 공연 모임에서도 한국인 남성들이 독일인 남성보다 강한 가부장적 특징을 보인다고 증언한다. "아내가 설거지를 하면, 남편은 곁에 서서 마른 행주로 그릇을 닦아서 정리하고, 아내가 빨래를 하면 남편은 널고, 시장 갈 때도 남편이 차를 가지고 같이 행동하는 것 등이 당시의 한국에서는 보지 못하던 것이었습니다."[69]

서독의 젊은이들은 전후 시기 그리고 68운동과 함께 본격적으로 가부장제에 대한 비판은 물론 전통적인 도덕률, 금기 사항 등에 문제의식을 표출하기 시작하였다. 서독의 젊은이들은 남녀평등, 성性의 해방, 사랑과 같은 본능적 감정에 대한 솔직함과 같은 문제에 깊은 관심을 가졌다. "정치사회적 요구뿐만 아니라 교육과 성, 기성세대가 간직해 온 가치관과 규범에 대한 거부와 대안을 요구했다."(김용출 2006, 168) 이러한 당시의 경향은 성리학적 세계관의 문화권에서 온 한국의 간호사, 광부들에게 특별한 문화 충격으로 다가왔다. 이영숙은 수기에서 다음과 같이 전하고 있다. "독일에 온 초창기에는 남녀가 길에서 손을 잡고 다니거나 키스를 하는 모습, 남자가 히피처럼 머리를 길게 기른 모습 등이 무척 낯설었다. 내게는 문화 충격이었다."(이영숙 2009,

69 황보수자. "증언."(이애주 2010, 48)

38)[70] 그러나 당시 재독 한국 광부, 간호 인력들은 유교적 전통의 남녀유별 윤리에 익숙해 있었다. 한국 간호사들이 남자 환자실에 들어가기 어려워할 정도였다(김원 2011, 152). 이수자는 거동을 할 수 없거나 거동이 금지된 환자들을 씻기는 일은 젊은 여성으로서 심정적으로 대단히 어려웠을 것으로 판단하고 "한국에서 남녀 간의 유별한 사회관계를 관행적으로 익혀온 젊은 여성으로서는 감당하기 어려운 일"(이수자 2006, 207)이었을 것으로 평가한다. 그러나 이러한 한국 간호사들에게 당시 서독 젊은이들의 생각과 행위는 확실히 문화 충격으로 다가왔을 것이다.

"68운동은 파독 광부와 간호사에게 …… 주로 세계관과 사회관의 확장과 함께 결과적으로 인생관의 전환도 가져온 것으로 보인다. …… 특히 일부 파독 광부와 간호사는 교제하던 독일 여성이나 남성의 경험을 통해 68운동의 문제의식을 더 깊숙이 인식했던 것으로 보인다."(김용출 2006, 169) "독일 친구들을 통해 독일 사회의 변화도 조금씩 느끼게 됐다. 독일에서는 소위 '68세대'에 의한 사회운동으로 사회 전반이 개혁의 와중에 있었다. 특히 여성과 교육 부분에 많은 개혁이 있었는데, 어린이들을 사회규범에 끼워 맞추던 권위적 교육에 반대한 자유로운 교육, 예를 들면 '섬머힐'이나 '반권위주의 교육운동' 등은 너무나 경이로운 테마들이었다."[71]

당시 이러한 시대상을 접한 국내 일부 여론은 유교적(성리학적) 전통에 손상이 오고 가부장적 제도가 오염될 수 있다는 깊은 우려를 하였다. 이는 당시

70 그러나 당시 68운동에 활발히 참여했던 독일의 사회학자 셀(Szell)은 당시의 장발 경험에 대해 민주화 운동의 일환이었음을 밝히고 있다. "그 당시에 (1968년 운동 시기에) 나는 머리를 길게 하고 다녔다. 저항의 표시로서 혹은 미학에 대한 다른 관점에서. 우리는 이와 관련하여 서양 문화에서 짧은 머리는 비교적 새로운 유행이라는 사실을 기억할 필요가 있다. 19세기 중반 이래로 사람들은 머리를 짧게 했다. 그것은 사람들의 머리가 군대와 경찰의 투구에 잘 맞도록 하기 위해서였다."(Széll 2009, 59-87)

71 2002년 1월 28일 최영숙 인터뷰(김용출 2006, 169)

일부 국내 언론들의 보도 태도에 잘 나타난다(김원 2011, 155-158). 그들은 개인의 자유로운 활동과 생활을 마치 국가와 민족의 명예를 추락시키는 타락처럼 보도했다. 서부임은 한국 여성들이 담배를 피우게 된 경우를 극히 개인적이고 상황적인 차원의 예로서 다음과 같이 설명했다. "한국 여자들은 담배를 안 피우잖아요. 근데 인제 저 독일 간호사들은 다 담배를 피웠어요. 그리고 인제 저 아침 식사할 때 인제 식사하는 시간이 한 한 시간 있거든요. 근데 다 같이 인제 그 저 사무실 앉아가지고 같이 앉아 있으면은 식사를 할 때 벨이 울리잖아요. 그럼 누가 가야 됩니까? 담배 안 피우는 사람. …… 그러니까, 어떤 사람은 한국 간호사들도 담배 배우는 사람이 많았어요."[72] 담배를 피우지 않으면 계속 호출되니까, 담배 피우는 사람에 비해 불이익을 보니까 담배를 피우는 한국 간호 인력 여성이 많아졌다는 설명이다.[73] 그런데 한국에서는 이를 국가 명예를 떨어뜨리는 타락상으로 보도했던 것이다. 이러한 상황에서 독일에 간호사를 보낸 가정에서는 딸을 시집보내지 못할까봐 걱정하기도 하였다. 이러한 현상도 일종의 문화 충돌 현상으로 볼 수 있으며 이러한 과정은 한국의 국제화, 세계화의 주요 분수령에 해당한다고 볼 수 있다.

"독일 노동법에 준하여 독일 간호사와 동등한 대우를 받았습니다. 독일인들은 준법정신이 투철하였는데 참 인상적이었습니다. 우리는 차별 없이 업무를 수행하였고, 최선을 다함으로 사랑과 신뢰를 받았습니다."[74] 그런데 민족주의 및 인종주의를 넘어서려는 독일인의 의식이 문화 코드로 정착되어 가고

---

72 노명환 외. 남해 독일마을 서부임과 그의 독일인 남편 Ulmer 인터뷰(2013년 8월 14일), 2013 대한민국 역사박물관 프로젝트 자료 수집 중. 이러한 현상이 국내에서는 민족적 차원의 타락으로 보도되었다.

73 독일 간호 인력들이 담배를 많이 피우는 것은 68운동의 여성해방 운동에 기인한 측면이 있었다. 평등이라는 측면에서 남자들이 주로 하는 흡연을 여성들도 할 수 있어야 했다.

74 황보수자. "증언."(이애주 2010, 47)

있음을 다음과 같은 증언에서 확인할 수 있다. "법에 의해서뿐만 아니라 인간적으로도 독일 간호사보다 덜한 대접을 받는다는 생각은 한 번도 들지 않았습니다. 우리는 최선을 다해서 환자를 돌보았으며 직업적으로 인정되었고 인간적으로 따뜻한 대접을 받았다고 생각합니다. 우리는 학창 시절 꿈에 그리던 문화의 나라에 가서, 베토벤과 괴테의 아름다움을 만끽하면서, 더러는 승마를, 더러는 스키를 즐기며 젊은 날을 보내었다는 것은 다시없는 자산이요 추억입니다."[75]

3. 사회복지 제도(사회 시장경제)

독일 이주 광부, 간호사들은 서독의 사회복지 제도에 대한 새로운 시각을 얻고 깊은 인상을 받았다. "독일에 거주하는 모든 사람이 혜택을 받는 사회복지 제도는 놀라웠으며 선진국의 면모를 보여 주었습니다."[76] 예를 들어, 대학에 등록금을 내지 않고 대학생이 될 수 있는 서독의 제도는 경이로웠다. 한국 광부, 간호사들은 대부분 등록금 문제로 대학을 갈 엄두를 못 내었다. 이들 중에는 독일에서 돈을 번 다음에 귀국하여 대학을 다니고자 하는 꿈을 가진 이도 있었다. 이 꿈을 실현하고자 지독하게 저축을 하였다. 예를 들어, 월급이 750마르크인데 50마르크도 안 쓰고 저축하여 학비를 마련하고자 하였다. 이러한 형편에서는 문화생활은 생각도 할 수 없었다.[77] 그런데 막상 자신들이 살게 된 독일이라는 나라에서는 등록금 없이도 대학생이 될 수 있으니 그 놀라움은 참으로 컸다. 예를 들어, 이영숙은 "독일에 온 지 1년쯤 지나자 독일

75 황보수자. "증언."(이애주 2010, 51)
76 황보수자. "증언."(이애주 2010, 46)
77 박한뫔 인터뷰(김원 2011, 136)

생활에도 익숙해지고, 언어의 벽도 어느 정도 극복했다. 나는 독일에서는 대학교 등록금을 내지 않는다는 사실에 깊은 인상을 받았다."(이영숙 2009, 46) 이영숙은 당시의 놀라움을 다음과 같이 표현하고 있다. "등록금을 내지 않고 대학을 다닐 수 있는 나라도 있다니, 우리나라 부모들은 대학 등록금이 비싸서 땅과 소를 팔아 자식들 등록금을 대지 않는가?"(이영숙 2009, 46) 독일에서 대학이란 농촌에 사는 부모가 땅과 소를 팔아서만 갈 수 있는 곳이 아니라 무료로도 갈 수 있는 곳이었다. 그들은 독일에서 사회복지 제도, 사회 체계, 국가 체계의 새로운 차원에 눈을 뜨기 시작했다. 그런데 이영숙의 놀라움은 여기에서 그치지 않는다. 등록금을 안 내는 독일 학생들은 바푁[BAföG]이라는 제도를 향유할 수 있다는 사실을 알게 되었다. 바푁은 정부에서 형편이 어려운 학생에게 융자와 장학금을 통합해서 지원하는 보조금이었다. 이 중 융자는 직장에 들어가면 다시 갚아야 했지만 그것은 참으로 놀라운 제도였다.[78] 이러한 제도하에서라면 가난 때문에 대학에 못 갈 수는 없지 않은가? 이것은 엄청난 충격이었다. 이영숙은 독일에서 대학에 갈 결심을 했다. 한국에서 중학교밖에 나오지 않은 그녀는 독일에서 고등학교를 다녀야 했다. 독일의 교육제도, 사회보장제도 속에서 고등학교를 졸업하고, 의과대학에 진학하여 의사가 되었다. 이는 한국인의 유교적 전통의 향학열과 프로테스탄티즘에 기초한 독일의 교육제도, 경제 발전, 사회복지 제도가 만난 결과라고 할 수 있겠다. 이영숙 외에 많은 광부, 간호사들이 이 만남 속에서 대학 공부의 꿈을 실현할 수 있었다.[79] 고등교육은 학생들의 등록금에 의존하여 수행되는 것이 아

78 바푁을 받기 위해서는 본인이 독일에서 5년 이상 일했거나, 양친 중 한 사람이 3년 이상 일을 했어야 한다.

79 예를 들어, 권이종, 곽광수, 박한몸 등이 박사 학위를 취득했고, 염수용은 광부 전문 자격증을 취득했다.

니라 국가가 사회보장제도에 기초하여 제공해 주어야 하는 의무였다. 앞 장에서 보았듯이 프리드리히 대왕 시대에 프로테스탄티즘을 국민성으로 자리 잡게 하는 데 있어서 전문 직업교육제도를 발전시켜 나가는 등 국민성 구성에 있어서 교육이 중심의 역할을 했다. 교육정책은 국가의 가장 주요한 근간 정책이었다.

그러면 이러한 제도가 어떻게 해서 가능한가? 이에 대한 답을 그들의 월급 명세서, 세금 계산서에서 찾을 수 있었다. 이영숙이 설명하는 월급 명세서를 보면 다음과 같다. "월급은 본봉에서 사회보장제도인 의료보험, 연금, 무직자 수당, 종교세(기독교 혹은 가톨릭 신자로 자진해서 신고한 사람이 내는 세금으로 교회 운영비나 난민 돕기 등으로 쓰인다.), 일반 세금과 기숙사비를 떼고 나온 돈이었다. 독일에서는 미혼자가 기혼자보다 세금을 많이 낸다."(이영숙 2009, 40) 권이종은 "미혼자보다는 기혼자에게, 기혼자 중에도 자식이 여럿 있는 사람에게 봉급이 더 많이 나왔다. 나중에 알게 된 사실이지만, 이런 차이를 알고 한 푼이라도 돈을 더 받기 위해 한국에 마누라와 자식들이 있다고 서류상의 조작을 하는 경우도 있었다. 하지만, 파독 초기에는 그런 잔꾀를 낼 수 있는 여유조차 없었던 것이 사실이다. 이렇게 머리 굴린 친구들이 처음에는 봉급이 많아 신이 났을지 모르지만, 나중에 처녀를 만나 결혼하는 데에는 어려움이 많았다. 서류상에 가짜 처자식이 있었으니 누가 총각이라 믿어 줄까."(한국파독광부총연합회 편 2009, 109) 이러한 사회보장을 위한 재원이 소득자의 세금에서 마련되고 있다. 소득이 높으면 세율이 높아지는 누진세 제도가 적용되었다. 이러한 제도가 제대로 작동하는 데 있어서 앞에서 개논이 설명한 대로 심포니 오케스트라 같은 개인주의에 기초하여 공동체가 조화롭게 작동하는 독일인들의 국민성이 주효하게 작용하였다.

독일 이주 광부, 간호사들은 사회보장 국가의 시스템이 무엇인지, 사회적 민주주의가 무엇인지 하는 개념들에 눈뜨게 되었다. 이러한 사회복지 제도는 사회 시장경제 제도에 기초했다. 사회 시장경제 제도란 경제 생활이 시장 원리에 의해 실현되는데 국가가 조세제도 등을 통해 사회정의를 위해 개입하는 시장경제 제도를 의미한다. 여기에서 개논이 제기한 '심포니 오케스트라' 같은 독일인의 국민성이 작용하고 있음을 체험할 수 있었다. 각 개인들은 열심히 생활하고 국가를 위해 세금을 성실히 내며, 국가는 국민들을 위한 사회보장을 실시해 준다. 이는 앞에서 설명한 것처럼 '심포니 오케스트라'의 지휘자와 개별 연주자의 관계 속에서 교향악이 울려 퍼지는 것과 같은 이치다. 그런데 이러한 사회보장제도는 큰돈을 벌 수 없게 하는 단점을 가진다는 측면도 인식하게 되었다. 이는 미국의 제도와 구별되는 특징으로 인식되었고 큰돈을 벌기 위해서는 미국으로 가야 한다고 생각했다. 즉, 독일의 사회보장제도에 대해 불만을 갖고 자신이 일한 만큼 그 대가를 받아 큰 부를 이루고자 하는 사람들은 미국으로 재이주를 하고자 하였다. 현재 미국에 거주하고 있는 당시의 파독 근로자는 다음과 같이 회고한다. "아 …… 불만 있었습니다. 불만이 뭐냐면 독일의 세법 우리 context 수입에 대한 세금을 내는 데 차이가 많아요. 결혼한 사람과 결혼하지 않은 사람, 결혼해서도 아이들이 둘 있는 사람, 하나 있는 사람, 셋 있는 사람, 차이가 무척 많습니다. 그중에서도 결혼하지 않은 사람과 싱글과 그 다음에 결혼한 사람 차이는 차이가 무척 났어요. 그래서 같은 액수를 받아도 결혼한 사람은 거의 세금 조금밖에 안 내고 거의 집에 가지고 가고 혼자 있는 싱글 경우는 반 이상을 세금을 내야 돼요. 그러면 같은 일하고 같은 돈을 받으면서도 싱글이라는 죄로 돈을 많이 못 가져가는 거예요. 그래서 그 당시 많은 사람들이 그랬지만 사실은 뭐 저는 결혼하지 않고 군에 제대하고 이제 가긴 갔지만 사실 그 당시에 그 결혼한 걸로 이렇게 해서 조금 그 돈 받는 것을 조금 더 받았습니다."[80] 즉, 사회 시장경제권이 아닌 자유 시장경제권으로 이동해야 했다. 이에 대해서는 다음 장에서 상술한다. 사회정의 개념이 직업 소명관과 연계될 때 그것은 일을 많이 하는 사람, 어려운 일을 하는 사람에게 보수가 많이 부여됨을 의미했다. 학벌과 자격증 등에 의거하여 일을 덜하고도 보수를 더 받는 특혜가 인정되지 않았다. 그리하여 한국에서 간호대학을 졸업하고 정식 간호사가 된 인력들에 비해 중학교만 나온 간호 보조 인력이 비슷한 액수의 월급을 받는 현상이 일어났다. 다른 예로서 "병원장은 아주 저명한 교수로서 존경받는 분인데 자가용 자동차로 낡고 작은 차를 가지고 있는 데 비하여, 유리창 닦는 아저씨는 최고급 벤츠차를 몰고 와서 병원 주차장에 세워 두고 유리창을 닦았습니다. 부와 명예를 동일시하던 풍조에 익숙해 있던 나에게는 신선한 충격이었습니다."[81]

이는 당시 한국과는 달리 독일 사회가 갖는 뚜렷한 특징이었다.[82] 한국 사회와 국가를 넘어서서 다른 국가와 세계의 제도와 문화를 삶의 체험을 통해 이해하기 시작하는 중요한 계기였다.

앞에서 설명한 간호사의 역할이 주로 간병에 초점을 맞추고 있다는 것은 바로 이러한 사회보장제도의 발전과 그 궤적을 함께하고 있음을 또한 이해하게 되었다. 병원의 업무는 사업과 의료 기능 차원보다는 사회보장이라는 제도와 깊은 관련이 있었다. 그래서 일찍이 의료보험 제도가 발전했다. 비스마르크 시대에 도입된 사회보장제도의 가장 중요한 내용이었다.

---

80 이선옥. 뉴저지 거주 파독 광부 김성환 인터뷰. 2013 대한민국역사박물관 프로젝트 자료 수집 중.

81 황보수자. "증언."(이애주 2010, 48)

82 앞에서 언급했듯이 호프스테데는 독일을 남성성의 문화권에 한국을 여성성의 문화권에 귀속시키고 있다. 그런데 호프스테데의 남성성 문화와 여성성 문화를 나누는 한 기준은 "남성적 문화를 지닌 국가는 성취 지향 사회를 추구하는 반면 여성적 국가는 복지사회를 지향한다."는 것이다(Hofstede 1995, 147). 당시 서독은, 오늘날 통일된 독일은 대단한 사회복지 제도 사회 아닌가? 그렇다면 독일은 여성성이 강한 사회로 보아야 하지 않는가?

그런데 이러한 사회복지 제도는 외국인들에게도 일정 부분 적용되었다. 이는 앞에서 설명한 나치 시대에 대한 반성과 속죄를 향한 독일인들의 의지와 연관되어 있었다. 민족주의 및 외국인 혐오에 대한 반성과 국제적 사회와 문화를 향한 의지의 표현이기도 하였다. 대부분의 독일 이주 광부, 간호 인력들은 독일에서 차별 대우받지 않았다고 기억한다. "제가 듣기로는요, 간호원 봉급이 독일 간호원 봉급하고 똑같았어요. 그래서 불만이 없었고 기숙사에서 먹는 것, 기숙사 다 포함이 되어 있고 내는 게 없으니까 그렇게 뭐 힘든 것 같은 생각은 안 들어요."[83] 차별보다는 자신의 발전을 위한 기회를 얻고 혜택을 받았다고 생각한다. 이는 독일의 이러한 시대적 상황 속에서 이해될 수 있을 것이다.

독일의 사회보장제도는 68운동과 더불어 더욱 강화되었는데, 구체적으로 1969년부터 1974년까지 수상직을 수행한 브란트Willy Brandt에 의해 더욱 체계화되고 제도화되었다. 이는 사회적 민주주의에 기초하여 사회 시장경제를 심화시키는 것이었다(이영숙 2009, 51). 이러한 제도의 발전은 궁극적으로 공산주의를 이길 수 있다는 신념에 또한 기반을 두었다. 독일 이주 광부, 간호사들이 이 시기를 집중적으로 경험하였다. 이러한 경험은 한국과의 뚜렷한 대조 속에서 독일을 인식하게 했다. 특히, 같은 분단국으로서 분단 극복을 위한 매우 인상적인 정책이기도 하였다.

83 이선옥. 파독뉴욕동우회 정기총회에서 인터뷰. 2013 대한민국역사박물관 프로젝트 자료 수집 중.

Ⅳ. 미국으로의 이주와 한국으로 귀환한 경우 문화 변이, 문화 충격과 적응 및 융합

미국으로의 재이주: 새로운 층위의 문화 충돌과 문화 융합

1. 미국인의 문화 코드

오늘날의 미국은 우리가 잘 아는 대로 유럽인들의 이주에 의해 시작된 나라이다. 영국의 앵글로·색슨Anglo-Saxon 족인 청교도(프로테스탄트)들이 1620년 메이플라워호를 타고 보스턴Boston에 정착하기 시작하면서부터 세계 여러 나라에서 이민자들이 몰려왔다. 그리하여 미국의 국가문화를 이루는 데 앵글로·색슨 족 문화와 프로테스탄티즘이 주요하게 작용했다. 앵글로·색슨 족은 원래 독일의 앙겔 작센Angel-Sachsen 족으로 영국에 침투해 들어간 게르만 족의 일파였다. 프로테스탄티즘은 프리드리히 대왕 때 독일의 국가문화로 정착되기 시작했다.

이러한 측면에서 미국의 국가문화는 독일의 국가문화와 매우 유사한 점을 가질 수 있음을 쉽게 추론할 수 있다. 실제로 미국의 합리주의, 정확성, 질서의식, 법치주의, 실용주의 문화 등은 독일과 매우 유사한 측면을 보인다. 게르만 어파인 독일어와 영어의 유사한 점 또한 두 문화권을 잇는 공통점이었다. 그런데 미국은 이민 사회로서 오랫동안 국가적인 개척 목표를 개인의 자유로운 의지와 노력을 통해 달성하고자 하였다. 이를 위해 각자의 노력은 그 성과만큼 보상되도록 했다. 그래서 개인주의와 자유주의 그리고 개척자 정신이 독일에 비해서 훨씬 강하게 나타났다. 미국은 용광로Melting Pot 혹은 샐러

드 볼Salad Bowl이라 불리는 혼합 문화권으로, 독일의 심포니 오케스트라와 같은 개인주의에 기초한 국가 공동체주의 문화가 크게 발전하지 않았다. 사회보장제도가 독일처럼 발전하지 않고 자유 기업 정신이 크게 발전한 미국에서는 개인주의 사회의 질서를 유지하기 위해 강력한 법치주의가 적용되었다. 독일의 법치주의가 준법정신이라는 문화 코드의 함양에 의한 것이라면 미국의 법치주의는 즉각적인 상벌에 의거하여 시행하는 것이었다. 물론 미국에서도 독일과는 정도와 성격 차이가 있지만 준법정신이라는 문화 코드가 발전되어 갔다. 자유로운 개인의 창의력에 의거한 기업과 그에 대한 보상은 자본주의와 자유 시장경제를 발전시키는 데 주요한 문화적 기초로 작용했다. 앞에서 설명한 서독(독일)의 사회 시장경제, 사회복지 제도를 근간으로 하는 국가 시스템과 큰 차이를 보이는 측면이라고 할 수 있다. 이러한 맥락에서 독일 이주 광부·간호사들은 독일이 열심히 일하면서 평안하게 살 수 있는 사회이지만 큰돈을 벌 수 없고, 미국은 사회적 보장이라는 측면에서 불안하지만 무한한 성공의 가능성이 열려 있는 사회라는 결론을 비교적 차원에서 도출했다.

2. 독일 이주 광부·간호사들의 미국 한인 공동체 건설

독일 이주 광부·간호사들이 독일에 체류하면서 미국의 생활과 비교해 보는 데 관심을 기울였고, 실제 차이점을 인식하고 미국으로 재이주를 계획하는 사람들이 많았다. 그 후 이들은 미국에 이주하여 살면서 독일과 미국의 공통점과 차이점을 뚜렷이 인식했다. 독일에서의 경험이 또 하나의 문화 층위인 미국 생활에서 큰 장점으로 작용하기도 하였다. 서독에서의 경험이 미국에서 한인 공동체를 개척하는 데 큰 역할을 했던 것은 이에 기인하였다. "육체적인 고통보다 정신적인 고통이 더욱더 힘들었다. 예를 들면 낙반 사고로 인한 친구의 죽음, 외로움이나 심한 육체적 노동으로 인해 정신병이 걸린 친구들을 보는 정신적 고통이 정말 힘이 들었다. 이러한 3년간의 정신적 고난은 우리들을 정신적으로 무장시켰다. 무슨 일이든 할 수 있었다. 독일에서의 3년이라는 기간보다 더 힘들거나 고통스럽거나 어려운 일은 없었다. 독일인들은 부지런하고 검소하다. 미국으로 건너와 닥치는 대로 일하고 돈을 벌었다. 투잡 쓰리잡까지 갖고 일했다. 그런 결과, 파독인들이 지금의 한인 타운의 중심지인 올림픽 가에 최초로 진입한 한인이 되었다(당시 올림픽 가는 백인들이 사는 곳으로 다른 소수 인종이 들어올 수 없는 제한구역이기도 했다.). 당시 파독인들이 십시일반 돈을 모아 이 올림픽 가에 최초의 한인 마켓을 오픈하고 최초의 한국어 간판을 만들어 달았다."[84]

독일의 국가문화를 경험하고 습득한 것이 미국 생활에서 크게 도움이 되었음을 다음과 같이 피력했다. "아, 독일 사람들은 한마디로 말해서 너무너무 부지런합니다. 거기에서 우리는 많이 배운 것 같아요. 제가 미국에 와서 그런 정신이 박혀서 그런지 열심히 일하니까 이 사람들도 좋아하고 거기서 받은 영향이 너무나 많은 것 같아요. 그리고 사람들이 굉장히 정직합니다. 내가 만약에 물건을 잊어버렸으면 department 그 앞에 바구니에다 넣어 놓으면 누군가가 자기가 잃어버린 물건을 찾아가고 그 정도로 그 나라 사람들이 정신이 굉장히 정말 정직하고 그건 정말 본받을 점이 있는 것 같습니다."[85] 그들은 독일에서 체득한 문화 코드가 미국 생활에서 실천되었다는 데 큰 의미를 두었다. "독일에서의 경험은 정신 무장만이 아니라 우리가 독일 생활 동안 독일인들로부터 보고 배운 그들의 검소함, 부지런함, 정직성을 직접 삶에 실천할 수 있도록 했다." "예, 저는 독일 생활이 미국 생활에 적응하는 데 상당한

---

84 이선옥. LA 파독 교민과 인터뷰, 2013 대한민국역사박물관 자료 수집 중.

85 이선옥. 파독뉴욕동우회 정기총회에서 인터뷰, 2013 대한민국역사박물관 자료 수집 중.

도움을 주었다고 생각합니다. 우리는 독일과 미국을 이렇게 서로 비교해 가면서 이제 외국을 처음 경험한 어려움이 있기 때문에 그 다음에는 쉽게 …… 적용을 하고 …… 또 빠르게 적응을 잘 했다고 독일 경험이 많이 도움이 됐다고 생각합니다."[86]

미국과 독일 문화를 다음과 같이 비교하기도 했다. "미국은 너무 넓고 풍요롭기 때문에 독일인들의 절약 정신과 검소함을 배우기 어렵다." 이 측면을 이들은 다음과 같이 달리 표현한다. "미국은 너무 넓고 풍요롭기 때문에 절약을 모른다. 그러나 꿈을 이룰 수 있는 나라이다. 대국적이다. 서독은 기회를 생각하기에는 전체적으로 사회가 경직되어 있다. 반면, 미국은 내가 노력하면 노력한 만큼 대가를 받는 나라이다. 기회의 땅이다." 공중도덕 및 공공 교육과 관련하여 다음과 같은 차이점을 지적한다. "독일은 공공 교육을 철저히 시킨다. 예를 들면, 공원에서 아이들이 노는 것을 지켜보면, 독일에서는 꽃밭을 들어가지 않는다. 공이 잔디밭이나 꽃밭에 들어가면 절대 들어가지 않고 막대기를 이용해 공을 꺼낸다. 그러나 미국은 다르다. 그냥 들어가 공을 꺼내 온다. 이처럼 독일인들은 공동체 의식, 공공 교육을 철저히 시키는 것 같다."[87]

이는 미국 문화와의 접촉을 통해 독일의 특징을 더욱 선명히 인식하게 되었음을 의미한다. 그래서 그들은 "우리 자녀들도 독일에 3년 정도 보내서 검소함과 부지런함, 정직성을 배워 왔으면 좋겠다."[88]는 희망을 강하게 가지면서 독일과의 문화적 인연을 자식 대로 이어가고자 한다. 그들의 독일에서의

---

86 이선옥. 파독뉴욕동우회 정기총회에서 인터뷰, 2013 대한민국역사박물관 자료 수집 중.
87 이선옥. LA 파독 교민과 인터뷰, 2013 대한민국역사박물관 자료 수집 중.
88 이선옥. LA 파독 교민과 인터뷰, 2013 대한민국역사박물관 자료 수집 중.

직업 경력 및 생활 경험은 앵글로·색슨, 프로테스탄트 문화가 중심인 미국에서 크게 환영받았다. "독일에서 3년을 일하고 생활했다는 이유로 미국의 독일계 미국인들 회사에 취직하는 데 유리했다. 독일에서 3년을 지냈다는 이유로 회사에서 신뢰해 주고 일을 맡기고 사람을 고용할 때 인터뷰도 할 수 있었다. LA 거주 한국인들을 이 회사에 많이 취직시켰다."[89] 독일에서 습득한 독일어와 독일어를 배우는 과정이 미국에서 의사소통을 하는 데, 영어를 배우는 데 매우 유용하게 작용했다. 특히, 앞에서 언급한 바 독일어와 영어는 그 역사적 유래 때문에 비교적 유사점이 큰 언어였다. "외국어를 배우는 것 또한 두려움이 적었다. 이미 독일에서 기본적인 독일어를 공부하고 사용할 수 있었다. 미국으로 건너와 독일어와 섞어 가며 영어를 하기 시작했다."[90]

독일 문화와 미국 문화의 접목을 통해 한국인들이 미국에서 크게 성공할 수 있었음을 다음과 같이 피력한다. "미국은 기회의 땅이다. 내가 노력한 만큼 대가를 받는 나라이다. 독일에서 우리가 열심히 생활하고 그곳에서 무장된 정신력과 검소함, 부지런함, 정직성은 지금의 LA 한인타운을 건설하는 데 크게 공헌한 파독 동우회들의 공통된 삶의 가치관이자 신념이다."[91] 이것은 한국, 독일, 미국 문화의 만남이었는데, 그들은 이러한 문화 층위의 만남이 자녀들에게 매우 긍정적으로 작용했다고 본다. "차이가 많죠. 우선 돈 면에서 여기하고 차이가 많고, 우선 여기에는 직장이 많아요. 거기보다. …… 나같이 이렇게 office에서 pencil로 일하는 직장은 캐나다나 독일에는 없었어요. 나한테. 그런데 미국에 탁 오니까 나한테 건축 회사에 취직시켜 주더라고요. 그

89 이선옥. LA 파독 교민과 인터뷰, 2013 대한민국역사박물관 자료 수집 중.
90 이선옥. LA 파독 교민과 인터뷰, 2013 대한민국역사박물관 자료 수집 중.
91 이선옥. LA 파독 교민과 인터뷰, 2013 대한민국역사박물관 자료 수집 중.

래서 거기서 이제 설계를 했어요. 애초에. 왜 했는고 하니 한국에서 내 배운 설계와 미국에서 배우는 그 설계가 틀려요(달라요). 왜 그런가 하니 여기에는 피트를 쓰고 거기에는 미터를 썼거든요. 근데 거기에 대한 그 틀린(다른) 것이 설계도면 자체가 틀려요(달라요). 그래서 내가 설계를 배우기 위해서 우선 토건에 가야 설계를 했어요. 3년을 한 후에 그 다음에 현장에 나갔어요. 돈을 많이 받기 위해서. 아이도 두 둘씩이나 낳고 집도 있어야겠고 그래서 현장에 나가면 돈을 많이 주거든요. 그래서 제가 supervisor로 취직을 했는데 그때에 동양 사람이 현장에 설계를 저 supervisor한 사람은 그때서부터 지금까지 한 동양 사람을 한 사람도 못 봤어요. 저 혼자였어요. 네."[92]

이러한 맥락에서 그들은 다음과 같이 자신감 넘치는 진술을 이어갔다. "이러한 가치관은 자녀 교육에도 영향을 미쳐 파독 동우회 자녀들은 모두 잘 되었다. 자녀들을 잘 교육해야겠다는 신념으로 살았다. 최초 한인 대법관도 파독 동우회 자녀이다. 미국 주류 사회 곳곳에서 활동하고 있는 한인 2, 3세들은 대부분 파독 동우회 자녀들이다. 독일에서 경험은 자녀 교육에도 영향을 미쳤다." 이 연장선상에서 그들은 파독 한인 동우회에서 미국 대통령도 배출할 수 있을 것으로 보고 있다. 한국인을 통해 독일의 국가문화가 기회의 땅 미국에서 만나 한국계 미국인 대통령이 나올 수 있을 것으로 기대할 정도로 세 문화 층위인 한국, 독일, 미국의 문화 접변은 대단히 큰 시너지 효과를 낼 것으로 보고 있는 것이다. "미국의 한인 대통령도 우리 파독 동우회 자녀들 중에서 나올 가능성을 배제할 수 없다."[93]

이러한 측면에서 볼 때 광부·간호사들의 독일 이주 그리고 미국으로의 재

---

92 이선옥. 파독뉴욕동우회 정기총회에서 인터뷰, 2013 대한민국역사박물관 프로젝트 자료 수집 중.

93 이선옥. LA 파독 교민과 인터뷰, 2013 대한민국역사박물관 자료 수집 중.

이주는 한국의 국제화·세계화에 참으로 큰 기여를 했다고 할 수 있다.

“독일 광부 출신 이민자들은 독일에서의 노동 경험을 바탕으로 미국의 중공업 지역인 시카고 부근에 몰려들어 시카고 동포촌을 일궜다. 이들이 개척한 시카고의 한인타운인 클라크 거리는 지금도 많은 상가가 한인 소유다. 이들은 1966년부터 시카고 지역에 들어가 막노동으로 시작해 도로 공사 기술자, 선반공, 텔레비전 제작 회사 기술자 등 주로 기술직으로 진출했다. 기술직이었기 때문에 직장에서 인종적 불이익도 적었던 이들은 근면성까지 두드러져 통상 3–4년 만에 기반을 잡았다. 특히 많은 이들이 독일에서 근무하던 간호사와 결혼했기 때문에 쉽게 맞벌이를 할 수 있어 경제적 기반을 빨리 닦았고 서로 유대감도 강했다. 이들은 클라크 거리 한인타운 건설의 주역이 되면서 서비스업, 보험업, 식당업, 가발 제조업 등으로 사업 영역을 넓혀 나중에 이민 온 동포들에게 일자리를 제공했다.”(재독한인글뤽아우프회 2009, 100)

“독일은 단일민족이기 때문에 우리가 거기서 살기는 참 힘들다는 것을 느꼈고 3년 계약 끝나면 떠나야 한다는 것을 느꼈기 때문에 우리가 미국으로 왔는데 미국은 와서 보니까 다민족들이 살고 우리 같은 사람들이 섞여 살기가 너무 좋은 거예요. 그래서 우리들이 여기 와서 빨리 터전을 닦고 모두들 거의 다 성공했다고 봐도 다름이 아니 …… 다를 게 없죠.”[94]

한국으로 귀환한 경우의 문화 충격과 새로운 문화 융합

독일로 간 광부·간호사들은 그곳 생활을 통해 독일의 국가문화, 합리성, 실용주의, 준법성, 개인주의와 공동체주의 등에 시각을 넓히고 어느 정도 적응

94 이선옥. 파독뉴욕동우회 정기총회에서 인터뷰, 2013 대한민국역사박물관 프로젝트 자료 수집 중.

되었다. 그러나 이들 대부분은 한국에 돌아와서 문화 충격을 느끼게 되었다. 왜냐하면 이전에 한국에서 당연시하던 것들이 문제로 보였고, 이러한 점들이 한국에서 적응하기 힘들게 만들었다(이영석·박재흥 2006). 예를 들어, 실용주의와 관련하여 다음과 같은 문화 충격을 겪어야 했다. 서부임은 "그러고 인제 또 그 차를, 자동차 있지 않습니까? 그걸 따져 보면은 사람들이 우리가 이제 독일서 왔고 이랬으니까 벤츠Mercedes-Benz를 타고 안 다니고, 안 가져오고, 왜 저 작은 차를 타느냐고 막 우리 저희 친척들이 그래요. 저 작은 차를 왜 사가지고 타고 다니느냐고 그러거든요." "옛날에 저 차를 제가 인제 또 조카한테 오래된 차를 한 개 받았어요. 받아가 몰고 다니는데, 이 집 지을 때 다니다 나이가 좀 됐잖아요. 어디 나가면은 이거 기아 그거니까 작동을 하니까 어떤 젊은이가 탔어요. 같이 이제 갔는데, 아휴 할머니가 이런 차를 타냐고 막 놀리더라고요. 그리고 인제 이렇게 저는 차가 막 아무리 상해도 오래된 차니까 …… 어디 가면은 차부터 먼저 보더라고요 그래 내 얼굴 한 번 쳐다보고 사람들이 그러대. 그래도 뭔가 뭐 상관이 없이 뭐 이렇게 아 우리가 차가 이래서 좀 그렇다 이런 그 느낌이 없었거든 그때만 해도. 근데 지금은 그 차 타고 다니면 아 혹시 이 사람들이 어떻게 생각할까 이렇게 생각할 텐데,"

특히 독일의 교육제도에서 자식을 키우다가 한국 사회의 교육제도를 보고 많은 문제의식을 갖게 되었다. 한국은 대학 진학을 위한 교육만이 존재했다. 직업 소명관에 의한 전문성 교육과 큰 차이가 있었다. 학생 자신이 교육을 받는 것이 아니라 부모가 부모의 뜻에 따라 대신해 주었다. 이병종과 문원자는 "노르트라인베스트팔렌 문교부에서도 하는 얘기가 걔도 통계가 나오잖아요. 한국 사람들 이해를 못하겠대요. 뭘 이해를 못하겠냐고 그랬더니, 독일 애들보다 김나지움 더 많이 간대요. 퍼센트로 보면 사람 보면 거의 80%가 김나지움 가는데 독일 애들은 김나지움 가는 애들이 전체에서 한 10%밖에 안돼요.

10% 정도밖에 안 돼요. 왜 김나지움은 대학은 뭐 하러 갈라고 하느냐고. 걔들은 직업학교를 많이 가요. 그게 이제 왜 그러냐면 걔들은 독립심이 있으니까 어렸을 때부터 독립성을 길러 주니까 지 돈 지가 빨리 벌겠다는 그런 것도 있고, 지가 하고 싶은 것 하겠다는 그런 게 강해요. 부모가 너 법학과 가라 의대 가라 이런 거 전혀 말 안하지. 근데 이제 독일에서 노동 계층이나 이런 사람들은 자식들 대학 가는 걸 원하질 않아요. 밥 먹여 줘야 하고, 용돈 줘야 하는데 안 할라고 해요. 될 수 있으면 니가 독립하라고 하지. 그래서 독일에 대학이 53개 밖에 없어요."[95] "많이 갈라고 하는 게 아니라, 많이 가는데 그건 김나지움을 보내도 부모가 가서 막 우리 애들 김나지움 가라고 하면 보낼 수는 있어요. 근데 한 번 낙제하면 나가야 해요. 거기는 그런데 강요를 안 하고, 선생이 얘는 김나지움을 갈 수 있는 성적이 된다고 하면 선생이 추천해서 보내잖아요? 그런 애들은 한 반에 한두 명이여. 걔들은 두 번 낙제해도 돼요. 그런데 부모가 강요해서 보내면 한 번 낙제하면 레알슐레로 가거나 하우프트슐레로 가야 돼."[96]

그는 한국 교육 문제의 심각성에 대해 다음과 같은 우려를 표했다. "정말 심각해요. 제가 조카가 왔는데요, 초등학교 다니는데 방학인데 선생님이 숙제를 내줬다고 인터넷에 들어가서 봐서 그걸 해야 된대요. 아니 방학인데 애들 팍팍 놀게 두지 무슨. 그래서 전화 또 해야 돼요. 그래서 내가 참 그렇게 공부를 해서 얼마나 잘 하는가는 모르겠는데, 애들을 좀 놀릴 때는 놀려야 되

95 노명환 외. 남해 독일마을 이병종과 그의 부인 문원자 인터뷰(2013년 8월 15일). 2013 대한민국역사박물관 프로젝트 자료 수집 중.

96 노명환 외. 남해 독일마을 이병종과 그의 부인 문원자 인터뷰(2013년 8월 15일). 2013 대한민국역사박물관 프로젝트 자료 수집 중.

는데 너무 심한데."[97] "저도 그런 문제에 대해서 우리 교육이나 한국 젊은 애들, 사실 또 요즘 군대 가서 자살한다고 하고 뭐 이런 거. 젊은 사람들한테 욕할 필요 없어요. 기성세대들이 먹고 살기 바빠 가지고 정서교육을 못 시킨 걸 어떡해. 책임은 기성세대한테 있지 젊은 애들한테 없는 것 같아요. 못 배웠으니까 그걸 못 배웠으니까 어떻게 할 줄을 모르잖아. 그리고 너무 오냐오냐 하고 커 가지고."[98]

그런가 하면 한국이 많이 변했다. 서부임은 "고속도로 휴게소를 보면 처음에 왔을 때 하고 차츰 틀려지더라고요. 그게 '아! 한국이 이렇게 발달이 되는구나.' 그리고 올 때마다 그 여자들의 그 유행이 있잖아요, 해마다. 저 집짓기 시작할 때 해마다 왔거든요. 올 때마다 틀리더라고요. 신발이 틀려지고, 그리고 이제 저 처음에는 이렇게 신고 다니더니, 요 조금 낮아지고, 지금은 이제 많이 낮아진 거 신잖아요, 많이. 높은 것도 많이 신지마는. 그래도 situation에 따라서 신잖아요. 옛날에는 그냥 막 많이 다니는 거 신고 다니고 그랬거든요. 근데 의상, 의상도 옛날에는 꼭 같은 의상을 입고 다녔어요, 사람들이. 투피스면 투피스고 …… 유니폼처럼 입고 다녔는데. 그게 머리 색깔. 머리 색깔도 올 때마다 틀리더라고요. 한번은 노란 색깔, 한번은 빨간 색깔, 한번은 좀 긴 머리, 한번은 짧은 머리. 너무나 틀려지고, 그리고 올 때마다 사람들이 세련되더라고요. 보는 눈이, 딱, 처음에 왔을 때는 나도 세련되지 않지마는 눈이 있잖아요. 세련된 사람인가 안 된 사람인가. 사람들이, 여자들이 아주 처음에는 너무 세련될라고 노력하는 편이었었고, 지금은 진짜 세련됐거든요. ……

97 노명환 외. 남해 독일마을 이병종과 그의 부인 문원자 인터뷰(2013년 8월 15일), 2013 대한민국역사박물관 프로젝트 자료 수집 중.

98 노명환 외. 남해 독일마을 이병종과 그의 부인 문원자 인터뷰(2013년 8월 15일), 2013 대한민국역사박물관 프로젝트 자료 수집 중.

예. 그게 …… 해마다 틀리더라고요. 그게 인제 그렇고, 그러고 …… 친절도가 …… 옛날에는 사람들이 진짜 마음속으로 나는 우러나는 친절이 있었고, 올 때마다 조금 거리가 멀어지는 같은 생각이 들더라고요."[99]

농어촌에 자리 잡은 남해시 독일마을, 다음과 같은 권이종의 바람이 이루어진 것일까? "지하 갱도에서 일해 본 사람이 아니고서는 맑은 공기의 고마움을 이해하지 못할 것이다. 지하에서 일하다가 지상으로 올라와, 맑은 공기를 마시고 햇빛을 볼 때의 그 기쁨은 어느 무엇과도 바꿀 수 없다. 지금도 자연과 벗하며 공기 좋은 농어촌 마을에서 살고 싶은 것이 가장 큰 소원인 것은 이때의 기억 때문이다."(한국파독광부총연합회 편 2009, 113) 남해시에 독일식 주택들이 들어섰다. 한국에서 한국과 독일 간 주택 문화의 융합이 이루어질 수 있겠다.

파독 광부 이종관은 독일에서의 삶과 경험의 가치를 다음과 같이 평했다. "한국 광부들은 퍽 성실하고 근면하다는 평이지요. 우리들이 처음 가서 느낀 것은 요령이 통하지 않는다는 것, 아무리 견디기 어려운 곳에서도 성실과 인내로써 일하면 인정을 받는다는 것을 배운 점이죠."(경향신문 66/12/22; 김용출 2006, 192-193에서 재인용) 유사한 관점을 이야기해 주는 황보수자의 증언을 옮겨 보면 다음과 같다. "나를 비롯한 파독 간호사들은 당시 20대 초반의 젊은이들로 인생에 대한 가치관이 확립된 것은 큰 힘이 되었습니다. 바른 지표를 가지고 확신 있는 삶을 살게 됨에 따라, 환자나 동료 직원에게 독일에서 배운 모범적인 생활 태도를 보여줄 수 있었습니다."[100]

---

99 노명환 외. 남해 독일마을 서부임과 그의 독일인 남편 Ulmer 인터뷰(2013년 8월 14일). 2013 대한민국역사박물관 프로젝트 자료 수집 중.

100 황보수자. "증언."(이애주 2010, 49)

V. 결론

본고를 통해 독일 이주 광부·간호사들이 한국의 국제화와 세계화를 위해 한 분수령을 이루는 중대한 역할을 수행했다는 것을 살펴보았다. 이 측면은 1960-1970년대 당시 한국의 경제성장을 위해 중대한 기여를 했다는 사실의 차원을 넘어서는 보다 본질적인 평가의 관점이라고 생각한다. 미국의 한인 공동체 발전을 위해서도 독일 이주 광부·간호사들의 독일 경험과 미국으로의 재이주가 중대한 한 요소였음을 알 수 있다.

문화의 차이에 의한 충격과 충돌을 극복하면서 이주의 목적을 잘 달성하였다는 칭송을 넘어서서 세계적 차원에서 새롭게 문화 융합을 이루어 냄으로써 한국의 국제화와 세계화의 토대를 구축했다는 평가를 받아야 마땅하다고 본다.

본 프로젝트의 다른 연구들, 그리고 그동안의 연구들을 종합해서 볼 때 국가가 광부·간호사들을 기획적으로 파독하여 국가의 산업화를 달성하는 데 이바지하게 했다는 일방적인 주장은 더 이상 타당성을 가질 수 없음이 분명하다. 당시 독일과의 국제 관계에서 국가의 파견이라는 진행 절차가 들어 있지만 이주자들은 자신의 의지로 갔고, 송금도 자신의 가족에게 했다. 국가에 하지 않았다. 그리고 이 사업은 한국 정부의 제안에 의해서가 아니라 독일(서독)의 필요성에 의해서 서독 정부가 제안한 것이었다. 한국의 산업화에 기여한 것은 결과적인 차원이었다.

필자는 파독 광부·간호사들의 진정한 기여도를 한국의 국제화와 세계화의 진정한 토대를 마련한 데서 찾아야 한다고 본다. 한국 문화의 국제적인 새로운 차원을 연 것이다. 한국인이 한국을 넘어 세계를 무대로 사는 세계인이 되는 주요한 계기를 만들었던 것이다. 오늘날의 한류도 이러한 역사에 기반을 두고 있다고 볼 수 있겠다.

그러면 이러한 국제화·세계화를 이룬 가장 근본적인 틀의 원동력이 무엇일까? 단순히 외국으로 갔고 외국 문화와의 만남이 있었다는 사실 속에서만 원동력을 찾을 수 있는가? 그렇지 않다. 본질적으로 볼 때, 그 원동력은 한국인의 문화 코드를 이루는 핵심으로서 성리학적 세계관과 윤리가 독일인의 문화 코드의 토대를 이루는 프로테스탄티즘 윤리와의 만남과 융합에 있었다. 성리학적 윤리와 프로테스탄티즘의 윤리 사이에는 이미 살펴본 바와 같이 근면, 검소, 자기 개선 노력, 공동체를 위한 책임 의식 등 많은 공통점이 있다. 큰 차이점이 있다면 그것은 직업 노동에 대한 개념과 직업의 귀천에 대한 인식 차이라고 하겠다. 한국 역사에서 성리학적 세계관에 대한 개혁 노력도 이 측면을 보완하는 것이었는데, 대표적으로 실학 사상을 들 수 있다. 정약용이 그 대표적인 인물이라 하겠다. 실학 사상이 성리학과 서양 기독교(가톨릭) 문화의 만남 속에서 추진된 것이라고 한다면, 독일 이주 광부·간호사들을 통해 성리학적 세계관은 프로테스탄티즘의 윤리와 만나게 되었다. 프로테스탄티즘이 가톨릭 교리에 비해서 노동의 가치와 실용주의를 더욱 강하게 표방했다는 면에서 독일 이주 광부·간호사들을 통해 보다 철저한 실학 사상의 가치가 인식될 수 있었을 것으로 본다. 이는 성리학적 세계관이 프로테스탄티즘의 문화와 만나 노동의 개념과, 직업의 귀천 문제에 대해서 본질적인 문제의식과 보완을 할 수 있는 계기를 얻었다는 것을 의미한다.

그런데 근본적으로 성리학적 세계관은 이기론理氣論, 음양오행설陰陽五行說을 포함하고 있다. 음양오행설에 따르면 음과 양이라는 서로 다른 존재를(또한 동시에 같은 존재인) 상징하는 요소가 변증법적으로 융합하여 세상 만물을 만들어 내며 끊임없이 순환한다. 이러한 음양오행설은 물질 세계인 기氣의 존재 방식을 설명해 주고, 정신 세계인 이理와 끊임없이 상호 변증법적으로 융합하면서 우주 질서를 형성하고 있는 현상을 설명해 준다. 그렇다면 성리학적 세계관도 고정된 것이 아니라 새로운 사상과 세계관을 만나 새롭게 융합하면서 변화·순환해 가는 것이 순리일 것이다.

필자는 독일 이주 광부·간호사들을 통한 프로테스탄티즘과 만남의 의미를 이러한 시각에서 보고자 한다. 독일 이주 광부·간호사들을 통해 국가 간의 관계가 깊어지는 차원의 국제화와 개인이 세계시민이 되어 가는 세계화 과정을 설명하는 데 있어서 이러한 성리학적 우주관이 적용될 수 있다. 다시 말해 국제화·세계화는 성리학적 이론에서 해석하면 서로 다른 문화가 만나 충돌하고 변증법적인 융합 과정을 통해 새로운 차원을 만들어 내는 것이다. 여기에서 우리는 파독 광부·간호사들의 국제화·세계화에 대한 기여도의 진정한 차원을 인식할 수 있다. 이러한 시각에서 서로 다른 한국 문화와 독일 문화가 융합을 이루고 다시 미국 문화와 만나는 과정을 해석해 볼 수 있겠다. 한국의 국제화와 세계화의 의미를 서로 다른 문화들이 끊임없는 변증법적 작용을 통해 세계적 차원에서 융합을 이루어 '세계의 우리'라는 세계인 정체성을 만들어 가는 데 있다고 보는 것이다.

1960년대에 간호사로 독일에 갔다가 3년 후 귀국한 황보수자는 독일 생활의 의미를 다음과 같이 정리한다. "6·25 전쟁을 겪으면서 갑작스레 밀려오는 서양 문물은 우리에게는 낯설었고, 우리는 정체성 확립에 혼란을 겪었습니다. 우리가 배운 전통적인 도덕 기준이 흔들리는 상황에서 어떻게 살아야 하는지 고민하는 때였습니다. 그러던 중 독일에 와서 직접 서양 생활을 접하게 되었는데 그들의 건실하고 근면한 생활에서 많은 것을 보고, 느끼고, 배웠습니다."[101] 필자는 이 증언 속에 들어 있는 '우리가 배운 전통적인 도덕 기준이 흔들리는 상황'을 성리학적 전통이 노동과 직업의 개념을 제대로 정립하지 못하여 근대 이후의 산업사회에서 위기를 초래하고 있는 상황이라고 보고 싶다. 본문에서 필자는 황보수자의 증언을 여러 곳에서 인용하였지만, 그는 유교적 전통에 대해 강한 자부심을 가졌다. 그렇다면 위 증언은 독일의 생활 방식이 한국의 전통 가치 체계를 대체해 주었다는 뜻이 아니고 새롭게 융합을 만들어 냈다는 것을 의미하는 것으로 보아야 할 것이다.

현재 한국 사회는 많은 외국인들을 받아들이면서 파독 때와는 다른 차원의 국제화·세계화 과정에 직면해 있다. 여기에서도 성리학적 세계관이 작용할 수 있다. 이 점을 깊이 인식하고 외국인에 대해서 다르다는 이유로 차별할 것이 아니라 제대로 대우하면서 새로운 차원의 문화를 융합해 내는 계기로 삼아야 할 것이다.

본 연구에서 분명히 살펴보았듯이 독일에서 한국인들은 차별 대우를 받지 않고 새로운 기회를 얻었다고 말하고 있다. 우리는 이 역사에서 진정한 교훈을 얻을 수 있어야 하겠다. 서로 다른 문화 이해 교육을 적극적으로 하고, 한국을 찾은 외국인 노동자들, 외국인들과 더불어 문화 융합을 이룰 수 있어야 한다. 이것이 광부·간호사들의 독일 이주로부터 시작된 진정한 국제화와 세계화를 완성하는 길일 것이다. 우리는 동남아시아 등 아시아권에서 오는 사람들과 진정한 문화적 만남을 위해 이슬람교 교리, 힌두교 교리 등 문화 코드 형성에 중요한 역할을 하는 문화 요소를 진중히 공부해야 할 것이다.

권이종은 자신이 독일에서 '외국인 노동자'로 살았던 과거를 상기하며 국내에서 일하는 외국인 노동자들에 대한 인식과 처우도 개선해야 한다고 강조한다. 광산 일을 시작하고 공부를 마치고 귀국할 때까지 독일인들은 모든 면

101 황보수자. "증언."(이애주 2010, 47)

에서 그를 인격적으로 대해 주었다는 점을 역설하고 있다(재독한인글뤽아우프 편. 2009, 90).

이러한 측면과 관련하여 파독 광부·간호사의 역사를 연구하는 이영석은 다음과 같이 강조한다. "최근 들어 급속하게 다문화 사회로 변하고 있는 한국 사회가 참고하여야 할 사례로서 파독 광부·간호사의 현지 적응 과정을 정리·소개하는 새로운 기여의 모습을 그려 볼 수 있을 것이다. 40년 안팎의 시간을 거슬러 이들이 낯선 문화에 적응하면서 경험한 갈등과 조정의 과정은 오늘 우리 사회가 문제 상황으로 인식하고 있는 외국인 노동자 문제의 원만한 해결을 위한 중요한 성찰의 소재가 될 것이다. 현재의 상황과 비교하여 이질적인 문화의 만남과 갈등, 그리고 상승적 화합의 선구자인 사례로서 파독 간호사의 사례는 충분한 가치를 지닐 것이기 때문이다."(이영석 2010, 24) 1960–1970년대 파독 광부·간호사들의 국제화와 세계화를 위한 기여도를 상기하면서 이러한 우리 현실을 위한 고언들에 귀를 기울일 것을 제안하면서 본 연구를 마친다.

참고문헌

권오영. 2011. 『조선성리학의 의미와 양상』 서울: 일지사.

권이종. 2004. 『교수가 된 광부』. 서울: 이채.

_____. 2012. 『막장 광부 교수다 되다』. 서울: 도서출판 이채.

김상임. 2004. "세상읽기: 한국인 파독 간호사가 말하는 이주노동자의 삶." 『노동사회』 90호, 62-66.

김언식. 1991. "계몽절대주의의 성격." 이민호 편. 『독일사의 제 국면』. 서울: 느티나무.

김영란. 2007. "이주여성노동자의 사회문화적 적응에 관한 경험적 연구." 『아시아여성연구』 제46권 1호, 43-95.

김용출. 2006. 『독일 아리랑』. 고양: 도서출판 에세이.

김 원. 2011. 『박정희 시대의 유령들. 기억, 사건 그리고 정치』. 서울: 현실문화.

김한용. 1964. "호평 받는 한국광부들." 『사상계』(10월호).

나혜심. 2008. "파독한인여성간호노동자들의 증언자료" 1, 2. 『2008년도 구술자료수집사업보고서』. 국사편찬위원회.

_____. 2009. "독일 한인간호여성의 노동의 성격." 『독일연구』 제17호, 111-140.

_____. 2012. 『독일로 간 한인 간호여성』. 서울: 산과글.

_____. 2013. "트랜스내셔널 관점에서 본 독일 한인간호 이주의 역사: 양국 간호문화에 대한 영향을 중심으로." 『의사학』 제22권 제1호, 통권 제43호, 179-215.

노명환. 2004. "역사를 통해 본 독일의 "국가문화(National Culture)"와 문화 코드: 독일인의 의사소통 방식의 분석을 위한 기본 틀과 관련하여." 『역사문화연구』 제20집, 333-378.

_____. 2011. 『역사를 통해 본 유럽의 서로 다른 문화 읽기: 기업문화와 의사소통 방식의 문화 코드』 서울: 신서원.

재독한인글뤽아우프회 편. 2009. 『파독광부 45년사 1963-2008』. 독일: 북마크 출판사.

안지호 · 현주. 2013. "독일 한인간호사들의 간문화성에 대한 연구: 베를린 한인간호사들의 문화 활동을 중심으로." 『한국사회과학논총』 제23권 제1호, 123-156.

이수길. 1997. 『한강과 라인강 위에 무지개다리를 놓다』. 서울: 지식산업사.

이수자. 2006. “지구화와 이주과정에서 발현되는 문화혼성성. 재독 한인여성과 재한 외국인 여성의 문화적응 비교분석을 중심으로.” 『한 · 독 사회과학논총』 제16권 제2호(겨울), 191−228.

이애주. 2010. 『파독간호사 45년의 역사를 묻는다』. 서울: 국회도서관.

이영석. 2010. “파독 광부 간호사의 한국 사회에 대한 기여 담론과 정부의 과제.” 이애주. 『파독간호사 45년의 역사를 묻는다』. 서울: 국회도서관.

이영석 · 박재홍. 2006. “재독일 교민의 역이주와 귀향 의식에 대한 연구: 남해군 ‘독일마을’ 입주교민들의 경우.” 『독어교육』 제36집, 443−480.

이영숙. 2009. 『누구나 가슴 속엔 꿈이 있다』. 서울: 북스코프.

이희영. 2010. “독일로 간 여성들과 한국사회: 간호인력 1세대의 경험과 연구과제에 대한 제언.” 이애주. 『파독간호사 45년의 역사를 묻는다』. 서울: 국회도서관.

임영상 · 최영수 · 노명환 편. 1997. 『음식으로 본 서양문화』. 서울: ㈜대한교과서.

조긍호. 2003. 『한국인 이해의 개념틀』. 서울: 나남출판.

차재호. 1994. 『문화설계의 심리학』. 서울: 서울대학교 출판부.

최재현. 1992. “일상생활의 이론과 노동자의 의식세계: 서독 거주 한국인 노동자에 대한 질적 조사 연구의 예.” 『열린 사회학의 과제』. 서울: 창작과 비평.

하상복. 2006. 『세계화의 두 얼굴: 부르디외 & 기든스』. 서울: 김영사.

한국파독광부총연합회 편. 2009. 『한강기적을 위한 첫 주역 45년. 외화벌이의 첫 삽을 뜬 파독 광부 백서 2009』. 서울: 한국파독광부총연합회.

허영식. 2009. “간문화성의 역사 · 행위영역 · 기본개념: 유럽과 독일의 동향을 중심으로.” 『한국사회과학논총』. 제19권 제4호, 237−266.

『경향신문』 (1966년 12월 22일).

“내가 왜 식사준비나 하느냐.” 『시민의 신문』 (2002년 11월 11일).

“독일적응하지 찾아온 향수병.” 『시민의 신문』 (2002년 1월 23일).

“라인 강변에서 온 봄소식.” 『조선일보』 (1964년 2월 21일), 6.

“인력수출비상진단.” 『동아일보』 (1966년 12월 22일).

『조선일보』 (1970년 5월 2일).

『조선일보』 (1974년 9월 7일).

『조선일보』 (1976년 2월 18일).

『조선일보』 (1976년 2월 7일).

노명환 외. 남해 독일마을 서부임과 그의 독일인 남편 Ulmer 인터뷰(2013년 8월 14일), 2013 대한민국역사박물관 프로젝트 자료 수집 중.

노명환 외. 남해 독일마을 우춘자와 그의 독일인 남편 Engelfried 인터뷰(2013년 8월 15일), 2013 대한민국역사박물관 프로젝트 자료 수집 중.

노명환 외. 남해 독일마을 이병종과 그의 부인 문원자 인터뷰(2013년 8월 15일), 2013 대한민국역사박물관 프로젝트 자료 수집 중.

이선옥. LA 파독 교민과 인터뷰, 2013 대한민국역사박물관 자료 수집 중.

이선옥. 뉴저지 거주 파독 광부 김성환 인터뷰, 2013 대한민국역사박물관 프로젝트 자료 수집 중.

이선옥. 파독뉴욕동우회 정기총회에서 인터뷰, 2013 대한민국역사박물관 프로젝트 자료 수집 중.

이수자. 파독 간호사로서 현재 독일에 거주하고 있는 D씨와의 인터뷰.

Gannon, M.J. and Associates. 2001. *Understanding Global Cultures: Metaphorical Journeys through 23* Nations, Second Edition. London; New Delhi: Sage Publications, Inc.(개논, 마틴. 최윤희 외 역. 2004. 『세계 문화이해』. 서울: 커뮤니케이션북스)

Hall, Edward T. 1959. *The Silent Language*. Garden City, N.Y. : Doubleday. (홀, 에드워드. 최효선 역. 2000.『침묵의 언어』. 서울: 한길사)

Hall, E. and Hall, M. 1990. *Understanding Cultural Differences*. Yamouth: Consortium Book Sales & Dist.

Hofstede, Geert. 1995. *Cultures and Organizations. Software of the Mind*. London; New York: McGraw-Hill.(Hofstede, Geert. 차재호 · 나은영 역. 1995. 『세계의 문화와 조직』. 서울: 학지사)

Inkeles, A. and Levinson, D. J. 1969. "National Character: The study of modal personality and sociocultural systems." G. Lindzey and E. Aronson, eds. *The hand book of social psychology*, 2nd edition. Vol. 4, 418-506. Reading, MA: Addison-Wesley Publishing Company.

Lee, Jang-Seop. 1990. "*Koreanischer Alltag in Deutschland zur Akkulturation der koreanischen Familie*." Ph. D. Diss., Universität Münster.

Sellin, Volker. 1976. "Friedrich der Grosse und der aufgeklärte Absolutismus." *Soziale Bewegung und politische Verfassung*. U. Engelhardt, V. Sellin and H. Stuke, eds. Frankfurt am Main: Klett.

Spaulding, Robert Mark. 1997. "Economic Influences on Constructions of German Identity." Scott Denham, Irene Kacandes and Jonathan Petropoulous, eds. *A User's Guide to German Cultural Studies*. The

University of Michigan Press.

Széll, György. 2009. "1968 und die Sozialwissenschaften", *Hittsubashi Journal of Social Sciences*, Vol. 41, No. 2(December).

Weber, Max. Dirk Käsler, eds. 2010. *Die Protestantische Ethik und der Geist des Kapitalismus*. C.H.Beck.(베버, 막스. 박성수 역. 1988 『프로테스탄티즘의 윤리와 자본주의 정신』. 서울: 문예출판사)

Williams, R. 1963. *Culture and Society 1780−1950*. Hamondsworth: Penguin.

Yoo, D. J. 1975. "Die Situation koreanischer Krankenpflegekräfte in der Bundesrepublik Deutschland und ihre sozialpädagogischen Probleme." Ph. D. Diss., Universität Kiel.

Yoo, T. S. 1981. "Koreanerinnen in Deutschland. Eine Analyse zum Akkulturationsverhalten am Beispiel der Kleidung." Ph. D. Diss., Universität Münster.

저자 약력

노명환 한국외국어대학교 사학과, 정보·기록관리학과 대학원 교수

- 학　　력: 독일 뮌스터대학교 독일현대사 학부/석사(유럽현대사)
  독일 에센대학교 박사(유럽현대사)
- 주요경력: 한국외국어대학교 세계민속박물관/역사관 관장(2009–2014)
  국제기록평의회 교육훈련분과(ICA–SAE) 운영위원(2008–)
  미국 조지타운대학교 객원교수(2003–2005)
- 연구업적: "분단국의 민주주의와 통일정책의 상호관계" 『역사학연구』(2013).
  "구성주의 이론 시각에서 본 기록학/기록관리의 패러다임 변화와 기록화 전략의 의미" 『역사문화연구』(2013).
  『역사를 통해 본 유럽의 서로 다른 문화 읽기』(신서원, 2011) 외 다수

윤용선 한성대학교 역사문화학부 교수

- 학　　력: 한국외국어대학교 독일어과 졸업
  독일 Freie Universität Berlin 박사(독소관계사)
- 주요경력: 한국외국어대학교 외국학종합연구센터 책임연구원(2002–2006)
- 연구업적: "독일 통일과 동독 이탈자를 통해 본 자유와 평등의 문제" 『역사문화연구』 49집(2014).
  『서양문화사 깊이 읽기』(푸른역사, 2008) 외 다수

정흥모 세종대학교 강사

- 학　　력: 성균관대학교 정치외교학과 졸업
  독일 Freie Universität Berlin 박사(정치학)
- 주요경력: 조선대학교 겸임조교수
- 연구업적: "독일의 '비주류' 정당과 독일 정당체제의 변화" 『EU연구』 33집(2013).
  『동유럽국가연구: 공산주의 붕괴 그 후 20년』(성균관대학교출판부, 2012).
  『한국과 독일의 통일 그리고 정치』(한국학술정보, 2009) 외 다수

유진영 서울제일대학원대학교 교육행정학과 조교수

- 학　　력: 한국외국어대학교 독일어과 졸업
  독일 Leibniz Universität Hannover 철학박사(교육사)
- 주요경력: 한국직업능력개발원 자문위원, 한국교육사학회 편집위원.
- 연구업적: "독일 직업교육 및 장인시험제도의 형성과정에 관한 연구"『한국교육사학』 35권 제1호 (2013).
  "세계박람회가 독일 산업화 과정에 미친 영향: 실업·기술교육을 중심으로"『사림』 40호 (2011) 외 다수

나혜심 성균관대학교 인문학연구원 연구부교수(리서치펠로우)

- 학　　력: 성균관대학교 역사교육과 졸업
  성균관대학교 역사학 석사
  독일 Siegen 대학교 역사학 박사
- 주요경력: 성균관대학교 연구부교수(2010–2011)
- 연구업적: "파독 한인여성 이주노동자의 역사"『서양사론』(2009).
  "트랜스내셔널 관점에서 본 이주노동"『Journal of Korean Medical History』 (2013).
  『독일로 간 한인간호여성』(산과글, 2012) 외 다수

대한민국역사박물관 한국현대사 연구총서 2

독일로 간 광부·간호사

경제개발과 이주 사이에서

지은이 노명환, 윤용선, 정흥모, 유진영, 나혜심
발행일 2014년 6월 30일
발행처 대한민국역사박물관
110-050 서울특별시 종로구 세종대로 198
02-3703-9200
www.much.go.kr
디자인 · 제작 역사공간

ISBN 978-89-98443-48-1
ISBN 978-89-98443-44-3 (세트)